「中小企業の事業再生等ガイドライン」対応

【改訂】
事業再生・廃業支援の手引き

タックス・ロー合同研究会
編著

〔編集代表〕

清水　祐介　　宮原　一東
坂部　達夫　　賀須井 章人

清文社

改訂にあたって

　本書の改訂版を世に送ることができ、執筆者一同が心から嬉しく思っています。

　本書の何よりの特徴は、事業再生全般についての正しい知見を分かりやすく説明していることです。事業再生についての全てのメニューを網羅し、わかりやすく整理することを意図しました。狙いどおり、発売直後から「全体感がつかめる」「よみやすい」などの声を多く頂戴することができました。

　弁護士と公認会計士・税理士がコラボレートした執筆陣という特徴を活かして、経営者の皆様や、日常的に経営者に寄り添う税理士の先生方も読者層に想定して執筆したところ、金融機関や各種公的支援組織においても、事業再生関連業務に取り組もうとする皆様にとって、絶好の「基本テキスト」となったようです。執筆者自身、担当する事件で債権者と交渉する際に、「最新の情報を知るために、書店で見比べて、最もわかりやすいと思った本を買ったらこれだった」と言われる嬉しい経験もありました。

　本書初版が「中小企業の事業再生等に関するガイドライン」施行（令和4（2022）年4月）のタイミングと重なったことも、本書が注目される背景となりました。同ガイドラインは着実に普及し、事例やノウハウが蓄積されています。この改訂版では、同ガイドライン改訂（令和6（2024）年1月）の最新情報を織り込んでいます。

　また、ポストコロナでは、従来にもまして廃業手法も注目されるようになっています。本書の基本的な立ち位置は、経営者に寄り添うこと（連帯保証債務の問題）、金融機関との信頼関係を重視すること、法的整理と私的整理を正しく理解し、状況に応じて最適な手法を検討する姿勢です。このような姿勢は、特に廃業の場面でも非常に重要になります。本書が繰り返し強調している「早期着手」の視点により、円滑なソフトランディングとしての廃業事案も増えたことから、改訂にあたって、事例を追加して紹介するなどしています。

事業再生は日進月歩であり、多様な制度が複数併存するようになっていますが、メニューが複雑化し、わかりにくくなっていることも事実です。限られた専門家が様々な手法を駆使する一方で、個々の経営者には情報が必ずしも届いておらず、事業再生といってもイメージが湧かない、漠然とした不安感があるといった声も聞きます。多くの読者に本書を手にとっていただき、ポストコロナにある我が国において、今そこにある問題を解決する一助となることを願います。

令和6（2024）年10月

　　　　　　　　　　　　　　　　編集代表
　　　　　　　　　　　　　　　　　清水　祐介　　宮原　一東
　　　　　　　　　　　　　　　　　坂部　達夫　　賀須井章人

はしがき

　長期にわたるコロナ禍は、わが国の中小企業の経営に深刻な悪影響を与え続けており、その影響を受けた企業の窮境は、その企業の取引先や従業員にまで連鎖的に暗い影を落としています。これに加えて、ロシア・ウクライナ戦争の勃発は資材調達やコストアップに悪影響を及ぼしており、一層の苦境を招いています。さらに、インターネットやシステム環境の整備・法制度化等により、従来のマーケットや仕事のあり方も様変わりし、企業経営は混迷の度合いを深めています。

　とはいえ、経営者は、その状況を事実として受け止め、その上で会社経営の舵を切る責務があります。

　本書は、企業再生の専門家が、窮境に陥った自社の状況をしっかり診断し、どのように再生していくのか、あるいは廃業をしたとしても、いかに軟着陸をさせるのか、その明確な指針となる様々な手法を、その法律面・税務面、金融面など複眼的な角度から提示したものです。

　企業が窮境に陥った際に、まずもって相談するのは、顧問税理士、そして企業再生に長けた弁護士等の専門家です。つまり、企業の再生・廃業という事象に対し、法務・税務というファクターに精通した専門家、しかも連携したチームとしての機能が必然的に要求されてくるのです。

　本書の特徴は、次のとおりとなっています。
① 事業再生の実情を知る弁護士と税理士が、その経験を踏まえて執筆していること
② 経営者と専門家それぞれに向けて、事業継続・事業再生の意義について、その心構えから解説していること
③ 資金繰り維持策を金融機関との協調を重要視して詳説し、また金融機関からの視点も併せて解説されていること
④ 各種再生等のための出口戦略とスキームを紹介し、経営的視点・法的視点・税務視点・金融視点から実務上の留意点を挙げていること
⑤ 経営改善の手法を幅広く紹介していること

⑥　継続・再生の検討の結果を踏まえて、法的整理・廃業の留意点までカバーしていること

⑦　再生・法的整理・廃業の際に見落とされがちな、経営者の保証債務について詳説し、経営者に降りかかるリスクとその回避のヒントを提示していること

⑧　令和4（2022）年3月に公表された「中小企業の事業再生等に関するガイドライン」、「同Q&A」を踏まえた解説を行っていること

⑨　同年4月に新たに改組・誕生した「中小企業活性化協議会」の実務や手続の流れについても、「中小企業の事業再生等に関するガイドライン」と対比しながら解説していること

⑩　廃業の手法についても具体的に解説することとし、特に破産を避けて廃業する方法や、主債務者（会社）が法的整理となる場合でも、経営者は「経営者保証に関するガイドライン」を利用して破産を避ける途について解説を行っていること

　本書の執筆、そして取りまとめを行ったタックス・ロー合同研究会は、平成28（2016）年9月より東京税理士会「日本税務会計学会法律部門」と、東京弁護士会「中小企業法律支援センター」により連携して創設された合同研究会です。この研究会では、年間6回（コロナ禍においては不定期）の研究会及び研修会等の相互派遣、各種執筆活動等が展開されています。全国で税理士と弁護士による研究会は数多あると思いますが、貴重な成功事例の成果として本書を手に取っていただければ幸いです。

　本書が企業の維持や再建を目指す中小企業の経営者や専門家の羅針盤としてその一助となることを願いつつ、広く読者のご叱責を賜りたいと存じます。

　令和4（2022）年11月

　　　　　　　　　　　　　　　　　　編集代表
　　　　　　　　　　　　　　　　　　　清水　祐介　　宮原　一東
　　　　　　　　　　　　　　　　　　　坂部　達夫　　賀須井章人

本書のあらまし
～本書のご利用にあたって

1　本書のねらい～窮境に陥った企業のとるべき方策とは

> 　事業再生・廃業支援（以下「事業再生等」といいます）の手法は多様化しており、窮境に陥った企業には、その「病状」に応じた適切な「処方箋」があります。それを分かりやすく解説することが本書の意図です。
> 　企業の状況を正しく把握して正しい対応をするために、専門家と経営者の協働が大切であり、早期の対応が求められています。

　過剰債務、売上減少、粗利率低下、営業赤字、資金繰り不安……会社が苦境に陥ったとき、事業を維持するために、どうしたらよいのか。何ができるのか。

　経営者が「このままでは、我が社は危ないかもしれない」「大丈夫だろうか」「どうなるだろうか」と思うとき、なかなか相談しにくいものです。

　金融機関にどう言えばよいか、そもそも伝えても大丈夫なのか。返済期が到来する融資について、前回同様に折り返し（借換え）てくれるのか、それすら不安なこともあります。コロナ禍においては様々な特例融資などが設けられていましたが、返済すべき負債である限り、根本的な問題解決ではありません。

　最悪のケースは、経営者が誰にも相談できず、個人で借入れをして会社に貸し付けるなどして資金繰りを維持したうえ、ついに「これ以上は無理だ」「次の手形は落とせない」といった事態に至ってしまうことです。筆者は弁護士として、従業員の給与も支払えず、突然の自己破産のうえ、自宅を失うような悲惨な事例も多く見てきました。

　しかし、もはや、そのような時代ではありません。

　バブル崩壊、リーマンショック、コロナ禍を経て、我が国の各種制度は大きく変化し、経営不振に陥った中小企業及び経営者にとっての「処

方箋」が質量ともに充実してきた一方、多様な「処方箋」の中で、個々の案件において何が最善なのか、分かりにくくなっていることも事実です。

苦境に陥った会社を「病気」に例えるなら「処方箋」は「病状」に応じて変わります。「病状」を正しく理解しないまま、適合しない「処方箋」を用いると、病気は快復しないばかりか、命取りにすらなりかねません。正しい「処方箋」を用いれば元気になれるのに、それを知らずに時機を逸してしまえば、病状は進行し、危険な大手術を迫られてしまいます。

適切な「処方箋」を示すこと、それが、本書が企画された理由です。

会社の「病状」について、何を確認して、どう「診断」すればよいのか。現在どのような手法があり、どんなことができるのか。「病状」に応じて、どの手法を適用すべきか。時機を逸さず、的確な対応をすべきであること。こうした概要の見取り図を分かりやすく示すのが本書です。

2　「タックス・ロー合同研究会」による編集・執筆の意図

> 事業再生等には、法務と会計・税務の専門家によるサポートが必要です。本書を編集・執筆する「タックス・ロー合同研究会」は、弁護士と税理士、公認会計士によって構成される共同研究会であり、事業再生等のプロである執筆者が、その経験を踏まえた検討内容を本書にまとめています。

本書は弁護士と税理士、公認会計士の共同研究体である「タックス・ロー合同研究会」編著によるシリーズの一環です。中小企業の事業再生のためには、弁護士、税理士、公認会計士といった専門家と、オーナー社長が互いによく情報を交換し、信頼関係のもと協力することが必要です。したがって、専門家は税務、財務と法務の両面からアプローチすべきなのです。

本書の執筆担当である弁護士、税理士、公認会計士等は、経営不振に陥った中小企業の経営問題を、事業再生の第一線で多く解決してきたプロフェッショナルです。事業再生のために設けられている、質量とも充実した多様な手法を、正しくお知らせしたいと考えました。合わせて、

近時の金融機関は事業再生に必要となる意欲的な取組みを展開しており、その一端をご紹介すべく、金融機関の方々にも執筆に参加してもらいました。

3　本書の基本方針

> 本書は、窮境に陥った企業を再生すべく、経営者に寄り添い、「事業再生等の憲法」ともいうべき基本方針を設けています。

本書では、私たちが中小企業のご相談を受けたときに行う手法をそのまま目次の構成に取り入れ、「病状の進行」に応じて適切な「処方箋」を解説することにしました。そこにおいて私たちは、「経営者のニーズ」に寄り沿って、以下のような基本的な順序があり、このような原則に従って検討すべきだと考えています。以下は、私たちが考える基本方針、いわば「事業再生等の憲法」です。

① 　まず資金繰りを維持すること
② 　会社の収益力を高めること
③ 　金融機関との間で誠実な交渉（私的整理）を進め、取引先への不用意な情報流出を避けて、事業価値の劣化、風評被害を防ぐこと
　（ア）　元本返済期間の据置（リスケジュール、略して「リスケ」）により、上記①②のための猶予期間を設けること
　（イ）　元本返済期間の据置だけで解決しない場合は、元本の一部免除（カット）を協議すること
④ 　私的整理が不可能な場合には、適切な時期に適切な方法で法的整理を行うこと。その場合、まずは事業を継続できる民事再生等を検討すること。破産は最後の最後の手段であること
⑤ 　可能な限り、経営者が自ら経営を継続することを目指しつつ、必要に応じてスポンサーを探索すること
⑥ 　適切な事業再生等のために、専門家と経営者の信頼関係に基づく協働が必要不可欠であること
⑦ 　金融機関に対して、何よりも誠実性、透明性、公平性が求められること

⑧ 事業再生が難しい場合でも、破産手続を検討するだけでなく、任意の廃業を検討すること
⑨ 会社が金融機関に債権放棄（カット）をお願いするとしても、経営者保証人は個人破産ではなく、「経営者保証に関するガイドライン」を用いて、破産回避を検討すること

4 近時の問題意識①～事業承継と事業再生

> 過剰債務を抱える企業の事業承継こそが今日の問題であり、そこにおいて、事業の承継と、事業の再生は同じ根っこで繋がっていると考えます。その際に直面するのは経営者の個人保証、自宅の問題であり、私たちは、その解決策を処方箋に織り込まれなければならないと考えています。

■廃業する場合の資産・債務状況
　（「廃業を検討する」と回答した中小企業の回答）

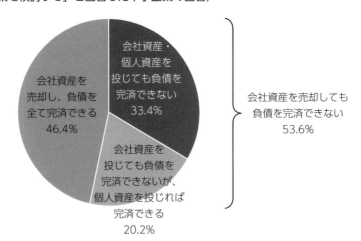

会社資産を売却し、負債を全て完済できる 46.4%
会社資産・個人資産を投じても負債を完済できない 33.4%
会社資産を投じても負債を完済できないが、個人資産を投じれば完済できる 20.2%
会社資産を売却しても負債を完済できない 53.6%

（注）　2021年3月1日～3月8日にかけて全国の大企業・中小企業を対象に実施したアンケート調査の結果
　　　　中小企業（資本金1億円以下の企業）のうち、「「廃業」する場合、貴社の資産・債務はどのような状態を想定されていますでしょうか。」との質問に対する回答割合（回答数425社）
（出所）　東京商工リサーチ「第14回新型コロナウイルスに関するアンケート調査」（2021年3月18日）を基に作成

経営者の高齢化が指摘されて久しく、事業承継は我が国の大きな課題となっています。
　「資産超過で収益力も潤沢な企業の代替わりにおける節税対策」が注目されたり、事業承継を支援する税制も整備されました。
　しかし、私たちは、債務超過企業の事業承継こそが大きな問題だと考えています。即座に破綻はしないまでも、負債を完済する目処がないまま継続している企業は多数あります。事業を止めて廃業すると債務超過の状態が残ります。会社資産・個人資産を売却して、金融機関の有利子債務を完済できればよいのですが、それができない企業が多く、経営者が会社の負債を個人保証していれば、自宅を失うことに直結します。「やめられないから続けている」という声も聞きます。そこには従業員もあり、取引先もあるので、事業が継続していることに大切な価値がありますが、経営者にとって将来の展望はどうなのでしょうか。
　「ニーズのある業務、磨けば収益性のある業務だけでも、誰かに事業譲渡して引き継いでもらいたい。自分は引退したい」と、そう思ったとき、過剰債務が障害となります。過剰債務をそのまま引き受けてくれる担い手はいません。そのツケを連帯保証した経営者が責を負って自宅を失うしかないのでしょうか。
　必要なのは過剰債務の解決です。過剰債務を解決すれば、事業承継（廃業）の途を開くことに繋がります。過剰債務の解決、事業再生、事業承継（又は廃業）、個人保証の解決は、全て関連する一つの問題です。

5　近時の問題意識②〜コロナ禍における経営環境（過剰債務）と倒産件数の増加傾向

> コロナ禍と過剰債務問題は関連しています。コロナ禍を経て、過剰債務問題があらためて意識され、解決の必要性が強く意識されています。

　新型コロナウイルス感染症（令和2（2020）年〜いわゆるコロナ禍）の中小企業への影響は甚大でした。政策的に人の流れを抑制したこともあり、各業態で売上が減少し、財務内容が悪化して、資金繰りに窮する

事業者も出てしまいました。

　一方でコロナ禍において倒産件数は減少し、半世紀ぶりの低水準となりました。その大きな理由は、①各種の補助金、助成金など資金繰り維持の諸施策、②公租公課や金融機関の返済猶予に加えて、③中小企業向け貸出残高が大きく増加したことによります。

　実質的に無担保無利息で貸し付ける、いわゆる「ゼロゼロ融資」が大規模に実施され、その融資実績は国全体で約240万件、42兆円とされます。ゼロゼロ融資はコロナ禍における資金繰りを補完する役目を果たした一方、いわば一時的な輸血であって、それだけで中小企業を取り巻く諸問題の根本的な解決に繋がるものではなく、過剰債務問題が一般化したともいえます。

　ゼロゼロ融資は令和4（2022）年9月に受付を終了して返済局面となりました。返済開始のピークとなったのが令和6（2024）年4月であり、今後も返済が続きます。同年7月以降は、各種の資金繰支援はコロナ前の水準に戻すことが政府の方針となりました。

　このような中、倒産件数は増大に転じ、「ポストコロナ」の現在において増加傾向が続いています（帝国データバンクによれば、令和6（2024）年5月まで25ヶ月連続して増加）。その背景として、ゼロゼロ融資返済のほか、コロナ禍で猶予されていた税金や社会保険料の支払再開、物価高や為替レート、人手不足などが指摘されています。

6　近時の問題意識③〜中小企業の事業再生等に関するガイドラインと中小企業活性化協議会

> 中小企業の事業再生等に関するガイドラインは、中小企業の事業再生等の基本的な考え方を示すとともに、その実態に即した新たな私的整理手続を創設し、準則型私的整理を中小企業に適用する場合に、広く妥当すべき基本原理を定めるものです。

　折しも令和4（2022）年4月15日から「中小企業の事業再生等に関するガイドライン」の適用が始まりました。金融界・産業界を代表する者が、中立公平な専門家、学識経験者とともに議論を重ね、一般社団法人

全国銀行協会（全銀協）を事務局として取り纏めた権威あるガイドラインです（以下、本書では「中小版GL」、又は単に「ガイドライン」と略称することがあります）。

ガイドラインが目指す目的には、中小企業の「平時」「有事」「事業再生計画成立後」の段階に分けて、中小企業と金融機関それぞれが果たすべき役割を明確化し、事業再生等の基本的な考え方を示すことが含まれています。

ガイドラインに示された考え方は、先に述べた本書の基本方針と重なる点が多くあります。金融機関に対する誠実性、透明性、公平性の重視、窮境にあっては「病状の進行に応じた処方箋」を考えること（まずは収益力と自主再建、私的整理を優先的に検討、破産は最後の手段など）、専門家と信頼関係を構築して協働すること、会社と平行して経営者の保証債務を処理すべきこと等です。

本書は、積極的にガイドラインについて紹介しています。実績を重ねつつある「経営者保証に関するガイドライン」と共に、適切な利用によって、中小企業の事業再生の重要な指針となっていくと考えるからです。ガイドライン利用件数は順調に増加して定着しつつあり、金融庁がとりまとめた活用実績は、令和4（2022）年の運用開始から令和5（2023）年度までの累計で、計画成立件数合計161件となっています。このような実績をもとに、令和6（2024）年1月にはガイドラインの改訂が行われました（詳しくは、第3部第1章、第5部第1章を参照）。

また、令和4（2022）年4月1日に、全国47都道府県で、これまでの中小企業再生支援協議会と経営改善支援センターが統合する形で「中小企業活性化協議会」が誕生しました。

本書では、中小企業活性化協議会（旧中小企業再生支援協議会）の実務や手続の流れを積極的に紹介しています。同協議会の再生支援実施要領の文言と中小版GLの文言は、類似・平仄が取られている部分が多くありますので、協議会の実務や手続の流れを学ぶことは、中小版GL実務の参考にもなるはずです。

7　本書の構成など〜本書を有効に活用する読み方のヒント

> 本書の特徴は、窮地に陥った経営者に対して「広く浅く」、そしてそうした経営者をサポートする専門家に向けた「専門性」の双方について、メリハリをつけて最新の知識と多様な事例を詰め込んだ、欲張りな企画という点にあります。

　本書は、発展を重ねて現在進行形にある中小企業の事業再生等について予備知識のない経営者を読者対象として念頭に置き、本書を読むだけで基本的な知識を得られることを目標にしています。

　他方で、事業再生等の実務に不可欠な金融機関交渉や税務・会計など、思い切って実務的な作業の「勘所」に踏み込んで、専門家の参考になることを目指しました。

　そこで、読者の便宜のために3つの工夫をしています。

　第一に、各項目の最初に「Q&A」を配置して、問題意識と概要を分かりやすく要約しています。「Q&A」を拾い読みして、関心のある箇所を深く読むことができるでしょう。

　第二に、「専門家向け」の項目には「Pro」マークを付しています。「Pro」マークが付されてない項目だけを読めば、中小企業の事業再生等の全体像を大づかみにすることができます。「専門家向け」では当該論点について深い知識と実務を知ることができます。

　第三に、事業再生と廃業（経営者保証に関するガイドライン対応を含む）の多様な事例を取り上げています。事例を見て、具体的なイメージを持つことができます。

　加えて、事業再生等の「手続の流れ」全体についてもイメージをつかんでいただくために、後記の設例を示すことにしました。すべて架空の事例ですが、典型的な流れのパターンを示すために、あえて日付を具体的に示し、スケジュールのイメージが分かるようになっています。

> ① 暫定的なリスケジュールによって資金繰りを維持している間に収益を回復させ、将来の再生計画策定に向けて準備する事例
> ② 収益改善を進め、自主再建型で第二会社方式での再生を図った事例（債権放棄を受けた事例）（協議会事例）
> ③ 収益改善が奏功せず、この間にスポンサー型で第二会社方式での再生を図った事例（債権放棄を受けた事例）（中小版GL再生型）
> ④ 私的整理を検討するも資金繰りが枯渇し、急遽、民事再生手続を申し立てた事例
> ⑤ スポンサー探索を断念し、単純廃業を目指すことにして、任意廃業を図った事例（中小版GL廃業型）

各事例において、本書の関連する項目を示しています。本書をお読みになる際、この事例に立ち返って、事業再生の「手続の流れ」の中の、どの部分のことなのか、確認していただくと理解に資することでしょう。

8　経営者保証ガイドラインの利用促進～主たる債務者が廃業したとしても、保証人は破産を回避し得る

最後に強調したいのは、仮に事業の継続が困難となり、廃業・清算に至るとしても、適切に専門家に相談し、早期に対応することによって、保証人は破産を回避し得るということです。

東京商工リサーチ（TSR）が、令和2（2020）年度（令和2年4月～3年3月）に官報に破産開始決定が掲載された法人（株式会社、有限会社、合同会社）と、社長個人を調査して、破産会社の社長破産率を調べ、記事として発表しています（東京商工リサーチ2021.08.16付け記事https://www.tsr-net.co.jp/news/analysis/20210816_01.html）。

同記事によれば、「破産した5,552社のうち、社長個人も破産したのは3,789件（構成比68.2％）で、破産会社の社長破産率は約7割にのぼった。社長個人の破産開始決定の時期は、法人と同時が3,445件（同90.9％）で、9割に達した。破産会社の社長の大半は、会社と同時に個人も破産開始決定を受けている」とされており、下記のとおり図示されています*。

■倒産企業の社長破産率（東京商工リサーチ調べ）

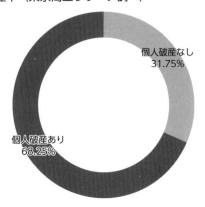

＊同記事によれば「本調査は、2020年度（2020年4月1日〜2021年3月31日）の官報公告で、破産開始決定を受けた株式会社、有限会社、合同会社の5,552社を対象に調査した。同期間に破産開始決定を受けた個人のうち、TSRデータベースに収録された破産会社の代表者のほか、破産管財人、管轄裁判所などを条件に取材し、破産会社の社長とした。負債1,000万円未満も対象。同一社長で複数の会社が破産している場合、事件番号が若い1社のみを対象にした」とあります。

　「会社の過剰債務問題に手をつけると結局は破産するのではないか、そうなれば経営者である自分も破産しかない」——そのような思い込みから、抜本的な事業再生・廃業への着手を遅らせる弊害が指摘されてきました。もはや、そのような時代ではありません。

　本書がお伝えしたいのは、今日では、事業再生・廃業・保証債務整理について様々な充実したメニューが備わっており、早期に専門家に相談するほど解決の幅が広がるということです。

　会社について私的整理によって事業再生・廃業を図る場合だけでなく、法的整理による場合であっても、経営者保証について「経営者保証に関するガイドライン」を活用して適切な解決を図ることが望まれます（※1）。

　結果的に事業を継続することができず、廃業・清算に至る場合があるかもしれません。その場合であっても、適切な処理により、保証人は破産手続を回避する途を開き得ます。早期に着手するほど、解決の幅が広がるのです（※2）。

※1)「中小企業の事業再生等に関するガイドライン」において「中小企業が法的整理手続を実施する場合も、保証人は経営者保証に関するガイドラインを活用する等して当該保証債務の整理を行うことが望ましい」と明記されています(第二部3項)。

※2)「主たる債務者が廃業したとしても、保証人は破産手続を回避し得ることが周知されることで、経営者が早期に経営改善、事業再生及び廃業を決断し、主たる債務者の事業再生等の実効性の向上に資するとともに、保証人が新たなスタートに早期に着手できる社会を構築し、ひいては地域経済全体の発展に資することが期待される」(「廃業時における『経営者保証に関するガイドライン』の基本的考え方について」(経営者保証ガイドライン研究会・令和4年3月・令和5年11月改定)

　過剰債務問題の解決は、同時に、事業の再生・承継の問題であり、経営者の個人保証の問題でもあって、コロナ禍以降の日本が解決しなければならない大きな問題です。その解決のために、本書をご活用ください。

■設例で理解する手続の流れ〜資金繰りと再生手続の選択の関係

　以下に5つの設例を示します。架空の事業会社「A社」について、事例1から事例5にかけて、次第に資金繰りが悪化していく設定です。資金繰りの悪化の状態いかんにより、手続の選択に大きな影響があること、そして様々な関係者が関与していることをご理解いただけるかと思います。また、私的整理の事例2〜4でも法的整理の事例5でも、「経営者保証に関するガイドライン」に基づいて保証債務整理が可能であることを示しています。

〈設例から本書へのリンクをご活用ください〉

　以下の設例には、専門用語や、ノウハウ、勘所などかちりばめられています。そのため、設例を読んでも、すぐには理解できない部分があるかもしれません。

　そこで、設例の各所に「この部分について、本書のどこに記載があるのか」を示しました。設例を読んで「ここが分からない」「ここを詳しく知りたい」と思うとき、該当する本書の記載箇所が分かるように読者の便宜を図っています。

●事業者　A社の状況
・代表者：甲社長
・事業内容：金属加工業
・年商：15億円
・従業員：60名
・主要資産：A社の工場（金属加工事業に利用）
・金融機関債務：12億円（このうちコロナ特例融資1億円を含む）
　　　　　　　　毎月500万円の元本返済
・公租公課：消費税、固定資産税の納税猶予中。合計4,000万円

事例1　収益力改善～プレ再生支援の事例

① ○年4月　　　中小企業活性化協議会窓口相談　プレ再生支援（暫定リスケ）へ
② ○年5月　　　金融機関への資料提出、元本返済猶予の要請
③ ○年6～8月　事業再生コンサルと面談・経営改善計画立案
④ ○年10月　　プレ再生計画成立（3年間元本据置）
⑤ 3年後に事業再生計画案（＝元本返済開始）の立案を目指す

① <u>窓口相談</u>*1では、資金繰り、現在の収支状況、公租公課の滞納状況、事業の概要、強み、金融機関との関係等の聞き取りを受けるとともに、<u>経営者の再生への意欲、誠実性など</u>*2を確認します。A社は、新型コロナウイルス感染症の影響から回復し、収支は改善しつつありましたが、公租公課の負担が重く、直ちに再生計画を策定することは難しいと判断されました。従業員の雇用や地域経済の観点からも事業を改善して再生する価値が認められ、将来、本格的な再生計画を作成するための準備段階として再生可能性を見極めるため、中小企業活性化協議会の支援を受けて、<u>プレ再生支</u>

*1　中小企業活性化協議会窓口相談（☞第1部コラム22頁、第5部210頁）

*2　経営者に求められる心構え（☞第1部12頁）、打ち合わせ事項（☞第5部236頁）

援（暫定リスケジュール）*3を受けることになりました。

② 金融機関に対し、資金繰り表や公租公課の滞納状況が分かる資料を示すとともに、元本返済猶予*4の要請をして、全行が条件変更（元本残高維持）に応じ、当面は利息だけ支払います。

③ 協議会から紹介された事業再生コンサルがA社と面談を行い、事業概要の把握など様々な実態調査を行い、最大限の自助努力を反映した経営改善*5施策として「プレ再生計画*6」を立案しました。計画期間は３年間で、その間に公租公課の完済を目指し、その後に元本返済を開始する内容です。

④ 再生計画の成立には全金融機関の賛成一致が必要です。

⑤ プレ再生計画期間中である３年間はモニタリングを行いつつ、「自主再建型の再生計画」策定に向けて、準備を進めます。元本返済を開始できるよう、最大限の努力を重ねます。

*3 プレ再生支援・暫定リスケ（☞第3部99頁、第5部206、272頁）

*4 返済猶予（☞第2部40頁）

*5 経営改善（☞第4部136頁）
*6 プレ再生計画（☞99、206、272頁）

事例2　私的整理
　　〜収益改善を進め、自主再建型で債権放棄を受けた事例

① A社は、活性化協議会のプレ再生計画を進めていたところ、予定通り、収益改善が図られ、年間3,000万円程度の償却前営業利益*1が出てきて、公租公課について解消の目途がついてきました。

② A社は、活性化協議会とも相談し、再生計画策定を目指すことになりました。一定程度、収益力が高まっていたことに加え、再生計画策定にあたっては、相応の金融支援を要請する可能性が高いことを踏まえ、活性化協議会は、A社に対し、

*1 償却前営業利益（☞EBITDA199頁）

代理人となる弁護士の候補者を紹介しました。
③　丙弁護士は、A社（甲社長）とともに、再生計画の策定にあたり、中小企業版GLか中小企業活性化協議会*2のいずれを利用するかを検討しましたが、これまでプレ再生計画で支援を受けていたこともあり、活性化協議会による支援を目指すこととなり、利用申請を提出するに至りました。活性化協議会は、主要行の意向等も確認し、再生計画策定支援を開始することにしました。

＊2　中小企業版GLと中小企業活性化協議会の違い（224頁）

④　活性化協議会は、公認会計士と不動産鑑定士を選定し、キックオフミーティング（関係者会議）を行い、協議会から返済猶予等を要請しました。公認会計士と不動産鑑定士は、それぞれ財務・事業DD*3と不動産鑑定に着手することになりました。

＊3　DDの概要（☞258頁）

　　公認会計士と不動産鑑定士の調査によると、A社の不動産について不動産鑑定評価額（正常価格）に実態修正すると、A社は大幅な実態債務超過になっていることが確認されました。

　　A社は、丙弁護士や事業再生コンサルと議論を重ね、「再生のイメージ図*4」を作成してみましたが、負債額が大きいため、金利負担が重く、また、今後の工場の設備投資の見込額などを試算すると、リスケジュールのみでは、なかなか債務の返済が進まないことが想定されました。債務超過の解消に40〜50年以上、債務償還年数*5に至っては、算定不能という状態になっていました。

＊4　再生のイメージ図（☞85頁）

＊5　債務償還年数（☞263頁）

⑤　A社は、丙弁護士や活性化協議会の担当者や事業再生コンサルとともに主要行を訪問し、上記④の状況を説明し、リスジュールでは、数値基準を満たす再生計画を作成することが困難である旨、

説明しました。主要行からは、収益改善のポイントについての質問が出され、事業面のさらなる改善施策を図るように求められるとともに、債権放棄ではなく、DDS*6での再生計画策定ができないかという要請を受けました。

*6 DDS（☞106頁）

⑥　A社は、DDSで計画策定ができないか数値計画を作成してみましたが、DDS分を資本と見ることで計画5年目の実態債務超過解消は可能であることが確認できましたが、DDS分が負債に戻る15年後に再び大幅な実態債務超過に陥ることが確認されました。活性化協議会の数値基準*7（中小版GLの数値基準も同様）は、5年以内の実態債務超過の解消を求めているものにもかかわらず、計画15年目でも実態債務超過を解消しない計画では、実質的に数値基準に適合しない計画となってしまいます。このような検討を踏まえて、DDSによる支援では、再生計画策定が困難であることが主要行と協議会と専門家の間で確認されました。

*7　中小企業活性化協議会の数値基準（☞209頁）

⑦　その後、複数回、主要行、中小企業活性化協議会と議論を重ね、ファンドスキーム*8を活用する案、スポンサー型*9を採用する案など様々な議論が出ました。その結果、主要行は、A社では後継者がおり、事業改善が進んでいることなどの事情を踏まえ、本件をスポンサー型にする必要はなく、また、ファンドスキームの活用も必要ではなく、自主再建型の債権放棄案であっても受け入れるが、経営者責任、株主責任、保証責任*10を明確化することが必要である旨の意見を述べるに至りました。丙弁護士がこれらの事情をA社（甲社長）に報告したところ、甲社長は、自身の年齢が60歳

*8　ファンドスキーム（☞110頁）
*9　スポンサー交渉（☞273頁）

*10　責任論（☞第5部295頁）

を超えており、後継者の息子が引き継ぐ意思があり、代表取締役を辞任することに異存がないとのことでした。また、甲社長の保証債務については、経営者保証GLにより、債務整理を図ることとなり、丙弁護士は、甲社長の保証債務整理についても、活性化協議会に使用申請を行いました。

⑧ 公認会計士と弁護士にて再生計画案(甲社長の息子が新設する法人にA社の事業用資産と事業用負債と事業価値に見合った債務を承継する内容の第二会社方式[*11]の再生計画)を立案しました。甲社長の経営者保証GLに基づく弁済計画(自宅を残す内容)も一体として作成しました。主要行が気にしていた責任論ですが、株主責任はA社の責任により果たすこととなり、経営者責任についてはA社長が代表権を外れ「会長」になることで果たすこととなり、保証責任については経営者保証GLにより一定の保証履行をすることにより明確化することとなりました。

*11 第二会社方式
(☞102頁)

⑨ 金融機関から様々な意見や指摘を受けて、公認会計士と弁護士にて、再生計画案を修正し、最終案として、協議会に提出し、金融機関にも示しました。活性化協議会が委嘱した外部専門家の弁護士[*12]が再生計画最終案の数値基準適合性、計画の相当性、実行可能性について調査し、金融支援の必要性、金融支援の内容の相当性、計画の実行可能性について検証の上、金融機関に報告しました。

*12 外部専門家(活性協議会では協議会が委嘱したアドバイザー弁護士を指す)(☞215頁②、224頁③)

⑩ 協議会が委嘱した弁護士の調査報告書を参考に稟議を進め、全行が同意したので再生計画が成立しました。これにより甲社長は、保証債務の免除を受けることもできました。

⑪ 会社分割により、A社の事業は、新A社に吸収分割が実行され、新A社は事業価値相当額の有利子債務を承継しました。信用保証協会は代位弁済し、求償権を持つことになり、その求償権の一部が新A社に承継されることになりますが、「求償権消滅保証」[*13]を利用し、元々の協会付の金融機関に新規融資をしてもらい、保証協会が保証をすることで求償権を消滅させることになりました。

*13 求償権消滅保証
（☞第5章197頁）

⑫ 旧A社は、特別清算手続にて精算を図り、新A社は、今後、活性化協議会でモニタリングを受けて、将来の金融取引の正常化を目指すことになりました。

事例3　私的整理
～スポンサー型による事業再生を進め、債権放棄を受けた事例

① ○年4月　事業再生コンサル乙に相談
② ○年5月　丙弁護士と面談、事業再生の依頼
③ ○年5月　資金繰りの維持
④ ○年6月　金融機関交渉の開始、スポンサー探索の準備開始
⑤ ○年7月　第1回バンクミーティング
⑥ ○年8月　つなぎ融資（プレDIPファイナンス）
⑦ ○年9月　スポンサー探索開始
⑧ ○年10月　一次意向表明
⑨ ○年11月　中小版GLの手続開始
⑩ ○年12月　公認会計士、不動産鑑定士の参加
⑪ 翌年1月　スポンサー契約
⑫ 翌年2月　公認会計士等の調査報告書
⑬ 翌年3月　再生計画案原案提出
⑭ 翌年4月　再生計画最終案の提出・協議会委嘱弁護士の調査報告書提出
⑮ 翌年5月　再生計画成立
⑯ 翌年6月　会社分割実行
⑰ 翌年9月　特別清算終結

① 事業再生コンサル乙に相談*1。現状のままでは、再生の見通しが立ちにくいものの、スポンサーがつけば再生を図れる余地があるとの助言を受けましたが、自力で再生したいと考えており、それ以上の話に進みませんでした。

② その後も状況は好転せず、A社（甲社長）は、丙弁護士と面談を行いました。丙弁護士は資金繰り、収支状況、公租公課の滞納状況などを丁寧に検討し、今なら事業スポンサーがつく見込みがあり、早期に事業再生を目指すべきとの意見でした。
　甲社長は悩みましたが、必ずしも経営権にはこだわらないので事業を残したいと考え、丙弁護士に私的整理による事業再生を依頼しました。

③ 丙弁護士は、数か月程度は資金繰りを維持することができると判断しましたが、念のため、事業再生ファイナンス*2を行う金融機関にも相談を開始しました。A社は、資産処分のほか、経費の圧縮、雇用調整助成金の活用など取り得る施策をすべて行って資金繰りの維持*3を図りました。

④ 弁護士は、M&Aの仲介会社を選定する*4とともに、金融機関交渉を開始しました。甲社長は、丙弁護士と一緒に、メインバンクから個別に訪問*5しました。丙弁護士の説明ポイントは、スポンサーをつけて私的整理による再生を図ること、元本返済猶予を受ければ当面の資金繰りは維持しうるが、つなぎ融資（プレDIPファイナンス）を受ける検討も進めていること、今後のスケジュール等です。

⑤ 全行を訪問し、概ね方向性について異論がなかったことから、同年7月に会社主導でバンクミーティング*6を開催しました。丙弁護士は、ス

*1　打ち合わせ事項（☞第5部236頁）

*2　事業再生ファイナンス（☞第3部123頁）

*3　資金繰り維持の方法（☞第2部34頁以下）

*4　スポンサー交渉（☞第5部273頁）

*5　金融機関の個別訪問（☞第5部250頁）

*6　債権者会議・バ

ポンサー型で進めること、候補先会社がある場合には紹介してもらいたいこと、ただし信用不安には留意してもらいたいこと等を説明するとともに、借入金の元本返済猶予を要請し、全行が了解しました*7。

⑥ 資金繰りが苦しくなりましたが、プレDIPファイナンス*8を扱う金融機関がA社事業の強みを理解して、融資実行が可能になりました。バンクミーティングを開催して融資の必要性を説明し、全行からA社の売掛金等への担保設定や随時弁済の同意を得て、プレDIPファイナンスが実行されました。

⑦ M&Aの仲介会社にて候補先リスト(「ロングリスト」)や会社概要やプロセス・レター等の準備ができ、スポンサー探索を開始しました。

⑧ スポンサー候補各社が一次意向表明を提出し、この中から2社に絞り込み、それぞれ基本合意を締結し(独占交渉権なし)、最終意向表明の提出まで、さらに詳細な買い手側の調査(DD*9)を受けることとなりました。

⑨ 丙弁護士は、A社(甲社長)は主要行を訪れ、中小版GLを活用するか、活性化協議会を活用するか*10議論しました。主要行は、早期の対応であれば、いずれの手続でも構わないとのことでした。早期に手続を開始できる中小版GLの手続の開始を目指すこととなりました。丙弁護士は、中小企業活性化全国本部のウェブサイトに掲載されているリスト*11から複数の弁護士を選定し、主要行と協議をして、第三者支援専門家の弁護士を選定することになりました。

⑩ 公認会計士と不動産鑑定士を選定し、キックオ

ンクミーティング(☞第5部253頁)

*7 純粋私的整理の活用(☞第5部228頁)
*8 プレDIPファイナンス(☞第3部123頁)

*9 DD(☞第5部258頁)

*10 中小企業版GLと中小企業活性化協議会の違い(☞第5部224頁)

*11 第三者支援専門家候補者リスト(☞第1部23頁)

xxiii

フミーティング（関係者会議）を行い、一時停止の要請を行い、改めてスケジュール*12等を定めて各行に提示しました。

⑪ 最終候補2社とも最終意向表明を提出し、支援額が高い1社をスポンサー候補に選定して、スポンサー契約を締結しました。スポンサー契約では、再生計画の成立を条件として、会社分割*13を行うこと等を規定することにしました。

⑫ 不動産鑑定では、正常価格と早期処分価格が算出され、DDでは実態貸借対照表*14や清算価値を算定*15がなされました。

⑬ 公認会計士と弁護士にて再生計画*16案原案を策定し、スポンサーからの譲渡対価と遊休資産を換価して弁済原資とする第二会社方式*17の再生計画案を立案しました。甲社長の経営者保証に関するガイドラインに基づく弁済計画（自宅を残す内容）も一体*18として作成しました。甲社長と弁護士は、計画策定の前後で金融機関と何度も面談や電話等で調整を図り、都度、その状況を主要行担当者と共有し、助言を受けながら、進めていきました。

⑭ 金融機関から様々な意見や指摘を受けて、公認会計士と弁護士にて、再生計画案を修正し、最終案として、協議会に提出し、金融機関にも示しました。第三者支援専門家*19の弁護士が再生計画最終案について調査し、スポンサー選定手続の公正性、会社が破産した場合の清算価値を上回ること、衡平で実行可能なものであることを確認し、金融機関に報告しました*20。

⑮ 第三者支援専門家の弁護士の調査報告書を参考に稟議を進め、全行が同意したので再生計画が成

*12 スケジュール（☞第5部233頁、256頁）

*13 第二会社方式の際の事業譲渡・会社分割の比較（☞第5部322頁）

*14 実態貸借対照表（☞262頁）

*15 清算配当率の試算（☞第5部265頁）

*16 債権放棄を伴う事業再生計画（☞第5部281頁）

*17 第二会社方式（☞第3部102頁）

*18 経営者保証に関するガイドラインの一体型（☞第8部454頁、484頁）

*19 第三者支援専門家（☞215頁）

*20 再生計画案を検証する場合の留意点（☞第5部300頁）

立しました。これにより甲社長は、保証債務の免除を受けることもできました。プレDIPファイナンスを出してくれた金融機関は、その間、資金繰りをつないでくれました。

⑯ 会社分割により、A社の事業は、スポンサーの設立した新A社に吸収分割が実行され、A社の事業はスポンサーのもとで残ることができました。また、分割対価が支払われたことで、プレDIPファイナンスも返済することができました。

⑰ A社（旧会社）は、その他の資産換価を進め、特別清算によって清算し、金融機関の債権放棄を受け、特別清算手続は終結となりました[21]。

*21 法的制度手続による清算②～特別清算（☞第7部418頁）

事例4　任意廃業～単純廃業の事例

① ○年4月　丙弁護士へ相談
② ○年5月　私的整理による事業スポンサーの模索
③ ○年7月　任意廃業の決断
④ ○年9月　廃業
⑤ ○年10月　財務調査・弁済計画案の提示
⑥ ○年12月　弁済計画案の成立（一定の弁済により、保証債務整理は完了）
⑦ 翌年3月　特別清算の申立て（追加弁済）

① A社は、コロナ後、遊休資産の処分により、公租公課はほとんどなくなりましたが、業況は収支トントンないし若干のマイナスの状態が続いていました。甲社長が高齢化していることに加えて、後継者が不在という問題もあり（事例2との相違点）、今後の事業継続が危ぶまれる状況にありました。

② A社は、多額の債務を抱えていることから、株

式譲渡であると事業スポンサーが見つからないことが容易に想像できる状況にありました。そこで、A社は、丙弁護士を代理人に選定するとともに、M＆Aの仲介会社とも契約し、いわゆる第二会社方式にて、事業スポンサーを探索するべく活動を開始し（事例3と同様）、取引金融機関にもその旨の説明を開始するに至りました。

③　しかしながら、A社は得意先が限定されており、しかも甲社長と当該得意先との元役員との人間関係により仕事を受注しており、当社独自の技術、強みがあるわけでもなく、事業の引受先は見つからない状況にありました。得意先も自社の内製化を進めており、当社事業や人材すべてを受け入れることには否定的な状況にありました。

　　加えて、A社の主要な外注先（海外関連会社）が昨今の円安の影響により、事業継続が難しい状況になってしまい、今後、外注先を使えないとなると、当社の事業見通しは大幅に収支が悪化することが想定される事態になってきました。

　　このような状況になったことを受けて、A社は廃業を検討することになりましたが、単純に破産手続を申し立てた場合、得意先から受注している業務がすべて中止することとなり、得意先に多大な迷惑を与えることとなり、売掛金の回収に大きなマイナスの事象が生じる事態が想定される事態となりました。そこで、A社は、丙弁護士や主要金融機関とも相談の上、廃業するものの、計画的に事業活動を停止し、仕掛中の業務をすべて行うことにより、売掛金を満額回収するとともに、工場不動産については、担保権者と協議の上、第三者に入札方式により販売し、一定の非保全弁済を

行う弁済計画を策定することを目指すことにしました。

この際、A社は、主要行から任意廃業をするのであれば、可能な限り、中小企業版GLの廃業型手続を利用し、手続の透明性、公正性に留意しながら進めてもらいたいとの意向を受けたこともあり、中小企業版GLの廃業型手続[*1]を利用することとしました。中小企業版GLの場合には、第三者支援専門家[*2]の選定は、弁済計画策定時でも構わないとされていますが、主要行とも協議の上、手続開始当初から、第三者支援専門家の弁護士を選定し、同弁護士に主要行の意向等の確認を要請し、中小企業版GLの廃業型手続を開始してもらうこととして、一時停止の要請も速やかに発出することとなりました。丙弁護士は、事業再生に知見のある公認会計士と不動産鑑定士を選定し、速やかに全対象債権者[*3]（金融機関とリース会社）に声がけして、債権者会議を開催しました。なお、リース債権者も廃業型手続の場合、対象債権者となるものの、リース物件を当面利用継続することから、一時停止の要請の例外として支払を継続することとして、一時停止要請を行う金融機関にもその旨の説明を行うことにしました。

④ 丙弁護士は、甲社長とともに得意先に足を運び、事業活動の終了時期について協議を行いました。その結果、A社が廃業することに伴い、相応の数量の売上を確保することができ、一定の配当原資を確保する目途が立ちました。金融債務やリース債務以外の債務[*4]は、順次、支払を行いました。

甲社長は、従業員に対し、事業活動の停止を行い、従業員に謝罪するとともに、事業停止時まで

*1 中小版GLの廃業型手続（☞401頁）

*2 第三者支援専門家（☞215頁）

*3 廃業型手続の対象債権者（☞403頁）

*4 対象外負債の取扱い（☞407頁）

の協力を要請しました。従業員からは解雇されるのであれば、それまでは有給休暇を買取りするよう求める声や今後の就労先の確保を求める声などが出ましたが、甲社長が誠実にお詫びをするとともに、今後の就労先についても最大限協力する話をしたことに加えて、丙弁護士も従業員説明会に同席し、廃業手続に協力することにより、従業員にとってもA社が破産にならないメリットがあることを丁寧に説明したこともあり、従業員も納得してくれ、廃業時まで業務を継続してもらうことができました（甲社長の役員報酬は、廃業後、一定の残務活動が終了するまで合理的な範囲で支払をすることにしました）。

　一定の配当原資を確保する弁済計画を策定する目途が立つことになったことから、その少し前から甲社長の経営者保証GLの手続も開始することとなりました。

　リース物件も順次引上げを完了し、引上げ完了時に一時停止の要請文書を発出し、リース料の支払も停止しました。弁済計画策定までの間に取引先の商取引債務や従業員の人件費等については、従前どおり、支払を継続し、その過程については、資金繰り表などで丙弁護士から金融機関に説明を行いました。

⑤　公認会計士と不動産鑑定士は、財務DDと不動産鑑定を実施し、<u>実態価値や清算価値の試算</u>[*5]を行いました。廃業型であることから、財務DDは簡易なものとなり、窮境要因分析、過去数期の財務内容の推移、実態BSとその内訳、清算BS程度でした。

　弁済計画策定にあたり、金融機関や信用保証協

*5　廃業型手続における財務調査等（☞408頁）

会と協議を重ねる中で、特別清算を行うか否かが議論となりました。信用保証協会から直接放棄*6をする場合、ハードルが高いという意見が出たことから、特別清算を行うことを弁済計画に記載することになりました。

*6 信用保証協会付き取引の留意点（☞420頁）

　○年9月、公認会計士と弁護士が中心となり、A社と甲社長の廃業型の弁済計画を策定し、金融機関とリース会社に説明を行いました。
⑥　○年12月、A社の弁済計画が成立しました。金融機関とリース会社に対し、弁済計画に基づく一定の弁済を行い、保証人の保証債務整理は完了しました。
⑦　A社は特別清算手続で若干の追加弁済を行い、残債務については、金融機関とリース会社の債権放棄を受け、特別清算手続は終結しました。

> **事例5**　民事再生〜スポンサーへの計画外事業譲渡の事例
>
> ①　○年4月　丙弁護士へ相談、危機的状況　日繰り資金繰り表を丙弁護士と共有
> ②　○年4月　私的整理の模索
> ③　○年5月　法的整理の決断
> ④　○年5月末　民事再生申立て
> ⑤　標準スケジュールに沿った手続進行
> ⑥　事業譲渡のうえ、会社を清算するが、事業はスポンサーのもとで存続
> ⑦　甲社長の保証債務整理

①　A社は、資金繰りに窮した状態となり、甲社長は、丙弁護士と面談を行いました。A社（甲社長）は、既に個人資産の大部分を会社に注ぎ込んでおり、もはや経営権にはこだわらないので、事業再生を目指したい旨を訴えましたが、資金繰りが非

常に悪化しており、資産処分等や経費の圧縮や雇用調整助成金による対応をしても、2〜3か月後には資金ショートが必至の状態に陥っていることが確認されました。月末の残高だけでなく、月中の資金繰りの確認も必要であり、日繰り資金繰り表[*1]を作成し、日々、管理し、丙弁護士に共有します。

＊1　日繰り表（☞第2部28頁）

② 丙弁護士は、資金繰りを維持することが容易ではないと判断し、事業再生ファイナンス[*2]により、資金繰りの維持ができないか金融機関に相談を開始するとともに、私的整理による時間が確保できない場合に備えて、民事再生による事業再生の検討を開始しました。M&Aの仲介会社を選定し、金融機関に対し、個別訪問やバンクミーティングを開催し、スポンサー型による事業再生を目指す意向を説明し、金融機関の理解も進みました[*3]。

＊2　事業再生ファイナンス（☞第3部123頁）

＊3　私的整理の優先検討（☞第3部53頁、第6部337頁）

③ しかし、同年5月、A社は、さらに資金繰りが悪化し、同月末の手形決済資金すら準備することも難しい状況となりました。丙弁護士は、事業再生ファイナンスを受ける金融機関と協議をしましたが、プレDIPファイナンスを受けても資金繰りの維持できる時間はそう長くないこと、事業価値がかなり痛んでおり、このまま漫然と時間を費やしてしまうと、さらにスポンサー探索が困難になることが確認されました[*4]。

＊4　法的整理に踏み切るとき（☞第6部339頁）

そこで、A社（甲社長）と丙弁護士は、資金繰りの精査などを含めた打ち合わせを連日連夜行った結果、同年5月末に民事再生手続の申立てを行うことを決断しました。

④ 申立てにあたっては、借入れのある金融機関から事前に預金を引き出し、借入れのない金融機関

の預金口座に移しておきました。申立て直後の債権者説明会には、事業再生ファイナンスを相談している金融機関にも参加してもらい、今後の掛け取引に心配している仕入先の不安を抑えることができました。

⑤　民事再生手続は裁判所の定める標準スケジュール[*5]どおりに進行しました。民事再生手続後、A社が申立てをした事実が公になることで（アナウンスメント[*6]効果）、M＆Aの仲介会社や丙弁護士への問い合わせも多数ありました。丙弁護士は、公認会計士や不動産鑑定士と連携して、同年6月末には財産評定を準備し、同年7月には監督委員の同意を得てスポンサーとの事業譲渡[*7]契約を締結しました。債権者の意見聴取を経て、同年8月1日に事業譲渡が実行されて、事業はスポンサーのもとで存続し、従業員もスポンサーに引き継がれました。

⑥　事業譲渡後のA社は、事業活動を停止して、残された財産の換価代金と譲渡代金などを原資として、同年9月に再生計画案を立案し、同年11月、再生計画案は、再生債権者の多数の同意を得て、可決・認可されました。再生計画案に基づく弁済を行い、再生手続は終結した後、通常清算によりA社の法人格は消滅しましたが、事業はスポンサーの下で存続しています。

⑦　事業譲渡を無事に実行して少し落ち着いたタイミングの同年8月下旬から、社長の保証債務整理を進めました。リース債権者が積極同意はできないが、積極反対まではしないとのことでしたので、特定調停を選択しました。丙弁護士は、同年10月、金融機関及びリース債権者を対象債権者として、

*5　民事再生の標準スケジュール（☞第6部358頁）

*6　法的整理の利点（☞第6部348頁）

*7　民事再生による計画外事業譲渡（☞第6部366頁）

甲社長の弁済計画案を立案しました。社長の財産が99万円以下であったことから、保証履行額を0としたゼロ円弁済で弁済計画が立案し、特定調停の申立てをしました[*8]。同年12月、簡易裁判所にて17条決定[*9]が出され、調停（弁済計画）は成立し、甲社長の保証債務は免除されました。甲社長は、破産せずに保証債務を整理することができました。

*8　中小企業活性化協議会と特定調停の違い（☞第8部483頁）

*9　17条決定（☞第5部227頁）

■本書に記載するガイドライン等について、カッコ内では次の略称を用いている。
- 中小企業の事業再生等に関するガイドライン
  ・・・・・・・・・・・・・・・「中小版GL」又は「ガイドライン」
- 中小企業の事業再生等に関するガイドラインQ&A
  ・・・・・・・・・・・・・「中小版GLQA」又は「ガイドラインQA」
- 中小企業活性化協議会・・・・・・・「活性化協議会」又は「協議会」
- 中小企業活性化協議会実施基本要領・・・・・・・・・・・「実施要領」
- 中小企業活性化協議会実施基本要領 別冊2．再生支援実施要領
  ・・・・・・・・・・・・・・・・・・・・・・・・「再生支援要領」
- 中小企業活性化協議会実施基本要領 別冊2．再生支援実施要領Q&A
  ・・・・・・・・・・・・・・・・・・・・・・「再生支援要領QA」
- 廃業時における「経営者保証に関するガイドライン」の基本的考え方
  ・・・・・・・・・・・・・・・・・・・・・・・・・「基本的考え方」
- 中小企業活性化協議会実施基本要領別冊4　中小企業再生支援協議会等の支援による経営者保証に関するガイドラインに基づく保証債務の整理手順・・・・・・・・・・・・・・・・・・・・・・・「整理手順」
- 中小企業活性化協議会実施基本要領別冊4　中小企業再生支援協議会等の支援による経営者保証に関するガイドラインに基づく保証債務の整理手順Q＆A・・・・・・・・・・・・・・・・・・「整理手順QA」
- 私的整理に関するガイドライン・・・・・・・・・・・「私的整理GL」
- 経営者保証に関するガイドライン・・・・・・・・・「経営者保証GL」
- 経営者保証に関するガイドラインQ＆A・・・・「経営者保証GLQA」
- 「自然災害による被災者の債務整理に関するガイドライン」を
  新型コロナウイルス感染症に適用する場合の特則・・・「コロナ特則」

■本書の内容は、令和6（2024）年10月1日現在の法令等及び各種ガイドライン、ガイドラインQ&Aに基づいている。

目 次

改訂にあたって ·· ⅰ
はしがき ·· ⅲ
本書のあらまし～本書のご利用にあたって ·· ⅴ

第1部　事業再生の意義と関係者の心構え

第1章　事業再生の意義 ·· 2
1. 地域経済活性化という視点 ·· 2
2. 過剰債務の罠に陥ってはならないこと ·· 4
3. 円滑な事業承継のために ··· 6
   - コラム　事業承継と弁護士のかかわり方（余力のある今、専門家へ相談を） ··········· 7

第2章　廃業という選択肢 ·· 9
1. 廃業を検討すべき場合 ··· 9
2. 早期に廃業を目指す方が合理的な場合 ··· 11

第3章　事業再生を目指す経営者に求められる心構え ······································· 12
1. 平時の重要性①～平時からの信頼関係構築 ·· 12
2. 平時の重要性②～不正確な開示があった場合におけるガイドラインの適用 ··········· 13
3. 事業再生のために経営者に求められるもの ·· 13
4. 保証債務の処理 ··· 15

第4章　専門家に求められる心構え・役割 ·· 16
1. Pro　顧問税理士・公認会計士に求められる役割 ··· 16
   - コラム　顧問税理士と取引金融機関の協力 ··· 17
2. Pro　弁護士に求められる役割 ·· 18
3. Pro　廃業時の保証債務の処理 ··· 20
   - コラム　弁護士活用の重要性 ··· 21
   - コラム　相談窓口と第三者支援専門家 ·· 22

第2部　資金繰り維持の重要性とその手法

第1章　資金繰りが維持できれば事業継続は可能に ··· 26
1. 資金繰りと倒産 ··· 26
2. 資金繰り表の作成 ·· 28

第2章 資金繰り維持の方法 ……………………………………34
1 資金繰りを良くする方法とは ……………………………34
2 助成金・補助金 …………………………………………36
3 新規融資 …………………………………………………37
4 資産処分 …………………………………………………39
5 返済猶予 …………………………………………………40
6 コロナ禍での納税猶予とポストコロナにおける影響 ……43

第3部 事業再生・廃業の手続概要と手続選択

第1章 手続の概要と私的整理の展開 ……………………48
Ⅰ 私的整理と法的整理の概要 …………………………………48
1 事業再生等の手続の概要 …………………………………48
2 法的整理の特徴 …………………………………………50
3 私的整理の特徴と「準則型の私的整理手続」………………51
4 法的整理と私的整理の違いのまとめ ……………………52
5 法的整理と私的整理の手続選択 …………………………53
　1 私的整理によって事業価値の毀損を防ぐ ………………54
　2 私的整理の信頼性向上 ……………………………………54
　3 私的整理が困難な場合 ……………………………………55
　4 保証債務の整理との関係 …………………………………55

Ⅱ 私的整理の課題と今後 ……………………………………57
1 債務整理の手法の発展 ……………………………………57
2 法的整理と私的整理の「弱点」 ……………………………58
3 私的整理から法的整理への移行と連携～私的整理の弱点の克服 ……59
4 私的整理の更なる課題 ……………………………………62
5 中小企業再生支援協議会の利用 …………………………63
6 中小企業支援協議会から中小企業活性化協議会への改組 ……64
7 中小企業活性化協議会と事業再生支援 …………………64
　1 協議会自身による支援 ……………………………………65
　2 民間プレーヤーによる支援 ………………………………66
8 中小企業の事業再生等に関するガイドラインとの関係 ……66

Ⅲ 中小企業の事業再生等に関するガイドライン …………68
1 中小版GLの概要①～中小企業の事業再生等に関するガイドラインとは ……68

- **2** 中小版GLの概要②〜利用状況と改訂 ······69
- **3** 中小版GLの概要③〜中小版GLの構成 ······70
- **4** 中小版GLの考え方①〜中小版GL第二部の位置付け ······71
- **5** 中小版GLの考え方②〜中小版GL第二部は第三部の前提条件か ······72
- **6** 中小企業版私的整理手続①〜中小版GL第三部の概要 ······73
  - **1** 再生型と廃業型 ······73
  - **2** 中小版GLにおける「外部支援専門家」と「第三者支援専門家」 ······73
  - **3** 他の準則型手続への準用 ······74
- **7** 中小企業版私的整理手続②
  〜中小企業の実態に合わせた手続(経営者の退任を必須としないこと等) ······75
- **8** 廃業型私的整理手続 ······76
- **9** 経営者保証債務の整理①〜「経営者保証に関するガイドライン」との関係 ······76
- **10** 経営者保証債務の整理②〜廃業時の考え方 ······77
- **11** 経営者保証債務の整理③
  〜主たる債務者が廃業の場合も、保証人は破産を回避し得ること ······78

第2章 事業再生のイメージ ······80

- **1** 経営改善 ······80
  - **1** 経営改善計画策定支援事業(405事業) ······81
  - **2** 早期経営改善計画策定支援事業(ポスコロ事業) ······83
- **2** 金融機関との調整を行っての事業継続 ······85
  - **1** 再生のイメージ図 ······85
  - **2** 私的整理が成立するか否かを判断するその他の要素 ······87
- **3** 金融機関調整で収まらない場合の事業継続 ······88
  - **1** 再建型の法的手法による事業存続を検討 ······88
  - **2** 清算型の法的手続の場合でも事業譲渡による事業存続を検討 ······88
- **4** 廃業 ······89
  - **1** 廃業という選択 ······89
  - **2** 廃業の種類 ······91

第3章 経営陣続投型(自主再建型)とスポンサー型 ······94

- スポンサーによる支援の概要 ······94

第4章 多様な再生スキーム ······97

- **1** リスケジュール ······97
  - **1** リスケジュール ······97
  - **2** 中小企業活性化協議会のプレ再生支援(旧:協議会版暫定リスケ) ······99
- **2** 債権放棄(第二会社方式を含む) ······101
  - **1** 直接債権放棄 ······101

2 第二会社方式 ··· 102
　3 DES ··· 105
　4 DDS ··· 106
　5 サービサースキーム及びファンドスキーム ··················· 109
　　　1 サービサーの活用 ··· 109
　　　2 再生ファンドの活用 ·· 110

第5章　近時の金融機関の取組み ················ 112

I　商工中金が組織として取り組む経営改善・事業再生支援 ········· 112

1 基本的な取組み姿勢 ·· 112
2 当金庫が行う経営改善支援 ······································· 113
　　1 「経営支援総合金融サービス事業」の展開 ················ 113
　　2 当金庫が行う具体的な経営改善支援 ······················· 114
3 抜本的な事業再生支援 ··· 118
　　1 大手企業のOEM売上が過半を占める企業に対する再生事例 ······ 119
　　2 新規行を呼び込み求償権消滅保証を活用した事例 ········· 120
　　3 社外役員の専門家と連携し、抜本的事業再生に取り組んだ事例 ··· 121
4 おわりに ·· 122

II　三井住友銀行の事業再生ファイナンス ······················· 123

1 はじめに ·· 123
2 事業再生への取組み ·· 124
3 事業再生ファイナンスについての留意点等 ·················· 124
4 事業再生ファイナンスの実績 ···································· 125
5 事業再生ファイナンスの判断ポイントと融資条件 ········· 126
　　1 融資金額・金利等 ··· 126
　　2 融資判断のポイント ·· 127
　　3 担保 ·· 127
6 新型コロナウイルス環境下での対応 ···························· 128
7 コロナ禍後の経営環境 ··· 129
8 アーリーDIPファイナンスと租税債権の関係 ················ 130
9 租税債権が多額にある場合のアーリーDIPファイナンスの利用 ··· 131
10 おわりに ·· 132

第4部　経営改善

第1章　経営改善の意義と全体像 …… 136
- **1** はじめに …… 136
- **2** 経営改善プロセスの全体像 …… 137

第2章　実態調査と経営改善施策の立案 …… 139
- **1** はじめに …… 139
- **2** *Pro* 事業概要の把握 …… 139
- **3** *Pro* 決算書と月次試算表による財務的な調査・分析・改善手法 …… 142
  - 1 決算書と月次試算表の推移分析による企業概況の把握 …… 142
  - 2 コスト項目の推移分析によるコスト削減の検討 …… 146
  - 3 資産・負債内容の確認による資金創出・支出削減の検討 …… 149
- **4** *Pro* 個別明細資料の作成による調査・分析・改善手法 …… 152
  - 1 借入金明細の作成による資金繰り・金融コスト改善施策の検討 …… 153
  - 2 不動産明細の作成による不動産活用の検討 …… 154
  - 3 保険明細の作成による資金創出・支出削減の検討 …… 155
  - 4 リース明細の作成によるリース料削減の検討 …… 156
  - 5 売上高・粗利益明細の作成による事業収益力の分析 …… 156
  - 6 拠点別・事業別損益明細の作成による事業収益力の分析 …… 158
  - 7 延滞債務明細の作成による未払リスクの検討 …… 160
- **5** *Pro* 外部環境分析 …… 161
  - 1 市場動向分析 …… 161
  - 2 競合他社分析 …… 163
- **6** *Pro* その他の調査・分析・改善手法 …… 164
  - 1 株主構成・役員体制の調査 …… 164
  - 2 管理職インタビューの実施 …… 165
  - 3 組織再編（M&A）の検討 …… 167
- **7** *Pro* 事業計画の策定 …… 168
  - 1 計画策定の全体像 …… 169
  - 2 計画の骨子の策定 …… 169
  - 3 アクションプランの策定 …… 170
  - 4 計数計画の作成 …… 172
  - 5 計数計画詳細の作成 …… 175

第3章　月次モニタリング …… 182
- **1** はじめに …… 182
- **2** 月次モニタリングの意義 …… 182
- **3** 月次モニタリングにおける実施事項と効果 …… 183

- 1 前期・前月比較分析 …………………………………… 184
- 2 経営改善施策の実行状況の確認 …………………… 186
- 3 計画実績比較分析 …………………………………… 187
- 4 財務三表シミュレーションの作成 ………………… 188

第5部　私的整理による事業再生

第1章 金融機関の理解・信頼を得る方法 …………………… 190
- 1 金融機関の理解が重要であること ……………………… 190
- 2 金融機関交渉の基本は信頼関係 ………………………… 191
- 3 金融機関との交渉の際に知っておくべき用語 ………… 192
  - 1 債務者区分 ……………………………………………… 192
  - 2 実質債務超過（簿価、時価、清算ベース）………… 194
  - 3 実抜計画、合実計画 …………………………………… 195
  - 4 条件変更・金融支援 …………………………………… 195
  - 5 設備資金・運転資金・短期のつなぎ資金（紐付き融資）… 196
  - 6 期流れ・期限の利益喪失 ……………………………… 196
  - 7 信用保証協会の代位弁済、求償権消滅保証 ………… 197
  - 8 制度融資、プロパー債権・融資 ……………………… 198
  - 9 動産・債権譲渡担保融資（ABL）…………………… 199
  - 10 事業価値・EBITDA …………………………………… 199

第2章 私的整理手続の類型 ……………………………………… 200
- 1 私的整理手続のスキーム比較 …………………………… 200
  - 1 準則型私的整理とその他の私的整理 ………………… 200
  - 2 準則型私的整理手続の類型 …………………………… 201
  - 3 特定調停 ………………………………………………… 204
  - 4 純粋私的整理 …………………………………………… 205
- 2 中小企業活性化協議会（旧：中小企業再生支援協議会）… 205
  - 1 中小企業活性化協議会とは …………………………… 205
  - 2 「協議会スキーム」と「中小企業版私的整理手続」の特徴
    ～「私的整理に関するガイドライン」との比較による理解 … 207
  - 3 中小企業活性化協議会の手続の流れ ………………… 210
  - 4 中小企業再生支援全国本部 ⇒ 中小企業活性化全国本部 … 211
- 3 中小企業の事業再生等に関するガイドライン ………… 213
  - 1 「中小企業の事業再生等に関するガイドライン」とは … 213
  - 2 中小企業版私的整理手続（ガイドライン第三部）… 217
  - 3 活性化協議会と中小版GLの違いと使い分け（手続選択）… 223
- 4 日弁連特定調停スキーム ………………………………… 226

- 1 日弁連特定調停スキームの概要 ································ 226
- 2 事業再生型の特定調停スキームの特徴 ···················· 226
- 3 日弁連の特定調停スキームの課題と期待 ················ 228
- 5 純粋私的整理 ··· 228
- 6 準則型私的整理手続等の比較（まとめ） ······················ 229
  - 事例紹介① 小規模事業者における事業譲渡事例の紹介 ············· 232
  - コラム 中小企業の私的整理のスケジュールと手続コスト ················ 233

第3章 会社と専門家の打ち合わせ及び手続選択の検討 ········ 236

- 1 打ち合わせ事項 ··· 236
- 2 事業再生のための大まかな方針（手続選択） ··············· 240
  - 1 自主再建ができるか否かを決める要素 ···················· 240
  - 2 私的整理による計画策定の余地があるか（法的整理にすべきか） ·· 240
  - 3 抜本再生になりそうか ·· 241
  - 4 喫緊の金融調整が必要か ··· 241
  - 5 どのような相談機関に相談すべきか ························ 242
- 3 Pro 税金等が多額にあるなど難しい事業者の手続選択
  〜事業再生型私的整理に必要な金額の目安とは ············ 242
  - 事例紹介② 固定資産税の滞納があったものの、
    私的整理手続で自主再建を果たした事例 ·············· 246
- 4 Pro 専門家が対外的な交渉に同席するタイミング ············ 247

第4章 金融機関交渉、DD及び事業再生計画策定 ············ 249

- 1 Pro 金融機関との接触 ·· 249
  - 1 中小企業活性化協議会への事前相談の検討 ··············· 249
  - 2 個別訪問のアポ取り、個別訪問時に伝える内容 ········· 250
  - 3 預金避難の検討 ·· 251
  - 4 条件変更の諸問題〜前払利息や期流れの遅延損害金等の取扱い ··· 252
- 2 Pro 債権者会議（バンクミーティング）を中心とした金融機関交渉 ·· 253
  - 1 債権者会議（バンクミーティング）の目的 ··············· 253
  - 2 招集通知 ·· 253
  - 3 会場の手配等 ··· 253
  - 4 当日の準備事項・式次第 ·· 254
  - 5 債権者会議（バンクミーティング）を行うべき場面 ·· 255
  - 6 事業改善及び情報開示など会社側が行うべき事項 ····· 256
  - 7 専門家や専門機関との相談・連携 ··························· 257
- 3 Pro DD及び事業計画策定 ··· 258
  - 1 DDの概要 ··· 258
  - 2 財務DDのポイント ·· 260
  - 3 事業DDのポイント ·· 267

- ④ 事業計画（数値計画）の策定 …… 272
- ⑤ 早期に再生計画を策定できない場合の暫定リスケ（プレ再生支援）の意義 …… 272

4 Pro スポンサー交渉 …… 273
- ① 自主再建かスポンサー型か …… 273
- ② 自主再建型にする場合の金融機関の腹落ち …… 274
- ③ スポンサー型にする場合の経営者等の腹落ち …… 275
- ④ 仲介会社やFAに依頼するのか否か …… 275
- ⑤ スポンサー交渉の流れ …… 276
- ⑥ 現法人活用か、第二会社方式かなどスキームの協議 …… 277
- ⑦ スポンサー選定手続の公正性 …… 278
- ⑧ 譲渡対価の交渉及び事業計画の提示がない場合の対応策 …… 279
- ⑨ スポンサー契約の内容の協議 …… 280

5 Pro 債権放棄を伴う事業再生計画 …… 281
- ① 再生計画策定の意義・目的 …… 281
- **コラム** スポンサー型の問題点と自主再建型の意義の見直し …… 282
- ② 再生計画の全体像 …… 283
- ③ 再生計画策定における重要な概念 …… 286
- ④ 金融機関への依頼事項 …… 297
- ⑤ 再生計画案を検証する場合の留意点 …… 300

6 Pro 再生計画案が成立しない場合の対応 …… 301
- ① 再生計画策定にすらたどり着けない場合 …… 301
- ② 再生計画策定までは進んだものの同意が得られない場合 …… 301
- ③ 東京地裁民事20部の特定調停 …… 302
- ④ 私的整理から法的整理への移行 …… 304

7 Pro 事業再生計画成立後のモニタリング …… 304
- ① 自主再建型の事業再生計画のモニタリング …… 304
- ② スポンサー型の場合のモニタリング …… 305
- ③ 計画と実績の乖離が大きい場合・廃業型手続との関係 …… 305

第5章 事業再生型私的整理に伴う税務 …… 307

I 債権者の税務 …… 307

1 Pro 金融機関により債権放棄があった場合 …… 307
- ① 債権放棄（直接放棄） …… 307
- ② 第二会社方式 …… 310

2 Pro 金融機関による金融支援があった場合 …… 311
- ① リスケジュール …… 311
- ② DES …… 311
- ③ DDS …… 312

- 4 債権譲渡 ………………………………………………………… 312
- **II 債務者の税務** ………………………………………………………… 313
  - **1** Pro 直接債権放棄スキーム …………………………………… 313
    - 1 債務免除益課税 ………………………………………… 313
    - 2 企業再生税制 …………………………………………… 317
  - **2** Pro 仮装経理の場合の更正の請求 …………………………… 319
  - **3** Pro 第二会社方式 ……………………………………………… 319
    - 1 自主再建型 ……………………………………………… 319
    - 2 スポンサー型 …………………………………………… 321
  - **4** Pro 事業譲渡又は会社分割の選択ポイント ………………… 322
  - **5** Pro 第二次納税義務、連帯納付責任 ……………………… 324
  - **6** Pro 債権放棄以外の金融支援を受けた場合の留意点 ……… 325
    - 1 リスケジュール ………………………………………… 325
    - 2 DES ……………………………………………………… 325
    - 3 DDS ……………………………………………………… 326
    - 4 債権譲渡 ………………………………………………… 326
  - **7** Pro 個人事業の場合 …………………………………………… 326
    - 1 所得税 …………………………………………………… 326
    - 2 消費税 …………………………………………………… 328
- **III 経営者の税務** ………………………………………………………… 329
  - **1** Pro 私財提供した場合 ……………………………………… 329
    - 1 私財提供した個人の課税（所得税、消費税）………… 329
    - 2 他株主の課税（贈与税）………………………………… 329
  - **2** Pro 会社に対する貸付金がある場合 ……………………… 331
  - **3** Pro 会社からの借入金がある場合 ………………………… 332
    - 1 資産の譲渡対価により返済する場合 ………………… 332
    - 2 債務免除益 ……………………………………………… 333
      - 事例紹介③ 第二会社方式で事業譲渡を選択した再生事例 ……… 333

第6部 法的整理による事業存続策

第1章 事業存続のための法的整理 ………………………………… 336
- **1** 法的整理と私的整理 …………………………………………… 336
- **2** 法的整理と私的整理の使い分け ……………………………… 337
- **3** 法的整理に対する思い込みの払拭 …………………………… 338
- **4** 法的整理に踏み切るとき①〜私的整理に適するケース ……… 339

- **5** 法的整理に踏み切るとき②〜私的整理が不可能なケース ……………… 340
- **6** 法的整理に踏み切るとき③〜いきなり法的整理か、私的整理を経るか …… 341
- **7** 私的整理から法的整理への移行 …………………………………………… 342
- **8** 法的整理と個人保証 ………………………………………………………… 344
- **9** 資金繰りの重要性①〜私的整理の資金繰り ……………………………… 345
- **10** 資金繰りの重要性②〜事業存続策としての法的整理と資金繰り ……… 346
- **11** 資金繰りの重要性③〜債務整理中の新たな借入れ ……………………… 347
- **12** 法的整理の利点と難点①〜法的整理の利点 ……………………………… 348
- **13** 法的整理の利点と難点②〜法的整理とスポンサー ……………………… 350
- **14** 法的整理の利点と難点③〜法的整理の難点と克服策 …………………… 351
- **15** 法的整理の利点と難点④〜商取引債権保護の制度化 …………………… 353

第2章 民事再生による事業の存続 …………………………………………… 354

- **1** 民事再生の対象 ……………………………………………………………… 354
- **2** 民事再生による経営権の維持 ……………………………………………… 354
- **3** 民事再生と経営者の交代 …………………………………………………… 355
- **4** 民事再生手続を利用する心構え …………………………………………… 356
- **5** 申立代理人の役割 …………………………………………………………… 357
- **6** 民事再生の手続 ……………………………………………………………… 358
- **7** 清算価値保障の概要 ………………………………………………………… 360
- **8** 財産評定の意義 ……………………………………………………………… 360
- **9** 事業存続のための準備 ……………………………………………………… 361
- **10** 民事再生手続における金融機関との接し方 ……………………………… 362
- **11** 民事再生によって事業を存続させる方策 ………………………………… 363
- **12** 収益弁済による再生計画の概要 …………………………………………… 364
- **13** スポンサー型再生計画の概要 ……………………………………………… 365

第3章 事業譲渡の利用 …………………………………………………………… 366

- **1** 民事再生による事業譲渡 …………………………………………………… 366
- **2** 牽連破産保全期間中の事業譲渡 …………………………………………… 367
- **3** 破産手続による事業譲渡 …………………………………………………… 368
- **4** 破産申立てと事業譲渡をセットで行う場合の留意点 …………………… 369
- **5** 破産手続に対する正しい認識〜3つの視点 ……………………………… 370
  - [1] 最後のセーフティネットとしての積極的な位置付け ………………… 371
  - [2] 「破産でも解決できない事態」を避ける ……………………………… 371
  - [3] 主たる債務者が廃業したとしても、保証人は破産手続を回避し得る ………… 372

事例紹介④ 多額の退職金債務があったものの、民事再生を申し立てて、現法人スキームにて再生した事例 …… 372

第4章　法的整理に伴う税務 …… 374

Ⅰ　民事再生の場合 …… 374

1 *Pro* 債権者の税務 …… 374
　① 債務者が再生手続開始の申立てを行った場合 …… 374
　② 再生計画認可の決定があった場合 …… 375

2 *Pro* 債務者の税務 …… 376
　① 債務免除益課税 …… 377
　② 損金経理方式 …… 378
　③ 別表添付方式 …… 381

3 *Pro* 粉飾決算による還付 …… 383
　□ 仮装経理の場合の更正の請求 …… 383

Ⅱ　破産や特別清算の場合 …… 385

■ *Pro* 破算・特別清算により事業譲渡をする場合 …… 385

第7部　廃業手法

第1章　廃業・清算の概要 …… 388

1 廃業を検討すべき場合 …… 388
2 廃業を決断するタイミング〜早期廃業の合理性 …… 389
3 早期の廃業決断の有用性 …… 391
4 破産の回避に向けた私的整理の活用 …… 391
5 廃業と経営者保証 …… 393

第2章　廃業・清算の方法 …… 394

1 廃業・清算の概要 …… 394
2 通常清算 …… 396
3 私的整理による廃業・清算①〜私的整理を選択できる場合 …… 397
4 私的整理による廃業・清算②〜給料不払いへの対応 …… 399
5 *Pro* 中小企業の事業再生等に関するガイドライン …… 401
　① 中小企業の事業再生等に関するガイドラインの公表 …… 401
　② 廃業型私的整理手続の流れ（進行）の概要 …… 401
　③ 廃業型私的整理手続の適用対象となる中小企業者 …… 403
　④ 対象債権者、主要債権者 …… 403
　⑤ 廃業型私的整理手続の開始・一時停止要請 …… 405

　　　　⑥ 弁済計画案の立案・内容 ………………………………………… 406
　　　　⑦ 弁済計画案の調査報告 …………………………………………… 410
　　　　⑧ 弁済計画の成立とモニタリング ………………………………… 412
　　⑥ 特定調停手続 …………………………………………………………… 413
　　⑦ REVICにおける再チャレンジ支援（特定支援） ………………… 414
　　⑧ 純粋私的整理と特別清算手続の併用 ………………………………… 414
　　⑨ 中小企業活性化協議会への相談 ……………………………………… 415
　　⑩ 私的整理による廃業・清算の課題 …………………………………… 416
　　⑪ 法的倒産手続による清算①〜破産手続 ……………………………… 417
　　⑫ 法的倒産手続による清算②〜特別清算 ……………………………… 418
　　　　コラム 信用保証協会付き取引がある場合の注意点 ……………… 420
　　⑬ 法的倒産手続による清算③〜民事再生手続 ………………………… 421
　　　　事例紹介⑤ 破産によらない廃業・清算〜スポンサー選定が頓挫し、
　　　　　　　　　廃業に至った事例 ……………………………………… 422
　　　　事例紹介⑥ 破産によらない廃業・清算〜中小企業再生支援協議会に相談し、
　　　　　　　　　廃業支援を受けた事例 ………………………………… 423
　　　　事例紹介⑦ 破産によらない廃業・清算〜中小版GLによる廃業型私的整理手続により、
　　　　　　　　　経営者の連帯保証債務と一体で処理した事例 ………… 424
　　　　事例紹介⑧ 破産によらない廃業・清算〜破産方針を中小版GLによる廃業型私的整理
　　　　　　　　　手続に切り替えて処理した事例 ……………………… 426

第3章　廃業に伴う税務 …………………………………………………… 428

Ⅰ　債権者の税務 ………………………………………………………… 428

　　① **Pro** 取引先の破産・特別清算に伴う損金算入時期 ……………… 428
　　　　１ 債務者が破産手続開始や特別清算開始を申し立てた場合 …… 428
　　　　２ 特別清算に係る協定の認可の決定があった場合等 …………… 429
　　② **Pro** 債務者不明の際の債権の損金算入 …………………………… 430

Ⅱ　債務者の税務 ………………………………………………………… 432

　　① **Pro** 債務免除益課税や資産の譲渡益課税に対する対応 ………… 432
　　　　１ 解散の場合の期限切れ欠損金の取扱い ………………………… 432
　　　　２ 特別清算や破産の場合の期限切れ欠損金の取扱い …………… 434
　　② **Pro** 還付請求 ………………………………………………………… 435
　　　　１ 仮装経理の場合の更正の請求 …………………………………… 435
　　　　２ 欠損金の繰戻し還付 ……………………………………………… 435
　　③ **Pro** 清算・破産に伴う税務申告 …………………………………… 437
　　　　１ 事業年度と申告期限 ……………………………………………… 437
　　　　２ 解散事業年度・清算事業年度・残余財産確定日の属する事業年度の申告 … 439

|4| Pro 第二次納税義務 …………………………………… 442

Ⅲ 株主の税務 …………………………………………………… 443
　■ Pro 清算・破産の際の株主に対する課税関係 …………… 443
　　|1| 個人株主の場合 …………………………………… 443
　　|2| 法人株主の場合 …………………………………… 444

第8部　保証人の保証債務整理

第1章　保証債務整理の概要 ………………………………… 448
|1| 保証債務整理の手続概要 …………………………………… 448
|2| 廃業時における基本的考え方 ……………………………… 449

第2章　経営者保証に関するガイドライン ………………… 453
|1| 経営者保証に関するガイドラインとは …………………… 453
|2| 経営者保証に関するガイドラインの類型及びメリット … 454
　|1| 一体型と単独型 …………………………………… 454
　|2| 経営者保証GLのメリット ……………………… 455
|3| 経営者保証に関するガイドラインの手続の流れ ………… 456
|4| Pro 経営者保証に関するガイドラインの要件 ………… 458
|5| Pro 返済猶予等の要請の意義と留意点 ……………… 460
|6| Pro 残せる財産の範囲 ……………………………… 462
　|1| 前提としての財産調査 …………………………… 462
　|2| 保証履行額の計算のための残存資産の範囲 …… 464
　|3| 公正価額弁済 ……………………………………… 470
|7| 自宅の残し方 ………………………………………………… 471
　|1| オーバーローンの住宅ローンがある場合 ……… 471
　|2| 担保余剰がある場合や無担保の場合 …………… 471
　|3| 主債務の担保が設定されている場合 …………… 472
|8| Pro 保証人の弁済計画案及び表明保証 ……………… 473
　|1| 弁済計画案の記載例（金融機関への依頼事項例）… 474
　|2| 表明保証 …………………………………………… 476
　|3| 衡平性と保全の考え方 …………………………… 477
　|4| 債務免除要請 ……………………………………… 477
　|5| 実行可能性 ………………………………………… 478
|9| Pro 実務上で問題となる論点・注意点・疑問点等 … 478
　|1| 固有の債務やリース債務がある場合 …………… 478
　|2| 受任通知を出すのか否か、預金口座の取扱い … 480
　|3| 自由財産しか財産がない場合の保証履行額～ゼロ円弁済の許容性 … 480

- ④ 会計処理が正確でない場合、保証人が財産隠し行為をしている場合 ………… 481
- ⑤ 金融機関が経営者保証GLに協力的でない場合 ……………………………… 482
- ⑥ 中小企業活性化協議会と特定調停の違い ……………………………………… 483
- ⑦ 保証人が複数の法人の債務の保証をしている場合 …………………………… 484
- ⑧ 一体型の計画と単独型の計画の違い …………………………………………… 484
- ⑨ 保証人に相続が関係する場合 …………………………………………………… 485
- ⑩ 保証人等の意思能力に問題がある場合 ………………………………………… 486
- ⑪ 保証人が複数いる場合（第三者保証人の場合など） ………………………… 486

  事例紹介⑨ 会社は特別清算で廃業して、代表者（保証人）は経営者保証に関するガイドラインで公正価額弁済をして、自宅を残した事例 ………… 487

第3章 破産等その他の債務整理の方法 ……………………………………… 489

■ 経営者保証に関するガイドライン以外の債務整理方法 ……………… 489
- ① 個人破産とは ……………………………………………………………………… 489
- ② 自然災害ガイドライン（コロナ特則） ………………………………………… 490
- ③ 小規模個人再生 …………………………………………………………………… 490
- ④ 民事再生法（通常再生） ………………………………………………………… 490
- ⑤ 消滅時効 …………………………………………………………………………… 491
- ⑥ 相続放棄 …………………………………………………………………………… 491
- ⑦ 超長期弁済やサービサーとの個別和解 ………………………………………… 491

第4章 保証人に関する税務 …………………………………………………… 493

1 Pro 保証債務の免除を受けた場合①
〜経営者保証ガイドラインに基づく保証債務の整理 ………………………… 493

2 Pro 保証債務の免除を受けた場合②
〜経営者保証ガイドラインに基づかない場合 ………………………………… 496

3 Pro 保証債務の免除を受けた場合③
〜保証債務の整理と合わせて、固有の債務（住宅ローン、カードローン等）を整理した場合 ……………………………………………………………… 497

4 Pro 保証人が複数いる場合 ………………………………………………… 498

5 Pro 保証債務の履行に伴い資産を譲渡した場合①
〜基本的取扱い …………………………………………………………………… 499
- ① 保証債務を履行するために資産を譲渡した場合の特例 ……………………… 499
- ② 特例の適用が受けられない場合 ………………………………………………… 504

6 Pro 保証債務の履行に伴い資産を譲渡した場合②
〜第二会社方式による新会社への譲渡 ………………………………………… 506

7 Pro 保証人が私財提供した場合 …………………………………………… 508
- ① 債務処理計画に基づき資産を贈与した場合の課税の特例 …………………… 508
- ② 適用要件 …………………………………………………………………………… 509

第1部

事業再生の意義と関係者の心構え

第1章 事業再生の意義

1 地域経済活性化という視点

Q 倒産した場合に、どのような影響が生じますか。また、再生の意義とは何ですか。

A 事業再生には従業員の雇用を守るとか、再生した企業に融資した金融機関の回収額を増やすという意義だけでなく、地域経済を活性化させるなどの意義があります。新しくできた「事業再生等のガイドライン」は、事業再生等を後押しし、日本経済・地域経済の活性化に資するものになることを願って纏められています。倒産の影響については、下記の解説をご覧ください。

　会社が倒産した場合、その会社の従業員は全員解雇されてしまいます。従業員の家族にも大きな影響が出るでしょう。

　金融機関の立場に立って考えると、破産した場合よりも、会社に再生してもらった方が債権回収額は増える（倒産した場合よりも回収額が増えることを「経済合理性がある」（☞286頁**3**1）という言い方をすることがあります）ことが多いはずです。

　会社が再生するということは、取引先や地域にも良い影響を与えます。一方、倒産した場合には、仕入先・外注先の中には連鎖倒産する会社も出てくるでしょう。連鎖倒産した場合には、職を失う従業員の数は非常

に多くなってしまいます。従業員は、地元経済の中で地元の金融機関に預金をし、地元で消費をし、地元金融機関で住宅ローン（や投資信託）を組んでいることもあるでしょう。倒産した場合の地域経済への影響は甚大と言わざるを得ないのです（事業再生には単純に回収額が増える以上の価値があるのです）。得意先についても、商品の仕入れ、サービスの提供を受けられなくなってしまい、エンドユーザーにも影響が生じます。事業継続・事業再生を目指すことは、地域経済の活性化という社会的意義もあるのです（☞68頁❶）。

　令和4（2022）年3月に公表された「中小企業の事業再生等に関するガイドライン」（☞68頁❶、213頁❸）において、中小企業債権者である金融機関等が、一体となって事業再生等に向けた取組みを進めていくこととされており、同ガイドラインが事業再生等を後押しし、日本経済・地域経済の活性化に資するものであることを願うとされています（本書のあらまし「6　近時の問題意識③」参照）。

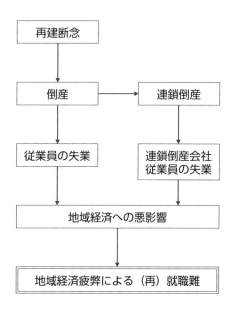

2 過剰債務の罠に陥ってはならないこと

Q 過剰債務を抱える中小企業が、事業再生を目指す意義は何ですか。

A 事業再生により、収益力の改善を行うことができ、金融機関との取引関係の正常化を目指しやすいというメリットがあります。

新型コロナ禍において、業績が悪化した中小企業の中には、過剰債務状態に陥っている会社も少なくありません。過剰債務状態(☞263頁②4)のままでは、いつまでたっても前向きに資金投下ができず、従業員の賃金の引上げもできず、従業員を採用することもままならず、じり貧状態となり、事業再構築が進まず、ますます業績悪化になってしまうという負のスパイラルに陥ることも考えられます。こうした悪循環を「過剰債務の罠」と呼びます。

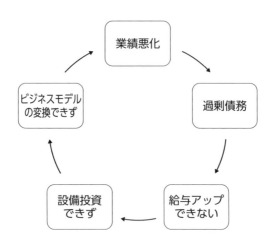

「過剰債務の罠」という負のスパイラルから脱却するためには、①自助努力を行い、収益力改善を目指すことが大事になります。②それでもなお過剰債務問題が解決できない場合には、過剰な債務部分を除去する

こと、つまり債権放棄を要請することが必要となってきます。

まず、①収益力改善（第4部参照）が必要です。そのために、事業上の課題を分析し、問題解決に取り組むことが重要になります。

ここで私的整理（☞48頁**1**）を用いることの利点は、厳しい資金繰りについて一時的に金融機関に返済を待ってもらい、そこで生まれた時間を使って対策を講ずるという点にあります。事業上の問題点を専門家の調査によりあぶり出し、金融機関にも問題点を共有してもらい、金融機関という第三者にも協力を仰ぎつつ、関係者が納得した上で、事業改善を進めることになります。また、人件費や投資の状況に問題があれば、その点を確認し、必要に応じて、ビジネスモデルの変換を行うなどして業績改善を目指すことになります。私的整理の場合には、取引先にもその情報が流れませんし、金融機関との信頼関係が維持されますので、金融機関からの継続支援が期待しやすい面があります。私的整理には、事業改善に取り組む時間的猶予が得られるとともに、金融機関との信頼感を築き、支援を得られるという意義があります（☞52頁**4**）。

次に、②収益力改善だけでは過剰債務問題が解決できない場合の対応は、債務減免に踏み込むことになります。

本書の方針は、ここでも私的整理をまず検討します（☞53頁**5**）。私的整理は全員一致が必要であり、債権放棄の理解を安易に得られるわけではありません。しかし、近時は、準則型私的整理手続（☞51頁**3**、199頁**1**）が発達し、私的整理だからといって、金融調整がしにくい（債権放棄が受けられない）というケースは減りつつあります。事実、私的整理による債権放棄の件数は、民事再生の件数を超えています。私的整理によって、過剰債務問題が解決可能な時代になっていることを押さえておくことが大事でしょう。

私的整理が難しい場合には、法的整理の一つである民事再生を活用します（第6部参照）。民事再生の場合には、対象債権者である金融機関等の全員の同意も不要であり（多数決原理により可決のうえ裁判所の認可を得れば、反対行に対しても法的な効力があります）、スピーディに処理できる長所もあります。私的整理では困難な不利益な契約を解除できる（双方未履行の双務契約の解除条項）ことなどのメリットも多々あ

ります。一方で、民事再生は商取引債権者を巻き込んでしまうなどの問題があり、会社の事業価値が毀損してしまうなどのデメリットが指摘されていますが、近時、特に私的整理から移行する場合について、事業価値を維持すべく様々な検討がされています（☞59頁**3**）。

3 円滑な事業承継のために

Q 債務超過会社の事業承継には、どのような問題がありますか。

A 債務超過会社が事業承継を目指す場合には、保証債務などがネックになり、推し進めることができないという問題があります。事業再生を行うことによって、事業承継が進められる面があります。

　近時、経営者の高齢化が進行しているという報道を目にすることが増えていますが、中小企業において債務超過状態・過剰債務状態を抱えたままでは、事業承継を進めていくのは困難です。なぜなら、中小企業の経営者は、金融機関に対する保証債務を負っていることが通例であり、この保証債務がネックになり、保証を引き継ぐくらいであれば、承継できないといって後継者が引継ぎに尻込みしてしまうことが多いからです。
　もっとも、債務超過状態（☞194頁**2**、262頁**2**1）の会社でも、一定の事業価値があり、地域社会で重要な役割を担っている中小企業は少なくありません。後継者の不在は地域社会にとっても重要な課題だといえるでしょう。
　過剰債務状態（☞263頁**2**4）の場合には、抜本的な再生処理を図るとともに（債権放棄（☞101頁**2**）を受けること）、保証の問題を同時に解決することで事業承継が進みやすくなる面があるのです。

> コラム

事業承継と弁護士のかかわり方（余力のある今、専門家へ相談を）

　経営者からは、「事業承継に弁護士がどうやって関わるのですか？」と聞かれることがよくあります。事業承継に関わる人といえば、仲介業者、税理士、会計士などが一般的であり、弁護士が関わることや弁護士に相談することは稀だと思われている方も多いと思います。

　本コラムでは、事業承継を弁護士に相談するメリットをご紹介します。

　事業承継に関する弁護士の役割は、法的な側面からの調査が主となりますが、事業承継の流れを全体的にみて、問題点やリスクを発見することができる点も大きな役割の一つになります。事業承継を時系列でみていくことにより、現時点では問題になっていないが、潜在的な問題点があるのではないか、事業譲渡後に問題が発生することはないのか、問題が発生した場合の責任の所在はどうなるのか、など全体的な視点から物事を判断することができるようになります。

　事業承継について考えてもみなかった不安、漠然とした不安を払拭する役割を弁護士が担うといってもよいかもしれません。事業承継は、その会社の将来にとって重要な経営判断であり、大きな出来事の一つです。リスクや不安を最小限にした上で、事業承継を成功させることができるという点に弁護士に相談するメリットがあります。事業承継をお考えの方には、弁護士にご相談することをお勧めします。

　東京弁護士会では、中小企業の事業承継をバックアップするため、中小企業法律支援センター事業承継プロジェクトチームを設けています。ここでは、経営者に事業承継を身近に感じてもらうため、区役所や各金融機関などと連携し、経営者向けに事業承継に関するセミナーや相談会なども開催しています。また、その他にも、中小企業の方々に事業承継を身近に感じてもらうため、弁護士の目線からアドバイスする簡易診断を実施しています。事業承継のための簡易診断ではありますが、全体的に会社を見ることができますので、一度だけではなく、定期的に受けることで、事業承継だけではなく、様々な課題の洗い出しにつながる診断となります。

　簡易診断では、事業承継に精通する弁護士が面談し、資料をチェックし

て会社の問題点を洗い出します。その後、弁護士が簡易診断シートを作成して問題点などをご説明します。直接お会いして口頭でもご説明しますので、取り組むべき問題点を分かりやすく発見することができます。

　例えば、「現状は債務過多であっても、事業は継続したい」、「今は何とかなっているが将来に漠然とした不安を持っている」という経営者は意外と多いのではないかと思います。そういうときにこそ、余力のある今、専門家に相談し、今後の問題点や対策を検討しておくことが有益です。簡易診断によって、早期に問題点を見つけることで対処の幅も広がります。

　気軽な診断ですので、試しに一度、受けてみてはいかがでしょうか。

　詳細は、東京弁護士会中小企業法律支援センターの特集記事をご参照ください（https://cs-lawyer.tokyo/feature/03.html）。

(角田 智美)

第2章 廃業という選択肢

1 廃業を検討すべき場合

Q 当社が事業再生を果たせるか不安です。廃業だけは避けたいと思っています。

A むしろ早期の廃業が合理的な場合もあります。廃業を避けることだけを行動原理にすると、事態が悪化することもあるので、早期に専門家へ相談してください。

　経営者にとって会社は我が子も同然であり、会社が窮境に陥ったとしても、なんとかして事業を再建しようとするものです。
　しかし経営者の年齢、会社の経営資源など様々な要因から、事業再生を果たすことが困難な場合もあることは事実です。
　事業改善の見込みがなく、営業損益を黒字にする見込みも乏しい場合、赤字が継続し、資金流出が続きます。すると、次頁の図のとおり、時間の経過とともに会社の財務基盤が痛んでいきます。やがて金融債務はおろか、商取引債務も全額は支払うことが難しくなります。
　手遅れになると、①仕入先に恒常的に支払猶予のお願いをする、②友人、親族、サラ金から個人的に借入れをする、③更に最悪の場合には悪質なファクタリング業者、違法なヤミ金などに手を出してしまう状態にすら陥ります。このように状況が悪化してしまうと、私的整理はおろか、

第1部　事業再生の意義と関係者の心構え

民事再生など法的整理によっても事業再生を目指すことが困難になります（☞第6部第1章）。

ケースによっては、早期に廃業を検討することが合理的なこともあります。早期に決断するほど解決の幅が広がります。自己破産を避けて私的整理で廃業・清算を進めることが可能な事案もあります。

最悪なのは、決断が遅れ、従業員の給料すら支払えずに突然の自己破産に至るような場合です。このような事態は絶対に避けなくてはなりません。破産であっても、早期に決断することにより、従業員の給料を確保することはもちろん、事業譲渡によって事業を存続させることが可能な場合もあるのです。

経営者自身で廃業の決断をすることは難しいことも多いでしょう。早期に専門家に相談することが望まれます。

詳細は第6部第3章、第7部を参照してください。

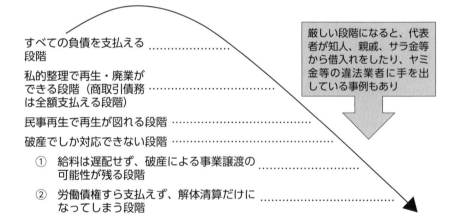

2 早期に廃業を目指す方が合理的な場合

Q 早期に廃業をすることが合理的といえるのは、どのようなケースでしょうか。

A 事業改善の見込みが乏しい場合や、スポンサーへの譲渡を目指すことが難しい場合などは、早期に廃業を目指す方が合理的な場合があります。早期に決断することにより、任意の廃業を目指すこともできます。

　早期に廃業を目指す方が合理的な場合について考えてみましょう。
　第一点は、収益力（事業価値）がないか、あるいは乏しく、事業改善の見込みが乏しい場合です。先に図示したとおり、営業赤字が続くと資金が流出します。営業損益を改善できるなら事業を継続すべきですが、改善の見込みもないと「資金の垂れ流し」となります。
　二点目は、スポンサー等への事業譲渡が見込めない場合です。
　自力では、営業黒字化が難しくても、一定の事業規模があり、何らかの「強み」を持つ事業体であれば、第三者の支援を受けることによって、事業継続、事業再生を目指すことができる場合があります（☞94頁。なお、スポンサー支援の交渉等については、273頁**4**参照）。
　他方で、事業規模が小さい、経営者個人と事業の紐付きが強く（例えば、経営者個人に得意先がついているとか、経営者個人の技術力が事業価値の源泉のような場合）、他の者では事業が継続できないなどの理由で、スポンサーへの事業譲渡が困難な場合もあります。前述のとおり、手遅れになる前に早期廃業を決断し、破産を避けて任意の廃業を目指すことが合理的といえるでしょう（任意廃業については第7部を参照）。
　三点目は、多額の公租公課の滞納、想定外の簿外債務や偶発債務（退職金、損害賠償債務など）があるケースです。金額や内容にもより、様々な対応が考えられるところでもあるため（☞242頁**3**）、できるだけ早く事業再生の専門家に相談するべきでしょう。

第3章 事業再生を目指す経営者に求められる心構え

1 平時の重要性①〜平時からの信頼関係構築

Q 平時から気を付けなければならない点は、どのようなことですか。

A 金融機関との間で信頼関係を構築することが重要です。

　事業再生は、金融機関の理解を得て行うことが必要です。そのために、まずは平時から、金融機関との間で相互に信頼関係を構築しておくことが大切です。

　「中小企業等の事業再生に関するガイドライン」（☞68頁■1、213頁■3）でも、平時の重要性が指摘されています。

　具体的には、①収益力の向上と財務基盤の強化、②適時適切な経営情報の開示（経営状況、損益状況、資産負債の状況、業績見通しなど）による透明性の確保、③法人と経営者の資産等の分別管理、④早期の専門家への相談が挙げられています。

　経営者の誠実性は「経営者保証に関するガイドライン」の利用の要件ともなっており、とても大切なことです（☞458頁■4、481頁■4）。

第3章　事業再生を目指す経営者に求められる心構え

2　平時の重要性②～不正確な開示があった場合におけるガイドラインの適用

> **Q**　「経営情報の適時適切な開示」とのことですが、財産状況について不正確な開示があった場合には、「中小企業等の事業再生に関するガイドライン」が定める中小企業版私的整理手続の適用が受けられなくなってしまうのでしょうか。

A　誠実な開示に努めるべきことは当然ですが、不正確な開示があったことをもって直ちに適用が否定されるものではなく、厳格に解しすぎないことが求められています。どのような点が不正確だったのか、早めに専門家に相談してください。

　誠実性はガイドラインの要件ですが、不正確な開示をもって直ちに手続の利用が否定されるものではないことが、「中小企業の事業再生等に関するガイドラインQ＆A」に明記されています（Q６☞72頁**5**）。不正確な額の程度、状況などが総合的に勘案されるので、早めに専門家に相談することがよいでしょう。

3　事業再生のために経営者に求められるもの

> **Q**　事業再生を目指す経営者に求められる心構えを教えてください。

A　事業再生を目指す経営者には、①誠実性、②事業継続への執念・熱意、③事業改善への努力、④リーダーシップと覚悟、⑤専門家への相談等が求められます。

第一に、経営者には誠実性が求められます。金融機関をはじめとする関係者との信頼関係がなければ、協力してもらうことはできないでしょう。資産隠しなど不誠実な行動をする経営者は、金融機関の理解を得られないのみならず、仮に破産した場合に免責を受けられないなどの不利益を受けます（破産法252条１項など。第６部第３章**5**を参照）。

　誠実性といっても、難しく考える必要はありません。金融機関に対し適時適切に報告する姿勢が求められているということです。

　第二に、事業継続への執念、熱意が求められます。金融機関、従業員、取引先その他関係者との調整では、交渉相手を説得するだけの胆力も必要です。経営者が、なんとしても会社の再建を目指すとの強い覚悟、姿勢を示すことで、各関係者から理解や共感を得られることになります。苦難の道を乗り切って会社を再生させるためには、何よりも経営者に強い覚悟が必要なのです。

　第三に、事業改善への不断の努力が必要です（事業改善については第４部を参照）。「中小企業の事業再生等に関するガイドライン」においても、中小企業活性化協議会の手続においても、自助努力が十分に反映された計画にすることが求められています。

　会社の強み（商売上の独自性、特殊な製品・技術・サービスの提供、歴史的価値、文化的価値、取引先とのつながり、ネットワークなど）があると思います。それを熟知しているのが経営者です。強みを生かして、どのような改善ができるか日々考え、努力していく姿勢が求められます。

　第四に、経営者のリーダーシップと覚悟です。金融機関や事業再生の専門家任せでは、事業再生を進めていくことは難しいでしょう。窮境要因となった不採算事業があれば、これを閉めるなどの覚悟が求められます。役員報酬削減、会社に対する貸付金の放棄、一定の保証履行、退任等が求められる場合もあるでしょう。

　金融機関に対し、多額の債権放棄（☞101頁**2**）を要請する場合は、経営者保証の問題が顕在化します。経営者として、個人資産を開示することが必要となります（「経営者保証に関するガイドライン」利用の際には、財産内容の開示が求められています）。また株主責任、経営責任の明確化が求められます。債務者代理人の弁護士や対象債権者の金融機関と相

談の上、事案に応じて、適切に対応する覚悟が必要になります。

　第五に、専門家に相談し、専門家と協働することです。経営者一人だけで解決しようとせず、事業再生の専門家や支援機関（☞22頁コラム参照）に相談してください。専門家と経営者が信頼関係を構築し互いの知恵を出し合って「二人三脚」で進めることが、事業再生を果たすために何より大切です。

4　保証債務の処理

> **Q** 事業再生を目指すといってもマイナスなイメージであり、自宅を失うなど将来が不安です。
>
> **A** 経営者保証に関するガイドラインを活用して、経営者自身の保証債務も解決を図ります。

　金融機関に対して債権放棄を要請する場合、経営者保証の問題が顕在化します。個人資産を開示し、株主責任、経営責任の明確化（☞295頁 **4**）が求められます。

　この点、近時は「経営者保証に関するガイドライン」の利用が普及しつつあり、支援専門家である代理人弁護士に相談し、金融機関と協議して、自己破産を避けて解決する途ができました。経営者保証GLには「華美でない自宅」（☞468頁②）を残すことができる場合についても明記されており、現に自宅を残すことができた事例もあります（☞487頁 事例紹介⑨）。

　経営者保証GLについては、第8部を参照してください。

第4章 専門家に求められる心構え・役割

1 Pro 顧問税理士・公認会計士に求められる役割

Q 顧問税理士・公認会計士には、どのような役割がありますか。

A 顧問税理士等は、①顧問先企業の資金繰りに気を配る、②補助金・助成等の制度をよく調べて受け損じを防ぐ、③月次で収支を把握して悪化の兆候を見落とさない、④事業再生が必要であれば関係支援機関の支援をあおぐことが期待されます。

　顧問税理士・公認会計士に第一に求められるのは、資金繰りへの目配りです（☞第2部）（資金繰りについては、第2部参照）。コロナ禍のように売上が大幅に減少しても資金繰りがつながれば、事業は継続できます。ところが、経営資源が限られる中小企業では資金繰り表を作成し、毎月更新し、この先半年の状況を把握できているところはあまりありません。これまで資金繰りに関する部分は、顧問税理士の業務とは異質のものだと捉えられていたと思いますが、コロナ禍以降、より変化が求められていると感じています。

　その意味では、助成金・給付金あるいは支払猶予制度等の支援策に関する情報についてもアンテナを張っておかなければなりません。以前は、

顧問税理士に補助金・助成金等の相談が来ることは、あまりありませんでしたが、コロナ禍以降は税理士が知っていて当たり前の時代となってきました。

その補助金・助成金等では、必要な要件として、月次決算の必要性が問われたものがあり、こうしたところでも税理士の関わり方が変わってきたといえるでしょう。特に経営改善が必要な中小企業では、決算書を見てからでは遅く、月次での変化を確実に捉えていかないと事業継続がままならない状況にあります。小規模事業者に至るまで、今後月次決算の重要性が低下することはないのでしょう。

次に関係支援機関との連携です。顧問税理士として、商工会議所や都道府県の支援機関、他の専門家とのつながりを持つことが重要な時代となってきています。顧問先企業が事業継続が難しくなった場合においては、税理士には馴染みの少ない、経営改善や事業再生、廃業といったステージに登らざるを得ません。このときに、気軽に相談に乗ってもらえて信頼の置ける専門家がいるかどうかで顧問先企業の命運が分かれるということも生じてくるでしょう。税理士本人が何でも自分でやろうとするのではなく、それぞれの分野を得意としている専門家とのパイプを、どれだけ持っているかが問われることになります。

コラム

顧問税理士と取引金融機関の協力

税理士は、これまで経営改善の場面では、主役とはいえませんでした。伝統的な税理士業務とは、当然ですが毎年のように繰り返される税制改正を理解して、正確な申告をするというものです。もちろんそれは今日でも最も重要な仕事の一つですし、今後も変わりはありません。しかし、顧問先企業がコロナ禍により大きな影響を受けて以降、税理士に寄せられる期待が変わりつつあると感じています。税理士には、顧問先企業の経営改善において一定の役割を果たすことが求められているということです。

税理士と同様に、中小企業と密接な関係がある存在としては地域金融機関があります。メインバンクなどといわれて、お金を借りるときだけでなく、その周辺の相談にもきめ細やかに応じてくれ、中小企業にとっては貴重な

情報源にもなっていました。事業再生や経営改善についても、金融機関の担当者がまず声をかけ、事業計画づくりをお手伝いしたり、関係支援機関を紹介したりすることが多かったように思います。

ところが、マイナス金利の影響を受けて、ここ数年地域金融機関の置かれている状況は大きく変化しました。近年では、改めて取引先の経営改善に積極的に取り組む金融機関が増えてきたように感じます。

顧問先企業を守るために、税理士に求められているのは、こうした金融機関との関係を強化して信頼関係を作り上げることでしょう。税理士は積極的に顧問先の資金繰りを把握し、金融機関へ相談する際には同席して会社の状況を説明していくべきでしょう。金融機関からの支援を得るためには、タイムリーに会社の状況を提供して、実情を理解してもらうことが一番重要です。そのためにも早期経営改善計画策定支援事業（ポストコロナ持続的発展事業（☞83頁②））などを利用して事業計画を作成し、会社の状況を積極的に説明していきましょう。顧問税理士が中心となって事業計画を作成し、取引金融機関に相談する、こうした流れが経営改善に取り組む中小企業の救いとなることは間違いありません。

(賀須井 章人)

2　Pro　弁護士に求められる役割

Q　弁護士には、どのような役割がありますか。

A　弁護士には、①資金繰りを注視する、②事業再生の遂行能力（依頼者のグリップ力）、③金融機関の意見を真摯に聴き取る力、④他の専門家との連携力、⑤金融機関からの信用力、⑥諦めないハート、依頼者を励ます力などが求められます。

弁護士に第一に求められるのは、資金繰りへの目配りです（☞第2部）。資金繰りが維持できなければ、事業存続できませんので、依頼者任せに

するだけでなく、資金繰り表を確認し、依頼者と一緒にどうすれば資金繰りを維持できるか議論していくことが求められます。

　第二に、依頼者である経営者との信頼関係をベースに案件をグリップする力、遂行する力が求められます。事業再生には、経営者の理解と協力が必要となりますが、これは弁護士が経営者の意のままに動くという意味ではありません。不安に陥っている経営者の心情を理解し、寄り添い、事案解決のために必要な何らかの手立てを示して、依頼者を説得し、議論し、導いていく姿勢が求められるのです。

　第三に、対象債権者となる金融機関が、どのように考えているのか把握することが非常に重要です。金融機関は、事業再生を進めていく上で、最も重要な利害関係者であり、また、事業者との取引が長期にわたっているわけですから、事業者の問題点、事業再生を進めていく上でのポイントを理解していることが多いです。じっくり話を聞いて、事案解決の問題点を確認することが求められます。

　第四に、事業再生に明るい他の専門家や公的機関との連携力が求められます。例えば、財務デューデリジェンス（財務DD）については税理士・公認会計士が、事業デューデリジェンス（事業DD）については中小企業診断士が、不動産鑑定については不動産鑑定士が、エンジニアリングレポート作成については一級建築士などが担当しますので、他の専門家と協働し主体的に関与していく姿勢が必要になります。M&A仲介会社やファイナンシャル・アドバイザー（FA）にスポンサー探索を依頼することもあるため、仲介会社とも協働していく姿勢が必要です。再生計画を策定する際にも会社や財務系コンサルタント（公認会計士等）任せにするのではなく、金融機関への依頼事項を作成するなど主体的に関与すべきです。

　中小版GLや中小企業活性化協議会の実施基本要領などの理解、事業再生用語の理解などを持っていることが前提とはなりますが、弁護士には、他の専門家や支援機関と連携し、協働していくことが求められるのです。

　第五に、弁護士自身が金融機関から信頼を受けていることが求められます。専門家自身が信頼を受けていないと、どのような方針を示しても、

受け入れてもらえません（☞第5部第1章）。逆に信頼を得ていると、ある程度、方針を尊重してもらえることがあるかもしれません。

弁護士は、「法律だとこうなっている」という法律論を振りかざしたくなることがあるかもしれませんが、金融機関の認識や感覚とズレがある中で法律論だけを主張しても説得力は得られません。弁護士だけで事業再生ができるものではなく、関係当事者の理解が不可欠ですから、金融機関の発言を傾聴する姿勢も必要でしょう。

第六に、弁護士自身が諦めないハートを持っていることです。再生企業の経営者は、精神的に不安を抱えていることがあります。経営者の再生に向かう「火」が消えないよう励ましていく姿勢が求められるでしょう。

3 Pro 廃業時の保証債務の処理

Q 特に経営者の保証債務の処理について、弁護士が注意すべきことは何ですか。

A 主たる債務者が廃業したとしても、保証人は破産手続を回避し得ることを念頭に置いてください。主たる債務者がやむを得ず破産になる場合でも、保証人に安易に破産を勧めるのではなく、「経営者保証に関するガイドライン」の整理の可能性を検討しましょう。

廃業型手続を含む「中小企業の事業再生等に関するガイドライン」が公表されたことに合わせて、経営者保証に関するガイドラインについても、あらためて「廃業時における『経営者保証に関するガイドライン』の基本的考え方について」が公表され、改訂されました（☞449頁**2**）。

ここにおいて「主たる債務者が廃業したとしても、保証人は破産手続を回避し得ることが周知されることで、経営者が早期に経営改善、事業再生及び廃業を決断し、主たる債務者の事業再生等の実効性の向上に資するとともに、保証人が新たなスタートに早期に着手できる社会を構築

し、ひいては地域経済全体の発展に資することが期待される」（同6項）と明記されたことに留意してください。

　安易に破産を勧めるのではなく、かといって闇雲に破産を回避するのでもなく、経営者保証GLによる整理を検討した上で、種々の要素を考慮し、必要に応じて破産手続を選択することが望まれます。

※金融庁及び中小企業庁から日本弁護士連合会に対し、注意喚起の書面が送付されているところです（☞450頁**2**④）（「『経営者保証に関するガイドライン』に基づく保証債務整理の浸透について」令和4年4月25日　https://www.fsa.go.jp/news/r3/ginkou/20220425.pdf）。

> **コラム**
>
> ### 弁護士活用の重要性
>
> 　弁護士の活動は、数字に表れにくい面があるので、事業再生のためになぜ弁護士が必要になるのかピンとこない方がいるかもしれません。しかし、弁護士は、事業再生を進めていく上で重要な役割を担うことがあります。
>
> 　弁護士法72条では、弁護士以外が金融機関交渉等の交渉業務を行うことが禁じられていますので（非弁行為）、金融機関に対し、債権放棄を要請する案件や、そのような事情がなくても様々な紛争を抱えている事案については、代理人弁護士を入れて対応を行うことが必要不可欠です。弁護士業務の一例は、次のとおりです。
>
> ①　案件全体の統括（支援機関との連携）・スケジューリング
> ②　金融機関交渉・調整
> ③　ＤＤ資料の確認及び調整
> ④　再生計画策定支援
> ⑤　経営者に対し、事業再生の進捗や金融機関の発言の意図を翻訳（説明）する業務
> ⑥　中小企業活性化協議会やその他の専門家との連絡窓口
> ⑦　経営者間の紛争対応
> ⑧　株式の取り扱い交渉
> ⑨　従業員の整理解雇、労働紛争対応
> ⑩　仕入先、賃貸人など金融機関以外の債権者等との交渉

⑪　スポンサー交渉（適宜、M&A仲介会社やFAとの協働）
⑫　経営者保証人の資産調査（経営者保証に関するガイドライン対応）
⑬　第二会社方式の場合の特別清算対応
⑭　私的整理が難しくなった場合に法的整理を見据えての対応

　そのほか、代理人の活動とは別の公平・中立な立場で、「中小企業の事業再生等に関するガイドライン」の第三者支援専門家や中小企業活性化協議会の外部アドバイザーという第三者的立場で再生計画・弁済計画の策定を支援したり、事業再生計画等の調査を行うのも弁護士の業務になります（☞300頁⑤）。

（宮原 一東）

コラム

相談窓口と第三者支援専門家

　事業再生や事業承継などをお考えの場合、公的機関や弁護士等に相談することができます。相談窓口については次のような機関がありますので、必要に応じてお問い合わせください。

相談窓口		ホームページ (URL)	電話番号
公的機関	中小企業活性化協議会窓口一覧	https://www.smrj.go.jp/supporter/revitalization/01.html	
	事業承継引継支援センター	https://www.chusho.meti.go.jp/zaimu/shoukei/download/210401contact.pdf	
弁護士会	ひまわりほっとダイヤル	https://www.nichibenren.or.jp/ja/sme/service.html	0570-001-240
	東京弁護士会中小企業法律支援センター	https://cs-lawyer.tokyo/	03-3581-8977

一般社団法人	一般社団法人事業再生実務家協議会（事業再生ADR）	https://turnaround.jp/adr/index.php	03-6402-5670
	一般社団法人中小企業私的再建推進協会	https://www.apsmet.com/	03-6739-3053

　令和4（2022）年4月に運用開始された「中小企業の事業再生等に関するガイドライン」において、第三者支援専門家（☞70頁[1]、210頁[1]）という制度ができました。同ガイドラインの利用のためには、再生型私的整理手続と廃業型私的整理手続に関する高度な専門的知見を持つ者を、第三者支援専門家として選任しなければなりません。中小企業活性化全国本部及び一般社団法人事業再生実務家協会において、第三者支援専門家の候補者リストを公表しており、随時更新されています。

・中小企業活性化全国本部（☞206頁[4]）
　https://www.smrj.go.jp/supporter/revitalization/index.html
・事業再生実務家協会
　https://turnaround.jp/index.php

（角田　智美）

第2部

資金繰り維持の重要性とその手法

第1章 資金繰りが維持できれば事業継続は可能に

1 資金繰りと倒産

Q いくら利益が出ていても倒産してしまう場合があると聞きましたが、どのような場合に倒産してしまうのでしょうか。

A 利益が出ている状況であれば倒産することはないと考えがちですが、いくら利益が出ていても資金が枯渇すると会社は倒産します。

　資金が途絶えると会社は倒産します。通常、倒産というと、売上が落ち込んでしまい、赤字決算が何期も続いて、その後に債務超過になって、いよいよ苦しくなって倒産すると考えがちです。ところが、いくら黒字であっても、また資産超過の状態にあっても、資金が途絶えると会社は倒産してしまいます。例えば、金融機関からの借入金の返済が滞って、預金などの差押さえを受けたり、仕入先へ振り出した手形を落とせなかったときなど、支払うべきお金を支払えなくなると、事業の継続に支障を来し倒産してしまうことがあるのです。会社経営では、利益を上げることは重要ですが、この資金繰りに目を向けることも非常に重要です。

　私的整理で再生を目指す場合には、全行同意が必要（☞52頁**4**）となる関係上、一定の時間を要することが数多くあります（☞232頁コラム）。資金繰りが持つかどうかは、私的整理ができるか、法的整理になるかの

重要な判断要素となります（☞87頁**2**、129頁**7**、234頁**3**、345頁**9**）。資金繰りは、倒産回避だけでなく、再生スキームにも影響する非常に重要なものになります。

資金繰りという意味では、コロナ禍では、非常に特徴的なことが起こりました。コロナ禍で収入が大幅に減少したにもかかわらず、政府による資金繰支援策が奏功して、倒産件数は歴史的な件数まで減少したのです。

しかし、コロナ関連の諸施策が一服すると倒産件数は、徐々に増え始め帝国データバンクの調査によると、令和5年（2023）年の倒産件数は8,497件（前年6,676件、33.3％増）と増加の一途をたどっています。

当初想定していた通り、コロナ関連の支援策の中心は、いわゆる「ゼロゼロ融資」でしたから、資金繰りはつながったものの、それだけ借入金が増え、財務内容が悪化していたと思われます。今回の調査結果でも「『ゼロゼロ融資後倒産』は令和5（2023）年に651件（前年386件、68.7％増）発生、20年以降で最多を更新した」とされています。支援策の効果が続いていた期間内に経営改善に取り組み、利益を得られるようになっていればこれらの倒産は防げたのかもしれません。

■年度別件数推移

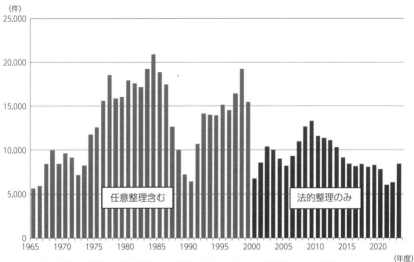

※1999年度以前の件数は任意整理による倒産を含んでおり、参考値として掲載
（出所）帝国データバンク「倒産集計2023年報」
（https://www.tdb.co.jp/tosan/syukei/23nen.html）

この調査の中では、さらに建設業の倒産件数が1,671件と前年比38.8%増と急増したとされています。また、飲食店の倒産も768件と前年（452件）から1.7倍に増加している点が指摘されています。

さらには、昨今の人手不足問題や後継者難、物価高の影響からくる倒産などが多くなっていることが指摘されており、窮境に陥っている企業の倒産が増加する可能性が高いと思われます。

2　資金繰り表の作成

Q 資金繰り倒産を防ぐためには、資金繰りを考える上で、どのような対策が必要でしょうか。

A まずは資金繰り表を作成し、会社の資金の流れを把握しましょう。資金繰りが特に厳しい会社の場合には月次の資金繰り表ではなく、日々の資金を日繰り表によって把握することが重要です。

　ここでは実際の資金繰り表の作成方法についてみてみましょう。一般に資金繰り表は、以下に示すように月次単位で作成するケースが多いでしょう。30〜33頁に掲げる資金繰り表は、日本政策金融公庫のウェブサイトに掲載されているサンプルであり、この他に簡易版のサンプルも示されています。このウェブサイトでは、作成方法についても解説されていますので、こうしたサンプルを使って資金繰り表を作成してみましょう。

　資金繰り表を作成すると、月ごとの資金の流れを把握することができます。また、月ごとに現金ベースでの収支や現金の残高の予定が明らかになるため、正確な資金繰り表を作成すれば急に資金が足りなくなるようなことがなくなります。

　資金繰り表は、3か月程度の実績と6か月程度の計画を示すことを求められることが多いと思います。資金繰り表の作成にあたっては、そこで示されている数値が今後の事業上の見込みと整合しているかどうかに

ついても確認する必要があります。また、実績が出るたびに毎月の計画を修正していくことで、今後の資金繰りの予測の精度を高めることにつながります。

　より資金繰りが厳しい会社の場合には、月次の資金繰り表では間に合わないので、日繰り表と呼ばれる資金繰り表で、1日ごとの資金の残高を確認することになります。

　資金繰りがより厳しい企業の場合には、日繰り表を作成して現金の残高が足りなくなる日を常に予測しなければなりません。日繰り表では1日単位で、売上の入金予定や給与の支払い、借入金の返済予定などを記載するため、現金の残高も1日単位で把握することができます。

　こうしたことから、30～33頁に掲げる例のように、25日に給与の支払いをすると現金の残高がなくなる、などといった実態がより鮮明に示されます。現金が少し足りないのであれば、経営者が足りない分を補填する、というのが中小企業の資金繰りの実態です。しかし、それでは経営者の余裕がなくなると突然の資金繰り破綻につながってしまうため、まずは日繰り表を作成して実態をしっかり把握することが経営者にとって重要になります。上記の例であれば、例えば「借入金の元金の返済を少し待ってもらい、その間に事業を立て直そう」といったことを考えていかなければなりません。いずれにしても、資金の流れを把握することが非常に重要ですから、まずは資金繰り表を作成することからはじめてください。

月次資金繰り　（　　）表
（自令和　年　月　至令和　年　月）

				期首	年　月	年　月	年　月	年　月
売　　上　　高								
仕　入　・　外　注　費								
前 期 繰 越 現 金 ・ 当 座 預 金 　　　(A)					0.0	0.0	0.0	0.0
経常収支	収入	売上代金	現　　金　　売　　上					
			売 掛 金 現 金 回 収					
			（　手　形　回　収　）					
			手　形　期　日　落					
			手　形　割　引					
			（ 割 引 手 形 落 込 ）					
		そ　の　他　収　入						
		収　入　合　計　　　(B)			0.0	0.0	0.0	0.0
	支出	仕入代金	現　　金　　仕　　入					
			買 掛 金 現 金 支 払					
			（　手　形　支　払　）					
			手　形　決　済					
		賃　　金　　給　　与						
		そ　の　他　経　費						
		支 払 利 息 ・ 割 引 料						
		支　出　合　計　　　(C)			0.0	0.0	0.0	0.0
	差　引　過　不　足　(D＝B－C)				0.0	0.0	0.0	0.0
経常外収支	収入	固 定 資 産 等 売 却 収 入						
		収　入　合　計　　　(E)			0.0	0.0	0.0	0.0
	支出	税 金 ・ 役 員 賞 与 配 当						
		固定資産等購入支払(除く支払)						
		（ 固 定 資 産 等 手 形 支 払 ）						
		固定資産等購入支払手形決済						
		支　出　合　計　　　(F)			0.0	0.0	0.0	0.0
	差　引　過　不　足　(G＝E－F)				0.0	0.0	0.0	0.0
財務収支	収入	長　期　借　入　金　調　達						
		短　期　借　入　金　調　達						
		定 期 性 預 金 取 り 崩 し						
		増　　　　　資						
		収　入　合　計　　　(H)			0.0	0.0	0.0	0.0
	支出	長　期　借　入　金　返　済						
		短　期　借　入　金　返　済						
		定 期 性 預 金 預 け 入 れ						
		支　出　合　計　　　(I)			0.0	0.0	0.0	0.0
	差　引　過　不　足　(J＝H－I)				0.0	0.0	0.0	0.0
翌 月 繰 越 現 金 ・ 当 座 預 金 (A＋D＋G＋J)					0.0	0.0	0.0	0.0
残高	売　　　　掛　　　　金				0.0	0.0	0.0	0.0
	受　　取　　手　　形				0.0	0.0	0.0	0.0
	買　　　　掛　　　　金				0.0	0.0	0.0	0.0
	支　　払　　手　　形				0.0	0.0	0.0	0.0
	設 備 支 手 等 営 業 外 手 形				0.0	0.0	0.0	0.0
	短　　期　　借　　入　　金				0.0	0.0	0.0	0.0
	長　　期　　借　　入　　金				0.0	0.0	0.0	0.0
	割　　引　　手　　形				0.0	0.0	0.0	0.0

（出所）日本政策金融公庫　ウェブサイト (https://www.jfc.go.jp/n/service/dl_chusho.html)

第 1 章　資金繰りが維持できれば事業継続は可能に

(単位 百万円)

年　月	年　月	年　月	年　月	年　月	年　月	年　月	年　月	合計
								0.0
								0.0
0.0	0.0	0.0	0.0	0.0	0.0	0.0	0.0	
								0.0
								0.0
								0.0
								0.0
								0.0
								0.0
								0.0
								0.0
0.0	0.0	0.0	0.0	0.0	0.0	0.0	0.0	0.0
								0.0
								0.0
								0.0
								0.0
								0.0
								0.0
								0.0
								0.0
0.0	0.0	0.0	0.0	0.0	0.0	0.0	0.0	0.0
0.0	0.0	0.0	0.0	0.0	0.0	0.0	0.0	0.0
								0.0
								0.0
0.0	0.0	0.0	0.0	0.0	0.0	0.0	0.0	0.0
								0.0
								0.0
								0.0
								0.0
0.0	0.0	0.0	0.0	0.0	0.0	0.0	0.0	0.0
0.0	0.0	0.0	0.0	0.0	0.0	0.0	0.0	0.0
								0.0
								0.0
								0.0
								0.0
0.0	0.0	0.0	0.0	0.0	0.0	0.0	0.0	0.0
								0.0
								0.0
								0.0
0.0	0.0	0.0	0.0	0.0	0.0	0.0	0.0	0.0
0.0	0.0	0.0	0.0	0.0	0.0	0.0	0.0	0.0
0.0	0.0	0.0	0.0	0.0	0.0	0.0	0.0	
0.0	0.0	0.0	0.0	0.0	0.0	0.0	0.0	
0.0	0.0	0.0	0.0	0.0	0.0	0.0	0.0	
0.0	0.0	0.0	0.0	0.0	0.0	0.0	0.0	
0.0	0.0	0.0	0.0	0.0	0.0	0.0	0.0	
0.0	0.0	0.0	0.0	0.0	0.0	0.0	0.0	
0.0	0.0	0.0	0.0	0.0	0.0	0.0	0.0	
0.0	0.0	0.0	0.0	0.0	0.0	0.0	0.0	

第2部 資金繰り維持の重要性とその手法

日繰り表

年	月	日	曜日	営業収入					営業支出			交通費
				現金売上	売掛入金	その他収入	収入合計		現金仕入	買掛支払		
	前月繰越											
X	10	1	金				0					
X	10	2	土	100,000			100,000					
X	10	3	日				0					20,000
X	10	4	月	120,000			120,000					
X	10	5	火				0					
X	10	6	水				0		50,000			
X	10	7	木				0					
X	10	8	金				0					
X	10	9	土				0					
X	10	10	日	50,000	200,000	30,000	280,000					30,000
X	10	11	月				0		20,000			
X	10	12	火				0					
X	10	13	水				0					
X	10	14	木				0					
X	10	15	金				0					
X	10	16	土				0					
X	10	17	日				0					
X	10	18	月				0		230,000			
X	10	19	火	300,000			300,000					
X	10	20	水				0					5,000
X	10	21	木				0					
X	10	22	金				0					
X	10	23	土	100,000			100,000					
X	10	24	日				0					
X	10	25	月				0			800,000		
X	10	26	火				0					10,000
X	10	27	水				0					
X	10	28	木				0					
X	10	29	金				0					
X	10	30	土		2,000,000		2,000,000			700,000		
X	10	31	日				0					
	合計			670,000	2,200,000	30,000	2,900,000		300,000	1,500,000		65,000

交際費	家賃	給与	税金等	その他	支出合計	借入	返済	残高
								1,200,000
					0			1,200,000
				5,000	5,000			1,295,000
					20,000			1,275,000
					0			1,395,000
					0			1,395,000
50,000					100,000			1,295,000
					0			1,295,000
					0			1,295,000
					0			1,295,000
	50,000				80,000		200,000	1,295,000
					20,000			1,275,000
					0			1,275,000
					0			1,275,000
					0			1,275,000
					0			1,275,000
					0			1,275,000
				2,000	2,000			1,273,000
					230,000			1,043,000
					0		300,000	1,043,000
5,000					10,000			1,033,000
					0			1,033,000
					0			1,033,000
					0			1,133,000
3,000					3,000			1,130,000
		700,000			1,500,000			-370,000
					10,000			-380,000
					0			-380,000
2,000					2,000			-382,000
					0			-382,000
					700,000			918,000
			150,000		150,000			768,000
60,000	50,000	700,000	150,000	7,000	2,832,000	0	500,000	768,000

第2章 資金繰り維持の方法

1 資金繰りを良くする方法とは

Q 資金繰りが厳しい会社は、どのようにして資金繰りを改善すればよいでしょうか。

A 資金繰りを改善する方法は、①事業の損益を改善して、利益が出るようにする、②現金による回収のスピードをあげる、などがあります。

　資金繰りを良くするためには、まず損益の改善を図る必要があります（第4部参照）。損益の改善とは、売上を伸ばしたり、経費を削減したりして、利益を伸ばしていくことです。当たり前ですが、利益が出てくるようになれば、純資産が増え、それに伴って資金繰りも改善していきます。

　では、売上を伸ばしたり、経費を削減したりするにはどうすればよいのでしょうか。残念ながら、それは答えのない世界です。業種業態によって、また会社の規模やその事業を行う地域によって全く環境が異なります。したがって、その改善策も全く違うものになってしまうと思われます。

　コロナ禍では、苦戦している企業が目立った一方で、これまでとは違った需要が掘り起こされていることも事実です。例えば、飲食店ではテイ

クアウトの需要が掘り起こされました。また、これまで出前などと言われて、それほど目立つことがなかった配送サービスも市民権を得たように思います。

　ホワイトカラーの世界も無縁ではなく、緊急事態宣言等の影響で、テレワークやウェブ会議はかなり定着したと思います。これまでのように、長い時間をかけて移動して、大勢で集まって会議を行う、ということは今後間違いなく減っていくでしょう。このように、コロナ禍を機会として、さまざまなサービスが現れてきています。自社の領域でも、知恵を絞って収支の改善を目指すことが求められます。

　次にバランスシートの観点から、資金繰りについて考えていきます。先に見たように、いくら利益が出ていても資金繰りに詰まってしまえば事業の継続ができなくなることもあります。例えば、売上を上げるために商品を仕入れて、得意先に販売した場合を考えます。この場合、商品を仕入れるために既に資金が出ていっていますから、売上による入金のタイミングが遅くなってしまえば、その分だけ資金繰りは苦しくなります。つまり、頑張っていくら売上を伸ばしたとしても、実際に資金化されるのは、その売掛金などが現金で回収されたときですから、現金化されるまでの期間が長ければ長くなるほど、自社の資金繰りが悪化することになります。単に売上を伸ばせばいいということではなく、資金面に気を配りながら、現金での回収のタイミングを早めることを意識する事が重要です（☞149頁**3**）。

　商品在庫という観点から、もう少し収支と資金繰りについて考えてみましょう。得意先からの注文に迅速に対応するためには、一定程度の商品在庫を抱える必要があります。この商品在庫は、先ほど見たように、売り上げて売掛金を回収してはじめて現金になるわけですから、過剰な在庫は資金繰りを圧迫することになります。一方で、品揃えという意味では、在庫は多ければ多いほど、得意先のニーズに迅速に対応できることになりますから、収支の改善につながるでしょう。そういう意味で、在庫の種類やその量をどうするかということは、経営そのものだといっても過言ではありません。

このように商品在庫一つとっても、収支の改善や資金繰りに大きな影響が出ることを理解いただけると思います。

2　助成金・補助金

Q 資金繰りの改善に資する方法は、他にどのようなものがありますか。

A 政府などによる助成金や補助金の制度が数多くあります。自社の状況に照らして、使えるものは確実に使うことが重要ですが、補助金を得ることが目的となってしまっては事業に支障を来すこともあります。

　コロナ禍においては実に多くの助成金や補助金の制度が創設されました。数多くの中小企業・小規模事業者が利用した持続化給付金や雇用調整助成金は、コロナ禍の中小企業の資金繰りを支える上で、一定の効果がありました。それ以外にも事業再構築補助金は、補助額の最高額が1億円とされていることもあり、数多くの応募が寄せられていました。事業継続のために支援を必要としている中小企業は膨大にありますので、こうした補助金制度の利用が一定程度、事業継続に効果を発揮したものと思われます。

　補助金を検討するときに注意しなければならないのは、一定の自己資金が必要になるということです。例えば、事業再構築補助金では、最大で1億円の補助がなされるとありましたが、1億円の補助金を受けるのであれば、補助される2/3の残りの1/3の部分、つまり5,000万円の自己資金を用意しなければならないということになります。また、補助される2/3についても、補助されるのは、実際にその資金を支出した後になりますので、まずは自分で全額（1億円の補助を受ける場合には1億5,000万円）を用意しなければならないということにも留意してください。

補助金の申請には事業計画の作成が必要で、特に補助金額の大きい補助金では、その計画書の内容も相応のレベルに達していなければ採択には至りません。また、事業計画の作成にあたって、コンサルタント会社などに多額の報酬を支払っていることが問題となっているようです。なかには、補助金が出ないなら新規事業には取り組まないとしている例もかなりあると聞いています。

　補助金をもらうために計画書を作成するということでは本末転倒なのですが、補助金をきっかけとして事業計画の作成に取り組むこと自体はプラスになると思います。きっかけはともかく、事業計画を作る過程で、今後における自社の状況、今後の見通しなどを考え、事業の改善に取り組むこととなれば、それは事業継続のための貴重な機会になるはずです。

3　新規融資

Q コロナ禍で悪化した資金繰りの改善のために新規融資を受けたいと考えていますが、どのような制度がありますか。

A 中小企業の資金繰りを支えるための「ゼロゼロ融資」は終了し、返済局面になっています。ここでは、資本性劣後ローンについて説明します。

　資本性劣後ローンとは、日本政策金融公庫や商工組合中央金庫が扱っている融資で、コロナ禍により資本が毀損している中小企業などに対して、長期間返済が据え置かれ、かつ当初の金利負担の少ないローンを提供するものであり、民間金融機関によるゼロゼロ融資からの借換えも念頭に置かれています。

　日本政策金融公庫のウェブサイトでは、新型コロナウイルス感染症対策挑戦支援資本強化特別貸付（新型コロナ対策資本性劣後ローン）の制度が掲載されており、その概要は以下の通りとなっています。

> Q1　資本性劣後ローンとはどのような融資制度ですか。
>
> A1　資本性劣後ローンは、他の特定の債権又は一般の債権より返済の順位が劣る借入のことです。公庫では、挑戦支援資本強化特例制度（資本性ローン）という名称で資本性劣後ローンをお取り扱いしております。現行の資本性ローンの主な特徴は、以下のとおりです。
> (1)　元金は最終期限一括でのご返済となり、最終回までは、利息のみの支払となります。
> (2)　業績に応じて金利が決定される仕組みとなっており、赤字のときは金利負担が小さくなります。そのため、安定的な返済計画を立てることができます。
> (3)　資本性ローンによる借入金は、法的倒産時には、償還順位が他の全ての債務に劣後します。
>
> 　これらの特徴を備えた資本性ローンは、金融機関の資産査定上、自己資本とみなすことができ、民間金融機関からの融資を受けやすくなります。また、資本性ローンは、株式ではないため、既存株主の持株比率を低下させることもありません。

（出所）【中小企業事業】新型コロナウイルス感染症対策挑戦支援資本強化特別貸付（新型コロナ対策資本性劣後ローン）に関するQ＆A
(https://www.jfc.go.jp/n/finance/saftynet/pdf/covid_19_faq_t_a.pdf)

　貸付期間は、5年1ヶ月、7年、10年、15年、20年とされており、返済方法は期限一括返済で当初の5年間は原則期限前弁済不可とされていますので、一定の期間は返済の必要がない資金を調達できるという制度になっています。なお、金利については当初の3年間は0.5％で4年目以降は業績に応じて以下のようになっています。

税引後当期純利益額	期間 5年1か月・ 7年・10年	期間 15年	期間 20年
0円以上	2.60％	2.70％	2.95％
0円未満	0.50％	0.50％	0.50％

4 資産処分

Q 金融機関からの資金調達が難しい場合に、資金繰りを改善するためには、どのような方法がありますか。

A 会社の資産のうち事業継続に必要がない資産があれば、その資産を売却することで資金繰りの改善を目指すことができます。

　資金繰りの改善のために、会社資産を売却した例も多いと思われます。特に金融機関からの資金調達が難しい企業などでは、資産を売却することで、当面の資金を確保することを目指したものと思われます。また、資産を売却することは、資産を保有するための経費の削減にも繋がりますから、遊休資産を売却することで、損益や資金繰りが改善する効果を見込むこともできます（☞149頁③）。

　また、含み損を抱えている資産の場合には、売却することでその含み損が実現しますから、事業における利益を小さくし、節税につなげることも可能です（☞176頁3）。

　しかし、上場株式などのように売却が容易なものであれば、短期間で資金化することはできますが、不動産などの場合は、買い手が現れないと売買が成立しません。不動産の売却の場合、市況が活発な都市部などでは、相応の期間内に買い手が現れるかもしれませんが、それ以外の地域では、コロナ禍でそもそも買い手自体が不足している状況もあり、売買が成立しにくいところもあったようです。また、売買が成立しても思い描いていた金額では売却できず、想定していた資金繰りの改善にはつながらないこともあり得るでしょう。

　さらには、主だった不動産などは、金融機関からの借入金の担保として提供していることが多く、その資産を売却しても、借入金の返済に当てられるだけで、金利の削減という効果は得られるものの、抜本的な資金繰りの改善につながりません。

それ以外では、資産売却とは異なりますが、経営セーフティー共済の一時貸付金や小規模共済の貸付制度などを利用している例もあります。これらは、掛け金が損金や所得控除の対象となるため、節税効果が見込める商品ですが、コロナ禍のような資金繰りに窮した場合には、一時的な資金調達策としても重宝されていたようです。

5 返済猶予

Q 金融機関からの資金調達が難しい場合に、資産売却以外に何か資金繰りを改善する方法はありますか。

A 資金調達が難しい会社の場合、既存の借入金の返済を猶予してもらうことで資金繰りを改善する方法があります。

資金調達が難しい場合に、どのように資金繰りを改善させるかというと、既存の借入金の返済を猶予してもらう方法があります。新規に資金調達ができなくても、借入金の返済を待ってもらうことができれば、その分の資金繰りは改善します。通常返済猶予を求める場合には、金利の支払いは継続し、元金部分のみの返済を猶予してもらいます。期間は様々ですが、3か月から6か月程度というケースが多いのではないでしょうか。

しかし、新規に借入金の申込みをした経験がある企業は数多くありますが、既存の借入金の返済を猶予してもらったことがある企業はそれほど多くはありません。返済の猶予を求めるともう新規で借入れができなくなると考えるでしょうし、そもそも返済を猶予するような条件変更ができるとは考えていません。

そうした背景もあって、政府による資金繰り支援策の一つとして中小企業再生支援協議会（☞63頁**5**〜**9**、205頁**2**）による「新型コロナ特例

リスケジュール」(以下「特例リスケ」といいます)の利用も広がり、特例リスケ支援事業が2021年度末に申込みを終了した後、令和4(2022)年4月に改組された中小企業活性化協議会においては「収益力改善支援」という支援策に引き継がれています。

　中小企業庁の発表によると、特例リスケ及び収益力改善支援の推移(累計)は以下のとおりです。

	特例リスケ支援完了(累計)	収益力改善支援完了(累計)
令和2年度	2,749件	―
令和3年度	4,353件(前年比+1,604件)	―
令和4年度	4,668件(前年比+315件)	1,676件
令和5年度	4,668件(前年比±ゼロ)	2,618件(前年比+942件)

　特例リスケとは、当面の資金繰りを確保することを目的とした支援策で、主要金融機関の支援姿勢を確認した後に、再生支援協議会が関与して全ての金融機関に元金返済猶予などを求める金融調整を行うものでした。令和4(2022)年4月に改組された中小企業活性化協議会において、現在は収益力改善支援という支援策に引き継がれ、特例リスケの制度は同年3月末をもって終了しました。

　一方で、中小企業活性化協議会への相談件数は令和3(2021)年度(4,244件)から令和4(2022)年度(6,409件)にかけて増加しており、中小企業活性化協議会が返済猶予を検討する際の有力な選択肢になっている点は変わらないものと思われます。

■完了件数の年度推移

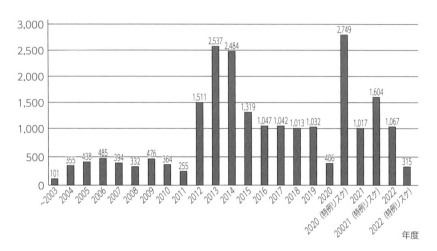

■相談企業数の年度推移

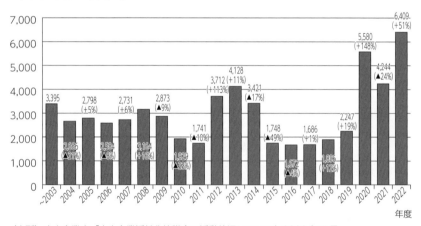

(出所) 中小企業庁「中小企業活性化協議会の活動状況について」2023年7月

　返済猶予を行うことで資金繰りは改善しますが、重要なのは返済を待ってもらっているうちに事業を改善し、返済が始まっても耐えられるだけの財務内容にすることです。返済猶予を受けている期間を効果的に活用して、事業継続のための準備をする必要があります。

6 コロナ禍での納税猶予とポストコロナにおける影響

Q 税金や社会保険料の支払いが難しくなっています。支払いを猶予してもらう方法はありますか。

A コロナ対応の特例猶予の制度は終了してしまいましたが、その後も、資金繰りの状況に応じて換価の猶予などの制度が多く利用されているようです。他方、原則として滞納公租公課は支払を求められるので、公租公課が納付できず、滞納処分の差押えを受けて倒産するケースもあり、注意が必要です。

　新型コロナウイルス感染症の影響により、資金繰りが悪化するなどして納税が難しい場合に、令和2（2020）年4月30日に成立・施行した「新型コロナウイルス感染症等の影響に対応するための国税関係法律の臨時特例に関する法律」により創設された「納税の猶予の特例（特例猶予）」が多く利用されました。

　特例猶予の申請期限は令和3年2月1日に終了しましたが、申請期限が過ぎた後においても、既存の猶予制度を活用することで、必要に応じて納税の猶予を受けられるようになっています。猶予制度には、①換価の猶予（国税徴収法151条及び151条の2）と②納税の猶予（国税通則法46条）があります（詳しくはhttps://www.nta.go.jp/taxes/nozei/nofu_konnan.htmを参照）。

　こうした猶予制度の適用を受けている間はいいのですが、それが滞納税金になってしまうと、企業にとっては大きな問題を抱えることとなります。猶予中は税務当局が積極的に納付を待ってくれているわけですが、滞納税金となってしまうと、様々な手段を使って納税を促すステージに入ってしまいます。つまり国税当局による滞納処分が可能な状態になるということです。

　令和5年8月に国税庁から公表された「令和4年度　租税滞納状況に

ついて」によると令和4年度の滞納税金は全体で8,949億円となっています。平成10（1998）年度から滞納税金の額は減少し続けていたわけですが、令和2（2020）年度以降は増加が続いています（45頁のグラフ参照）。

　滞納金額が一番多いのは、3,409億円の消費税で、滞納税金のおよそ4割を占めています。

　このような状況を受け、政府は令和6（2024）年6月に「コロナ資金繰り支援策の転換を踏まえた事業者支援の徹底等について」と題する文書を公表しました。

　ここでは、「事業再生情報ネットワーク」を活用した支援として、公租公課の確実な納付と事業再生の両立に取り組むことが示され、また、公租公課の滞納を解消するために、事業者の状況に応じて、金融機関等が借入金の条件変更等の支援を行うことなどが求められています。関係省庁が協力して中小企業の事業再生を後押しする仕組みであるといえるでしょう（☞242頁**3**）。

　あくまでも原則は、猶予されていた税金や社会保険料といえども、猶予の終了によって即時の支払を求められるということです。公租公課が支払できずに滞納処分の差押えをうけて倒産する事例も増加しています。特に、社会保険料は赤字であっても支払義務が生じ、破綻原因となります。今後も注視が必要でしょう。

第 2 章 資金繰り維持の方法

■滞納整理中のものの額の推移

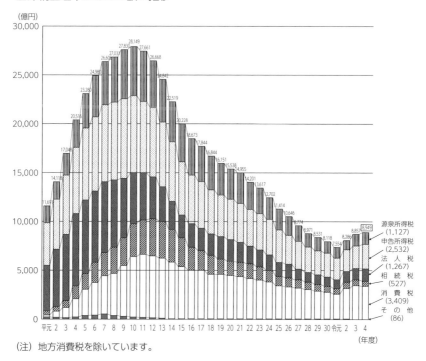

(注) 地方消費税を除いています。

(出所) 国税庁「令和4年度租税滞納状況の概要」(令和5年8月)

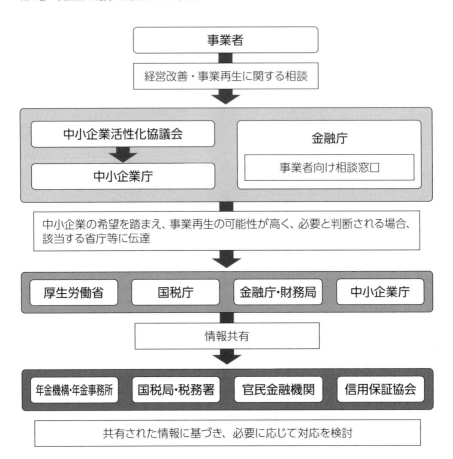

（出所）金融庁「コロナ資金繰り支援策の転換を踏まえた事業者支援の徹底等について」「事業再生情報ネットワークの運用開始」より抜粋（https://www.fsa.go.jp/news/r5/ginkou/20240607.html）

第3部

事業再生・廃業の手続概要と手続選択

第1章 手続の概要と私的整理の展開

I 私的整理と法的整理の概要

1 事業再生等の手続の概要

Q 事業再生等の手続の概要を教えてください。

A 法的整理と私的整理があります。

　窮境に至った中小企業の事業再生には、いくつかの選択肢があります。中小企業が事業再生に取り組むことになる契機は、金融機関からの借入金の返済が難しくなった場合が多いと思います。取引金融機関に相談に行って、返済額を減らしてもらうこと（いわゆるリスケジュール）（☞40頁**5**、97頁**1**）で事業が立ち直るのであれば、それ以上の対応は必要ありません。しかし、現実には、リスケジュールに応じてもらうにもハードルがあり、実際にリスケジュールだけで事業が改善することは、それほど多くはありません。適切なタイミングで、適切な改善策（☞76頁**1**、第4部）を取り得なければ、過剰債務（☞263頁4）や大幅な債務超過（☞194頁**2**、262頁1）に陥ってしまうことになります。そうした場合には、事業再生のために何らかの債務整理、過剰債務の処理（一部カット、免

除☞101頁2）に踏み込むことも必要となります。

　事業再生等の手続は大きく分けて「法的整理」（☞50頁2）と「私的整理」（☞51頁3）があります。

■法的整理と私的整理の概要

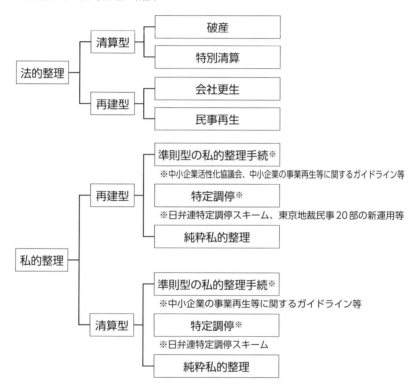

　法的整理における再建型の手続としては、会社更生手続や民事再生手続があります。また、清算型の手続としては、破産や特別清算があります。

　かつて、私的整理においては、法的整理に比べて手続の透明性や公正性に欠けるといった批判が寄せられていましたが、手続がより明確化された「準則型私的整理手続」（手続のルールが公表され、そのルールに基づいて行われる私的整理手続）と呼ばれるものが整備されました。最近では、この「準則型私的整理手続」（☞51頁3、200頁1）がより多く

49

利用されるようになってきています。

なお、「特定調停」（☞204頁**3**）は当事者間の協議による私的整理でありながら、裁判所の調停手続を用いるハイブリッド型ともいえる手続です。再建型・清算型いずれでも活用されています。

2 法的整理の特徴

Q 法的整理の特徴を教えてください。

A 法律に定められ、裁判所の関与する手続を法的整理と呼びます。原則として、全ての債権者が一律に手続の対象となります。

法律に定められている、裁判所の関与する債務整理のための手続を総称して「法的整理」と呼んでいます。手続が法定されているので、どのような事象が起こるのかが予測しやすく、透明性が高いことが特徴です。法的整理手続を行うためには、まず裁判所に当該手続の利用を申し立て、裁判所が当該手続による債務整理手続を始めることを決定します（破産手続開始決定、民事再生手続開始決定など）。

この開始決定により、金融機関、リース、仕入先、外注先など全ての債権者が一律に法的倒産手続に服し、その手続の結果として定められる弁済（「配当」など）を待つことになります。例えば、民事再生手続においては、弁済率や弁済時期を定める「再生計画」が債権者集会の賛成多数で可決されると、裁判所が計画の認可を決定し、計画に基づく弁済が実行されます。このように「多数決＋裁判所の決定」によって債権カット（一部免除）が決まると、反対した債権者も従わなければならないことが法的整理の特徴であり、強力な効果を持っています。また、一部債権者だけに弁済してしまうなど公平、公正に反する不適切な行為があった場合、否認権など強力な是正措置を設けています。

法的整理手続に共通するのは、裁判所の関与があり、手続が法定されて透明性が高いこと、原則として全ての債権者を対象とする点です。特

第1章　手続の概要と私的整理の展開

に、規模の大きな裁判所（東京、大阪、名古屋など）の場合、近時は手続のスケジュールが益々スピード感をもって運用されています。申立受理から開始までの期間も短縮されていますし、開始から認可までも迅速に進行する例が多くあります（☞358頁**6**）。

3 私的整理の特徴と「準則型の私的整理手続」

Q 私的整理の特徴を教えてください。「準則型」「公表された」私的整理とは、どういう意味ですか。

A 私的整理は当事者間の話し合いで全員一致によって行われ、金融機関だけを対象として債務整理を行うこともできます。そのルールを予め定めて公表し、そのルールに基づいて進めるものを「準則型私的整理」（一般に公表された私的整理手続）と呼び、近時、多用されるようになりました。

　私的整理には、裁判所が関与することはなく、あくまでも当事者間の話し合いで手続を進めていくことになります。従来は私的整理に決まったルールがなく、いわゆる「整理屋」の弊害も散見されるなど、債権者としてもなかなか信頼できないと批判されることがありました。

　そこで、平成13（2001）年に制定された私的整理に関するガイドライン（☞57頁**1**、201頁**2**）を始めとして、手続のルールを明確に定めて公表し、そのルールに基づいて行われる「準則型私的整理手続」（一般に公表された債務処理を行うための手続）が整備されてきました（☞200頁**1**）。これら手続は、数値基準（☞208頁**1**、220頁**4**、281頁**2**）があること、債権放棄を要請する計画の場合には、経営責任、株主責任、保証責任の明確化を求めている点などに特徴があり、税制との連動も図られています（「私的整理に関するガイドライン」「中小企業再生支援協議会（中小企業活性化協議会に改組）」「事業再生ADR」「地域経済活性化支

51

援機構」「中小企業の事業再生等に関するガイドライン」など。☞第5部第1・2章)。

　これらの手続では、そのルールが明確に定められて予め公表されており、手続の透明性を確保し、利用者の予測可能性を高めることにつながっています。金融機関だけを対象として債務整理を行いつつ、取引先との間では従来どおり支払いを継続することも可能です。

4　法的整理と私的整理の違いのまとめ

Q 法的整理と比較して、私的整理の特徴は何ですか。

A 金融機関のみを相手として手続が進められ、取引先との関係を維持して事業価値の劣化を防ぐことができる長所がある一方、全員一致が要求され、一行でも反対すれば成立しません。

　法的整理と私的整理を比較すると、第一に、対象となる債権者が異なっています。法的整理の場合は、全ての債権者が対象となって手続に服します。私的整理の場合には対象者を任意に決めることができ、金融機関だけを対象とすることも可能です。第二に、私的整理手続における計画成立は、多数決が許されず、すべての債権者の同意が必要になります。全員一致でなければ、私的整理は成立しません。第三に、手続がオープンにならないで水面下で行われます。法的整理を行う場合には、決定が官報に掲載され、各種信用情報機関などが手続申立てをした会社名を「倒産情報」として公表することも多くあります。これに対して、金融機関のみを対象とする私的整理の場合は、取引先に対しては従来どおり支払いを続けるうえ、債権者である金融機関にも守秘義務があるため、外部に知られることなく手続を進めることが可能です。

■法的整理と私的整理の異同点

	法的整理	私的整理
準拠法	民事再生法、会社更生法など	なし（ただし、各私的整理手続の準則化）
手続機関	裁判所	本来はなし（ただし、準則化された私的整理手続では第三者機関が手続を実施）
秘密性	公開	非公開
対象債権者	手続開始前の原因に基づいて生じた財産上の請求権すべて（民事再生法84条、会社更生法2条8・11項）	原則として金融債権者のみ
事業への影響	信用不安、風評によって顧客離れ、取引条件の見直し等求められる場合がある（事業価値が毀損されるリスクがある）	公に知られる可能性が低いため、事業への影響は生じにくい（事業価値の毀損が生じにくい）
計画の内容	債権カット＋カット後残高について最長10年間の分割払い	リスケジュール（全額返済）から債権カットまで柔軟な設計が可能
弁済禁止効・個別執行の禁止	あり（民事再生法85条、会社更生法47条）	なし（ただし、一時停止の通知等の手続あり）
計画の成立	多数決による（民事再生法172条の3、会社更生法196条5項）	対象債権者全員の同意による

（出典）藤原敬三『実践的中小企業再生論 第3版』（きんざい）18頁をもとに一部加筆

5 法的整理と私的整理の手続選択

Q 法的整理と私的整理では、どちらの手続を優先的に検討すべきですか。

A まずは私的整理手続を検討することが良いでしょう。ただし、資金繰りその他の事情によって私的整理が困難なこともあるため、専門家によるチェックが必要です。

1　私的整理によって事業価値の毀損を防ぐ

　中小企業の事業再生を考えた場合に一番ポイントとなるところは、事業価値の毀損を防止するということです。

　この点、私的整理は、対象債権者を金融機関のみに絞って手続を進める手法が可能であり、金融機関には守秘義務があるため、手続を進めていることが外部に漏れることはありません（上場会社の場合、開示ルールに基づく適時適切な公表開示が求められますが、非上場会社であれば、取引先に知られることなく、金融機関との間だけで私的整理を進めることが可能です）。商取引債務はカット対象とはされないので、地元の取引先などに迷惑をかけることもなく、事業価値を毀損せず手続を進めることができます。

　この点で、法的整理である民事再生手続には難点が指摘されています。官報に掲載され、手続に入ることが公表されて、債務者企業がまるで「倒産」したかのように報じられることから、事業価値の毀損が懸念されます。また、原則として取引先を含めた全債権者が対象となるので、仕入先、外注先に対する未払金も債権カットの対象となり、取引の継続に支障を来すことが懸念されます（なお、近時は法的整理の手法において、このような難点を克服し、商取引債務の弁済など事業価値を毀損しない工夫が発達しています。☞353頁**15**）。

　したがって、可能であれば、まずは私的整理を検討すべきです（☞232頁**2**）。

　私的整理手続の場合、資金繰りなどの事情が許す限り、時間をかけて丁寧に事業改善、収益力改善に取り組みつつ、金融機関と意見交換を重ねて、その意向を丁寧に汲み取っていくことも可能ですから、金融機関との信頼関係を構築しやすいという面もあります。

2　私的整理の信頼性向上

　かつては、私的整理について手続が分かりにくく、透明性や公平性に問題があると指摘され、金融機関に避けられる傾向がありました。しかし「準則型私的整理」の発展により、ルールが公表され、透明性や公平性を保って私的整理が進められる要因があり、金融機関からの信頼も高

くなって、法的整理より数多く利用されるようになっています。

さらに、準則型によらない私的整理（「純粋私的整理」と呼ぶことがあります。☞228頁**5**）であっても、事業再生に造詣の深い専門的な弁護士が債務者代理人に就任し、透明性、公平性、公正性など準則型に比肩しうる信頼性をもって適切に進行させる事例もみられるようになっています。

③ 私的整理が困難な場合

私的整理の場合、計画の成立のために対象債権者全員の同意が必要です。多数決ではなく全員一致が必須であることから、調整に時間がかかります。この間、従来どおり取引債務は全て支払っていくことが前提であり、一方、私的整理の手続中に新たな融資を受けることには困難が伴うので（この点について、近時は金融機関に取組みがみられます。第3部第5章参照）、資金繰りを維持しなければなりません。

資金繰りが維持できかったり、特に租税公課を滞納したり、労働債権の支払いが難しくなる等の場合は、そもそも私的整理では解決困難です（☞83頁**2**、242頁**3**）。このような場合は、事態がより悪化する前に、早期に法的手続をとることが合理的です。

その判断には法的整理の知見のある弁護士等の専門家によるチェックが必要です。闇雲に法的整理を回避するのではなく、私的整理による事業再生を検討した上で、必要に応じて法的手続を選択することが望まれます。

④ 保証債務の整理との関係

金融機関に債権放棄を求める場面においては、経営者の保証債務の処理が避けがたい問題となります。これを会社と一体的に処理すべきあり、「経営者保証に関するガイドライン」を用いて自宅を残すことができた事例も集積されつつあるところです。

ここにおいても、主債務（会社）について私的整理による方が金融機関の理解を得て軟着陸を図りやすいという指摘があります。しかし、「経営者保証に関するガイドライン」は主債務を私的整理で処理する場合に

限定したものではありません。会社について私的整理によって事業再生を図る場合だけでなく、法的整理による場合であっても、経営者保証について「経営者保証に関するガイドライン」を活用して適切な解決を図ることが望まれます(「中小企業の事業再生等に関するガイドライン」第二部3項、「廃業時における『経営者保証に関するガイドライン』の基本的な考え」第6項☞第8部)。

Ⅱ 私的整理の課題と今後

1 債務整理の手法の発展

Q 法的手続と私的整理手続は、どのように発展してきたのでしょうか。多様な事業再生の手法が整備されてきた背景を教えてください。

A バブル経済崩壊以降、経済情勢に応じて使い勝手のよい事業再生のツールが模索され、法的整理・私的整理のいずれもが発展してきました。

　我が国の法的整理は長らく改正されていませんでしたが、バブル経済崩壊後、事業再生のための使い勝手の良い手続の必要性が強く意識されました。平成8（1996）年以降、倒産法制の大改正が順次行われ、特に平成12（2000）年に制定された民事再生法は、スケジュール感や予測可能性を意識した運用と相まって、信頼性のある再建型手続の基本法として定着しました。引き続き会社更生法も改正され、平成18（2006）年には破産法が全面改正され、「破産宣告」が「破産手続開始決定」になるなど分かりやすい手続になりました。

　法的整理の改正と平行して、私的整理も発展しました。その先駆けとなったのが平成13（2001）年の「私的整理ガイドライン」（☞202頁 1）です。まず「一時停止通知」によって返済をいったん中止したうえ、債権者会議を経て弁済計画（一部カット含む）を全員一致で成立させます。数値基準（債務超過解消、経常利益黒字化）を設けたうえ、債権放棄を要請する計画の場合には、経営責任、株主責任、保証責任の明確化を求めることとし、事業再生に熟達した第三者（アドバイザー）が計画案の妥当性をチェックするなど、私的整理手続を準則化（ルール化）しまし

た。

　「私的整理に関するガイドライン」は、私的整理における最初にできたルールであり、その精神は他の準則型私的整理の基礎となっています。
　その後、準則型私的整理は急速に発展し、公的資本によって設立された「企業再生支援機構」などのほか、「事業再生ADR」「中小企業再生支援協議会（中小企業活性化協議会に改組）」などが多用されており、裁判所の手続である「特定調停」も私的整理の一種として用いられます。
　新たに令和4（2022）年4月から「中小企業の事業再生等に関するガイドライン」の適用が開始されました。中小企業の特性を考慮して策定された準則型私的整理であり、のみならず、準則型私的整理を中小企業に適用する場合に広く妥当すべき基本原理を定めようとするものとして重要な意義があります（☞68頁Ⅲ、213頁❸）。同ガイドラインは利用実績を重ねて定着しつつあり、その実務をふまえ、令和6（2024）年1月に改訂されています（☞69頁、213頁）。

2　法的整理と私的整理の「弱点」

> **Q** 法的整理と私的整理の「弱点」として、それぞれどのようなことが指摘されていますか。
>
> **A** 法的整理については事業劣化が、また私的整理については全員一致の弊害などが指摘されています。

　法的整理は全債権者を対象とするので、取引先に対する支払いも「棚上げ」され、カットの対象となります。地元の取引先からの買掛金なども支払うことはできず、金融負債と同様に配当の対象となります。「倒産情報」が公開されることとあわせて、信用を喪失し、風評も低下して、事業価値が急速に劣化することが指摘されています。
　私的整理の弱点は、全員一致でなければ成立しないことです。
　法的整理は多数決と裁判所の決定によって成立します。例えば、債権

額の90％をカットして10％だけを支払う計画が成立（「認可確定」といいます）すれば、多数決で反対した債権者であっても計画の効力によって債権の90％がカットされます。裁判所が関与して、法律に基づく効力が生じているからです。

　一方、私的整理の場合、仮に多数決で同様に処理しようとしても、反対した債権者を拘束することができません。裁判所の関与なく多数決だけで他人の債権をカットすることは、「憲法上の財産権の侵害ではないか」とも指摘されており、私的整理は全員一致でなければ成立しないとされてきました。全員一致が要求される結果、仮にごく一部の債権者が不合理な反対をしたとしても、成立しないことになります。どうしても成立させたければ、賛成しない者に賛成してもらうために特段の交渉が必要になり、手続の円滑な進行が阻害されてしまう弱点があります（対応策は301頁**6**参照）。

　なお、私的整理に先だって、一部に不平等、不公平な扱い（一部の者だけに支払いをしていたり、財産を流出させたりするなど）があった場合には、これを強制的に是正することはできず、自発的な是正を求めるしかありません。このような場合は、私的整理には向かないでしょう。

3　私的整理から法的整理への移行と連携～私的整理の弱点の克服

Q　私的整理から法的整理への移行とは、どのようなことでしょうか。

A　私的整理の課題であった、手続の不透明性などは解決されてきましたが、成立のために全員一致が必須であることの弊害が意識され、多数決が可能な法的整理への連続性が意識されるに至っています。法的整理を背景に、私的整理が更に円滑に進行し、我が国の課題である過剰債務の処理に役立つことが期待されています。

ポストコロナにおいて、今後事業再生の必要な中小企業が増加するのは間違いないと思われます。中小企業であれば、まず私的整理を検討すべきであるということは既に申し上げましたが、特に債権カットが必要な事案では、どうしても全行の同意が取れない場合も想定しなければなりません。全行同意のために不合理に進行が遅延して事業価値が毀損するおそれもあります。加えて、金融機関だけを対象とした枠組みでは対応しきれないくらい事業価値が毀損しているケースも、今後は多く出てくることが予想されています。

　このような場合、債務整理の入り口を私的整理として、その後に法的整理に移行することになります。この移行が円滑に進まないと事業再生に支障を来します。私的整理の手続中の検討など成果物を法的整理に援用したいケースもあります。このようにして、私的整理から法的整理への移行、連続性、連携の問題が注目されるようになりました（☞342頁**7**）。

　政府は2018年及び2021年に産業競争力強化法の改正を行い、この問題への手当をしました。事業再生ADR（私的整理）において、法的整理に移行した場合も私的整理時の事業再生計画案が適用される予見可能性を高めることにより、結果的に法的整理に移行することなく、事業再生ADRでの迅速な事業再生を実現する制度等を措置しています。また、プレDIPファイナンス（☞124頁**3**、347頁**11**）や商取引債権について、法的整理に至っても保護される予測可能性を高める規定が設けられました（☞353頁**15**）。

　また、令和2（2020）年4月から東京地裁民事20部において、事業再生ADRや活性化協議会などの準則型私的整理の成立に支障がある場合などを想定し、その移行を受け入れる等の新たな運用を開始しています。多数の実績を持つ事業再生の専門部が行うものであることから高度な調整機能が期待できるとされ、注目されています（☞302頁**3**）。

　令和4年4月から適用が開始された「中小企業の事業再生等に関するガイドライン」においては、法的整理手続や、他の私的整理手続に移行する場合においても、中小企業者と金融機関は、手続間の円滑な移行に努めるとされており、移行前の私的整理手続における合意事項又は同意事項等を法の趣旨に反しないことに留意しつつ尊重するものとするとし

ています(ガイドライン第二部3(2)を参照)。今後の運用に注目してください。

■私的整理と法的整理の移行・連携

■事業再生関連年表

平	年	
3	1991	
4	1992	バブル崩壊
5	1993	
7	1995	住専国会
8	1996	法制審議会倒産法部会 　倒産法制の抜本改正スタート
9	1997	拓銀、山一証券破綻
10	1998	長銀、日債銀破綻
12	2000	民事再生法・特定調停法・施行
13	2001	私的整理ガイドライン
14	2002	会社更生法改正
15	2003	産業活力再生特別措置法　産業再生機構 中小企業再生支援協議会を設置　(〜2007)
18	2006	破産法改正(「宣告」→「開始決定」)
20	2008	リーマンショック　　　　　　　　　　　事業再生ADR 運用開始

21	2009	中小企業金融円滑化法 施行	企業再生支援機構(ETIC)
23	2011	東日本大震災	
24	2012	金融円滑化法の最終延長を踏まえた経営支援政策パッケージ	東日本大震災事業者再生支援機構
25	2013	金融円滑化法終了	地域経済活性化支援機構 (REVIC)
			経営者保証ガイドライン公表
			金融円滑化終了への対策としての特定調停スキームの手引き (日弁連)
26	2014	産業競争力強化法「日本再興戦略」多数決原理へ	経営者保証GLに基づく債務整理手法としての特定調停スキームの手引き (日弁連)
27	2015		事業再生に関する紛争手続の更なる円滑化に関する検討会報告書
29	2017		事業者の廃業・清算を支援する手法としての特定調停スキームの手引き (日弁連)
30	2018	産競法改正 (事業再生ADRから法的整理移行時に、商取引債権の保護)	
令2	2020	コロナ禍	東京地裁・特定調停の新運用開始 (準則型私的整理からの移行にも対応)
3	2021	産競法改正 (事業再生ADRから簡易再生へ円滑移行、支援協から法的整理移行時にDIPファイナンスと商取引債権の保護)	東日本大震災事業者再生支援機構による支援受付け終了
4	2022	中小企業支援協議会を中小企業活性化協議会に改組	中小企業の事業再生等に関するガイドライン運用開始
5	2023		ゼロゼロ融資の返済開始
6	2024		中小企業の事業再生等に関するガイドラインを改訂

4　私的整理の更なる課題

Q 事業再生については、全国どこであっても同様な取組みが行われると考えてもよろしいですか。

A 法的整理・私的整理ともに、専門家の偏在など地域格差が指摘されています。

　弁護士などの専門家は、大都市圏に偏って存在しています。
　法的整理の場合、規模の大きな裁判所（東京、大阪、名古屋など）その他が専門部を備えて充実した実績を積み重ね、特に民事再生は大都市

圏の裁判所に集中しています。一方、地方など規模の大きくない裁判所では専門部がなく、円滑進行の観点から差異が指摘されることもあります。

　準則型私的整理についての代表的な支援機関である中小企業活性化協議会についてみても、地域によって差があるといわれてきました。中小企業庁が公表している、「令和2年度に認定支援機関が実施した中小企業再生支援業務（事業引き継ぎ分を除く）に関する事業評価報告書」では、47都道府県の中小企業再生支援協議会にAからDまでの評価が付され、評価に至った理由などもかなり詳細に報告されています。

　中小企業は地域性が強く全国各地に点在しており、真摯に事業再生に取り組む経営者を支援するには、このギャップを克服するために、各支援機関が協力して支援に取り組むことができる環境を確立する必要があるでしょう。

5　中小企業再生支援協議会の利用

> **Q** 中小企業の私的整理の際に用いられてきたのは、どのような手法ですか。
>
> **A** 中小企業の私的整理手続として最も利用されてきたのは、中小企業再生支援協議会による私的整理です。

　中小企業再生支援協議会（現在の中小企業活性化協議会）は、事業再生の専門家が常駐し、中小企業の経営者などからの相談に応じる公的機関として、平成15（2003）年、全国47都道府県に一カ所ずつ設置されました。以降、令和3（2021）年度末までに相談件数は54,215件にのぼり、再生計画の支援件数も16,608件に達して、地域における「中小企業の事業再生のプラットフォーム」と呼ばれるようになりました。

　リーマンショック後には「協議会版暫定リスケ計画」（暫定リスケについては、99頁参照）を進めたり、直近のコロナ禍においては「新型コ

ロナウイルス感染症特例リスケジュール」の制度を創設するなど、環境の変化に合わせて柔軟に対応をしてきたことも特徴です。

6 中小企業支援協議会から中小企業活性化協議会への改組

Q 中小企業支援協議会から改組された中小企業活性化協議会について教えてください。

A 中小企業支援協議会は、令和4（2022）年に改組され、収益力改善・事業再生・再チャレンジを一元的に支援する「中小企業活性化協議会」が設置されました。

　令和4年、新たに全国47都道府県の中小企業再生支援協議会を関連機関（経営改善支援センター）と統合して「中小企業活性化協議会」が設置されました（☞205頁❷）。多数の事業者を迅速に支援すべく、金融機関、民間専門家とも連携し、地域全体で推進することを目指しており、中小企業活性化協議会がそのハブとなることが期待されています。

7 中小企業活性化協議会と事業再生支援

Q 事業再生支援について、中小企業活性化協議会の関わり方はどのようなものですか。

A 協議会自身による支援のほか、民間プレーヤーによる支援について補助金給付の窓口になります。

　中小企業活性化協議会は、自らが支援のハブとなるほか、民間プレーヤーによる支援について補助金給付機関としての機能も持っています。

このような中小企業活性化協議会の機能について、中小企業庁のホームページに分かりやすく図示されています。

■中小企業活性化協議会

「中小企業の駆け込み寺」としての機能を強化し、中小企業からの幅広い窓口相談を実施。

	民間プレーヤーを活用した支援 中小企業の事業再生等に関する ガイドライン等に基づき支援	中小企業活性化協議会自身による支援 中小企業活性化協議会 実施基本要領に基づき支援
収益力 改善 フェーズ	【早期経営改善計画策定支援】 金融支援に至る前で、早期の経営改善を必要とする事業者が対象。事業者は、経営革新等支援機関の助けを借りて、資金繰り計画等の基本的な計画（早期経営改善計画）を策定。	【収益力改善支援】 有事に移行する恐れのある中小企業が対象。 収益力改善計画（収益力改善アクションプラン＋簡易な収支・資金繰り計画）の策定を支援。
再生 フェーズ	【経営改善計画策定支援】 〈中小版GL枠を新設〉 リスケ、新規融資等の金融支援を必要としているものの自らの力では経営改善計画を策定できない事業者が対象。事業者は、経営革新等支援機関の助けを借りて経営改善計画を策定。2022年から、中小企業の事業再生等のための私的整理手続（中小企業の事業再生等に関するガイドライン〈第三部〉。「中小版GL」という。）に基づき、私的整理に取り組む事業者を支援するために、計画の策定費用等の補助を実施。	【プレ再生支援】 将来の本格的な再生計画策定を前提とした経営改善を支援。
		【再生支援】 収益性のある事業はあるものの、財務上の問題がある事業者が対象。事業者は、専門家の助けを借りて、抜本的な再生手法を含む再生支援を実施。
再 チャレンジ フェーズ		【再チャレンジ支援】 事業継続が困難な中小企業、保証債務に悩む経営者等が対象。円滑な廃業・経営者等の再スタートに向け、中小版GLや経営者保証GL等を活用し、弁護士等の外部専門家をサポート。

（出所）中小企業庁HP（https://www.chusho.meti.go.jp/keiei/saisei/01.html）を基に作成

1 協議会自身による支援（図の右側）

中小企業活性化協議会は、一方ではみずからハブとなって中小企業への支援を行います（☞206頁2）。

支援メニューには、①有事に移行するおそれのある段階での「収益力

改善支援」（収益力改善、簡易な資金繰計画など）、②暫定リスケ（☞99頁[2]）を意味する「プレ再生支援」、債務カットの抜本的な事業再生を含む「再生支援」、③円滑な廃業（☞第7部）を導く「再チャレンジ支援」（弁護士紹介、経営者保証に関するガイドラインの単独型の対応等）があり、「中小企業活性化協議会実施基本要領」（中小企業庁ホームページからダウンロードできます）に基づいて支援が行われます。

[2] 民間プレーヤーによる支援（図の左側）

　国が認定した専門家の支援を受けて経営改善計画を策定する等の場合、専門家に対する費用補助の制度（経営改善計画策定支援「405事業」（☞81頁[1]）など）があり、中小企業活性化協議会は補助金支給窓口としての機能も有しています（今般、公表された「中小企業の事業再生等に関するガイドライン」のための補助金枠が新設されており、令和4年6月現在、その補助額が最大700万円となっています）。

8　中小企業の事業再生等に関するガイドラインとの関係

Q 中小企業活性化協議会と中小企業の事業再生等に関するガイドラインとの関係は、どのように理解すればよいですか。

A 中小企業活性化協議会が自らハブとなって行うものを「公」の支援とすれば、令和4（2022）年に公表された「中小企業の事業再生等に関するガイドライン」は民間プレーヤーによる支援です。

　中小企業活性化協議会が自らハブとなって行う支援は、旧中小企業支援協議会による支援を発展的に受け継ぐものといえるでしょう。一方、令和4年に公表された「中小企業の事業再生等に関するガイドライン」（中小版GL）により、民間のプレーヤーによる支援の拡充が期待される

ところです。

　両者は「公」「民間」それぞれの立場から、中小企業の事業再生を全国的に推進するものであり、全国の中小企業にとって使い勝手のよい支援の充実が図られるべきものです。

　なお、中小版GLによる支援について、専門家費用を補助する制度があり、中小企業活性化協議会が補助金支給の窓口としても機能しています（☞81頁※1）。

Ⅲ 中小企業の事業再生等に関するガイドライン

1 中小版GLの概要①～中小企業の事業再生等に関するガイドラインとは

Q 「中小企業の事業再生等に関するガイドライン」とは、どのようなものですか。

A 中小企業を念頭に、令和4（2022）年に公表された新たな事業再生等のガイドラインです。

　「中小企業の事業再生等に関するガイドライン」（中小版GL）は、政府の成長戦略実行計画（令和3年6月閣議決定）を受け、金融界・産業界を代表する者が、中立公平な専門家、学識経験者とも議論を重ね、社会的なコンセンサスとして策定された権威あるガイドラインです。令和4年4月15日に運用が開始されました。法的拘束力はありませんが、広く利用され、利害関係人に自発的に遵守されることが期待されています（中小版GL第一部2、第三部2⑴）。

　中小版GLは「日本経済・地域経済の活性化に資するものとなることを願う」とされ、中小企業の事業再生が、当該企業の問題だけにとどまらない意義を有するとの視点が示されています（中小版GL第一部結尾）。

2 中小版GLの概要②〜利用状況と改訂

Q 「中小企業の事業再生等に関するガイドライン」の利用状況と改訂について教えてください。

A 中小版GLは、順調に利用実績を重ねており、これを踏まえて令和6（2023）年にQ&Aと併せて改訂が行われました。

　中小版GLは、令和4（2022）年4月の運用開始後、順調に利用実績を重ねており、令和5（2023）年度までに計画が成立したものは、計161件（債務減免を含む再生型56件、債務減免を含まない再生型38件、廃業型67件）となっています。ポストコロナにあって、中小版GLの重要性は益々高まっており、令和6（2024）年1月に中小版GL及びQ&Aが改訂されました。

　この改訂では、第二部において、中小企業の対応として客観的な状況把握の促進（特に有事への移行の初期段階の重要性）、実務専門家の活用等が規定されました。また、第三部においては、再生・廃業型の実務の明確化を図りました（スポンサー選定の透明性確保や、廃業型であってもスポンサーへ事業をする場合には計画策定前に第三者支援専門家を選定すること等）。第三部の改訂内容は、再生型手続については213頁を、廃業型手続については405頁をご参照ください。

　改訂は全体として、従前の趣旨の明確化を図り、より円滑な運用を図るものであり、この改訂によって中小版GLの性格や内容に大きな変更を加えるものではありません。

3 中小版GLの概要③ 〜中小版GLの構成

Q 中小版GLの構成は、どうなっていますか。

A 全三部で構成されています。第一部は中小版GLの目的を、第二部は中小企業の事業再生等（廃業を含む）に関する基本的な考え方を、第三部は新たな中小企業版私的整理手続を示しています。
　中小版GLと併せて「中小企業の事業再生等に関するガイドラインQ&A」が公表されています。

　第一部「本ガイドラインの目的等」は、中小版GLの目的として、①中小企業の事業再生等（廃業を含む）についての基本的な考え方を示すこと、②中小企業を念頭に、使い勝手のよい私的整理手続（中小企業版私的整理手続）を示すことの2点を明記しています。
　前者については第二部「中小企業の事業再生等に関する基本的な考え方」で詳細を説明し、後者については第三部「中小企業の事業再生等のための私的整理手続（中小企業版私的整理手続）」で具体的な手続を定めています。
　併せて「中小企業の事業再生等に関するガイドラインQ&A」が公表され、中小版GLの解釈など詳細を分かりやすく示しています。

4 中小版GLの考え方①〜中小版GL第二部の位置付け

Q 中小版GL第二部に示された、中小企業の事業再生に関する基本的な考え方は、どのようなものですか。

A 金融機関との相互の信頼関係を重視していること、過剰債務や資金繰りの問題が顕在化しない「平時」から、問題が起きる「有事」、さらに事業再生計画策定後の「フォローアップ」へと流れに沿って策定されていることが特徴です。

　平時の中小企業者は収益力の向上と財務基盤の強化や適時適切な情報開示等による経営の透明性確保に努め、これによって有事に陥ることを防止する予防的効果に加え、仮に有事に陥った場合でも金融機関との間で培った信頼関係が早期の事業再生等（廃業を含む）に資することが期待されています。

　有事においては、中小企業者には、段階的対応が求められ、①金融機関に返済猶予等を求めて資金繰りを維持し、その間に収益力の改善に努め（第2部参照）、②収益力の改善（第4部参照）をしても、債務全額の返済が困難であり、やむを得ない場合には、債権放棄等の抜本的な支援を求め（第5部参照）、③それでもなお事業再生が困難な場合には、スポンサー支援等による事業再生（☞94頁）を検討し、④それすら難しい場合には、事業停止（廃業）を検討し（第7部参照）、金融機関はかかる申出に誠実に検討するとされています。

　このように第二部では、平時と有事において、中小企業者と金融機関の双方が取り組む上での基本的な考え方を示し、事業再生実務の指針となることが期待されています。

　令和6（2024）年1月の中小版GL改訂では、有事への移行の初期段階であるほど、選択肢の幅が広いことを明記し、特に平時からの一層の

連携の視点が強調されています。

自らは有事への段階的移行課程にあることを認識していない中小企業者に対しては、実務専門家（税理士、公認会計士、中小企業診断士、弁護士など）が働きかけて金融機関への相談を勧めるなど主体的な行動を促し、金融機関の側からも適切な認識を深めるように働きかける取組みが求められるとしています（予兆管理）（☞第5部1章190頁）。

5　中小版GLの考え方②〜中小版GL第二部は第三部の前提条件か

Q 第二部と第三部の関係をどのように理解すればよいですか。第二部に定める基本的考えは、第三部に定める中小企業版私的整理手続を利用するための前提条件ですか。

A 第二部と第三部は中小企業者の事業再生の実現という理念を共通にしますが、第三部は手続についての独立した定めであり、第二部は第三部の利用の前提条件ではありません（第一部2項なお書）。

中小版GLの第二部で記載された平時の取扱いや、有事の段階的な対応を経ない債務者であっても、第三部を活用して私的整理（中小企業版私的整理）を行うことができます。

なお、経営情報等についての適時適切な開示・説明は極めて重要であり、第二部・第三部の双方に記載されています。

まず第二部は「債務者である中小企業者の対応」として、経営情報等につき「適時適切な開示・説明」に努めるべきことを定めます（中小版GL第二部1(2)②）。

さらに第三部においては、経営情報等の適時適切な開示が、中小版GLによる私的整理（再生型私的整理手続及び廃業型私的整理手続）を利用できる要件になっています（中小版GL第三部3(1)②）。

しかし、経営情報等の適時適切な開示に不備があったとしても、これゆえ直ちに第三部の利用が否定されるものではなく、厳格に解しすぎないことが求められています。どのような点に不備があったのか早めに専門家に相談してください。

6 中小企業版私的整理手続①〜中小版GL第三部の概要

Q 第三部に定める中業企業版私的整理手続の概要を教えてください。

A 第三者支援専門家の存在、中小企業の実態に合わせた内容となっていることが特徴です。また、他の準則型私的整理に広く準用されるべき基本的な考え方としての性格があり、活用が期待されています。

1 再生型と廃業型

第三部に定める私的整理手続（中小企業版私的整理手続）には、「再生型私的整理手続」（中小版GL第三部4）と「廃業型私的整理手続」（同第三部5）の二種類があります。廃業型を定めたことは中小版GLの特徴の一つです。

2 中小版GLにおける「外部支援専門家」と「第三者支援専門家」

「外部専門家」は、債務者代理人弁護士、会社側アドバイザーなどが想定されており、元々の顧問関係にある者を含みます。経営・財務及び事業の状況に関する調査分析や事業再生計画の作成を支援します（第三部4（3）①②）。

「第三者支援専門家」（☞215頁）は、本手続において定義されました。「再生型手続」も「廃業型手続」も、いずれも「第三者支援専門家」の

関与が必須です。

　第三者支援専門家は、弁護士、会計士等の専門家であってこの整理手続を遂行する適格性を有し、その適格認定を得た者です。独立した中立公正な第三者の立場で本手続に関与し、事業再生計画案の調査報告等を行います（中小版GL第三部4⑴）。債務者代理人とは別個に、第三者支援専門家が必ず関与することが本手続の特徴であり、円滑で信頼性のある私的整理の進行のために重要な役割を果たすことが期待されています。

　なお、中小企業活性化協議会の手続において、企業や事業の再生に関する専門的な知識と経験を有する弁護士、公認会計士、税理士、中小企業診断士等に対して協議会が委嘱して、相談企業への各種支援を行う場合、これを「外部専門家」と称します（中小企業活性化協議会実施基本要領　第2章第1・3(3)③）。中小企業活性化協議会における「外部専門家」は第三者的な役割ですから、中小版GLにおける「外部専門家」（債務者代理人等）と名称は同じでも、意味が異なることに注意してください。

　また、令和6（2024）年の中小版GL改訂により、第三者支援専門家となる者を育成・拡充すべく、その認定要件として、活性化協議会の外部専門家を補佐する「協議会外部専門家補佐人」としての経験を考慮できることになりました（Q31）。

3　他の準則型手続への準用

　中小企業版私的整理手続は、その他の準則型手続においても基本的な考え方が共通します。そこで、いわば私的整理の基本ルールとして、参照すべき拠り所としての活用が期待されています（中小版GL第三部1⑵）。

7　中小企業版私的整理手続②　～中小企業の実態に合わせた手続（経営者の退任を必須としないこと等）

Q 　金融機関に債権放棄を求める場合には、経営者は必ず退任しなければならないでしょうか。

A 　中小版GLは、中小企業の実態に合わせ、合理的に緩和・簡素化されて使いやすい特徴があります。もちろん経営責任の明確化は必要ですが、経営者の退任を必須の原則とはしていません。

　中小版GLは、中小企業の実態に合わせ、私的整理に関するガイドラインや事業再生ADRに比べ、手続が合理的に緩和・簡素化されて使いやすくなっています（☞207頁**2**）。

　具体的には、計画案における数値基準の緩和等のほか、経営者の責任について「経営責任の明確化を図る内容とする」との記載にとどめています（中小版GL第三部4(4)）。この点につき「Q&A」において「本手続においては、経営者の退任を必須としておらず、経営者責任の明確化の内容として、役員報酬の削減、経営者貸付の債権放棄、私財提供や支配株主からの離脱等により図ることもあり得ると考えられます」と明記されています（中小版GLQA23）。

8 廃業型私的整理手続

Q 廃業の場合の手続も定められているとのことですが、それはなぜですか。

A 廃業を私的整理で行うことができれば、中小企業者のみならず、金融機関や地域経済にとっても望ましいとの観点から、廃業型の手続も策定されています。

　廃業、清算についても、破産を避けて私的整理で行うことが望ましいと考えられます。この場合、問題となる経営者の保証債務についても、経営者保証に関するガイドラインを活用し、破産を避けることが考えられます。

　廃業型私的整理手続については401頁**5**を参照してください。

9 経営者保証債務の整理①〜「経営者保証に関するガイドライン」との関係

Q 先に運用が開始されている「経営者保証に関するガイドライン」との関係は、どのように理解したらよいですか。

A 「中小企業の事業再生等に関するガイドライン」において、「経営者保証に関するガイドライン」を積極的に活用し、主債務と経営者の保証債務との一体整理を図るよう努めることが明記されました。主債務者の手続が私的整理でも、法的整理でも、あるいは廃業・清算であっても、「経営者保証に関するガイドライン」を活用することが期待されています。

会社の過剰債務の処理と、経営者の保証債務の問題は密接に関連します。「経営者保証に関するガイドライン」を用いて、主債務と保証債務の一体整理を図ることが望まれます。会社について私的整理の場合だけでなく、法的整理を用いる場合であっても、あるいは結果的に廃業、清算に至る場合であっても、「経営者保証に関するガイドライン」の適用が否定されるものではなく、むしろ積極的な活用が期待されています。

　たとえ会社が廃業したとしても、保証人は破産を回避し得るのです。そのために、早期の専門家への相談が望まれます。

10 経営者保証債務の整理② 〜廃業時の考え方

Q 「廃業時における『経営者保証ガイドライン』の基本的な考え方」について教えてください。

A 先に運用が開始されている経営者保証ガイドラインを明確化したものです。いわゆる「ゼロ弁済」が許容され得ることが明記されました。

　「中小企業の事業再生等に関するガイドライン」公表とあわせて、「廃業時における『経営者保証に関するガイドライン』の基本的考え方について」が公表されました（☞449頁**2**）。その考え方は、2014（平成26）年から既に運用が開始されている「経営者保証に関するガイドライン」のとおりですが、特に、保証人としての弁済金額がない弁済計画（いわゆるゼロ弁済）も許容され得ることが明記されました（「廃業時における『経営者保証に関するガイドライン』の基本的考え方」4項）。

　特に、企業経営者に退出希望がある場合の早期相談の重要性については、より一層の周知が必要であるとの観点から、「廃業時における『経営者保証ガイドライン』の基本的な考え方」が令和5（2023）年に改訂されました。「廃業手続に早期に着手することが、保有資産等の減少・

劣化防止に資する可能性がある」と明記し、早期着手によって金融機関債権者の回収見込額が増加し、ひいて保証人の残存資産の増加に資する可能性があること等を明確化しています。

インセンティブ資産その他、「経営者保証に関するガイドライン」の詳細は第8部を参照してください。

11 経営者保証債務の整理③ ～主たる債務者が廃業の場合も、保証人は破産を回避し得ること

Q 廃業、清算の際に、弁護士等の支援専門家が注意すべき点は何ですか。

A 廃業時の基本的考え方は、弁護士等の支援専門家に対し経営者に安易に自己破産を勧めることがないように求めています。

主たる債務者が廃業したとしても保証人が破産を回避し得ることが周知されることにより、経営者が早期の決断をし、主たる債務者の早期の事業再生の実効性が向上し、保証人の再スタートに早期に着手できる社会の構築に資することが期待されています（「廃業時における『経営者保証に関するガイドライン』の基本的考え方」1項）。

主たる債務者がやむを得ず破産になったとしても、弁護士は、保証人に安易に破産を勧めないで、種々の要素を考慮した上で、経営者保証に関するガイドラインに基づく保証債務の整理の可能性を検討すべきです（同6項）。

＊中小版GLや経営者保証GL、同Q&Aなどは、一般社団法人全国銀行協会（全銀協）のホームページからダウンロードすることができます。
　＜ガイドラインについての特設ページ＞
　・「中小企業の事業再生等に関するガイドライン」（令和4年3月）
　・「中小企業の事業再生等に関するガイドライン」Q&A（令和6年1月一部改訂）

https://www.zenginkyo.or.jp/adr/sme/sme-guideline/
・「中小企業の事業再生等に関するガイドラインをご存じですか」
　　https://www.zenginkyo.or.jp/news/2022/n063001/
・「中小企業の事業再生等に関するガイドライン事例集」（令和5年10月）
　　https://www.fsa.go.jp/news/r5/ginkou/20231017.html

＜保証債務関係＞
・「経営者保証に関するガイドライン」（平成25年12月）
　　https://www.zenginkyo.or.jp/adr/sme/guideline/
・「経営者保証に関するガイドライン」Q＆A（令和元年10月15日一部改訂）
　　https://www.zenginkyo.or.jp/fileadmin/res/abstract/adr/sme/guideline_qa.pdf
・「経営者保証に関するガイドライン」の活用に係る参考事例（令和元年8月改訂）
　　https://www.fsa.go.jp/status/hoshou_jirei.pdf
・「廃業時における『経営者保証に関するガイドライン』の基本的考え方」（令和4年3月）
　　https://www.zenginkyo.or.jp/fileadmin/res/abstract/adr/sme/guideline_bc.pdf
・「経営者保証に関するガイドライン」における廃業時の保証債務整理に関する参考事例（令和4年6月）
　　https://www.fsa.go.jp/news/r3/ginkou/20220623-4.pdf

第 2 章

事業再生のイメージ

1 経営改善

Q 金融機関への返済が困難になるなど経営改善が必要な中小企業は、まず何をしたらよいでしょうか。

A 事業を改善するためには、まず事業の状況を振り返り、課題と解決策を考えていくことが重要です。有事に至る前の収益力改善や、本格的な再生計画策定を前提とした経営改善について、国の補助金を活用した支援メニューも用意されています。支援には、民間プレーヤーによるものと、中小企業活性化協議会によるものがあります。

　資金繰りの改善のために、経営改善計画を策定することで自社が置かれている状況を確認し、事業の改善を図るために必要な取組みを行うことが重要となります（第4部参照）。そのための制度としては、次のように、民間プレーヤーによるものと中小企業活性化協議会自身によるものがあります（☞64頁**7**表中「収益力改善フェーズ」）。

	民間プレーヤーを活用した支援 ※1）	中小企業活性化協議会自身による支援
収益力改善フェーズ	早期経営改善計画策定支援 （ポストコロナ持続的発展計画事業） （旧：プレ405事業） 経営者保証に依存しない融資を促進するため経営者保証の解除に向けた早期経営改善計画の策定費用等の補助を含む。	収益力改善支援
再生フェーズ	経営改善計画策定支援 （405事業）※2） 中小企業の事業再生等に関するGL第3部（中小企業版私的整理手続）に基づく私的整理の支援としての計画策定費用等の補助を含む。※4）	プレ再生支援 （旧「暫定リスケ」）※3）
		再生支援 ※4）

※1） 補助金の制度があり、中小企業活性化協議会が補助金支給窓口となります。
※2） 事業開始時（2013年3月）についた予算が405億円だったことから「405（ヨンマルゴ）事業」と称されます。多様なスキームで対応します。
※3） 債権放棄等を要請する内容は含まず、数値基準を満たす必要はなく、将来の本格的な再生計画の策定を予定した内容であることが必要。
※4） 多様なスキームで対応します。債権カットありの場合、保証人の債務整理が必要になります。

中小企業活性化協議会自身による支援（☞206頁**2**）については、第5部2章を参照してください。ここでは、補助金に裏付けられた民間プレーヤーによる計画策定支援制度について説明します。

1 経営改善計画策定支援事業（405事業）

経営改善計画策定支援事業は平成25（2013）年に経営力強化法に基づき創設された制度で、財務上の問題を抱え、金融支援（条件変更等を指します（☞97頁**1**））を必要とする中小企業・小規模事業者が、外部専門家（認定支援機関）の助けを借りて経営改善計画の策定を行うと、国の認定を受けた外部専門家に対する支払費用の一部を国が補助をするという制度です。

全体像は以下のようになっています。

■経営改善計画策定支援事業

　本事業は、金融支援を伴う本格的な経営改善の取組が必要な中小企業・小規模事業者を対象として、国が認定した税理士などの専門家である認定経営革新等支援機関が経営改善計画の策定を支援し、経営改善の取組みを促すものです。中小企業・小規模事業者が認定経営革新等支援機関に対し負担する経営改善計画策定支援に必要となる費用の2/3（上限額は以下参照）を中小企業活性化協議会が負担します。

　また、事業者が、金融支援を伴う本格的な事業再生または廃業のために、中小版GL※に基づく計画を策定する場合には、事業・財務の状況に関する調査分析（DD）や計画策定が必要になります。本事業（中小版GL枠）では、これを促すため、DD・計画策定支援・その後の伴走支援に要する費用（認定経営革新等支援機関である専門家への報酬）の2/3を中小企業活性化協議会が負担します。（通称：405事業）

DD・計画策定支援			伴走支援
現状を分析し課題を明確化し対応策を検討する	今後の計画と実現に向けたアクションプランの検討	金融支援を受けて資金繰りの安定を図る	計画内容に応じた期間、認定支援機関等による伴走支援を実施

支援枠	補助対象経費	補助率	備　考
通常枠	DD・計画策定支援費用	2/3（上限200万円）	金融機関交渉費用は、経営者保証解除を目指した計画を作成し、金融機関交渉を実施する場合に対象。（任意）
	伴走支援費用（モニタリング費用）	2/3（上限100万円）	
	金融機関交渉費用	2/3（上限10万円）	

■中小企業GL枠

支援枠	補助対象経費	補助率	備　考
中小版GL枠	DD費用等	2/3（上限300万円）	中小版GLに基づいた取組が対象。また、その取組の際に必要となる第三者支援専門家の手続きに係る費用も補助対象。
	計画策定支援費用	2/3（上限300万円）	
	伴走支援費用	2/3（上限100万円）	

（出所）中小企業庁HP（https://www.chusho.meti.go.jp/keiei/saisei/05.html）

　借入金の返済負担等、財務上の問題を抱えている金融支援が必要な中小企業・小規模事業者の多くは、自ら経営改善計画等を策定することが難しい状況にあります。こうした中小企業・小規模事業者を対象として、その依頼を受けた外部専門家（認定支援機関）が計画策定支援を行い、事業再生を進めることが重要になってくるでしょう。

2 早期経営改善計画策定支援事業（ポスコロ事業）

　早期経営改善計画策定支援事業は、平成29（2017）年に創設されました。経営改善計画策定支援事業との違いは次頁のとおりであり、金融支援を求める前（いわゆる有事の前）の段階において、より簡易な事業計画の策定を通して、中小企業・小規模事業者の経営改善、収益力改善を促す内容となっています。

　早期経営改善計画策定支援事業が創設された当初は、「中小企業の健康診断」のための制度といわれていました。つまり、事業再生や経営改善が必要になってからではなく、病気になる前の平時における事業計画を作成するための制度とされていました。

　ところが、新型コロナウイルス感染症の影響により、多くの中小企業者等が、売上の減少や借入の増大に直面しているなかで、その内容は変化してきています。具体的には、コロナ禍の影響を受けた中小企業・小規模事業者はまず資金繰り管理を行い、足元の採算管理や行動計画を立てることで基本的なところから経営改善を目指すものとなっています。これまで「プレ405事業」と呼ばれていましたが、その呼称も「ポストコロナ持続的発展計画事業」とされました。

　令和4年4月1日より経営者保証に依存しない融資を促進するために、経営者保証の解除に向けた早期経営改善計画が追加されました。全体像は以下のようになっています。

■早期経営改善計画策定支援事業

　本事業は、資金繰りの管理や自社の経営状況の把握などの基本的な経営改善に取り組む中小企業者等が、国が認定した税理士などの専門家である認定経営革新等支援機関の支援を受けて資金繰り計画やビジネスモデル俯瞰図、アクションプランといった内容の経営改善計画を策定する際、その費用の2/3を補助することで、中小企業者等の早期の経営改善を促すものです。

ビジネスモデル俯瞰図	経営課題の内容と解決に向けた基本方針	アクションプラン	損益計画	資金繰表（実績・計画）
「事実を俯瞰」して、収益の仕組や商流等を「見える化」。	現状分析を踏まえた経営課題と解決策を検討。	「見える化」された課題を行動計画に落とし込み。	アクションプランの改善効果を数値化して計画を策定。	過去の資金繰り実績を分析、将来の資金計画を作成。

専門家と計画を策定して、経営改善に取り組みましょう！
計画策定後も専門家が伴走支援します。

進捗・取組状況の確認	対応策の検討	金融機関等への報告
数値計画と実績との差異、及びアクションプランの取組状況の確認。	計画と実績に差異がある場合の対応策の検討。	計画進捗状況を金融機関等に報告。

支援枠	補助対象経費	補助率	備　考
通常枠	計画策定支援費用	2／3（上限15万円）	伴走支援（期中）は事業者の希望に応じて実施いたします。
	伴走支援費用	2／3（上限5万円）	
	伴走支援費用（決算期）	2／3（上限5万円）	

（出所）中小企業庁HP（https://www.chusho.meti.go.jp/keiei/saisei/04.html）を基に作成

2 金融機関との調整を行っての事業継続

Q 私的整理により事業再生を図る場合に金融機関との関係では、どのようなことが重要になってくるのでしょうか。

A 私的整理の場合には、債権者である金融機関の協力が欠かせません。取引金融機関が納得できる事業計画を示すことができるかがポイントとなります。

　大幅な債務超過や過剰債務に苦しんでいる中小企業の場合、事業の改善と同時に債権者との間で債務整理に関する調整を行うことになります。事業再生において、事業の改善と財務の改善は車の両輪のようなもので、どちらが欠けても事業再生には至りません。債務整理はこの財務の改善の部分に当たります。

　中小企業の事業再生において債務整理を行う場合には、取引先を巻き込まず、また取引先などに知られることなく事業再生を図ることができる私的整理が適しているといわれています（☞53頁**5**）。私的整理であれば、債務整理の対象が通常は金融機関のみとなるため、債権者である金融機関からどのようにしたら協力を得ることができるかが重要となるのです。

1　再生のイメージ図

　では、金融機関の支援だけで事業継続を図ることができるかどうかは、どのように判断すればよいでしょうか。一つの例として次の図を見てください。これは再生のイメージ図と呼ばれるものです。

■再生のイメージ図

令和2年3月期

売上高	410
営業利益	20
(支払利息)	28
経常利益	-8
(減価償却費)	20
返済原資CF	12

借入金	918
実質自己資本	-487

債務償還年数	77
債務超過解消年数	N/A

P/L・C/F改善項目

取引先の絞り込み	5
外注費の削減	6
役員報酬の削減	4

B/S改善

債権放棄	413
関係会社借入金	5

スタートイメージ

売上高	400
営業利益	35
(支払利息)	20
経常利益	15
(減価償却費)	20
返済原資CF	35

借入金	500
実質自己資本	-69

債務償還年数	14
債務超過解消年数	5

(出典) 藤原敬三『実践的中小企業再生論 第3版』(きんざい) 52頁

　図の見方ですが、左側には直近の実績値を入れていきます。上から順番に売上や利益の額などを入れていくわけですが、実績を見てみると、債務の償還に77年かかるほどの過剰債務、▲487百万円もの債務超過に陥っており、かつ利益が出ていないためにその債務超過の解消の目処が立たない状況にあることが分かります。

　ここまでが現状です。続いて、真ん中の部分では、損益やキャッシュフローの改善とバランスシートの改善を考える部分が分かれて表示されています。まずは、損益の改善項目を考えて右側のスタートイメージを作り、一定の年数で債務償還と債務超過の解消が可能となるように、金融支援の額（債権放棄等の額）を考えていくことになります（☞286頁③1）。

　上記の表では、「取引先の絞り込み」や「外注費の削減」などで、15百万円の事業改善ができれば、金融機関に413百万円の金融支援をしてもらうことで、債務償還年数は14年程度（☞263頁5）、債務超過解消年数（☞262頁1）が5年程度になり、事業再生ができるという見立てになっています。これは入り口段階でのイメージですから、実際にそうした事

業改善ができるかどうか、その場合に金融機関から支援を得ることができるかどうかはこれからということになりますが、こうした見立てがないと金融機関の支援だけで事業再生ができるのかどうか分かりません。事業再生の入り口に立ったときには、まずこうしたツールを使って、どの程度事業を改善することができれば、金融機関の支援により事業を再生することができるかをイメージすることが重要になります。

2 私的整理が成立するか否かを判断するその他の要素

私的整理が図れるか否かを再生のイメージ図で掴んだ上で、以下の問題がないかも確認します（☞340頁**5**）。

【私的整理が図れるか否かの判断要素】
① 資金繰りが一定程度持つ見込みがあること
② 事業継続への執念・熱意
③ 事業価値や強みがあること
④ 経営者のリーダーシップ
⑤ 窮境原因の除去ができること
⑥ 経営者に信頼関係・誠実性があり、金融機関との信頼関係があること
⑦ 経営者に責任を果たす覚悟があること
⑧ 多額の簿外債務（損害賠償債務、退職金など）がないこと

本書では何度か説明していますが、資金繰りは非常に重要です。資金繰りが持たない場合には、事業停止に追い込まれるからです。資金繰りを一定期間維持することが難しい場合には、速やかに法的整理の検討を行うことが必要になることが多いです（☞第2部第1章、129頁**7**、242頁**3**）。

14頁でも記載しましたが、経営者の熱意、誠実性があり、金融機関との信頼関係が構築されているか否かも大事な視点になります。例えば、悪質な粉飾をしている場合には、金融機関の支援が難しいことがあります。また、簿外債務が多額な場合には、私的整理に必要な資金額に達しない結果、私的整理が成り立たないこともあります（私的整理の再生計画に必要な最低金額の算定式は242頁**3**参照）。

3 金融機関調整で収まらない場合の事業継続

Q 私的整理の調整ができない場合は、どのように対応していけばよいでしょうか。

A 何らかの理由により私的整理が困難となった場合には、速やかに法的整理の可能性を検討する必要があります。

1 再建型の法的手法による事業存続を検討

　上記のような検討の結果、金融機関の調整だけでは事業再生ができないケースも考えられます。例えば、金融機関からの借入金だけではなく仕入先などの一般の債務も多額にあって、金融機関からの支援だけでは窮境を脱することができない場合、既に手形不渡りが生じているなど時間的余裕がない場合などが考えられます。このような場合には、私的整理ではなく法的整理を検討することになります。法的整理とは法的手続に従って裁判所の管轄下で債務整理を行う手続です。法的整理には破産や特別清算などの清算型手続と、民事再生や会社更生などの再建型手続とがあります。

　法的整理しか選択できない場合でも、一定の事業規模があり、一定の事業価値がある場合には、従業員の雇用の問題もありますので、対象会社の事業継続が可能な再建型の法的整理手続（中小企業の場合には民事再生）を優先的に検討することが合理的です。民事再生による事業の存続については、第6部第2章（354頁以下）を参照してください。

2 清算型の法的手続の場合でも事業譲渡による事業存続を検討

　民事再生手続では公租公課や退職金などの優先債務を全額支払うことが必要です。これらの債務があまりに多額で支払えない場合は、もはや民事再生が困難であり、破産手続しか選択の余地がないケースもあります。

このような場合でも、事業譲渡と破産をセットで行い、会社は破産しても事業を存続させる手法が可能なことがあります。他に事業を存続させる方法がない場合における最後の切り札であり、熟練した専門家と綿密に打ち合わせ、破産管財人への連続性の視点をもって、適正な価格で譲渡することが必要です（☞242頁**3**、368頁**3**）。

事業譲渡による事業の存続については、第6部第3章（366頁）を参照してください。

4 廃業

Q 様々な可能性を検討しましたが、どうやら事業継続は難しそうです。廃業することとなった場合、どのような点に留意する必要がありますか。

A 廃業することとなった場合には、会社の状況が資産超過か債務超過かなどに応じてそれぞれ留意点があります。また、経営者の連帯保証についても注意が必要です。

1 廃業という選択

コロナ禍の影響を受けた中小企業・小規模事業者で廃業を選択する事業者は高い水準で推移しています。

帝国データバンクが実施した全国企業「休廃業・解散」動向調査（2023）によると、令和5（2023）年に全国で休廃業・解散を行った企業（個人事業主を含む、速報値）は5万9,105件（前年比10％増）となっています。

■「休廃業・解散」件数 推移（2016年～）

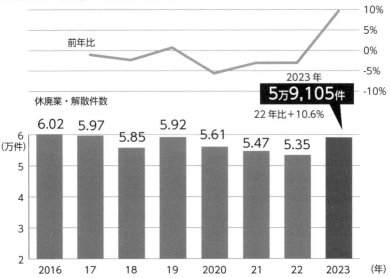

（出所）帝国データバンク「全国企業「休廃業・解散」動向調査（2023）」（2024年1月）

　同調査によると、「休廃業はこれまで、持続化給付金や雇用調整助成金など「給付」による手厚い資金繰り支援が功を奏し、コロナ禍の厳しい経営環境下でも抑制された水準で推移し」ていたものの、「2023年に入りこれらの支援策は徐々に縮小されたことに加え、電気代などエネルギー価格をはじめとした物価高、人手不足問題やそれに伴う人件費負担の増加など四重・五重の経営問題が押し寄せた」としています。また、「さらなる経営悪化に陥る前にやむなく会社を畳んだ「あきらめ廃業」を余儀なくされた中小企業が多く発生した可能性がある」としています。

　窮境に陥った企業だけでなく、事業継続が可能な段階での廃業が増えているということは、中小企業を顧問先に抱える税理士等にとっても、休業・廃業が重要なテーマになっていることを意味しています。

　もし、赤字が継続し資金流出が止められないのであれば、手遅れにならないうちに廃業を検討すべきでしょう。さらにはそれよりももっと手前で決断を迫られるかもしれません。もっともこのような判断は非常に難しいので、事業再生に精通した弁護士などに早めに相談することも検

討してください（21頁コラム）。

２ 廃業の種類

1 資産超過時点での廃業

　資産超過で債務整理をする必要がない場合には、会社を解散し、その後に清算させる通常の会社清算（☞396頁❷）が行われます。解散や清算に伴い取締役会の決議や法務局における登記が必要となります。また、解散や清算の時点で税務署や県税事務所、年金事務所などへ届出書の提出が必要となります。

2 債務超過時点での廃業

　債務超過のままでは会社を清算できないので、債務整理をする必要があります（☞397頁❸以下）。

① 破産手続による廃業

　従来より法的整理による場合には、破産手続が一般的です。破産は、すべての債務を弁済することができない者の全財産を換価し、債権者に公平に弁済するための手続で、清算型の法的整理手続です。司法統計によると、令和3（2021）年度の法人の破産件数は、5,044件となっています。

② 廃業でも私的整理を検討すべきこと

　経営者は、事業の継続が困難な状況に至ったとしても仕入先などには迷惑をかけたくないと考えています。また、会社は我が子同然ですので、廃業せざるを得ないとしても、できれば破産を避けたいと考える経営者が多いでしょう。

　事案によっては私的整理による廃業を選択できる場合があります。本書は、廃業であっても安易に破産を選択するのではなく、まずは私的整理による廃業・清算を検討することがよいと考えています。一方で、破産手続を選択する方が適切といえる場合もあり、廃業するか否か、廃業するとしてどのような手法によるかについて、弁護士などの専門家とよく相談することが望まれます。

③　私的整理による廃業の手法

　私的整理による任意廃業には、様々な手法が用意されています。
　令和4（2022）年4月から、中小企業等の事業再生等に関するガイドラインの運用が開始され、そこには廃業型の私的整理手続が含まれています。
　日弁連特定調停スキームによるもの、RVBICにおける再チャレンジ支援、中小企業活性化協議会（旧：中小企業支援協議会）による再チャレンジ支援もあります。
　破産を避けた私的整理による廃業手法の詳細は、第7部第2章(388頁)を参照してください。

④　個人保証の整理

　法人の廃業を行う場合には、法人の債務を保証している経営者の連帯保証債務についても整理が必要となります。債務超過の状況で廃業をすると保証債務が顕在化して、連帯保証人に対して請求が及ぶことがあります。これまでは、例えば法人を破産手続で処理する場合には、保証人である経営者も破産により整理をすることが一般的でしたが、平成25（2013）年に「経営者保証に関するガイドライン」が公表され、同ガイドラインを利用した保証債務の解除が徐々に広がっています。中小企業活性化協議会による保証債務の整理をみてみると、令和4（2022）年度では、企業の私的整理と同時に保証債務整理を行う一体型が164件、保証債務の整理のみを行う単独型が92件の合計256件となっています。例えば、会社は法的整理をせざるを得ない場合であっても、経営者保証に関するガイドラインを利用することで個人の破産は回避することができる可能性があります。廃業を考える場合の重要な選択肢といえるでしょう。経営者保証に関するガイドラインについては、第8部をご参照ください。

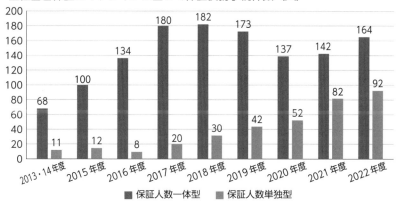

■経営者保証ガイドラインに基づく保証債務手続件数（人）

（出所）独立行政法人中小企業基盤整備機構「2022年度に認定支援機関が実施した中小企業再生支援業務（事業引き継ぎ分を除く）に関する事業評価報告書」

第3章
経営陣続投型（自主再建型）とスポンサー型

スポンサーによる支援の概要

Q 当社は業況が芳しくないため、後継者が不在の状況にあります。従業員のこともあり、何とかして事業は継続したいと考えていますが、何かよい方法はないでしょうか。

A 債権放棄など抜本的な事業再生の案件では、経営者が続投するケースに比べて、スポンサー企業が支援をする、いわゆるスポンサー案件が中心になっています。

　中小企業の事業は家業ともいわれ、中小企業の事業再生では経営陣続投型（自主再建型）が基本とされていました。例えば、資金繰りが苦しくなってきたら、取引金融機関にリスケジュールをお願いしながら、経営陣はそのままで、もしくは子息などの後継者が事業を継続するといったことが行われてきました。老舗企業に限らず、中小企業はオーナー家の名前で事業を行っているようなところがあるので、ある意味で当たり前の風景でした。

　株式会社帝国データバンクが令和5（2023）年11月に公表した「全国企業『後継者不在率』動向調査」によると企業の後継者不在率は、全国で53.9％となり、22年の不在率57.2％から3.3ｐの改善、6年連続で不在

率が低下し、調査を開始した平成23（2011）年以降で最低を更新した、とされています。

■年代別　後継者不在率推移（2018年以降推移）　　　　　　（単位:%）

年代別	2018	2019	2020	2021	2022	2023年	22年比（1年前）
30代未満	94.1	91.9	92.7	91.2	89.3	85.3	△4.0pt
30代	92.7	91.2	91.1	89.1	86.3	82.9	△3.4pt
40代	88.2	85.8	84.5	83.2	79.3	75.1	△4.2pt
50代	74.8	71.6	69.4	70.2	65.7	60.0	△5.7pt
60代	52.3	49.5	48.2	47.4	42.6	37.7	△4.9pt
70代	42.0	39.9	38.6	37.0	33.1	29.8	△3.3pt
80代以上	33.2	31.8	31.8	29.4	26.7	23.4	△3.3pt
全国平均	66.4	65.2	65.1	61.5	57.2	53.9	△3.3pt

（出所）帝国データバンク「全国『後継者不在率』動向調査（2023年）」
（https://www.tdb.co.jp/report/watching/press/pdf/p231108.pdf・2023年11月）

　同調査では、後継者の不在率が低下した理由として、5年前の調査と比較して以下の様に記しています。「5年前の2018年時点と23年の後継者策定状況を比較可能な全国14万社を分析したところ、31.0％にあたる約4.3万社が新たに後継者を決定していた。このうち、18年以降に事業承継を行った後も、後任経営者が後継者を既に策定した「（代表交代後）新規に策定」が13.0％、事業承継は行っていないものの「新規に策定」した企業が18.0％に上った。この間、各自治体や地域金融機関をはじめ事業承継の相談窓口が全国に普及したほか、第三者へのM&Aや事業譲渡、ファンドを経由した経営再建併用の事業承継などプル・プッシュ型の支援体制が整備・告知された。こうしたアナウンス効果により、現経営者のみならず、後継者候補においても事業承継の重要性が認知・浸透されてきたことも、全国的に不在率が低下した要因の一つとみられる。」
　このように事業承継の分野において、多様な対策が施されてきたことが大きいと思われます。

また、これまでスポンサー案件が多かった中小企業活性化協議会の案件にも変化が生じているようです。

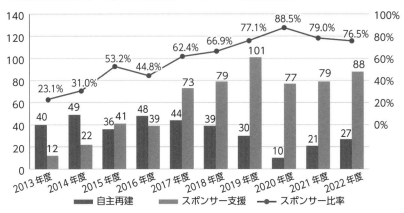

■債権放棄案件における自主再建・スポンサー支援別推移

(出所) 独立行政法人中小企業基盤整備機構「2022年度に認定支援機関が実施した中小企業再生支援業務（事業引き継ぎ分を除く）に関する事業評価報告書」（2023年10月）

独立行政法人中小企業基盤整備機構の「2022年度に認定支援機関が実施した中小企業再生支援業務（事業引継ぎ分を除く）に関する事業評価報告書」によると、以下のような記載があります。

「2021年度、2022年度においては自主再建を目指す案件も増加していることが見てとれるが、これは、再生ファンドを利用して金融機関への一括弁済を実現しつつ、ガバナンス強化やファイナンス支援を受けた上で自主再建を目指す案件も出てきていることが要因となっている。」

このように単純なスポンサー案件だけでなく再生ファンド（中小企業基盤整備機構が出資する「中小企業再生ファンド」）を利用して、自力再建を目指す案件が増えているようです。いわゆる「スポンサーありき」ではなく自力再生の道を模索する、そのような案件が増えていくことを期待したいところです。

第4章 多様な再生スキーム

1 リスケジュール

Q 金融機関に支援を要請するにあたって、リスケジュールについて教えてください。

A リスケジュールとは、資金繰りが悪化したときに金融機関への返済額を減額するなど、返済条件の変更を求めるものです。

1 リスケジュール

　リスケジュールとは、返済条件を変更すること（☞40頁**5**）で、資金繰りを確保する方法です。企業が取引金融機関に対してリスケジュールを依頼するのは、金融機関からの借入金の返済が苦しくなってきているときで、月々の返済額を減額してもらうことなどで足元の資金繰りの確保を目指すことになります。

　ただし、債権放棄などと違って借入金が減額されるわけではありませんから、月々の返済額が減った分だけ返済期間は当初の契約よりも長くなることになります。つまり、今よりも少し時間がかかるとはいえ、借入金を相当の期間内に全額返済できることが見込まれるということで、比較的早期の再生に適した金融支援といえるでしょう。

　事業計画において金融支援としてリスケジュールを依頼する場合を具体的に考えてみましょう。

次の表を見てください。毎期のキャッシュフロー（借入返済前の現金収支残）が10となっています。一方で、返済額は15ありますので、現金の収支は毎年-5とマイナスになっています。したがって、現金の残額が毎年減り続けて、X＋3ではマイナスになっています。

■当初の返済スケジュール

	X	X+1	X+2	X+3	X+4	X+5
キャッシュフロー	10	10	10	10	10	10
返済額	15	15	15	15	15	0
借入金残額	60	45	30	15	0	0
現金の収支	-5	-5	-5	-5	-5	10
現金残額	10	5	0	-5	-10	0

このように毎年のキャッシュフローを上回る返済をしている中小企業は実は結構多くありますが、これでは日常的に資金繰りの心配をする必要があり、事業再生に向けて事業に専念する環境が整っているとはいえません。そこで再生の局面では資金繰りの懸念を減らすためにリスケジュールを依頼することになります。

■リスケジュール案（1）

	X	X+1	X+2	X+3	X+4	X+5
キャッシュフロー	10	10	10	10	10	10
返済額	10	10	10	10	10	10
借入金残額	60	50	40	30	20	10
現金の収支	0	0	0	0	0	0
現金残額	10	10	10	10	10	10

このリスケジュール案（1）では、年間のキャッシュフロー（10）と年間の返済額（10）を等しくして、現金残額に影響が出ないようにしています。これであれば、現金の残高は変わりませんので、資金繰りの心配はいらないように見えます。しかし、X＋1年以後の収支はあくまでも予想で、計画を上回ることもあれば、当然下回ることもあります。今後の計画数値は、ある程度固めに見ておく必要もあるのですが、返済額

にも少し余裕を持たせて、今後予想されるキャッシュフローの8割程度としておくという案を考えてみましょう。

リスケジュール案（2）をみてください。

■リスケジュール案（2）

	X	X+1	X+2	X+3	X+4	X+5
キャッシュフロー	10	10	10	10	10	10
返済額	8	8	8	8	8	8
借入金残額	60	52	44	36	28	20
現金の収支	2	2	2	2	2	2
現金残額	10	12	14	16	18	20

この案であれば、年度ごとに多少のブレが生じても、返済に回さない2割部分がバッファーとなって計画通りに返済を続けていく可能性が高くなります。少し下振れするたびに、またリスケジュールを依頼するようでは、今後の収支見込全体に対する信頼を失ってしまいますので、ある程度余裕をみて、多少下振れしたときでも吸収することができるような計画にすることが重要であるといえるでしょう。

2 中小企業活性化協議会のプレ再生支援（旧：協議会版暫定リスケ）

中小企業活性化協議会の「プレ再生支援」（☞206頁②ア）、272頁**5**）は再生支援の準備段階であり、旧支援協議会における「協議会版暫定リスケ」に相当します。

直ちに数値基準を満たす再生計画（数値基準☞209頁■）が立てられない企業につき、本格的な再生計画策定に向けた「ラストチャンスの準備期間」として最大3年間のリスケジュールを行い、この期間に計画策定準備を行います。リスケ期間が終了すれば再生計画を策定します。計画が策定できず、事業再生が困難と判断された場合には出口対応の問題となります（活性化協議会の「再チャレンジ支援」、廃業型私的整理手続など。詳細は第7部を参照）。

ラストチャンスの準備期間と位置付けられており、プレ再生支援によ

るリスケジュールは一度限りです。その概要は以下のとおりです（新基本要領別冊2Q&A・Q32）。

> 【プレ再生支援の概要】
> ● 最大3年間（この期間について数値基準を満たす必要なし）
> ● 将来の本格的計画の策定を予定し、営業利益の改善をめざす。
> ● 財務・事業DDは簡易な方法も許容
> ● 金融支援はリスケジュールのみ
> ● アクションプランの実効性を確認、検証
> ● 3年間のリスケ期間終了後は本格的な再生計画を策定

　そもそも、この手法は、平成25（2013）年3月の金融円滑化法の期限到来に際し、旧中小企業支援協議会において数多く取り組まれた「協議会版暫定リスケ」に由来しています。当時は、リーマン・ショックの影響からリスケを繰り返している中小企業が多数あり、その数は30～40万社といわれていました。こうした中小企業のために、本格的な再生計画を作成する準備段階として事業改善に取り組む時間を確保し、経営者の自覚を促す目的がありました。さらに、取引金融機関もこの期間を利用して、これ以上は先送りにしないとの自覚を持って本腰を入れて取り組む側面がありました。

　このような状況は、厳しい外部環境の影響を受けて本格的な再生計画が立てにくいという点で、コロナ禍の影響を受けて先行きが見えない現在の中小企業にも共通し、適切な支援策といえます。「ラストチャンスの準備期間」として3年間のリスケジュールを活用し、本格的な再生計画の策定に取り組むことが期待されます。

　なお、「中小企業の事業再生等に関するガイドライン」にはこのような制度はなく、活性化協議会の支援メニューの特徴です（☞207頁※2）。

2 債権放棄（第二会社方式を含む）

Q 金融機関による債権放棄とは、どのように行われているのでしょうか。

A 債権放棄には「直接債権放棄」と「第二会社方式による実質的な債権の放棄」の2種類がありますが、中小企業の事業再生の場合には、第二会社方式の方がより多く使われています。

債権放棄とは、リスケジュールなどでは事業再生を図ることができない場合に、金融機関から債権放棄を受けて借入額と債務超過額を減らし、バランスシートを改善する方法です。

1 直接債権放棄

直接債権放棄とは、以下のように金融機関が貸出金の一部を放棄する方法です。法的整理における債権放棄は、この方法で行われています。

■直接債権放棄のイメージ

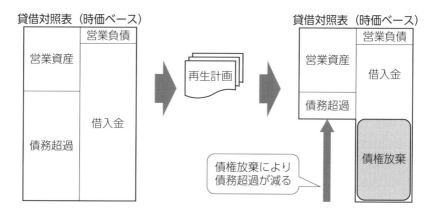

一方で、私的整理手続において直接債権放棄を行う場合には債権者、債務者双方にいくつかの留意点があるといわれています。債権者におけ

る留意点は、まず無税償却の困難性です。債権者として債権放棄に応じるのであれば、その債権放棄額は損金とすることができることが前提です。債権放棄をしたのにその分が損金にできないのであれば、放棄額以上に納税という形で負担が増えてしまうことになるためです。

しかし、直接債権放棄した金額が損金として認められるかどうかは、法人税の規定に沿って厳格に判断され、かつその基準がやや曖昧なところもあって債権者としては、税務上の問題が残るかどうかは分かりにくいものとなっています（ただし、近時は国税照会がされています。☞307頁[1]、313頁[1]）。

それ以外にも、地域におけるレピュテーションリスクはよく言われるところです。地域において、債権放棄を行ったという事実が流布してしまうと、他の取引先においても債権放棄を求められてしまうのではないかというものです。特に協同組織金融機関などでは、債権放棄の決裁を理事会などに図ることになると思いますが、理事会のメンバーとなっている地元企業にその事実がオープンになってしまうような点も挙げられます。

債務者側の問題としても、直接債権放棄を受けた場合に発生する債務免除益に対する課税への対応が困難であることが挙げられます。特に事業再生の局面にある中小企業の場合には、不適切な会計処理を行い、債務免除益に当てるだけの欠損金がない場合があります。

また、簿外債務リスクについても留意が必要です。中小企業の場合には、会計監査を受けているわけではないため、経営者も認識していなかった連帯保証債務や未払いの残業代など簿外負債が明らかになることもあります。こうした簿外債務リスクを遮断するという意味でも第二会社方式が選択されています。

[2] 第二会社方式

このように直接債権放棄を行う場合の留意点を考え、特に中小企業の事業再生においては、第二会社方式を選択するケースが増えています。第二会社方式とは、次頁の図のように企業のGOOD部分を会社分割や事業譲渡の方法によって抜き出し、BAD部分が残った旧会社については

■第二会社方式のイメージ

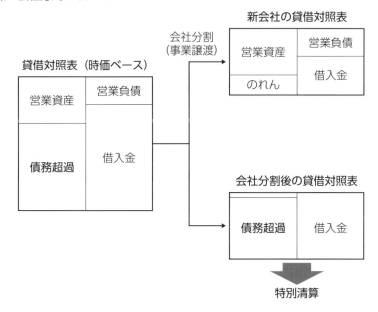

特別清算などにより清算する方法です。金融機関からの借入金については、特別清算の過程で債権放棄がなされます。

　第二会社方式は、債権者にとってネックとなっていた無税償却の問題が解決されます。具体的には、会社分割後の会社を特別清算する過程で税務上の貸倒損失として処理することができます（☞305頁**2**）。これにより債権者側では、寄附金課税のリスクから解放されることになります。また、地域におけるレピュテーションリスクについても、第二会社方式であれば、特別清算という法的整理の中で債権放棄を行うということになり、直接放棄に比べてそのハードルが下がることが考えられます。

　債務者側で債務免除益に対応するだけの欠損金がないという問題も、GOOD部分を会社分割又は事業譲渡する際に、時価で譲渡が行われるため、資産の含み損などが顕在化し税務上の欠損金が発生することになりますし、簿外債務リスクについても事業譲渡等により遮断することができます（☞306頁**3**）。

　このように、債権放棄には、直接債権放棄と第二会社方式による間接

的な債権放棄があるわけですが、中小企業の事業再生を考えた場合には、直接放棄よりも第二会社方式の方が適していることが多いといえるでしょう（☞420頁コラム）。

　この表は中小企業活性化協議会が関与した再生計画における金融支援の手法ですが、債権放棄案件1,624件のうち、77.3％に当たる1,256件が第二会社方式となっています。金融支援の手法を選択するのは、債権者ですから、債権者である金融機関は、直接放棄よりも第二会社方式の方が取り組みやすいと考えていることになります。

■金融支援の手法

金融支援	累積		2023年度		
	企業数	割合	企業数	割合	前年度差
債務免除の実施	1,756	9.4%	132	12.8%	2.0%
・直接放棄	379	2.0%	11	1.1%	0.7%
・譲渡・分割による第二会社方式	1,377	7.4%	121	11.8%	1.4%
金融機関、取引先からの借入金の株式化（DES）	81	0.4%	1	0.1%	0.0%
金融機関による借入金の資本的劣後ローン（DDS）	461	2.5%	4	0.4%	0.2%
協議会版資本的借入金	606	3.2%	9	0.9%	-0.4%
金融機関による条件変更（リスケジュール）	16,420	87.8%	896	87.1%	-1.8%
2005年税制改正適用	47	0.3%	2	0.2%	0.1%
RCCや債権管理会社からの卒業	190	1.0%	0	0.0%	0.0%
ファンド活用	460	2.5%	25	2.4%	0.2%
※完了案件総数	18,704		1,029		

（注1）同一案件で複数に該当する場合があるため、上記の合計は完了案件総数と一致しない。
（注2）2023年度の債務圧縮や減免を伴う抜本的な支援（債務免除の実施、金融機関、取引先からの借入金の株式化（DES）、金融機関による借入金の資本的劣後ローン（DDS）、協議会版資本的借入金）の割合は15.5％。

（出所）中小企業活性化協議会「中小企業活性化協議会の活動状況について〜2023年度活動状況分析〜」（https://www.chusho.meti.go.jp/keiei/saisei/kyougikai/download/202304-01.pdf）

3 DES

Q 金融支援の手法のうち、DESとはどのようなものですか。

A DESとはデット・エクイティ・スワップ（Debt Equity Swap）の略称で、企業の借入金を資本（株式）に振り替えることでバランスシートの改善を図る金融支援スキームの一つです。

　DESとは、「債務の株式化」と言われるものです。DESを行うことで、債務者企業は有利子負債を圧縮することができ、債権者は事業再生を果たした後に株式を売却して資金の回収を図ろうとするスキームですが、中小企業の場合には株式を売却することが困難であることから、なかなか取り組みにくいスキームとなっています。

　また、会社法の施行以降では、DESにより債務消滅益課税がなされることとなり（☞329頁**2**）、税務上の対応が必要となったことで、ますます利用がされにくくなっています。

■ DESのイメージ

貸借対照表（時価ベース）

営業資産	営業負債
債務超過	借入金
	DES

DESの分だけ債務超過が減少する

借入金を資本（株式）に振り替える

105

中小企業活性化協議会を利用して策定された事業再生計画をみてもDESは殆ど使われていません。104頁の表「金融支援の手法」を再度みてみると、令和6（2024）年3月までに完了した18,704件の再生案件のうち、DESが利用されたのはわずか81件（0.4％）にとどまっています。償還条件を付与した株式を利用するなどしてその使いにくい点を克服しようとする例もあるようですが、今後大きく利用が伸びることはなさそうです。

4　DDS

Q　金融支援の手法のうち、DDSとはどのようなものですか。

A　DDSとは、デット・デット・スワップ（Debt Debt Swap）の略称で、企業の借入金を一定の要件を満たす劣後ローンに振り替えることでバランスシートの改善を図る金融支援スキームの一つです。

　既存の債務を他の債務より返済条件が劣後する借入金に変更することをDDSといいます。DDSも債権放棄やDESと同様に債務超過を解消するための金融支援策の一つであるといわれています。

　DDSは、過剰債務部分を資本性劣後ローンに転換するという支援策です。DESが債務を株式に変える手法だったのに対して、DDSでは借入金のなかでも他の借入金に劣後する一定の資本性借入金に転換するという支援策です。なお、資本性という部分は、あくまでも金融機関が借入金の性質に応じて「資本に準じた十分な資本的性質が認められる借入金」であると評価するものです。この資本類似性については、金融庁のウェブサイトにおいて以下のように示されています。

> 　資本類似性は、あくまでも借入金の実態的な性質に着目して判断されるものです。債務者の属性（企業の規模等）、債権者の属性（金融機関、事業法人、個人等）や資金使途等により左右されるものではなく、基本的には、償還条件、金利設定、劣後性といった観点から判断されます。一般的な条件として以下のようなものが考えられます。
>
> ［償還条件］
> ・償還期間が5年超
> ・期限一括償還（又は同等に評価できる長期の据置期間が設定されていること）
>
> ［金利設定］
> ・資本に準じ、配当可能利益に応じた金利設定
> 　－業績連動型が原則
> 　－債務者が厳しい状況にある期間は、これに応じて金利負担が抑えられるような仕組みが講じられていること
>
> ［劣後性］
> ・法的破綻時の劣後性が確保されていること
> 　（又は、少なくとも法的破綻に至るまでの間において、他の債権に先んじて回収されない仕組みが備わっていること）

（出所）金融庁ウェブサイトhttps://www.fsa.go.jp/news/r1/ginkou/20200527.html

　上記のように返済条件として償還期間が5年超で、かつ期限一括償還となっていますので、一定期間返済負担が減少し、資金繰りが改善するという効果が見込めます。また、金利についても配当可能利益に応じた金利設定となっていることから、業績が悪化している場合には、負担が軽減されるので、業績や資金面での改善に効果があります。

　また、一定の要件を満たすことで、金融機関の評価として劣後ローンの額を資本とみなすことが認められています。したがって、DDSが導入されると金融機関から見た債務超過額が改善し、債務者区分など金融機関からの評価が向上するという効果も見込めます。

　なお、債権放棄やDESと違って、債務免除ではないため債務免除益は

発生しません（☞326頁3）。したがって、税務上の問題として、企業が債務免除益課税に対応できるかどうかにかかわらず、金融支援策として導入を検討することができます。

一方で、債務が免除されるわけではありませんから、期日において一括弁済をするためにそれができるだけの財政状態に改善することが求められます。残念ながら、計画どおりにいかず、二次破たんを起こし、債権放棄を伴う計画に移行してしまう事案も一定数あるようです。

また、資本性を評価するのは原則として取引金融機関だけですが、得意先などに決算書類を提出している場合には、劣後借入金部分も含め単なる借入金に過ぎないと評価されることもあります。

DDSは金融支援策として不十分なのではないかということで、ここ数年の件数は、減少の一途をたどっていました。ただ今回のコロナ禍のように急激な経営環境の変化で、過剰債務に陥った中小企業が大幅に増加していますので、抜本的な支援策の前段階として、DDSによる支援が再度増加に転じる可能性はあると思います。

DDSによる支援により、債務者区分（☞192頁1）が改善し、新規融資が受けられるようになり会社再生が前に進む形になるのか、リスケジュールの延長のような形で使われ結論の先送り（将来的な二次破たんリスクを抱えたまま）に過ぎないのか、DDSの使われ方にも注目が必要かもしれません。

第4章　多様な再生スキーム

5　サービサースキーム及びファンドスキーム

Q サービサーやファンドを利用した事業再生について教えてください。

A 多くのサービサーやファンドがプレイヤーとして事業再生に取り組んでおり、コロナ禍からの出口を迎えるにあたって、様々な場面で活用されることになると思われます。

1　サービサーの活用

　コロナ禍により財務状態の悪化した中小企業が増加しており、そうした企業の支援にあたって、サービサーが関与したスキームが増える可能性があります。サービサーとは、債権回収会社のことで、法務大臣の許可を受けて、金融機関等から債権を買い取り、その債権の管理回収を行うことができる民間の債権管理回収専門業者のことをいいます。

　不良債権の処理等を促進するために平成11（1999）年に施行された「債権管理回収業に関する特別措置法（サービサー法）」に基づき、弁護士法の特例としてこのような民間会社が債権回収等を行えるようになりました。

　サービサーを利用したスキームは、具体的には次頁の図のように行われます。

　この図の例では、①会社は当初100の借入れがありましたが、金融機関Aに対して返済不能に陥り、②金融機関Aはその債権をサービサーに30で売却しました。その後、③会社は金融機関Bから40の融資を受け、その40をサービサーに弁済したことで残額の免除を受けています。

　事業再生を目的としてサービサーが活用されるのは、この例のように事実上の債権放棄を、サービサーを利用して行う場合ということになるでしょう。金融機関Aは会社に再生してほしいと思っても、なかなか債権放棄はできません。その場合に、サービサーを利用することで事業再

109

■サービサーの活用による事業再生イメージ

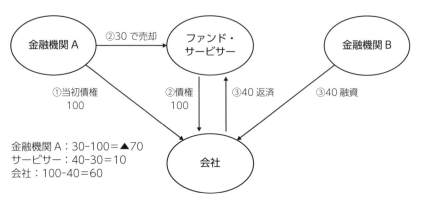

(出典) 藤原敬三『実践的中小企業再生論 第3版』(きんざい) 182頁

生への道筋がつく可能性が生まれることになるのです。

　サービサーと聞くと、事業再生よりも債権回収の方を強くイメージされるかもしれませんが、近時では単なる債権回収だけでなく、積極的に事業再生に取り組むサービサーも増えてきています。

2 再生ファンドの活用

　ファンドを利用したスキームも広がっていて、中小企業の事業再生支援を目的とした中小企業再生支援ファンドが各地で組成されています。中小企業再生ファンドのスキームは次頁の図のようになっています。

　ファンドを利用する場合の金融支援のスキームも、サービサーの場合と基本的には同じと考えてください。違いとしては、ファンドの場合は会社の株式も保有して、会社の経営に関与するところです。会社の事業価値を向上させて、保有する株式を最終的に売却し利益を得るというところがサービサーとの大きな違いになっています。

　ファンドの場合は、株式を保有するので、その保有した株式を最終的にどう処分するか、つまり誰に株式を引き取ってもらうかという点がポイントとなります。

■中小企業再生ファンドの活用による事業再生イメージ

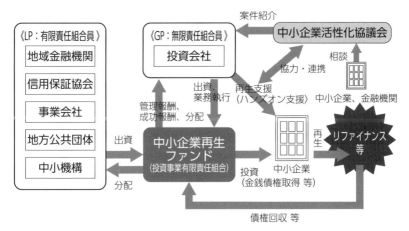

（出所）https://www.smrj.go.jp/doc/supporter/supportter_fund_investment_03.pdf
を参考に一部修正

　中小企業の場合、そうした株式を最終的に引き受ける（買い取る）ことができる者は限られますから、元のオーナー家に戻すという選択肢も考えられるでしょう。つまり、再生ファンドを利用することで、事業再生を図りつつ、オーナー家への事業承継を行うという方法も検討することはできるということになります。

　このような官民ファンドだけでなく、民間のファンドも事業再生に取り組んでおり、今後は、金融機関による再生支援だけではなく、サービサーやファンドなど多様なプレイヤーを活用した事業再生の手法がますます重要になっていくと思われます。

第5章 近時の金融機関の取組み

I 商工中金が組織として取り組む経営改善・事業再生支援

1 基本的な取組み姿勢

Q 商工中金は、新型コロナウイルス感染症(以下「新型コロナ」といいます)の感染拡大に苦しむ中小企業に対し、どのような対応を行っているのでしょうか。

A 初期段階では、中小企業に対するセーフティネット機能を発揮するため、迅速に「新型コロナウイルス感染症特別貸付」を実行しました。その後も、新型コロナによる社会変化を踏まえ、お客様の経営課題の解決に向けて各種支援を継続しています。

　新型コロナが世界的な規模で拡大し、経済活動に広範に影響を及ぼしています。当金庫は、新型コロナ蔓延の初期段階においては、「新型コロナウイルス感染症特別貸付」による地域の中小企業の皆様への資金繰り支援に奔走しました。しかし、お客様である中小企業の経営に関する課題や悩みは、緊急融資を行っただけで解決するわけではありません。

本稿執筆時点においても新型コロナは猛威を奮っており、お金や人の流れをはじめとする経済活動は新型コロナ前から大幅に変わってしまいました。

当金庫のお客様に対するアンケート調査の結果では、約7割が新型コロナ前に比して減収となるなど、中小企業を取り巻く環境の厳しさは増しています。新型コロナ対策としての緊急融資により当面の資金繰りは確保したものの、減少した売上は未だに戻らず、今後の事業継続に不安を抱えているお客様、一時的に資金繰りは安定したものの、積みあがった巨額の負債をどう返済していくかお悩みのお客様、また、原材料やエネルギーの値上ラッシュが経営を直撃することに戦々恐々としているお客様も多くいらっしゃることと思われます。

当金庫は、そのようなお客様の悩みや経営課題を解決することに組織を挙げて取り組む方針です。以下、当金庫が行う経営改善・事業再生支援についてご紹介いたします。

2 当金庫が行う経営改善支援

Q 商工中金が行う経営改善支援には、どのような種類のものがあるのでしょうか。

A 金融面での支援に加え、マーケティング支援やビジネスマッチング等による売上増加支援、原価改善や業務見直しなどの業務効率化支援、DX導入支援、関連業界や公的機関動向に関する情報提供などの「本業支援」を行っています。

1 「経営支援総合金融サービス事業」の展開

当金庫は、過去の不正行為事案等に対する反省を踏まえ、「真にお客様本位で長期的な視点から中小企業及び中小企業組合の価値向上に貢献する」という原点に立ち返るべく、平成30（2018）年10月に「商工中金経営改革プログラム」を策定し、下図のような当金庫の特性を生かした

「経営支援総合金融サービス事業」の展開をはじめました。

■商工中金による経営支援総合金融サービス事業

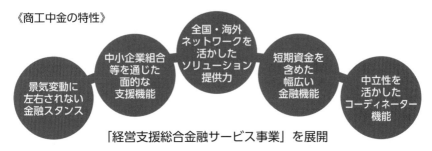

　同事業の本質は、当金庫職員がお客様の立場に立って「お客様がどうしたらよくなるのか」、「そのために商工中金は何ができるのか」を考えることから始め、お客様との深い対話を通じてその事業を理解し成長性を評価する（事業性評価）ことで、お客様の悩みやニーズに寄り添いながら、経営課題に対するソリューションを提供することにあります。

　そして、当金庫は、経営改善・事業再生支援を、当金庫が特に力を入れて活動すべき「４つの重点分野」のうちの一つとして位置付けています。具体的には、債務超過状態にあるなど財務が悪化しているお客様に対し、事業性評価を起点として、経営改善・事業再生支援を行います。

２　当金庫が行う具体的な経営改善支援

　当金庫は、資金繰り支援に加え、お客様の売上や利益を維持向上させるための知識・情報や人材に関する支援、いわゆる「本業支援」も並行して行い、日々、経営改善支援体制の強化や職員の研鑽に取り組んでいます。

　本業支援は、大きく分けると、①売上増加に関する支援、②業務効率

化に関する支援、③お客様のDX・デジタルシフト支援が上げられます。

　なお、令和3（2021）年4月より、金融機関として行うコンサルティング支援機能をさらに高めるため、経営サポート部内の特定業種の専門家職員によるハンズオン支援等を行う「本業支援チーム」を立ち上げ、お客様の経営改善・業績アップのためのノウハウを蓄積中です。

1　売上増に係る支援
①　商圏分析システムの活用によるマーケティング支援

　当金庫は、お客様のマーケティングに役立ててもらうべく、商圏分析システムを導入しています。この商圏分析システムは、お客様の店舗等が想定している商圏におけるターゲット層（ニーズに応じ年齢別、世帯収入別、世帯人数別、商圏内婚姻数などの条件を選択可能）の商圏内分布をシステムで算出するもので、商圏内の見込み客数や密度を把握したり、商圏内店舗の売上と比較することで商圏内シェアを推定することにより、マーケティングの基礎資料として使っていただくことを予定しています。現在のところ、取引があるお客様については無料で利用できます。

②　ビジネスマッチングによる取引先開拓支援

　当金庫は、一般的な金融機関と同様、様々なサービスを提供する企業と業務提携を行っているほか、日本の全都道府県に店舗網があるため、日本全国のお客様のニーズを集約してマッチングできるという強みを持っています。その強みを生かして、日々、お客様からお聞きしたビジネスマッチングニーズへの対応を行っています。

　当金庫が行っているビジネスマッチングは、取引先開拓支援に限られません（なお、最近は、当金庫取引先であるスタートアップ企業の持つテクノロジーを経営に取り入れたいというニーズが増えてきています）が、最もお客様のニーズが高いのが、売上を伸ばすための新規取引先の開拓支援です。そこで、一例として、ある一つの営業部門にて直近実施したビジネスマッチングの具体例をご紹介します。

　　①　コロナ禍で売上が減少し、在庫も売り減らしたことで事業場スペースが余ったお客様に対し、業務提携先の不動産有効活用業者を

紹介し、当該業者の協力を経て整理整頓を行った結果、在庫スペースの一部を倉庫や自販機設置スペースとして賃貸して賃料を得られるようになりました。
② 良質な金属製玩具や雑貨などを製造する会社が、コロナによるレジャーランド関連玩具やオフィス用品の受注減少に困っていました。そこで、大手業者以外の仕入先を開拓したい商品提案ノウハウがある雑貨卸売会社や、自社オリジナルキャンプ用品のOEM先を探しているアウトドア用品販売会社のお客様がいることに着目し、顧客ニーズを捉えた商品の共同開発や、金属製キャンプ用品製造への進出を提案の上、マッチングを実施し、基本提携契約締結等を進めるに至りました。

② **値上げ交渉支援**

資源高騰による原価上昇局面において、適正な原価の把握は値上げ交渉のために極めて重要であるため、当金庫は、部門別・製品別の原価管理の導入を支援することで、お客様の具体的な製品採算を明らかにするお手伝いをしています。製品別採算管理表の作成を支援したり原価や経費の配賦基準を一緒に考えたりすることで、不採算部品の洗い出しを行うのが一般的な支援内容です。

当該支援により、受注額と原価データの比較を基に論理的かつ具体的に取引先に交渉ができるため、値上げ交渉が成功しやすくなる効果があります。現在、このような支援のノウハウを沢山のお客様に提供できるよう、経営サポート部所属の公認会計士資格を有する職員の関与の下、原価管理の強化及び必要に応じ単価見直し交渉支援の標準化に取り組んでいます。

2 業務効率化支援

当金庫は、営業店の現場における経営改善支援活動の実施に当たり、「当金庫職員がお客様に対して複合的な分析を行い、経営課題を特定し、その解決策を提案する」取組みを推奨しています。

提案する解決策は、お客様の経営全般にわたりますが、お客様の内部環境をしっかり分析することから、現状の業務の効率化に係る提案が多

くなっています。以下、具体例を紹介します。

A社は、過年度の原料価格高騰により大幅赤字を計上していた食料品製造業者です。担当者が商流や製造工程を中心に分析したところ、手作業工程と動線にボトルネックを発見しました。そこで、手作業工程の機械化のため補助金申請をサポートし、機械導入後の人員体制・工場レイアウトの見直しまで含めた改善策とその収支改善効果をレポートにまとめ提示しました。その結果、A社より月次での業況報告がなされるようになり、課題や改善策について継続的に相談を受ける関係になりました。また、A社経営陣の強い意向で、取引銀行・信用保証協会・再生支援協議会参画のバンクミーティングにてそのレポートが共有され、経営改善に向けた銀行間の意識統一の一助となりました。

3　DX・デジタルシフト支援

経営におけるデジタル技術活用の重要性は日々増加しており、お客様のデジタルシフトやDX（デジタル・トランスフォーメーション）への関心が高まっています。しかし、多くのお客様は、デジタルシフトやDXで「何が出来るのか」以前に「何をしたいのか」が明確でないことも多いです。

そこで、当金庫は、お客様のDX・デジタルシフトを後押しすべく、よろず支援拠点や独立行政法人中小企業基盤整備機構等の中小企業支援機関と連携することで、お客様のデジタルシフトを支援しているほか、今あるデジタルツールを使い「業務の何を高度化するのか」、「お客様のお困りごとやニーズをどう解消するのか」を「DXマッピング」を利用して議論する取組みを試行しています。

「DXマッピング」とは、デジタルシフトやDXに取り組む際に、①達成したい目標、②業務プロセスの全体像と各プロセス毎の重要指標や課題、③デジタルシフトやDXにより向上可能な顧客視点での利便性、④業務の観点から改善したいポイント、⑤そのために使えそうなデジタルツールなどを整理し、一覧性をもって把握するための設計図です。

「DXマッピング」の作成により、①既存の業務プロセスの洗い出し、②数値化・見える化できるKPIの抽出、③そのKPI（重要業績評価指標

の略称）を達成、管理するために必要又は有益なデジタルツールの検討、が可能となるため、業務プロセスの流れに沿って各種デジタルツールを連携することが可能となり、経営指標を管理しやすい仕組みの構築に役立ちます。将来的には、デジタルを使った新しいビジネスモデルの構築や他社との差別化支援にも挑戦予定です。具体例として、クリーニング店を多数展開するお客様と「DXマッピング」を作成して議論をしたところ、クリーニングの仕上がりの告知やお客様の利用頻度の確認、配送ルートの効率化、生産と販売のリアルタイムの情報共有など「やりたいこと」を整理することにより、必要なデジタルツールがイメージできるようになりました。

このような事例を積み重ねることで、当金庫独自の「DXマッピング」作成のノウハウを構築していく予定です。

3 抜本的な事業再生支援

Q 本書で想定するような抜本的な事業再生に関して、どのような支援を行っていますか。

A 専門チームを設け、事業再生業界の各種プレーヤーと連携して窮境企業の事業再構築に貢献する取組みを行っています。

当金庫は、2021年4月より、専門のチームを新設し、一般的な金融機関の目線では今まで経営支援対象外とされていた、過去の窮境に基づく過剰債務、信用力低下等が原因で金融サービスを受けることが困難な中小企業への経営支援を強化することとしました。

具体的には、過剰債務を抱え窮境に陥ったことにより、営業キャッシュフローを相応に確保できるなど、事業の再生可能性があるにもかかわらず、資金が調達できず苦しむ企業に対し、窮境にある（又は過去あった）という事実のみに囚われずに、金融目線に留まらない多面的な視点でその将来性を評価することにより、再成長マネーを提供して事業再生に貢

献することを目的としています。このような取組みは、従来の一般的な金融審査の範疇に収まらないため、様々なバックグラウンドを持つ事業再生専門家出身の職員とプロパー職員との混成チームを組んで対応しています。

同チームは、当金庫と既に取引があるお客様のみならず、事業再生専門家、再生支援機関、ファンド、サービサー等の事業再生業界に関わるプレイヤーからご紹介を受けた新規のお客様からもご相談を承ります。各種支援専門家やステークホルダーとも連携し、知恵を出し合いながら、総合知を結集してお客様の抜本的な事業再生や金融取引の正常化に向けて支援活動を行います（連携イメージは下図を参照）。

■商工中金と支援専門家との連携図

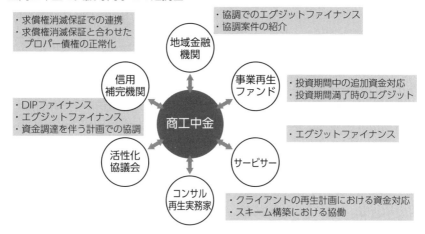

以下、当金庫の取組み事例をご紹介いたします。

なお、いずれも抜本的な事業再生を伴う事例であり守秘性が高いことから、お客様から掲載許可を得られた事案に限定され、かつ、エッセンスのみのご紹介となることにつきご容赦ください。

1 大手企業のOEM売上が過半を占める企業に対する再生事例

B社は建材の製造業を営む会社です。リーマン・ショックの影響もあ

り業績が悪化し、長年債務超過が継続したため、サービサーへの債権売却もなされていました。そのような中、当金庫は、月末の直前に不足資金を融資し、月末の売上入金分を返済原資として月初に返済してもらう形で、スポットの繋ぎ資金対応を行っていました。

　当金庫は、経営会議に毎月参加しつつその事業性を評価したところ、当社の主要顧客である大手企業のサプライチェーンにおいて、B社が大変重要な位置を占めることに気づき、大手企業にヒアリングをかけたところ、その裏付けが取れました。そこで、B社と協働して値上げシナリオを検討し、大手企業との交渉に同席して交渉を重ねた結果、年約3,000万円の収支改善が実現しました。

　収支改善に見込みがついたため、当社に弁護士を紹介しサービサー債権の時価での買戻し交渉を開始するとともに、当金庫と共にリスケを継続していた地元信金と金融正常化策を練り上げました。その結果、当金庫の資本性劣後ローンと信金の追加融資を利用してサービサーの債権の時価相当額を弁済することと引換えに残額約数億円について債権放棄を受け、老朽設備の更新を実施し、値上げ分と設備投資効果で年約4,000万円の業績改善を見込む計画を策定できることとなりました。当金庫は、計画の検証を通じて数年以内に債務超過解消が見込めることを確認できたため、金融正常化の実行に踏み切ることができました。

2 新規行を呼び込み求償権消滅保証を活用した事例

　C社は機械部品製造業者です。過去の大型投資と海外進出により、債務超過に陥り返済に窮した結果、メインバンクが支援を停止し、信用保証協会への代位弁済請求とサービサーへの債権売却に至りました。しかし、近年、持ち前の研究開発力を活かした新事業が徐々に評価され、数年前から黒字に転じました。当金庫は取引下位行でしたが、担当職員が当社の事業を高く評価して事業性評価を深堀した結果、新規事業は黒字でポテンシャルが高く、窮境原因となった既存事業や海外事業は縮小撤退が進んでいると分かりました。そこで、コロナ影響も織り込んだ経営改善計画を策定し、調達スキームを構築。具体的には当金庫の資本性劣後ローン（☞37頁3）をベースに、求償権消滅保証を活用して信用保証

協会の求償権やリース料・社会保険料の延納分を清算し（☞197頁**7**）、金融調達における障害を除去した上で、新規金融機関の支援参加をとりつけ、協調で数億円の求償権のリファイナンスを実現するに至りました。

3 社外役員の専門家と連携し、抜本的事業再生に取り組んだ事例

　D社は食品工場向けの生産ライン製造会社です。特定の工程に強みを有していました。しかし、技術革新に後れを取り売上激減し、採算管理が不十分なまま売上回復を目指した結果、外注比率が急増して業績悪化した上、自然災害にも見舞われてしまい、地域再生ファンドの関与の下、事業再生を目指すことになりました。

　その再生スキームは、ファンド出資の新会社に5億円の負債と創業時より強みを有する事業部門を承継し、旧会社の特別清算手続内で金融機関の13億円の債権を放棄する第二会社方式でした。

　再生計画では、5年後にファンド出資のEXIT（再生計画案を終了する出口）を目指していましたが、スタート直後にファンド側の経営方針に反発した従業員の大量離職が発生するなどし、再生計画に大きく遅れが生じたまま、ファンド期限が到来しました。そこで、取引のない当金庫に対し、支援の要請がありました。

　当金庫で早速事業性評価に取り組んだ結果、①紹介者でもある主要販売先（当金庫取引先）からのヒアリングでは当社技術への評価が高く、ライン全体を手掛ける大手企業との差別化戦略として打ち出された当社得意分野への経営資源集中策は妥当性があること、②経営責任を取り退職した社長の子息が在籍し、ファンドと従業員の関係修復に腐心するなど、経営者としての資質を評価できること、③再建のため派遣された社外役員の会計士の知見が高く、採算管理厳格化の効果が出現し、直近決算でキャッシュフローが黒字に転じる見込みがついたことを確認しました。

　当金庫は当社の再生が可能と判断し、リファイナンスの協調行探しを行ったところ、地元の旧取引行には応じてもらえませんでした。もっとも、先述のC社と同じ地方に工場があることから、工場所在地の保証協

会及び地元金融機関にもお声掛けしたところ、C社の件で当金庫取組趣旨を理解してくれていた保証協会の後押しもあり、工場所在地の金融機関から応諾いただけました。並行して、当金庫にて当社の企業価値を評価し、当該評価結果を前述の会計士に伝達することでファンド債権の時価買取交渉を後押ししたところ、ファンドと合意に至りました。結果として、2億円以上の債務免除益が確定し、かつ、役員親族も多額の貸付債権を株式に振り替えることに同意したため、リファイナンスによる金融正常化が可能な財務状態となりました。最終的には、当金庫が資本性劣後ローンを拠出することで、劣後ローンを考慮すると数年での債務超過解消が可能とする仕組みを作った上で、協調行及び保証協会と協力してリファイナンスを実行することで金融正常化を行いました。

4 おわりに

　以上のように、当金庫は、様々な取組みを通じて経営改善・事業再生支援の経験値を積み上げ、組織に浸透させています。

　将来は、当金庫の一人一人の職員が、財務の悪化にお困りのお客様のホームドクターのような存在となって、お客様のお悩みの相談に乗り、問題の所在を考えて必要な初動対応を行えるようになることを目指しています。

　新型コロナ収束がなかなか見通せない中にあって、当金庫は、今後もお客様に寄り沿った包括的かつ伴走型の経営改善・事業再生支援に取り組んでいく所存です。本論考が、経営改善・事業再生に取り組む皆様の一助となれば幸いです。

＜参考文献＞
・新春インタビュー（聞き手:長谷川健太）「商工中金・関根正裕社長に聞く『新しい商工中金の姿と地域金融機関との連携』」近代セールス2019.2.1
・小野木哲也・濱井耕太「金融機関の実例から学ぶ中小企業の再生手法（特別連載「地域中堅・中小企業の再生手法とその実際」）」税理2021年8月号

第5章　近時の金融機関の取組み

Ⅱ 三井住友銀行の事業再生ファイナンス

1 はじめに

　新型コロナウイルス感染症（COVID-19）による最初の感染者が報告されてから2年以上が経過しました。この間の再建型法的整理手続案件（民事再生手続、会社更生手続）は、コロナ対応融資や納税の猶予の特例（特例猶予）等の政府施策により減少傾向にあります。

　会社は、赤字であろうと資金繰りが回れば事業を続けられるため、コロナ対策融資を借り入れ、特例猶予を使い納税を繰延べすることで対応は十分可能という考え方があります。しかし実際は、売上の減少及び負債（借入金、税金）の増加により多くの会社が苦境に立たされています。

　現に、私たちの属する事業再生部隊宛てのご相談が増加しており、その内容は単に融資の依頼ではなく、この会社の再生を一緒に手伝って欲しいという専門家の方からのご依頼が大半です。

　事業に携わる関係者の方々（従業員、取引先、仕入先、当事者だけではなくそのご家族等）を守るために行われる事業再生において、再生可能性を高める手法の一つに事業再生ファイナンスがあります。この事業再生ファイナンスとは、単なる延命ではなく、会社の血液としての役割を果たし、会社の再生に繋げることを目的とした融資です。

　本稿では、近年の事業再生事例において重要性が高まっている私的整理手続におけるプレDIPファイナンス、及び再建型法的整理手続の際に用いられるアーリーDIPファイナンスについての留意点や当該ファイナンスの諸条件等の詳細に加えて、新型コロナウイルス環境下での対応について説明します。

　なお、本稿において意見にわたる部分はあくまでも筆者ら担当者個人の見解であり、所属する組織を代表するものではないことをあらかじめ付言させていただきます。

2 事業再生への取組み

Q 再生専門部隊による取組内容について教えてください。

A 再生を目指すお客様に対して、ご融資を中心に考えるのではなく、再生手法を考え対応していく部隊です。

　私たちの部隊の特徴としては、ご依頼主は会社様の代理人弁護士やコンサル会社や会計士、地域金融機関などからご依頼をいただく点が挙げられます。相談内容としては、事業再生を進めるための手法等を求められるケースが多く、他の事例で用いた方法や発想の転換をご提示するなどのアドバイスを行った結果、資金繰り、ないしは事業が安定しご融資を行わないケースも多数あります。

　新型コロナウイルスの影響による売上減少は、経営者の責任ではないと共に、営業努力で対処できる次元をはるかに超えています。しかし、経営者の方々は従業員や取引先に迷惑をかけまいとする一心で、本意ではなくとも足りない分を借入れで賄おうとされます。赤字事業を継続し足りない部分を借入れで賄うと、借金が重くなり再生の選択肢を狭めてしまいます。

　そこで、私たちは、借入れありきの発想は捨てて事業改革をどのように進め再生を行うかを一緒に考え、その上で資金が必要であれば事業再生ファイナンスを供与します。

3 事業再生ファイナンスについての留意点等

Q 事業再生ファイナンスには、どのような種類があるのでしょうか。

第5章　近時の金融機関の取組み

A 事業再生ファイナンスには、私的整理手続中に行う「プレDIPファイナンス」、法的整理手続中に行うDIPファイナンス（☞347頁**11**）などがあります。

　事業再生ファイナンスには、私的整理手続中の企業向け融資であるプレDIPファイナンス、法的整理手続申立後、計画認可決定までのアーリーDIPファイナンス、法的整理手続における計画認可決定後、計画完了までのレイターDIPファイナンス、再生手続を前倒しで完了（手続終結）させるためのEXITファイナンスなど（下図参照）があります。

■金融機関による事業再生ファイナンス

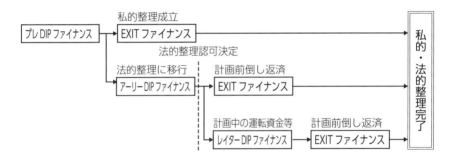

4　事業再生ファイナンスの実績

Q 三井住友銀行の事業再生ファイナンスの実績について教えてください。

A 当行では、全国に所在する社会的に有用な企業の再生を支援するため、令和元（2019）年に専門部署を設置し、さまざまな枠組みにて、多数の事業再生ファイナンス案件に取り組んでおり、この3年間の実績としては約100件、2,000億円程度の取組み実績があります。

専門性を持った少人数で対応しているものの、金額にかかわらず毎年30件程度対応しています。事業再生部隊の特徴としては、前述のとおり専門家の方から直接ご依頼をいただく点、情報管理の観点から営業部や審査部から独立している点が挙げられます。法的整理手続下の会社様に対してのアーリーDIPファイナンスは、一定条件の下、1週間ほどで決裁を出すこともあります。

　私たちは、常に会社様が正常化する姿を思い浮かべ、その姿にどのように近づけていくかを日々考え会社様と向き合っています。ちなみに、様々な会社様に対してご融資をしていますが、延滞や毀損はなく全ての会社様が再生のステージを終了し、事業を守ることができています。

5 事業再生ファイナンスの判断ポイントと融資条件

Q 事業再生ファイナンスの判断ポイントや融資条件について教えてください。

A 事業再生ファイナンスの可否は、キャッシュフローと事業性を見て判断しています。また、融資条件については、事業をなるべく壊さない（事業再生の可能性を高める）よう決定しています。

　銀行が取り組みづらいといわれているプレDIPファイナンス、アーリーDIPファイナンスも通常融資と比べて、特別な手法を用いているわけではありません。いくつかの検証ポイントについてご説明します。

1 融資金額・金利等

　融資金額は、数千万円から数百億円までと幅広い金額に対応しています。期間も数か月から対応しており、融資形態は運転資金枠の設定が多い状況です。金利は主に5～10%で設定しています。

2 融資判断のポイント

　融資判断のポイントは、キャッシュフローと事業性です。事業改革を行えばキャッシュフローが生み出せる可能性がある、技術力は高く、黒字であるものの過去の借金が重荷となっており既存の債権者様に協力をいただければ事業が継続できる可能性があるといった内容を経営者や専門家、そして可能であれば従業員や取引先からも説明を受け、検証し判断しています。

3 担保

　担保については、私的整理手続では法的整理手続へ移行した場合に、別除権になるように設定しています。これは、私的整理手続によって関係者の調整が難しい局面になった場合、法的整理手続を使ってでも再生支援をできるようにするためです。

　私たちの中では、法的整理手続は事業を残すための一つの手段とし捉えています。すなわち、法的整理手続に行っても資金を引き続き供給できるようにするためのパッケージを提供しています。担保対象については、既存金融機関が担保に取っていない売掛金や在庫などによる対応が殆どです。譲渡禁止特約が入っている売掛債権については自己信託というスキームを用いることもあり、粉飾の度合いが大きな会社様については、逆転の発想で税金の還付金に担保を付けたりと、全ての案件をオーダーメイドで対応しています。

　担保設定で気を付けているのは、事業を壊さないことです。身動きが取れず経営が窮屈になること、また信用不安を起こすことは避け、可能な限り事業を維持・成長できるように組立てを考えます。これはこのファイナンスが事業再生のためのファイナンスであり、最大の目的は事業の再生のためにあることに起因します。

6 新型コロナウイルス環境下での対応

Q 新型コロナウイルス発生時には、どのように対応されたのでしょうか。

A 会社様だけではなく、関係者（仕入先様等）も含め全員が助かることを念頭に、事業が止まっている間は支出を抑え、再生を実行するタイミングに事業再生ファイナンスを注入します。

　新型コロナウイルス発生時（主に令和2（2020）年）においても、検証作業等は大きく変えておりません。ただし、再生着手のタイミングを見極める必要があります。

　コロナウイルスが発生し始めた頃は、それ以前から業績が低迷している、もともとリスケをしているなどの理由で、新型コロナウイルス対策融資を断られた方々の受皿となっていました。

　この場合の検証ポイントは、先ほどご説明した事業再生ファイナンスの検証方法とさほど変わりはありません。事業性や今後の再生可能性を見極めた上で、再生手法を重ね合わせて対応いたしました。しかし、大きく違うのは再生に着手する時期の見極めです。緊急事態宣言等で売上が期待できないタイミングで資金を使い再生を目指しても再生できる可能性は低いと考えました。そこで、再生着手のタイミングが来るまで必要最小限のご融資を実行し、なるべく事業を動かさず、お金を流出させない方法を一緒に考えました。これに先立ち、経営者の考え方を軌道修正する場合もありました。

　例えば、仕入先に迷惑をかけたくないという思いから、仕入債務を全額払いたいという方が多くいらっしゃいました。しかし、全額支払った結果、資金が底をつき、事業が壊れては誰も幸せになりません。一方、仕入先等への支払いを行わず、自分だけが生き残っても事業はできません。今回のコロナ禍を乗り切るには、関係者も含めて全員で乗り越えなければいけない、と考えます。仕入先を一社一社見てみれば、資金的に

余裕があるからと支払いを先延ばしにしてくれるところもありました。私たちが、なぜ最小限の融資にとどめているかというと、ここで借入れした資金は赤字穴埋めのための資金であり将来に重くのしかかり、いざ再生に向かう局面で血液ともいうべき資金が一切ない状況を防ぐためなのです。

令和2年5月に実際に行った事例として、弊行がプレDIPファイナンスにてご支援している会社様において、コロナウイルスの影響により通常よりもスピード感を持った再生が必要と判断し、民事再生を選択したケースがありました。緊急事態宣言下、債権者説明会を開催できず開始決定のタイミングが通常よりも時間を要する見込みであったことから、弁済禁止の保全処分の一部取消しの申立てを行うと同時に、プレDIPファイナンス時に取得していた担保を使い、アーリーDIPファイナンスにてプレDIPファイナンスの返済資金に加えて新規融資も上乗せして実行しました。その後、その会社様は関係者の賛同を得て負債を大幅に削減し、スポンサー様の支援の下、現在も事業を継続されています。

7 コロナ禍後の経営環境

Q 緊急事態宣言解除後の特徴について教えてください。

A 過剰債務に陥っている会社様が多いことから、事業再生ファイナンスの実行と同時に過剰債務の整理（金融調整等）を行い再生を目指します。

緊急事態宣言解除後（主に令和3（2021）年後半）においては、コロナ対策融資や既存金融機関の支援によって一時的に救われた方々も、その資金を使い果たすと共に、売上が戻らず過剰債務を抱えてしまうパターンが増えてきています。

殆どの会社様は、どのようにやっても、コロナ期間の赤字による負債

は将来重くのしかかり、事業価値の毀損につながる可能性が高いです。再生手法・Exitプランとしては、金融調整の上、一般債権者を巻き込まない私的整理手続が有効だと考えていますが、特例猶予により税金等の租税債権が多額になる場合は、早期に再建型法的整理手続による再生を目指すべきだと考えます（☞87頁②、242頁③、339頁④）。

8 アーリーDIPファイナンスと租税債権の関係

Q アーリーDIPファイナンスと租税債権の関係について教えてください。

A 民事再生手続におけるアーリーDIPファイナンス（共益債権）は、租税債権（一般優先債権）に劣後するわけではありません。

民事再生手続におけるアーリーDIPファイナンス（共益債権）と租税債権（一般優先債権）との間には取扱いに差異はなく、優先劣後関係はありません（実質同順位）。

民事再生手続申立後にアーリーDIPファイナンスを実行する場合、開始決定までのものは監督委員による共益債権化の承認により共益債権となり（民事再生法120条1項ないし3項）、開始決定後のものは再生債務者の業務により生じた費用の請求権として共益債権となります（民事再生法119条5号）。

したがって、この要件を満たすアーリーDIPファイナンスは、再生債権に対する優先性が認められ、民事再生手続によらずに随時弁済を受けることができます。また、租税債権も民事再生手続によらず随時弁済（民事再生法122条2項）されます。よって、民事再生手続における共益債権と租税債権との間における取扱いに差異はなく、優先劣後関係はありません。

なお、民事再生手続が頓挫して破産手続に移行した場合、民事再生手

続上における共益債権は財団債権として扱われます。ただし、このように共益債権として取り扱われるアーリーDIPファイナンスの優先性は、他の共益債権や一般優先債権に対する優先性を指しているわけではありません。また、破産手続に移行した場合においても、当該アーリーDIPファイナンスが他の財団債権に対してまで優先するものではなく、破産財団が全ての財団債権を弁済するのに不足している場合には、DIPファイナンスは、「破産債権者の共同の利益のためにする裁判上の費用」（破産法148条1項1号）や、「破産財団の管理、換価及び配当に関する費用」（破産法148条1項2号）に劣後し、債権者間で特段の合意等がない限り、租税等の請求権（破産法148条1項3号）などと同順位で按分弁済を受けられるにとどまると解されています（破産法152条1項・2項）。

9 租税債権が多額にある場合のアーリーDIPファイナンスの利用

Q 新型コロナウイルスの影響により納税の特例猶予を利用し租税債権が平時より多額になってしまった場合、アーリーDIPファイナンスを利用することはできないでしょうか。

A 納税の特例猶予により租税債権が多額になってしまった場合にも、工夫次第ではアーリーDIPファイナンスの利用は可能です。

民事再生手続における共益債権と租税債権の関係は同順位ですが、万が一破産手続に移行した場合、共益債権が租税債権より優先する可能性があることから、納税猶予による租税債権が多いからといって簡単にあきらめる必要はないと思います。

民事再生手続におけるアーリーDIPファイナンスと租税債権の関係は、前述のとおりです。コロナ禍における租税債権については、特例猶予、その後は税務当局の柔軟な対応により納税猶予や換価の猶予により

131

支払期限が延長され、滞納処分は積極的に行われていないと思われます。

民事再生手続申立てにより、理論的には公租公課について猶予取消しがなされる可能性やそれを踏まえて滞納処分がなされる可能性はありますが、税務当局が民事再生手続中かつコロナ禍の影響を受けている会社に対して、税務当局と合意済みのスケジュールにより支払いを継続する限りにおいて、強硬手段を講じて破産に追い込むことは考えにくいと思われます（なお、万が一、滞納処分をされた場合には対抗手段として更生手続開始申立てをして滞納処分を止めることも考えられます）。

なお、会社更生手続では、アーリーDIPファイナンスは共益債権として保護され、更生計画外で返済されることになります。一方で、滞納処分は少なくとも開始決定から1年間禁止され（会社更生法50条2項、3項）、更生計画が認可されれば公租公課についても更生計画に従った弁済がなされますが（なお、3年以内に完済できる内容の計画である限り、税務当局の意見聴取は必要になるものの同意は必要ありません（会社更生法169条1項柱書但書））、会社更生手続では公租公課は優先的更生債権となるため（会社更生法168条1項2号）、共益債権となるアーリーDIPファイナンスが優先して弁済されるものと考えられます。

民事再生後に資金繰りが維持できなかった場合には破産手続に移行しますが、民事再生手続において共益化されたアーリーDIPファイナンスは破産手続において財団債権として扱われる（民事再生法252条6項）一方で、猶予を受けた公租公課の多くは納期限から1年以上を経過しているため、優先的破産債権として扱われることから、アーリーDIPファイナンスが特例猶予による租税債権より優先して弁済されることになると考えられます。

10 おわりに

国内におけるコロナウイルスの影響は、変異株の発生もあり、刻々と状況が移り変わっている状況です。そのような状況でも昼夜を問わず感染の恐怖と闘いながら懸命に治療に当たる医療従事者の方々や社会インフラを支える皆さまには、末筆ながら、深く感謝申し上げるとともに敬

意を表します。

　私たちも経済社会の心臓としての役割を担う銀行に身を置くものとして、事業の再生を通じて、雇用の確保や地域経済を守るために、少しでもお役に立てるよう尽力する所存です。

＜参考文献＞
・三井住友銀行 事業再生グループ・東京弁護士会倒産法部『事業再生ファイナンスの実務 』（金融財政事情研究会）2022.6

第4部
経営改善

第1章 経営改善の意義と全体像

1 はじめに

　コロナ禍の影響は消費者の生活様式や日常の企業活動のあり方等、実態経済全般に及び、大きな経営環境の変化や企業業績の悪化等をもたらすものとなっています。また、近年では自然災害の頻発やその被害の大きさも無視できない状況です。このような大きな環境変化の中で、企業は変化に対応するための"改善"もしくは"変革"を絶えず求められる状況下に置かれているといっても過言ではありません。

　本業における需要が消失した場合、営業活動自体が大きく制約されている場合、従業員の確保が困難である場合など様々な外部環境の変化にさらされ、経営改善への取組みは常に、そして迅速に求められています。令和4年3月に公表された「中小企業の事業再生等に関するガイドライン」（☞68頁Ⅲ）においても、債務者である中小企業は収益力の向上と財務基盤の強化に努めるとされており、経営改善が重要であるとされています。

　経営改善、収益力改善は、資金繰りの維持・改善にもつながりますし（☞第2部）、早期経営改善計画（再生局面に陥らないための計画）にもつながります（☞83頁2）。再生局面に入る場合においても、まずは自助努力により、どこまで営業利益段階までの収益力が改善できるかを見極めることが必要です。債権放棄（☞101頁1）を要請する場合においても、債権放棄額の妥当性を検証するための事業価値算定の前提として必

要となりますし（☞289頁⑤）、スポンサー型の交渉（☞273頁❹）を進める場合でもスポンサーに将来の見通しを説明することが求められますので、経営改善、収益力改善は、非常に重要なテーマといえます。

なお、令和4（2022）年12月に「中小企業収益力改善支援研究会」から「収益力改善支援に関する実務指針」が公表されています。当該実務指針では、中小企業における本源的な収益力の改善やガバナンス体制の整備促進を目的としており、本章の趣旨と重なる内容となっていますので、併せてご参照ください。

2 経営改善プロセスの全体像

Q 経営改善のためには、具体的に何を実施すればよいですか。

A まず、①企業の実態調査を行い、それに基づき②経営改善施策を立案し、その後に③継続的な改善活動とモニタリングを実施すること、が有効な手段となります。

第4部では、経営改善をするためには具体的に何を実施すべきなのか、という点について、多くの中小企業に共通する普遍的な手法をお伝えしていきます。経営改善のための基本的なアプローチとしては、まずは、①企業の実態調査（☞本部第2章❶～❻）を行い、それに基づき②経営改善施策（☞168頁❼）を立案し、その後に③継続的な改善活動とモニタリング（☞第5部第3章）を実施すること、が有効な手段となります。国内企業の大半を占める中小企業においては、シンプルで導入しやすい、より実践的な具体策が求められていることを考慮し、できる限り現実に即した実務的な内容をご紹介していきます。

的確な調査・分析と改善施策の立案、継続的な改善活動とモニタリング（☞182頁、第3章）を実施することで、企業業績は確実に改善します。

■経営改善プロセスの全体像

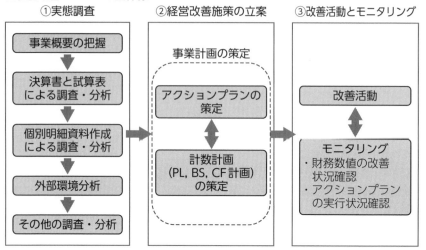

第2章 実態調査と経営改善施策の立案

1 はじめに

　本章では、経営改善を行うにあたって最初に必要となる「実態調査」に加えて「経営改善施策の立案」について一体的に述べていきます。実態調査によって、企業の経営状況を的確に把握するとともに、重要な経営課題を抽出し、その改善のための仮説を立てる作業を行います。そして、これらの調査・分析結果に基づき、経営改善のための個別具体的な実行プランを立案し、即日実行に移す、ということが重要となります。

　本章では、昨今の環境変化の速さを考慮し、時間と費用のかかる詳細な実態調査（デューデリジェンス）の実施にとらわれず、スピード感をもって効果的に経営改善を進める方策について述べていきます。

2 Pro 事業概要の把握

Q 企業の実態調査と経営改善施策の立案にあたって、手始めに何を実施すればよいでしょうか。

第4部　経営改善

> **A** 最初に企業が営む事業の概要を把握することが必要ですので、「ビジネスモデル俯瞰図」の作成と、「経営者に対する事業概要ヒアリング」を行います。

　実態調査と経営改善施策の立案に先立って、企業が営む事業の概要を把握することが必要となります。そこで、当該企業のビジネスモデルの俯瞰図を作成するとともに、経営者にヒアリングを実施し、当該企業に係る基礎情報の入手と整理を行います。

　まず、ビジネスモデル俯瞰図を作成することで、企業の事業内容を把握するだけでなく、売上構成や主要なコスト項目を確認し、企業の有する強みや弱みを分析することが可能となります。また、経営者と一緒に見ながら事業の改善施策を検討する等、関係者間で認識を共有するためのツールとしても大いに役立ちます。

■ビジネスモデル俯瞰図（事例）

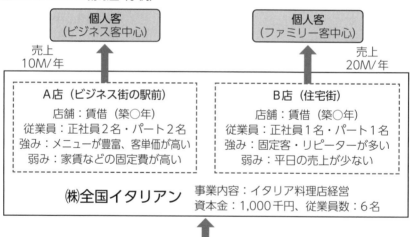

（出所）中小企業庁ホームページ
(https://www.chusho.meti.go.jp/keiei/saisei/2020/200406saisei.html)

次に、経営者に対して事業概要のヒアリングを実施します。具体的な質問事項としては、以下のような項目が挙げられます。現状の事業内容を網羅的に確認し、企業の業況や市場の動向を把握するとともに、経営者が考える今後の損益計画のイメージを聞き取ります。

【現状分析】
① 会社設立時から今日までの沿革について
② 株主、役員の構成について
③ グループ会社の状況について
④ 事業拠点（支店、営業所、店舗等）の状況について
⑤ 組織図、人員配置の状況について
⑥ 固定資産、設備投資の状況について
⑦ 業績推移について
⑧ 損益構造について
　イ）売上
　ロ）原価
　ハ）販管費
　ニ）営業外損益
　ホ）特別損益

【損益計画の方向性】
① SWOT分析
　イ）内部環境（強み、弱み）
　ロ）外部環境（機会、脅威）
　ハ）窮境原因と除去可能性
② 経営改善施策
　イ）全体的な方向性
　ロ）計数計画の目標イメージ
　ハ）具体的な行動計画（アクションプラン）

上記のビジネスモデル俯瞰図の作成と経営者ヒアリングを通して、初期段階で経営改善施策の方向性についての大まかな当たりを付けることが肝要です。

3 Pro 決算書と月次試算表による財務的な調査・分析・改善手法

Q 決算書と月次試算表を利用して実施できる調査・分析・改善手法について教えてください。

A ①決算書と月次試算表の推移分析による企業概況の把握、②コスト項目の推移分析によるコスト削減の検討、③資産・負債内容の確認による資金創出・支出削減の検討が行えます。入手しやすい資料により迅速な改善活動が可能です。

　事業概要を把握した次のステップとして、決算書一式（決算書、勘定科目内訳書、税務申告書）と月次試算表（月次損益計算書、月次貸借対照表）をベースにした、財務的アプローチからの調査・分析、経営改善手法について述べていきます。

1 決算書と月次試算表の推移分析による企業概況の把握

　実態調査の第一段階として、決算書を３期分用意し、表計算ソフトで財務三表の３期推移表を作成します。財務三表とは、①損益計算書（販売費及び一般管理費、製造原価報告書を含む）、②貸借対照表、③キャッシュ・フロー計算書のことを意味します（☞285頁**2**）。③キャッシュ・フロー計算書については、作成が難しいようなら割愛しても構いません。

　続いて、月次試算表について、前期・前々期の24か月分と進行期の直近月までの分を用意し、決算書と同様に財務三表の月次推移表を作成します。３期推移表と月次推移表を作成することで、企業の業績と財務内容を時系列に俯瞰して見る作業を行い、企業の概況を把握するとともに、改善するポイントをイメージします。

　まずは、損益計算書の推移分析を行います。ここでの着眼点は、次のとおりです。

① 売上の増加・減少トレンドを把握することでの今後の動向予測
② 粗利率の上昇・下落の状況を確認することでの売上・仕入単価の動向把握
③ 人件費と経費の費目ごとに金額の推移と水準を確認することでのコスト削減余地の検討
④ 営業損益（償却前含む）の動向を把握することでの赤字・黒字の傾向とその金額水準の確認

特に重要なのは④の営業損益の動向で、多額の赤字が継続するようなら、早急に黒字化施策が必要です。
次に、貸借対照表の推移分析を実施しますが、重要な点は次のとおりです。

① 現預金残高の推移と足元の水準の把握
② 純資産の金額水準と債務超過の有無の確認
③ 有利子負債（外部借入金＋リース債務）の水準と債務償還年数の確認
④ 固定資産残高の推移と過去の設備投資の内容・金額の把握

この中でも①の現預金残高の推移と足元の水準は極めて重要であり、直近で資金不足に陥りそうな兆候があれば、短期的な収益確保・コスト削減や資産処分、借入金返済条件の緩和等の資金繰り施策を迅速に実行する必要があります（第2部参照）。

■損益計算書

単位：千円		実績 2019/3期	実績 2020/3期	実績 2021/3期	実績 2021/4	実績 2021/5
売上高	①	325,500	297,600	279,000	23,250	24,000
売上高前期比率		109.4%	91.4%	93.8%	100.0%	103.2%
売上原価		236,000	217,576	208,680	17,390	17,390
売上総利益		89,500	80,024	70,320	5,860	6,610
売上総利益率	②	27.5%	26.9%	25.2%	25.2%	27.5%
販売費及び一般管理費	③	91,200	91,340	91,340	7,270	7,490
営業利益	④	−1,700	−11,316	−21,020	−1,410	−880
営業利益率		−0.5%	−3.8%	−7.5%	−6.1%	−3.7%

営業外収益	500	480	480	40	40
営業外費用	1,300	1,360	1,360	110	110
経常利益	-2,500	-12,196	-21,900	-1,480	-950
経常利益率	-0.8%	-4.1%	-7.8%	-6.4%	-4.0%
特別利益	-	-	-	-	-
特別損失	-	-	-	-	-
税引前当期純利益	-2,500	-12,196	-21,900	-1,480	-950
税引前当期純利益率	-0.8%	-4.1%	-7.8%	-6.4%	
法人税・住民税事業税	72	72	72	-	-
当期純利益	-2,572	-12,268	-21,972	-1,480	-950
当期純利益率	-0.8%	-4.1%	-7.9%	-6.4%	-4.0%
EBITDA（償却前営業利益）④	-300	-9,876	-19,580	-1,290	-760
EBITDAマージン	-0.1%	-3.3%	-7.0%	-5.5%	-3.2%
原価率	72.5%	73.1%	74.8%	74.8%	72.5%
販管費率	28.0%	30.7%	32.7%	31.3%	31.2%

【損益計算書の確認ポイント】

① 売上高の増加・減少トレンドの分析（競争環境激化による販売数量の減少・単価の下落等）
② 粗利率の上昇・下落動向の確認（販売価格低下や仕入単価上昇による粗利率悪化等）
③ 人件費・経費の推移分析（削減可能な人件費・経費の把握）
④ 営業損益（償却前含む）の動向把握（営業赤字の水準、黒字化達成要素の把握等）

■貸借対照表

	実績	実績	実績	実績	実績
単位：千円	2019/3期	2020/3期	2021/3期	2021/4	2021/5
現金及び預金 ①	88,117	60,740	25,840	23,980	16,858
売上債権	64,250	59,532	56,500	56,500	58,000
棚卸資産	51,000	50,000	50,000	50,000	50,000
その他流動資産	1,000	1,000	1,000	1,000	1,000
建物・付属設備	20,000	20,000	20,000	20,000	20,000
その他償却固定資産 ④	4,000	7,000	7,000	7,000	7,000

土地	30,000	30,000	30,000	30,000	30,000
減価償却累計額	−11,400	−12,840	−14,280	−14,400	−14,760
無形固定資産	1,200	1,200	1,200	1,200	1,200
敷金	2,000	2,000	2,000	2,000	2,000
保険積立金	10,000	10,000	10,000	10,000	10,000
資産合計	260,167	228,632	189,260	187,280	181,298
仕入債務	41,667	38,400	37,000	37,000	37,000
未払法人税等	72	72	72	72	-
未払消費税等	1,000	1,000	1,000	1,000	-
その他流動負債	10,000	10,000	10,000	10,000	10,000
短期借入金	70,000	60,000	50,000	50,000	50,000
長期借入金	120,000	114,000	108,000	107,500	106,000
役員借入金	5,000	5,000	5,000	5,000	5,000
負債合計	247,739	228,472	211,072	210,572	208,000
資本金	10,000	10,000	10,000	10,000	10,000
繰越利益剰余金	2,428	−9,840	−31,812	−33,292	−36,702
純資産合計 ②	12,428	160	−21,812	−23,292	−26,702
負債・純資産合計	260,167	228,632	189,260	187,280	181,298

■経営指標

	実績	実績	実績	実績	実績
金額単位：千円	2019/3期	2020/3期	2021/3期	2021/4	2021/5
運転資本	73,583	71,132	69,500	69,500	71,000
有利子負債（※1）	190,000	174,000	158,000	157,500	156,000
要償還債務（※2）③	28,300	42,128	62,660	64,020	68,142
簡易営業CF（※3）	−1,172	−10,828	−20,532	−1,360	−830
債務償還年数（年）（※4）	−24.1	−3.9	−3.1		
純資産比率	4.8%	0.1%	−11.5%	−12.4%	−14.7%

（※1）有利子負債＝短期借入金＋長期借入金＋リース債務
（※2）要償還債務＝有利子負債−現金及び預金−運転資本
（※3）簡易営業CF（キャッシュフロー）＝経常損益＋減価償却費−法人税・住民税事業税
（※4）要償還債務÷簡易営業CF（263頁5参照）

【貸借対照表の確認ポイント】
　① 現預金残高の推移・足元残高の把握（営業赤字や設備投資により減少傾向等）
　② 純資産水準（債務超過）の確認（業績悪化による債務超過転落等）
　③ 有利子負債水準、債務償還年数の把握（収益力悪化による過剰債務の状況）
　④ 固定資産残高・過去の設備投資の把握（設備投資による固定資産が増加傾向等）

2　コスト項目の推移分析によるコスト削減の検討

　上述の損益計算書の推移分析と併せて、コスト項目（売上原価、販管費）に焦点を当てて分析し、その削減余地を検討します。コスト項目は大別して仕入高（材料費含む）、外注費、人件費、経費に分けられます。

　このうち、速効性が期待されるのが経費の削減ですので、まずは経費の削減施策を検討します。経費のうち、一般的に削減余地が多く含まれる費目としては、交際費、福利厚生費、旅費交通費、通信費、保険料、広告宣伝費、雑費等が挙げられます。また、金額推移を見て増加傾向にある費目や金額水準が大きい費目にも注目します。

　これらの費目について、直近年度の総勘定元帳を確認しながら担当者へのヒアリングを行い、具体的に何に使われたのか、削減余地はないのかなどの検討を行います。経費の中には、すぐにでも使用を止めたり金額を削減したりできるものが見つかる場合が多く、改善の速効性が見込まれます。改善の実感を速く持つことができると、心理的に経営改善への機運を高めるのにも役立つため、最初に実行するのには有効な施策といえます。

　次に、人件費と外注費の削減余地を検討します。人件費削減については、従業員のモチベーション低下や離職率の上昇、各種助成金等が受給できなくなる等のリスクがあるため、慎重に検討を行う必要があります。人的資源が乏しく、個人に帰属する業務や価値のウエイトが大きい中小企業においては、リスクが効果を上回ると判断できる場合には、無理に実行しないことも選択肢の一つとなります。

人件費と外注費削減のための分析・検討としては、次の方策があります。

① 役員報酬、給与手当、雑給、法定福利費、福利厚生費、退職給付費用等の人件費項目について、増加傾向にある費目や金額の大きい費目の削減余地を検討
② 外注の内製化、もしくは内製の外注化による人件費・外注費のトータルコスト削減の検討
③ 正社員のパート化、もしくはパートの正社員化による人件費削減の検討
④ 個別に特別の事情があって給与水準の高い管理職や従業員の有無を担当者にヒアリングし削減余地を検討
⑤ 福利厚生制度や退職金制度の見直し
⑥ 役員報酬・役員借入金返済・役員地代家賃トータルでの役員コスト削減を検討
⑦ 外注先への値下げ交渉や相見積先の新規開拓

以上が財務三表の推移分析と一体的かつ迅速に実施できるコスト削減施策の検討ですが、仕入高（材料費含む）については156頁**4**「**5** 売上高・粗利益明細の作成による事業収益力の分析」において触れます。

■販売費及び一般管理費

単位：千円	実績 2019/3期	実績 2020/3期	実績 2021/3期	実績 2021/4	実績 2021/7
役員報酬	15,000	15,000	15,000	1,250	1,250
給与手当	41,000	40,800	40,800	3,400	3,500
賞与	3,500	3,500	3,500	-	-
法定福利費	10,100	10,200	10,200	800	840
福利厚生費	300	360	360	30	20
人件費計　①	69,900	69,860	69,860	5,480	5,610
人件費率	21.5%	23.5%	25.0%	23.6%	23.4%
旅費交通費	1,100	1,080	1,080	90	94
通信費	600	600	600	50	44
交際費	250	240	240	20	-
減価償却費	1,400	1,440	1,440	120	120

地代家賃	3,000	3,000	3,000	250	260
支払保険料	2,000	2,040	2,040	170	200
修繕費	200	240	240	20	26
水道光熱費	800	840	840	70	64
車輌関係費	3,000	3,000	3,000	250	270
消耗品費	500	480	480	40	44
租税公課	2,000	2,040	2,040	170	160
運賃	1,300	1,320	1,320	110	110
リース料	1,200	1,200	1,200	100	102
事務用品費	600	600	600	50	52
広告宣伝費	150	120	120	10	(50)
支払手数料	1,500	1,560	1,560	130	230
販売促進費	1,200	1,200	1,200	100	100
雑費	500	480	480	40	40
経費計 ②	21,300	21,480	21,480	1,790	1,880
経費率	6.5%	7.2%	7.7%	7.7%	7.8%
販売費及び一般管理費合計	91,200	91,340	91,340	7,270	7,490
販管費率	28.0%	30.7%	32.7%	31.3%	31.2%

【コスト項目の確認ポイント】

① 人件費（役員報酬・給与手当等）・外注費の削減要否の検討
  1．増加傾向又は金額の大きい人件費項目の把握
  2．外注の内製化もしくは内製の外注化によるトータルコストの削減
  3．正社員のパート化もしくはパートの正社員化による人件費削減
  4．給与水準の高い管理職や従業員の有無の把握や削減余地の検討
  5．福利厚生制度や退職金制度の見直し
  6．役員報酬・役員借入金返済・役員地代家賃トータルでの役員コストの削減
  7．外注先への値下げ交渉や相見積先の新規探索を行う
② 経費（交際費、福利厚生費、保険料、広告宣伝費、雑費等）の削減要否の検討
  1．増加傾向又は金額の大きい費用項目の把握
  2．総勘定元帳を確認しながらの担当者ヒアリング等

3 資産・負債内容の確認による資金創出・支出削減の検討

　上述の貸借対照表の推移分析と併せて、決算書に添付されている勘定科目内訳書と固定資産台帳の内容を確認することで、資金創出と支出削減の余地を検討します（☞第2部第2章）。

　資産サイドで検討するポイントとしては、主に次の3点となります。

> ① 「投資その他の資産」の資金化
> ② 「有形固定資産」の売却・賃貸
> ③ 「流動資産」の早期資金化

　①「投資その他の資産」の資金化では、保険積立金の解約による解約返戻金の受領と保険料削減、投資有価証券（上場株式等）の売却、賃借物件の移転・解約による敷金返還、営業保証金の返還交渉等の施策が考えられます。

　②「有形固定資産」の売却・賃貸では、遊休もしくは低収益の不動産の売却もしくは賃貸、低稼働車両の売却と維持費の削減等を検討します。

　③「流動資産」の早期資金化では、棚卸資産の早期処分や動産担保融資（ABL）による資金借入れ、売掛金の入金サイト短縮交渉や動産担保融資による資金借入れ、受取手形の割引等を検討することが考えられます。ただし、この施策では得意先に対する信用不安や金利負担が高くなる点等に注意が必要です。

　負債サイドで検討するポイントとしては、主に次の4点が挙げられます。

> ① 「流動負債」の支払繰延べ
> ② 「借入金」活用による資金繰り改善
> ③ 「リース債務」の削減
> ④ 消費税中間申告による資金繰り改善

　①「流動負債」の支払繰延べでは、仕入先との交渉による買掛金や支払手形の支払サイトの長期化施策が考えられます。一時的な資金繰り改善効果が見込まれますが、仕入先に対する信用不安や値上げには注意が必要です。

②「借入金」活用による資金繰り改善では、新規借入れや借換え、リスケジュール（返済条件変更、元金棚上げ）等により、一時的な資金創出や毎月の支出削減を図ることが考えられます（☞40頁**5**、97頁**1**）。

③「リース債務」の削減では、リース契約終了後の再リースや物件買取り、リース物件更新時の購入への切換えを行うことで、長期的な資金支出を抑える施策を検討します。

④消費税中間申告による資金繰り改善では、当期の利益が前期よりも大幅に減少している場合に、当期の中間申告対象期間において仮決算を行い消費税の申告を行うことを検討します。これにより、利益減少局面において、前期利益に基づく過大な消費税額ではなく、当期利益に基づく適正消費税額への軽減が可能となります。

なお、資金繰り維持に関する全般的な手法については、第2部2章を参照してください。

■勘定科目内訳書

有価証券の内訳書

区分 種類 銘柄	期末現在高		期中増(減)の明細				摘要
	数量	金額円	異動年月日 異動事由	数量	金額円	売却(買入)先の名称(氏名) 売却(買入)先の所在地(住所)	
保険積立金		1,000,000				○○生命保険(相) ○○県××市……	
保険積立金		500,000				△△生命(相) △△県××市……	
計		1,500,000					

有価証券の内訳書

区分 種類 銘柄	期末現在高		期中増（減）の明細				摘要
	数量	金額 円	異動年月日 異動事由	数量	金額 円	売却（買入）先の名称（氏名） 売却（買入）先の所在地（住所）	
その他 投資有価証券 ○○ホールディングス㈱	1,000	900,000				△△証券㈱ ○○県××市……	
その他 投資有価証券 △△㈱	500	150,000	令 ○.○.○ 買入	500	150,000	××証券㈱ △△県○○市……	
					150,000		
計		1,050,000					

買掛金（未払金・未払費用）の内訳書

科目	相手先		期末現在高	摘要
	名称（氏名）	所在地（住所）		
買掛金	○○商店	○○県××市……	250,000	
〃	△△商事	〃	200,000	
計			450,000	

■固定資産台帳の確認

固定資産台帳、減価償却費明細書
9900　株式会社デジタル商事　　　　　令和3年4月1日～令和4年3月31日

勘定科目	資産コード	資産名	数量	使用年月 償却年月	取得価額	既存価額	耐用年数	使用月数・償却率	償却方法	期首簿価	当期償却額	期末簿価	償却累計額
2141	1	倉庫	1	H28.4	2,500,000		15	12 0.067	定額	1,224,718	167,500	1,067,218	1,442,782
		【科目計】 建物			2,500,000					1,224,718	167,500	1,067,218	1,442,782
2151	1	自動車	1	R24	2,000,000		6	12 0.333	200% 定率	1,334,000	444,222	889,778	1,110,222

		【科目計】車両運搬具		2,000,000				1,334,000	444,222	889,778	1,110,222
2161	1	パソコン	1	R24	350,000	4	12 0.500	200%定率	175,000	87,500	87,500	262,500
		【科目計】工具器具備品		350,000				175,000	87,500	87,500	262,500
		【合計】		4,850,000				2,733,718	699,222	2,044,496	2,815,504

【資産・負債項目の確認ポイント】

① 資産項目に関する資金創出・支出削減の検討
  1．投資その他の資産の資金化（保険積立金の解約、有価証券の売却等）
  2．有形固定資産の売却や賃貸（遊休不動産の売却・賃貸や低稼働車両の売却等）
  3．流動資産の早期資金化（ABLや受取手形の割引等による資金調達）

② 負債項目に関する資金創出・支出削減の検討
  1．流動負債の支払繰延べ（仕入債務の支払サイトの長期化交渉等）
  2．借入金活用による資金繰り（新規借入れや借換え、リスケジュール等）
  3．リース債務の削減（リース期間満了後の再リースや物件買取り等）
  4．消費税中間申告による資金繰り改善（仮決算による中間納付税額の軽減）

4 Pro 個別明細資料の作成による調査・分析・改善手法

Q 個別明細資料の作成により実施できる調査・分析・改善手法について教えてください。

A 一例として、①借入金、②不動産、③保険、④リース、⑤売上高・粗利益、⑥拠点別・事業別損益、⑦延滞債務について明細資料を作成することで、個別論点ごとに調査・分析を深め、より効果的な改善活動が可能となります。

前節の決算書と試算表をベースにした調査・分析・改善手法に続いて、本節では、経営改善のために有効な個別論点ごとの明細資料の作成による手法について述べていきます。

　具体的には、前節の論点のうち、さらに深掘りした調査・分析を行うことでより大きな改善効果が見込まれる、①借入金、②不動産、③保険、④リース、⑤売上高・粗利益、⑥拠点別・事業別損益、⑦延滞債務に係る手法について紹介します。

1　借入金明細の作成による資金繰り・金融コスト改善施策の検討

　金融機関ごとの借入状況をまとめた借入金明細を作成することで、金融支援を依頼する金融機関の選択と金融支援手法の検討に役立てます。借入残高のシェアが最も大きい金融機関や担保付の借入金が多い金融機関については、一般的にはメインバンクとしての役割が期待され、金融支援（☞195頁）を真っ先に依頼する先になります。

　また、政府系金融機関（日本政策金融公庫、商工組合中央金庫等）や信用保証協会については、業績悪化の場合でも様々な融資や保証の支援制度を用意しているので、積極的に支援依頼を検討します。

　加えて、次頁の借入金明細を作成することで、借入金の長短分類や月々の返済額、金利、保証等が一覧で把握できるため、それらの情報をもとに取引金融機関ごとの支援スタンスを推測し、新規借入、借換、リスケジュール（返済条件変更、返済猶予）等の資金繰り・金融コスト改善施策を検討します。返済猶予の詳細については、40頁5及び97頁1を参照してください。

【借入金明細の確認ポイント】
① 　メインバンクや政府系金融機関、信用保証協会への支援依頼
② 　金融機関毎の借入条件・保証・担保設定状況の把握、金融機関調整への活用

■借入金明細　　　　　　　　　　　　　　　　　　　　　　　　（金額単位：千円）

借入先	貸付形態	短期/長期	借入日	返済完了予定日	借入元金	借入金利	返済額(元本)	2021/3末残高	銀行別シェア	協会保証	連帯保証人
A銀行	手形	短期	2020/12/30	2021/6/28	20,000	2.30%		20,000		-	社長
A銀行	手形	短期	2020/10/31	2021/4/29	10,000	2.30%		10,000		-	〃
A銀行	証書	長期	2015/1/31	2022/1/30	17,000	1.50%	月額 200	2,000		100%	〃
A銀行	証書	長期	2020/6/30	2027/6/30	24,000	2.50%	月額 200	24,000			〃
A銀行 計					71,000		400	56,000	50.0%		
B信金	手形	短期	2021/1/30	2021/7/29	10,000	2.50%		10,000		-	社長
B信金	手形	短期	2021/2/28	2021/8/27	10,000	2.50%		10,000		-	〃
B信金	証書	長期	2017/4/28	2027/4/28	24,000	2.00%	月額 200	14,600		80%	〃
B信金	証書	長期	2018/5/16	2025/5/15	30,000	1.50%	月額 350	17,500		100%	〃
B信金 計					74,000		550	52,100	46.5%		
C銀行	証書	長期	2018/5/31	2023/5/31	9,000	0.05%	月額 150	3,900		-	社長
C銀行 計					9,000		150	3,900	3.5%		
合計					154,000		1,100	112,000	100.0%		

2 不動産明細の作成による不動産活用の検討

　会社と役員個人で所有する不動産の状況をまとめた不動産明細を作成することで、不動産の有効活用施策を検討します。

　不動産明細については、固定資産税の課税明細と登記簿謄本をもとに作成し、現況用途の欄については、担当者へのヒアリングと公図、住宅地図、ウェブ上の航空写真等を確認しながら埋めていきます。賃貸物件がある場合には、賃貸料収入の記載も行います。これらの作業で作成した不動産明細に基づき、遊休不動産が存在する場合には、その売却もしくは賃貸の可能性を検討します。また、事業用又は賃貸用で収益性が低い物件については、事業用であれば事業所の集約と空き物件の売却・賃貸を、賃貸用であれば賃料の値上げ交渉や物件の売却を検討することとなります。これらの施策により、新たな資金創出や不動産維持コスト（固定資産税、保険料、修繕費等）の削減が期待できます。

　また、担保未設定又は担保余力のある不動産を把握し、担保提供による資金借入れの可能性についても検討しておくとよいでしょう。

■不動産明細書（担保状況表）

債権者名	○○株式会社
所有者名	○○株式会社、社長

	乙区欄	
権利者・差押者	A銀行	B信金
債権者	当社	当社
登記の種類	根抵当権	根抵当権
極度債権額・延滞税額（千円）	120,000	100,000
共担目録	(あ) ××××	(い) ××××
2021/3末債権金額（千円）	56,000	52,100

No.	住所	所在	通番・家屋番号	分類	土地・建物面積（敷地権）㎡	所有者	現況用途	固定資産税評価額（千円）	評価額（千円）	簿価（千円）	評価差額（千円）	担保権額合計（千円）	順位番号	担保価額該当額（千円）	順位番号	担保価額該当額（千円）
不動産（法人）																
1	×××市	×××町	3丁目	210-1	土地	700.00		本社事務所	20,000	28,571	30,000	(1,429)	28,571	1	15,584	1	12,987
2	×××市	×××町	3丁目	210-1	家屋	400.00	当社		8,000	8,000	10,000	(2,000)	8,000	1	4,364	1	3,636
3	×××市	×××町	2丁目	8-2	家屋	200.00		貸店舗（賃貸不動産）	6,000	6,000	10,000	(4,000)	6,000	1	6,000	2	-
法人計									34,000	42,571	50,000	(7,429)	42,571		25,948		16,623
不動産（個人）																	
1	×××市	×××町	5丁目	100-1	土地	150.00	社長	自宅	5,000	7,143	-	7,143	7,143	2	-	1	7,143
2	×××市	×××町	5丁目	100-1	家屋	250.00			3,000	3,000	-	3,000	3,000			1	3,000
個人計									8,000	10,143	-	10,143	10,143		-		10,143
合計									42,000	52,714	50,000	2,714	52,714		25,948		26,766

（出所）固定資産税納税通知書、不動産登記簿

【不動産明細の確認ポイント】
① 遊休不動産の売却・賃貸や低収益性物件の転用可否の検討
② 担保未設定又は担保余力のある不動産による資金調達の検討

---

③ 保険明細の作成による資金創出・支出削減の検討

　中小企業では、死亡保障目的に加えて、節税や退職金原資の積立て、お付き合い目的等で積立型で解約返戻金が存在する生命保険契約に加入している場合が多くあります。会社で契約している生命保険契約の状況をまとめた保険明細を作成することで、保険契約の見直しを検討します。

　保険明細では、月々の保険料、保障の内容（被保険者、保険金額等）、保険期間、解約返戻金額、経理処理等に関する情報が一覧で把握できま

す。これらの情報に基づき、会社の経営状況に照らして保険契約の解約や見直しを検討することとなります。

　解約する場合には、保障は失われることになりますが、解約返戻金により一時的な資金創出が可能となり、以後の保険料負担から解放され資金繰りが改善するメリットがあります。

4 リース明細の作成によるリース料削減の検討

　会社のリース契約の状況を網羅的にまとめたリース明細を作成することで、将来的なリース料削減の検討を行います。リース会社との一般的なリース契約については、いわゆるファイナンス・リースである場合が多く、解約にあたって残リース料を全額支払うこととなるケースがほとんどです。そのような場合、リース期間中の解約は実質的に困難であり、リース期間終了後の施策を検討することとなります。リース期間終了後の検討事項は次のとおりです。

> ① もう使わない物件についてはリース終了
> ② 短期間使用継続する物件については再リース
> ③ 長期間使用継続する物件については買取り
> ④ 物件の更新・入替えが必要な物件については、リースから購入への切換え

　このように、将来的なリース料の削減施策を現時点から検討しておくことで、今後の資金繰りや借入金の計画を効果的に立案できることとなります。

　また、一般的な未払リース料については、実質的にはリース会社からの借入金に相当するにもかかわらず、中小企業においては全くの簿外となっているケースがあり、決算書の見た目以上にリース債務が存在する場合が見受けられます。リース明細を作成することで簿外債務を網羅的に把握し、将来の資金繰りを正確に予測することにも役立ちます。

5 売上高・粗利益明細の作成による事業収益力の分析

　進行期と、直近3期程度の売上高・粗利益の明細、分析資料を作成することで、売上高・粗利益の増加施策を検討します。売上高・粗利益の

分析区分としては、得意先別、商品・サービス別、拠点別、担当者別等の区分が挙げられます。これらの区分ごとに、売上高と粗利益の過去の増減動向を分析し、経営者・担当者とディスカッションを行うことで、その増加施策を検討します。

営業努力の拡充、販促活動の強化、商品内容・販売ターゲット・販売方法の見直し、人員配置の見直し等、事業内容と組織体制に応じて様々な施策を考えます。また、粗利益の改善は売上増加よりも取り組みやすい場合が多く、販売単価のアップ、仕入単価の切下げ、日々の粗利管理・モニタリング等で、結果がすぐに出やすい傾向にあります。売上高・粗利益については、事業活動の根幹であり、業種ごとにその増加施策は様々ですが、共通の成功要因には次の点が挙げられます。

① 組織的な方針・情報の共有
② 日々の意欲的な営業活動への取組み
③ 小まめな成果把握と管理

■売上高・粗利益明細

No	得意先	売上高				粗利益			
		2019/3期	2020/3期	2021/3期	構成比	2019/3期	2020/3期	2021/3期	構成比
1	A社	50,000	40,000	37,000	13%	10,000	7,500	7,000	10%
2	B社	40,000	35,000	36,000	13%	12,000	10,000	10,000	14%
3	C社	35,000	35,000	30,000	11%	7,000	6,000	5,000	7%
4	D社	32,000	27,000	27,000	10%	11,000	9,000	9,000	13%
5	E社	30,000	30,000	20,000	7%	11,500	11,000	7,000	10%
6	F社	18,000	13,000	15,000	5%	4,000	1,800	2,000	3%
7	G社	17,000	12,000	10,000	4%	4,000	3,000	2,000	3%
8	H社	15,000	10,000	8,000	3%	3,500	2,500	1,500	2%
9	I社	14,000	9,000	7,000	3%	3,200	2,200	1,200	2%
10	J社	10,000	8,000	6,000	2%	2,000	1,500	1,000	1%
	その他	64,500	78,600	83,000	30%	21,300	25,524	24,620	35%
	計	325,500	297,600	279,000	100%	89,500	80,024	70,320	100%

【売上高・粗利益明細の確認ポイント】
① 得意先別、商品別、拠点別等の区分による売上高・粗利益の増減動向把握
② 商品内容・販売ターゲット・販売方法の見直しや販促活動の強化等の検討
③ 販売単価の引上げ、仕入単価の切下げ、日々の粗利管理等の取組みの検討

6 拠点別・事業別損益明細の作成による事業収益力の分析

　進行期と過去3期程度の拠点別・事業別損益の明細、分析資料を作成することで、全社的な利益の増加施策を検討します。拠点別・事業別損益の分析区分としては、支店別、営業所別、店舗別、事業内容別等の区分が挙げられます。これらの区分ごとに、売上高、粗利益、販管費、営業利益の過去の増減動向を分析し、拠点長、事業部長等とディスカッションを行うことで、その増加施策を検討します。

　中小企業では、拠点別・事業別の損益を正確に把握できていないケースが多く見受けられます。まずは売上高、粗利益、販管費、営業利益が正しく拠点別・事業別に計上され管理されているかを確認し、適正に計上されていない場合には、表計算ソフトを使用して簡易的にでも拠点別・事業別の損益を適正に集計する作業を行います。その結果、営業赤字の拠点・事業が存在する場合には、早期の黒字化施策を検討し、どうしても赤字が継続する見込みの場合には、期限を決めて当該拠点・事業の撤退や統廃合を決断すべきといえます。

　また、各拠点・事業に属さない本社費（共通費）を各拠点・事業に配賦すべきか否か、という議論がありますが、撤退の有無を判断する上では、本社費配賦前の拠点別・事業別損益を見て判断すべきといえます。本社費配賦前で黒字であるということは、本社費の回収には役立っているということであり、基本的には存続の価値があるといえます。

　一方で、本社費配賦後で赤字である場合には、当該拠点・事業の収益力が低い、もしくは本社費が過剰であることが考えられ、拠点・事業単

位での収益力の強化や本社費の削減を検討することとなります。

■損益計算書 (2020/3期)

単位：千円	全社	A拠点	B拠点	C拠点	本社
売上高	418,600	184,000	138,000	96,600	-
売上原価	325,440	135,850	108,480	81,110	-
売上総利益	93,160	48,150	29,520	15,490	-
売上総利益率	22.3%	26.2%	21.4%	16.0%	-
販売費及び一般管理費	99,985	28,970	21,144	16,541	33,330
営業利益（本社費配賦前）	-6,825	19,180	8,376	-1,051	-33,330
営業利益率（本社費配賦前）	-1.6%	10.4%	6.1%	-1.1%	-
本社費配賦	-	14,700	11,000	7,630	-33,330
営業利益（本社費配賦後）	-6,825	4,480	-2,624	-8,681	(0)
営業利益率（本社費配賦後）	-1.8%	2.8%	-2.0%	-9.0%	-
EBITDA（償却前営業利益）	10,980	19,680	8,776	-701	-33,230
EBITDAマージン	2.6%	10.7%	6.4%	-0.7%	-
原価率	75.3%	73.8%	78.6%	84.0%	-
販管費率	24.0%	15.7%	15.3%	17.1%	-

■販売費及び一般管理費 (2020/3期)

単位：千円	全社	A拠点	B拠点	C拠点	本社
役員報酬・給料手当	66,000	18,000	13,000	10,000	25,000
賞与	9,200	3,600	2,600	2,000	1,000
法定福利費	11,280	3,240	2,340	1,800	3,900
福利厚生費	1,300	500	300	200	300
人件費	87,780	25,340	18,240	14,000	30,200
人件費率	21.0%	13.8%	13.2%	14.5%	-
旅費交通費	2,900	1,000	800	700	400
通信費	600	200	160	140	100
減価償却費	1,350	500	400	350	100
地代家賃	700	200	160	140	200
支払保険料	1,050	300	240	210	300
修繕費	950	300	240	210	200
水道光熱費	350	100	80	70	100
消耗品	105	30	24	21	30
租税公課	1,250	300	240	210	500
リース料	1,450	500	400	350	200
支払手数料	750	100	80	70	500
雑費	750	100	80	70	500
経費	12,205	3,630	2,904	2,541	3,130
経費率	2.9%	2.0%	2.1%	2.6%	-
販売費及び一般管理費合計	99,985	28,970	21,144	16,541	33,330
販管費率	23.9%	15.7%	15.3%	17.1%	-

【拠点別・事業別損益の確認ポイント】
① 拠点別・事業別の売上高、粗利、販管費の集計方法の確認
② 本社費の各拠点・事業への配賦基準の確認
③ 拠点別・事業別の損益動向・事業収益力の把握
④ 本社費の削減可否、赤字拠点の黒字化施策、拠点の統廃合要否の検討

7 延滞債務明細の作成による未払リスクの検討

　業績悪化企業においては、往々にして延滞債務が発生している場合があります。例えば、消費税や社会保険料等の公租公課、仕入代金や各種経費の未払いが存在することが見受けられます。これらの延滞債務がある場合、公租公課に関してはペナルティとして多額の延滞金が課されるだけでなく、補助金や保証協会等の公的支援制度の活用に弊害が出ることがあります。

　また、仕入代金、経費等の商取引債務に関しては、延滞により継続的な商品・サービスの提供が受けられなくなるばかりか、風評悪化によりその他の取引先からの信用不安を引き起こすリスクがあります。さらに、支払督促に対応するための経営者の時間の浪費や精神的負担も無視できません。

　これらのリスクを早期に検知し、将来的な利益減少や信用不安リスクを予防するため、まずは延滞債務明細を作成し、現状把握をした上でその後の対応を検討します。現状の資金繰りの範囲で計画的に延滞債務を支払うことや、コロナ下で活用できる支払猶予制度を利用する等の施策が考えられます（☞43頁 6 ）。

■延滞債務明細

単位：千円	2020/3期	2021/3期	2022/3期	備考
滞納社会保険料	12,000	15,000	18,000	2018/3月-2021/12月発生分
延滞金	2,000	2,500	3,500	2011/8月-2018/2月発生分（保険料納付済み）
年金事務所（A市）	14,000	17,500	21,500	

滞納金	-	-	3,000	2022/1-2022/3月発生分
年金事務所（B市）	-	-	3,000	
社会保険料計	14,000	17,500	24,500	
コロナ猶予消費税	5,000	7,000	8,000	
消費税計	5,000	7,000	8,000	
延滞債務計	19,000	24,500	32,500	

【延滞債務明細の確認ポイント】
① 公租公課（消費税・社会保険料等）、仕入代金・経費に係る延滞債務の把握
② 延滞債務の資金繰りへの影響の検討

5 Pro 外部環境分析

Q 外部環境分析の手法について教えてください。

A 一例として、市場動向分析と競合他社分析が挙げられます。これらの手法は概ねどの企業にも共通して活用できるもので、外部環境の動向を分析し、事業面における改善の糸口を探ります。

本章2から3にかけては、財務的な観点から自社の状況を分析し改善につなげる手法について述べてきましたが、本節では、企業を取り巻く外部環境の動向を分析し、事業面における改善の糸口を探る方法について紹介します。

外部環境分析の手法については、各企業の業種や規模等に応じて様々な方法がありますが、ここでは概ねどの企業にも共通して活用できる市場動向分析と競合他社分析に絞って解説します。

1 市場動向分析

市場動向分析とは、企業が提供する商品・サービスを購入する顧客、

マーケットの動向を分析するものです。具体的には、主に市場規模分析、顧客動向分析等を実施することとなります。

1　市場規模分析

　市場規模分析としては、企業が提供する商品・サービスの国内需要総額（地域内消費総額）について、過去数年分を調査し、その後の需要予測を行います。また、国内（地域内）における生産数量や同業事業所数、自社が属する業界動向等の定性的な情報も入手して分析します。

　国内（地域内）における市場規模の過去のトレンドと将来的な予測が分かれば、自社の商品・サービスの販売拡大余地や営業努力の必要性を認識できます。また、今後の需要予測が大幅に減少する見込みの場合には、商品・サービスそのものの見直しや、販売ターゲット、販売方法等について大胆な転換を図ることも検討する必要があります。

【市場規模分析の確認ポイント】
①　業界動向、域内における市場規模のトレンド、将来的な需要予測の把握
②　需要予測にあわせた商品・サービス、販売ターゲット・販売方法の転換の検討

2　顧客動向分析

　顧客動向分析としては、企業が提供する商品・サービスを購入する事業者数や消費人口について、過去数年分を調査し、その後の推移予測を行います。

　また、商品・サービスが消費される地域の人口動態や、買い手の属する業界の将来見通し等の定性的な情報についても入手して分析します。顧客動向の過去のトレンドと将来的な予測を把握することで、自社の商品・サービス、販売ターゲット、販売方法等に関する現状課題や今後の改善に係るヒントを得ることができます。

　社会環境の変化や技術革新のスピードが速い現代においては顧客動向も常に変化し続けていることから、企業はその動向を的確に把握し、顧客が求める価値を提供できるような商品・販売施策を立案する必要があります。

【顧客動向分析の確認ポイント】
● 顧客動向の過去のトレンドと将来的な予測を把握し、自社の商品・サービス、販売ターゲット、販売方法等に関する現状課題や改善のヒントを得る

2 競合他社分析

　競合他社分析とは、自社の競合となり得る企業の調査を行い、自社と比較することで、機会と脅威、強みと弱みの分析を行うものです。具体的な調査・分析手法としては、同一商圏（市場）内での競合他社のリストアップ及びマッピングを行い、それぞれの特徴を調査して一覧表にまとめる作業を行います。

　比較分析の対象とする競合他社としては、同様の事業内容、取扱い商品・サービスである企業を検索、抽出します。そして、比較分析をする項目としては、取扱い商品・サービスの具体的内容、販売価格、ターゲット顧客層、販売方法、事業所施設・設備概要、従業員数等が挙げられます。これらの項目に係る比較分析を行うことで、同一商圏（市場）内での自社商品・サービスの差別化を追求し、自社の存在意義を明確化する取組みを実行していくことになります。

　この際に重要な視点は、同じ商圏（市場）内において自社が提供する商品・サービスが飽和状態になっていないか、まだ提供されていない商品・サービスはないか、という点になります。多くの中小企業にとっては、何らかの分野で地域一番店になる取組みを進めることが肝要であり、自社の地域における事業価値、すなわち顧客にとっての存在意義を高めることが事業存続につながることとなります。

【競合他社分析の確認ポイント】
① 同一商圏の競合他社のリストアップ、比較分析の実施
② 自社と競合他社の強み・弱みの把握、自社商品・サービスの差別化要素の検討

6 Pro その他の調査・分析・改善手法

> **Q** その他の調査・分析・改善手法について教えてください。
>
> **A** 一例として、①株主構成・役員体制の調査、②管理職インタビューの実施、③組織再編の検討が挙げられます。これらの手法により、企業が抱える組織体制等での課題を抽出し、改善活動につなげることが可能です。

　本節においては、前節までに述べた財務・事業の調査等以外の主な手法として、①株主構成・役員体制の調査、②管理職インタビューの実施、③組織再編の検討について紹介します。

1 株主構成・役員体制の調査

　中小企業においては、経営トップ（＝社長）の果たす役割と影響力が極めて大きく、経営トップの経営手腕がそのまま企業の事業運営の成否に関わってきます。中小企業における経営トップとは、ほとんどのケースがオーナー社長、すなわち筆頭株主兼代表取締役であるといえます。企業が窮境に陥り、事業再生が必要となる局面においては、経営トップの経営者としての資質や取組みに課題がある場合が少なくありません。また、経営トップの後継者が社内で役員を務めている場合や、経営トップは現社長であるものの先代社長が筆頭株主（オーナー）である場合などで、社内での経営方針の不一致が窮境原因となっているケースも見受けられます。このような経営トップ層が大きな窮境原因となっている場合には、適切な改善施策が立案できない、現場での改善施策が実行できない、従業員のモチベーション低下や離職率上昇等の組織の不安定化を招くなど、経営改善活動そのものに限界が生じることとなります。

　株主構成・役員体制の調査においては、組織集団の状況俯瞰図を作成し、経営トップと他の役員、株主の関係を整理します。その上で、経営

改善活動を阻害するような社内での経営方針の不一致がないか確認するとともに、もし経営トップの交代が必要な場合には、代わりうる人材とそれを支える役員等の存在があるかを確認します。もちろん、中小企業においては経営トップである社長に代わりうる存在がいないことも多くありますので、まずは社長自身が会社の経営状況を十分に理解し、改善に向けた取組みや意識改革を進めることが肝要となります。その上で改善が期待できない場合には、企業を再建し従業員や取引先を守るため、経営トップの交代を含めた役員、株主の変更を検討するような場面もあり得ると考えます。

【株主構成・役員体制の確認ポイント】
① 組織集団の状況俯瞰図の作成により株主構成、役員体制を把握
② 社内での経営方針の不一致(役員対立)の有無の確認
③ 経営トップの交代を含めた役員・株主の変更の検討

2 管理職インタビューの実施

　管理職インタビューは、経営トップ以外の役員や社内の各部門・店舗の責任者、チームリーダー等の管理職に対してインタビューを実施し、経営トップとは違った視点での自社の強み・弱み・機会・脅威と今後の改善提案を聞き取るものです。
　管理職インタビューのメリットは、次の点にあります。

① より現場に近いポジションからの意見を聞くことで顧客動向を詳細に把握できる
② 組織に対する率直な意見を聞くことで組織体制や人事・労務面の課題を抽出できる
③ 経営トップ自身では気付かない経営方針や経営陣の課題を把握できる
④ 提案された改善事項を経営トップに報告することで気付きを促し改善施策の実行がより強力に推進できる

　経営改善施策の立案・実行にあたって管理職インタビューを実施することで、有効な改善施策を漏れなく抽出するとともに、経営者や管理職

層が一丸となって経営改善に邁進する機運を高めることにも役立ちます。

【管理職インタビュー結果報告の一例：旅館事業】
1．インタビューの概要
　■目的
　　貴社の現状把握のため、20XX年3～4月にかけて主要な社員(キーパーソン)へのインタビューを実施しました。
　■インタビュー対象者
　　貴社選定のもと、以下10名の対象者にインタビューを実施しました。
　　・総支配人(兼営業部長)：　A氏
　　・副支配人(兼財務部長)：　B氏
　　……
2．インタビュー結果
　　■強み
　　・様々なタイプのお客様を受け入れられる宿泊施設
　　・渓流に面したロケーションの良さ、紅葉シーズンの観光客の集客
　　・近隣の競合他社が実施していないカフェ
　　……
　　■課題・要改善事項
　　・おもてなしの接客サービスは不十分で他社と変わらない水準
　　・接客の質にバラつきがある。標準化のためのツールや社員教育が必要
　　・社員の当事者意識が欠けていると感じる。職種間での連携を高めるためジョブローテーション制度が必要
　　……
3．今後の改善提案
　　■ブランディング、マーケティングの施策強化
　　■競合他社との差別化施策の強化
　　■人材育成、離職率低下のための施策
　　■施設、設備リニューアル

3 組織再編（M&A）の検討

　上述の経営改善に向けた各種の取組みを進める中で、現状の事業環境や経営体制のままでは経営破綻（＝資金破綻）が避けられない、又は経営改善活動の限界に直面することがあります。具体的には、赤字の状態が相当期間継続し、経営改善に向けた取組みを実施しても黒字化することが見込まれず、金融機関等からの資金調達も期待できないような状況が該当します。このような場合、他社からの支援や事業連携を目的とした組織再編（M&A、スポンサー型☞第3部第3章）の可能性を模索するのが有力な打開策となり得ます。

　組織再編の手法としては、株式譲渡、合併、事業譲渡等が挙げられます。組織再編を実施することで、次のようなメリットを得られ、経営破綻を回避できる可能性が高まります。

① 自社の弱みを補完する
② 自社の強みをより活かす
③ 販路、人材、設備等の経営資源を共有する
④ 資金的な支援を受ける
⑤ 新たな経営者の派遣もしくは経営面での助言・指導を受ける

　国内市場の成熟化や人口減少、デジタル化の進展等により、従来事業を営む多くの企業が需要減少に見舞われ、また、後継者不在の事態に直面している現状を考えると、組織再編等の手法により経営資源を集約化させてより強い事業体を生み出していくことは、社会的要請にも適うものといえます。

　組織再編を実行に移すためには、専門のM&Aコンサルタントや公的機関、金融機関の支援を受けることが有用です。組織再編においては、支援してくれる相手先の探索、組織再編に係る各種手続の実施、組織再編対価の算定や調整、組織再編後の事業統合の作業等、今まで経験したことのない専門的で難易度の高い業務を遂行する必要があります。そのため、中小企業が独力で組織再編を成功させるためには、外部の専門家や専門機関の力を借りることをお勧めします。公的な支援機関としては、各都道府県に設置されている事業承継・引継ぎ支援センター（☞22頁コ

ラム）があり、無料で相談を受け付けています。

なお、スポンサー型の再生手法の詳細については、273頁第5部第4章4を参照してください。

■事業引継ぎ支援センターの支援スキーム

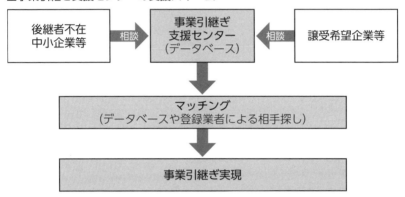

（出所）事業承継・引継ぎ支援センターについて（経済産業省HPより）

7 Pro 事業計画の策定

Q 事業計画を作成する意味は何ですか。

A 事業計画を策定することで、自社の将来像を見据えて、数値目標とそれを実現するための行動計画を明確化し、進むべき道標を得ることができます。

前節までは、調査・分析・改善手法の立案を個別に進めて迅速に経営改善を図る方法について述べてきました。本節においては、これらの手法を集約した形で、事業計画として整理して策定する方法について解説します。

事業計画を策定することで、個別のアクションプラン（☞170頁）の実行における優先順位や社内での役割分担を明確にし、また、アクションプランを反映させた計数計画を作成することが可能となります。事業

計画の策定は労力と時間を要する作業ではありますが、自社の将来像を見据えて、数値目標とそれを実現するための行動計画を明確化することで、進むべき道標を得ることができます。

1 計画策定の全体像

事業計画策定の全体像としては、①計画の骨子の策定、②アクションプラン（行動計画）の策定、③計数計画の策定の3つのステップにより構成されます。

上述の実態調査等を基礎として計画の骨子を固め、それをもとにして具体的なアクションプランと計数計画を策定します。アクションプランと計数計画は並行的に作成し、損益及びキャッシュ・フローを最大化し得る具体的施策を検討します。

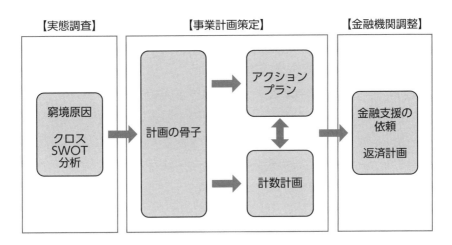

2 計画の骨子の策定

計画の骨子は、アクションプラン及び計数計画の基礎となるものであり、実態調査の結果と経営者の経営ビジョンを踏まえて、シンプルかつ力強いものとします。

具体的には、計画の基本方針をまとめ、計画期間と数値目標を掲げます。数値目標としては、経常利益、償却前営業利益、実質債務超過（☞262頁1）、債務償還年数（☞263頁5）等を適宜設定します。

■計画の骨子（例）

> 計画期間は3期間とし、計画1期での経常黒字化、計画2期での実質債務超過の解消、計画3期での債務償還年数10年以内を達成します。

```
           地域密着、顧客密着の
              ●●卸会社
    ①営業改革と差別化の徹底的な強化
    営業活動の戦略性・計画性を高め、管理強化を図る
    とともに、差別化施策を徹底的に推進する
  ②営業拠点の合理化の推進と徹底的なコスト削減
  生産性の低い拠点の合理化及び統廃合の検討を進める
  とともに、全社的なコスト削減を徹底的に行う
    ③経営体制の刷新と他社連携の模索
    次世代への経営承継による経営安定化を図る
    とともに、他社連携による営業・配送の合理化を模索する
```

3 アクションプランの策定

　計画の骨子をもとに、具体的な行動計画としてのアクションプランを策定します。策定の際に留意すべき事項としては、①計画実行の効果、②実行可能性、③迅速性の3点が挙げられます。

　計画を「絵に描いた餅」にしないため、また早期に損益・資金繰りを改善するため、これらの3点を充足し、キャッシュ・フロー最大化を実現できる具体的なプランを策定します。

■アクションプラン（例）

計画の骨子	No.	アクションプラン	内容
①営業改革と差別化の徹底的な強化	1	得意先ごとの売上高と成長性を考慮した戦略的格付けの実施	✓ 得意先ごとの売上高と成長性をもとに、営業方針のベースとなる戦略的格付けを行う。
	2	月間訪問計画の作成・確認と、全社的な実行モニタリング体制の構築	✓ 上記の得意先格付をもとに、得意先ごとの営業方針と月間訪問計画を策定する。 ✓ 得意先ごとの営業方針と訪問計画に従い訪問営業が為されたか、各営業所、本社にて月次でのチェックと各営業マンへのフィードバックを行う。
	3	営業マンの時間管理、業務効率化の徹底と、訪問頻度の増加	✓ 各営業マンに対してスマホと営業管理アプリ、もしくは自動車GPS管理システムを導入し、各営業所、本社にて月次で営業マンごとの業務時間集計を行う。 ✓ 業務時間集計結果をもとに、営業マン自ら業務効率化の検討を行い、毎月社内発表会を行う。
	4	得意先ごとの粗利率の向上	✓ 得意先ごとに目標粗利率を設定し、全社ベースでの目標粗利率の達成を図る。 ✓ D、Eランクの得意先との取引について、10％以上の粗利増加を図る。
	5	営業インセンティブ制度の拡充と整備	✓ 営業成績（売上高、粗利益）及び債権回収率（当月入金額÷当月請求額）を指標としたインセンティブ制度を整備し、営業マンのモチベーションアップを図る。

②営業拠点の合理化の推進と徹底的なコスト削減	6	不採算営業所の簡素化、営業・配送人員の合理化	✓ ●●営業所については、生産性が低いことから、X1/12月末までに営業所機能を廃止し、本社への事業統合を行う。 ✓ 上記に伴い、各拠点の営業マンは1名体制で自宅から直行直帰の営業スタイルとし、管理機能は本社に集約する。
	7	コスト削減の徹底	✓ 車両リース契約の見直しと買取りの推進を図る。 ✓ 生命保険契約をX1/10月までに解約することで、解約返戻金の受領と保険料削減を行う。 ✓ 下記の事業承継とともに、X1/10月より前倒しで役員報酬の削減を実施する。 ✓ 各営業所の電気について、東北電力との交渉を行うことで、電気料を削減する。
③経営体制の刷新と他社連携の模索	8	経営体制の刷新	✓ X2/1月を目途に後継者に社長交代をすることで、経営体制の刷新と長期的な経営安定化を図る。
	9	他社連携の模索	✓ 上記施策と並行して、営業・配送エリア等で補完関係、シナジー効果を期待できる同業他社との事業連携、経営統合に向けた取組みを進める。

4 計数計画の作成

　計画の骨子をもとに、具体的な数値目標となる計数計画を策定します。計数計画としては、まずは財務三表計画として、P/L（製造原価・販管費含む）、B/S、C/F計算書を作成します。

　下表はP/L計画の一例ですが、進行期と翌期については月次ベースで作成し、アクションプランの施策を反映させて、利益の最大化を図ります。

■損益計算書

単位:千円		実績 2021/3期	実績 2021/4	見込 2022/3	計画0期 2022/3期	計画1期 2023/3期	計画2期 2024/3期	計画3期 2025/3期
売上高	①	279,000	23,250	25,388	297,600	325,500	334,440	334,440
売上高前期比率		93.8%	100.0%	109.2%	106.7%	109.4%	102.7%	100.0%
売上原価		208,680	17,390	19,041	221,885	239,243	242,469	242,469
売上総利益		70,320	5,860	6,347	75,715	86,258	91,971	91,971
売上総利益率		25.2%	25.2%	25.0%	25.4%	26.5%	27.5%	27.5%
販売費及び一般管理費	②	91,340	7,270	7,372	91,045	86,961	88,964	88,964
営業利益		-21,020	-1,410	-1,025	-15,330	-704	3,007	3,007
営業利益率		-7.5%	-6.1%	-4.0%	-5.2%	-0.2%	0.9%	0.9%
営業外収益		480	40	40	480	480	480	480
営業外費用		1,360	110	110	3,320	1,320	1,320	1,320
経常利益		-21,900	-1,480	-1,095	-18,170	-1,544	2,167	2,167
経常利益率		-7.8%	-6.4%	-4.3%	-6.1%	-0.5%	0.6%	0.6%
特別利益		-	-	-	-	-	-	-
特別損失		-	-	-	-	-	-	-
税引前当期純利益		-21,900	-1,480	-1,095	-18,170	-1,544	2,167	2,167
税引前当期純利益率		-7.8%	-6.4%		-6.1%	-0.5%	0.6%	0.6%
法人税・住民税事業税		72	-	72	72	72	72	72
当期純利益		-21,972	-1,480	-1,167	-18,242	-1,616	2,095	2,095
当期純利益率		-7.9%	-6.4%	-4.6%	-6.1%	-0.5%	0.6%	0.6%
EBITDA (償却前営業利益)		-19,580	-1,290	-896	-13,820	806	4,517	4,517
EBITDAマージン		-7.0%	-5.5%	-3.5%	-4.6%	0.2%	1.4%	1.4%
原価率		74.8%	74.8%	75.0%	74.6%	73.5%	72.5%	72.5%
販管費率		32.7%	31.3%	29.0%	30.6%	26.7%	26.6%	26.6%

【P/L計画策定のポイント】

① 売上高計画においては、得意先別等の区分に細分化して計画を立てることで、売上拡大余地のある取引先等に対して自社経営資源を戦略的に投入するとともに、具体的な営業施策の立案を通じて、計画の実現可能性を高めることにつながる。

② コスト削減計画においては、実態調査を通じて分析した固定費(人件費・地代家賃等)やその他経費の削減施策を織り込むとともに、特定の拠点等の赤字水準が大きい場合には、拠点等の統廃合や本社部門の合理化等を通じた抜本的なコスト削減の実施を検討する。

P/L計画の次に、B/S計画を作成します。

下表はB/S計画の一例ですが、アクションプランにおける資産処分や資金調達の施策等を反映させて、財務の早期健全化を図ります。

■貸借対照表

単位：千円		実績 2021/3期	実績 2021/4	見込 2022/3	計画0期 2022/3期	計画1期 2023/3期	計画2期 2024/3期	計画3期 2025/3期
現金及び預金		25,840	23,980	16,773	16,773	15,439	16,106	17,932
売上債権		56,500	56,500	60,775	60,775	65,535	65,740	65,740
棚卸資産		50,000	50,000	50,000	50,000	50,000	50,000	50,000
その他流動資産		1,000	1,000	1,000	1,000	1,000	1,000	1,000
建物・付属設備	①	20,000	20,000	20,000	20,000	20,000	20,000	20,000
その他償却固定資産		7,000	7,000	7,000	7,000	7,000	7,000	7,000
土地		30,000	30,000	30,000	30,000	30,000	30,000	30,000
減価償却累計額		-14,280	-14,400	-15,790	-15,790	-17,300	-18,810	-20,320
無形固定資産		1,200	1,200	1,200	1,200	1,200	1,200	1,200
敷金		2,000	2,000	2,000	2,000	2,000	2,000	2,000
保険積立金		10,000	10,000	-	-	-	-	-
資産合計		189,260	187,280	172,958	172,958	174,874	174,236	174,552
仕入債務		37,000	37,000	41,525	41,525	44,509	42,991	42,991
未払法人税等		72	72	72	72	72	72	72
未払消費税等		1,000	1,000	1,415	1,415	2,463	2,449	1,870
その他流動負債		10,000	10,000	10,000	10,000	10,000	10,000	10,000
短期借入金	②	50,000	50,000	50,000	50,000	50,000	50,000	50,000
長期借入金		108,000	107,500	105,000	105,000	104,500	103,300	102,100
役員借入金		5,000	5,000	5,000	5,000	5,000	5,000	5,000
負債合計		211,072	210,572	213,012	213,012	216,544	213,812	212,033
資本金		10,000	10,000	10,000	10,000	10,000	10,000	10,000
繰越利益剰余金		-31,812	-33,292	-50,054	-50,054	-51,670	-49,576	-47,481
純資産合計		-21,812	-23,292	-40,054	-40,054	-41,670	-39,576	-37,481
負債・純資産合計		189,260	187,280	172,958	172,958	174,874	174,236	174,552

【B/S計画策定のポイント】
① 固定資産のうち不採算又は遊休状態の資産については、資産処分を検討し事業収益力や資金繰りの改善を図る。
② 資金調達施策においては、金融機関に対するリスケジュールの要請により借入金の返済負担の緩和を図るほか、足元の資金繰りが厳しい場合には、中小企業向け等の公的な制度融資の活用を検討する。

P/L計画とB/S計画をもとに、CF計算書計画を間接法で作成します。

下表はC/F計算書計画の一例ですが、進行期と翌期の月末資金残高を注視し、資金破綻が起きないように作成します。計画上で資金破綻が生じるような場合には、アクションプランの策定において、より踏み込んだ利益増加施策、資金創出施策を検討します。

■キャッシュ・フロー計算書

	実績	実績	見込	計画0期	計画1期	計画2期	計画3期
単位:千円	2021/3期	2022/4	2022/3	2022/3期	2023/3期	2024/3期	2025/3期
営業活動キャッシュ・フロー							
売上による収入	282,032	23,250	26,657	293,325	320,740	334,235	334,440
仕入による支出	−210,080	−17,390	−20,053	−217,360	−236,258	−243,987	−242,469
償却前販管費	−89,900	−7,150	−7,243	−89,535	−85,451	−87,454	−87,454
その他営業外損益	120	10	10	−1,880	120	120	120
その他資産の増減	-	-	-	-	-	-	-
その他負債の増減	-	-	1,415	415	1,048	−14	−579
受取利息・配当金	-	-	-	-	-	-	-
支払利息	−1,000	−80	−80	−960	−960	−960	−960
法人税等	−72	-	-	−72	−72	−72	−72
営業キャッシュ・フロー計	−18,900	−1,360	706	−16,067	−834	1,867	3,026
投資活動キャッシュ・フロー							
固定資産の取得・除売却	-	-	-	-	0	0	-
その他投資の増減	-	-	-	10,000	-	-	-
投資キャッシュ・フロー計	-	-	-	10,000	0	0	-
フリー・キャッシュ・フロー	−18,900	−1,360	706	−6,067	−834	1,867	3,026
財務活動キャッシュ・フロー							
短期借入金の増減	−10,000	-	-	-	-	-	-
長期借入金の増減	−6,000	−500	-	−3,000	−500	−1,200	−1,200
役員借入金の増減	-	-	-	-	-	-	-
財務キャッシュ・フロー計	−16,000	−500	-	−3,000	−500	−1,200	−1,200
現預金の増減額	−34,900	−1,860	706	−9,067	−1,334	667	1,826
現預金の期首残高	60,740	25,840	16,067	25,840	16,773	15,439	16,106
現預金の期末残高	25,840	23,980	16,773	16,773	15,439	16,106	17,932

【C/F計算書計画策定のポイント】
　○　進行期及び計画期間において資金繰り破綻が起きないよう、季節性資金や資金負担の大きい修繕費・設備投資の要否を把握するとともに、月次収支や月末資金残高の水準に十分に留意する。

5 計数計画詳細の作成

　上述の計数計画の作成と並行して、重要な項目については個別に詳細な計数計画を作成します。重要な項目として、ここでは売上高、粗利益、固定資産、税金、借入金を例として取り上げます。それぞれの内訳、構成要素にブレイクダウンして丁寧に作成することで、より実効性と精度の高い計画を策定することが可能となります。

1　売上高・粗利益計画

　売上高・粗利益は、拠点別、得意先別、商品・サービス別等、対象会社の管理に適合する区分にブレイクダウンした形で作成します。そうすることで、より精度の高い計画が策定できるだけでなく、計画策定後の進捗管理（モニタリング）においても役立つこととなります。売上高と粗利益は、会社事業の根幹をなす最も重要な項目です（次頁参照）。

　売上拡大余地のある得意先、商品・サービス等を見極め、経営資源を戦略的に投入することで売上・利益の増大を図るとともに、粗利益が少なく成長性が乏しい分野については、撤退して経営の効率化を探ることも必要となります。

2　固定資産計画

　固定資産は、主に設備投資計画と資産処分計画がポイントとなります。計画上は、必要となる設備投資を過不足なく反映し、資金繰りへの影響を見定める必要があります。また、遊休資産の処分が検討できる場合には、固定資産計画に反映し、資金創出施策を計画します（☞149頁 3 ）。

　業績が悪化している局面において設備投資に充てる資金余力がない場合には、いかに投資する金額を押さえ時期を遅らせることができるか、代替的に修繕やレンタルで乗り切ることができないかなど、知恵を絞ることとなります。遊休資産の処分については、資産維持に係る保険料や税金等のランニングコストを削減できる可能性もあることから、積極的に検討します。

3　税金計画（タックスプランニング）

　税金計画は、繰越欠損金（青色欠損金）の利用と消費税計画がポイントとなります（☞264頁 7 ）。

　繰越欠損金の利用により法人税等の発生を抑制することができますが、繰越欠損金の利用には期限があることから、資産処分や役員借入金の放棄等、計画的に利益計上が可能なものについては期限切れ前の実行を検討します。

　また消費税計画については、固定資産売買による多額の消費税増減に

留意します。消費税は預かり金の一種なので、会社損益に与える影響は原則的にはないものですが、標準税率が10%となっている現在において資金繰りに与える影響は大きく、計画へ反映させない場合には資金繰りに支障を来す可能性があります。

■売上高・粗利益計画　　　　　　　　　　　　　　（金額単位：千円）

No	得意先	2019/3期 売上高	2020/3期 売上高	2021/3期 売上高	2021/3期 粗利額	2021/3期 粗利率	2022/3期計画 売上高	2022/3期計画 粗利額	2022/3期計画 粗利率
1	A社	50,000	40,000	37,000	7,000	18.9%	42,000	8,400	20.0%
2	B社	40,000	35,000	36,000	10,000	27.8%	38,000	10,640	28.0%
3	C社	35,000	35,000	30,000	5,000	16.7%	31,000	5,270	17.0%
4	D社	32,000	27,000	27,000	9,000	33.3%	26,000	8,840	34.0%
5	E社	30,000	30,000	20,000	7,000	35.0%	25,000	8,750	35.0%
6	F社	18,000	13,000	15,000	2,000	13.3%	16,000	2,080	13.0%
7	G社	17,000	12,000	10,000	2,000	20.0%	10,000	2,000	20.0%
8	H社	15,000	10,000	8,000	1,500	18.8%	10,000	1,900	19.0%
9	I社	14,000	9,000	7,000	1,200	17.1%	8,000	1,360	17.0%
10	J社	10,000	8,000	6,000	1,000	16.7%	5,000	850	17.0%
	その他	64,500	78,600	83,000	24,620	29.7%	86,600	25,625	29.6%
	計	325,500	297,600	279,000	70,320	25.2%	297,600	75,715	25.4%

■固定資産計画

科目	単位:千円	実績 2021/3期	計画0期 2022/3期	計画1期 2023/3期	計画2期 2024/3期	計画3期 2025/3期
建物・付属設備	新規取得・売却			3,000	-5,000	
	減価償却費		1,000	1,000	1,000	1,000
	期末簿価	20,000	19,000	21,000	15,000	14,000
機械装置	新規取得・売却		-			
	減価償却費		200	200	200	200
	期末簿価	2,000	1,800	1,600	1,400	1,200
車両運搬具	新規取得・売却		-	2,000	-	
	減価償却費		300	300	300	300
	期末簿価	1,500	1,200	2,900	2,600	2,300
工具器具備品	新規取得・売却			100	100	100
	減価償却費		10	10	10	10
	期末簿価	50	40	130	220	310
土地	新規取得・売却				-10,000	
	減価償却費					
	期末簿価	30,000	30,000	30,000	20,000	20,000
有形固定資産合計	新規取得・売却		-	5,100	-14,900	100
	減価償却費		1,510	1,510	1,510	1,510
	期末簿価	53,550	52,040	55,630	39,220	37,810

■税金計画(法人税等)

単位:千円	実績 2021/3期	計画0期 2022/3期	計画1期 2023/3期	計画2期 2024/3期	計画3期 2025/3期
税前利益(損失)	-21,900	-18,170	-1,544	2,167	2,167
調整項目					
その他					
課税所得(欠損)	-21,900	-18,170	-1,544	2,167	2,167
繰越欠損金控除額	-	-	-	-2,167	-2,167
課税所得(欠損金控除後)	-21,900	-18,170	-1,544	-	-
法定実効税率					
課税所得400万円以下	21.4%	21.4%	26.0%	26.0%	26.0%
〃400万円超800万円以下	23.2%	23.2%	27.6%	27.6%	27.6%
〃800万円超	33.6%	33.6%	33.6%	33.6%	33.6%
課税所得×実効税率	-	-	-	-	-

均等割	72	72	72	72	72
法人税等	72	72	72	72	72
中間納付	-	-	-	-	-
未払法人税等	72	72	72	72	72
繰越欠損金期末残高	36,596	54,766	56,310	54,144	51,977
2019/3期	2,500	2,500	2,500	333	-
2020/3期	12,196	12,196	12,196	12,196	10,363
2021/3期	21,900	21,900	21,900	21,900	21,900
2022/3期		18,170	18,170	18,170	18,170
2023/3期			1,544	1,544	1,544
2024/3期				-	-
2025/3期					-
繰越欠損金利用額	-	-	-	2,167	2,167
2019/3期	-	-	-	2,167	333
2020/3期	-	-	-	-	1,833
2021/3期	-	-	-	-	-
2022/3期			-	-	-
2023/3期				-	-
2024/3期					-
2025/3期					-

■税金計画（消費税等）

	計画0期	計画1期	計画2期	計画3期
単位：千円	2022/3期	2023/3期	2024/3期	2025/3期
①課税売上	297,600	325,500	334,440	334,440
②課税仕入				
仕入・販管費等	240,983	256,307	259,533	259,533
固定資産取得	-	-	-	-
③課税対象・・・①-②	56,617	69,194	74,907	74,907
④消費税等③×税率	5,662	6,919	7,491	7,491
⑤中間納付	4,246	4,246	5,190	5,618
⑥未払消費税等	1,415	2,673	2,301	1,873

4　借入金計画（弁済計画）

　借入金計画は、金融機関調整において非常に重要な計画となります。各金融機関の利害を調整するために、衡平かつ正確な返済計画の策定が求められます。一般的なリスケジュールの計画の場合、衡平性の観点からは、借入残高を基準に按分計算を行う、いわゆる残高プロラタ弁済（☞290頁）を行うこととなります。

第4部 経営改善

■借入金計画

単位：千円				実績 2021/3期	実績 2021/4	見込 2022/3	計画0期 2022/3期	計画1期 2023/3期	計画2期 2024/3期	計画3期 2025/3期
A銀行			支払利息		38	38	460	458	453	445
融資金額	20,000		元金返済					20,000	162	324	324
利率	2.300%		期末残高	20,000	20,000	20,000	20,000	19,838	19,514	19,190
A銀行		協会保証	支払利息		30	30	360	359	354	348
融資金額	24,000		元金返済				-	192	384	384
利率	1.500%		期末残高	24,000	24,000	24,000	24,000	23,808	23,424	23,040
B信金			支払利息		21	21	250	249	246	242
融資金額	10,000		元金返済		-		-	78	156	156
利率	2.500%		期末残高	10,000	10,000	10,000	10,000	9,922	9,766	9,610
B信金		協会保証	支払利息		22	22	263	261	258	254
融資金額	30,000		元金返済		-		-	138	276	276
利率	1.500%		期末残高	17,500	17,500	17,500	17,500	17,362	17,086	16,810
C銀行			支払利息		0	0	2	1	1	1
融資金額	9,000		元金返済		150		900	24	48	48
利率	0.500%		期末残高	3,900	3,750	3,000	3,000	2,976	2,928	2,880
【A銀行】合計			支払利息		68	68	820	817	807	794
			元金返済		-	-	20,000	354	708	708
			期末残高	44,000	44,000	44,000	44,000	43,646	42,938	42,230
【B信金】合計			支払利息		43	43	513	510	504	496
			元金返済		-	-	-	216	432	432
			期末残高	27,500	27,500	27,500	27,500	27,284	26,852	26,420
【C銀行】合計			支払利息		0	0	2	1	1	1
			元金返済		150	-	900	24	48	48
			期末残高	3,900	3,750	3,000	3,000	2,976	2,928	2,880
【借入金】合計			支払利息		111	111	1,334	1,329	1,313	1,291
			元金返済		150	-	20,900	594	1,188	1,188
			期末残高	75,400	75,250	74,500	74,500	73,906	72,718	71,530

＊金融機関への返済については、1,000円未満の端数処理の関係から本表での返済額の値が多少増減する。

　以下は条件変更（リスケジュール）の依頼文の一例です。金融支援依頼は、借入金計画の内容を文章で表したものです。当該依頼文と借入金計画をもとに、各金融機関は支援の是非を判断することとなるため、内容を十分かつ正確に記載する必要があります。なお、債権放棄を行う計画の場合の依頼事項の参考例（☞297頁 **4** ）もご参照ください。

金融支援のご依頼

　当社は、経営改善の実施に必要なすべての支援機関の皆様から金融支援の同意を得る予定です。
　各支援機関様からの金融支援として、以下のご支援を賜りたいと存じますので、ご検討のほど何卒よろしくお願い申し上げます。

1．各金融機関様に対する金融支援のご依頼
　（リスケジュール）
　　－既往債務の全てについて、2021/10月から2022/9月末までの元金返済の棚上げ及びその後の残高プロラタによる返済条件の返済をお願い申し上げます。
　　－残高プロラタの方針としては、計画1期以降のフリー・キャッシュ・フローの7割相当について、2022/3月末時点における金融機関様毎の借入金残高の比率により、案分して返済することを想定しております。
2．A銀行様に対する金融支援のご依頼
　（新規借入）
　　－短期運転資金の確保のため、2021/10月に○百万円の新規融資の実行をお願い申し上げます。

第3章 月次モニタリング

1 はじめに

　前章までで、中小企業において速効性と実効性が期待できる調査・分析手法と経営改善施策について述べてきました。これらの検討結果から導き出される改善活動を継続的に実行していくことは、各企業に個別に委ねられる取組みですが、本章ではそれらの改善活動を確実なものにするための「月次モニタリング」に焦点を当てて解説していきます。

　なお、モニタリングについては、中小企業の事業再生等に関するガイドラインにおいても、計画成立後、行うことが予定されているものになります（ガイドライン第三部4 (8) 参照）。

2 月次モニタリングの意義

Q　月次モニタリングの意義は何ですか。

A 経営改善施策の立案までででは企業業績は改善せず、実行して成果を挙げて初めて改善が果たされることとなります。その実行面を担保するための仕組みとして、月次モニタリングの仕組みを導入することが有効です。

月次モニタリングとは、企業において立案された経営改善施策が適切に実行されて効果を上げているか、数値面と行動面の両面から毎月確認を行い、課題を抽出して今後の更なる改善活動を促す取組みのことをいいます。
　前章での経営改善施策の立案まででは企業業績は改善せず、実行して成果を挙げて初めて改善が果たされることとなります。その実行面を担保するための仕組みとして、月次モニタリングを導入することで、経営改善の月次PDCAサイクルが完成することとなり、日々の経営改善を力強く進めることが可能となります。
　ここでは、モニタリングの実施頻度として毎月実施することを想定しています。1か月というのは、月次試算表が作成されるサイクルと同じで、改善施策の効果を数値面でも確認することができ、また、改善施策を実行する時間を確保するうえでも適切な期間であると考えられます。中小企業の事業再生等に関するガイドラインでは、四半期ごと、半期ごとのモニタリングが記載されていますが、モニタリングの間隔が長期間空いてしまうと、往々にして実行が疎かになり、改善のスピードと効果が不十分なものとなってしまうので、注意が必要です。

3　月次モニタリングにおける実施事項と効果

Q　月次モニタリングは、具体的に何を実施すればよいですか。

A　①前期・前月比較分析、②経営改善施策の実行状況の確認、③計画実績比較分析、④財務三表の予測シミュレーション作成等を実施します。数値面と行動面の両面から毎月振返りを行い、施策実行を後押しします。

　月次モニタリングでは、①前期・前月比較分析による数値面での改善効果の検証と、②経営改善施策の実行状況の確認の2点を主に実施します。上述の事業計画において計数計画を作成している場合には、③計

実績比較分析についても実施することとなります。さらに余裕があれば、④財務三表の予測シミュレーションを作成することも有用です。

　これらのモニタリング活動により、数値面と行動面の両面から施策実行を後押しします。また、これらの活動についてはできる限り経営陣で構成される社内会議を月に1回開催し、その場で報告、協議を行うことをお勧めします。顧問税理士等の財務専門家が参加すれば、さらに効果的です。社内の各ポジションの責任者が集まり、報告と協議を行うことで確認・決定したいことの全てがその場で完結するため、非常に迅速かつ効果的に改善活動が進みます。

　また、社内・社外で起きていることの最新の情報共有とコミュニケーションもその場で図られることとなり、新たなアイディア、気付きの創出や日頃の業務水準の向上にも役立ちます。

1 前期・前月比較分析

　毎月の月次試算表が作成されたタイミングで、当月の財務数値を前年同月又は前月と比較して、改善が見られない項目の内容と原因を分析します。前期・前月と比較して利益が増加（赤字が減少）していれば、まずは一安心です。改善施策の効果が出ている可能性がありますし、少なくとも業績が良くなっているという結果が出ています。一方で、赤字が継続する状態であれば、いつかは資金不足に陥ることになりますし、そもそも事業を継続する価値がないという厳しい見方もできてしまうので、相当の危機感を持つ必要があります。

　次に、各損益項目の改善状況を個別に見ていきます。売上高、売上原価、売上総利益、販管費、営業利益等の区分ごとに、それぞれ内訳の勘定科目ごとの改善状況を確認し、改善が進まない項目の原因を把握します。それらを把握するためには、単に感覚的に捉えるのではなく、勘定科目ごとの元帳や個別の売上明細データの確認、経営者・担当者へのヒアリング等を行い、具体的な根拠をもとに未改善要因を把握することが必要です。その上で、それらの未改善要因を取り除き利益を改善させることができる施策を再び考え、実行することになります。このサイクルを回すことで、多くの場合には結果は自然とついてきます。

第3章 月次モニタリング

■損益計算書

単位：千円	当月損益				当期累計期間損益			
	2020/7月	2021/7月	前年同月比	前年同月比率	2020/4-7月累計	2021/4-7月累計	前年同期比	前年同期比率
売上高	23,250	24,000	750	103.2%	93,000	94,500	1,500	101.6%
売上原価	17,390	17,000	-390	97.8%	69,560	68,780	-780	98.9%
売上総利益	5,860	7,000	1,140	119.5%	23,440	25,720	2,280	109.7%
売上総利益率	25.2%	29.2%	4.0%		25.2%	27.2%	2.0%	
役員報酬	1,250	1,250	-	100.0%	5,000	5,000	-	100.0%
給与手当	3,400	3,500	100	102.9%	13,600	13,800	200	101.5%
賞与	-	-	-	-	-	-	-	-
法定福利費	800	840	40	105.0%	3,200	3,280	80	102.5%
福利厚生費	30	20	-10	66.7%	120	100	-20	83.3%
人件費	5,480	5,610	130	102.4%	21,920	22,180	260	101.2%
旅費交通費	90	100	10	111.1%	360	380	20	105.6%
通信費	50	54	4	108.0%	200	208	8	104.0%
交際費	20	14	-6	70.0%	80	68	-12	85.0%
減価償却費	120	100	-20	83.3%	480	440	-40	91.7%
地代家賃	250	250	-	100.0%	1,000	1,000	-	100.0%
支払保険料	170	180	10	105.9%	680	700	20	102.9%
修繕費	20	200	180	1000.0%	80	620	540	775.0%
水道光熱費	70	76	6	108.6%	280	292	12	104.3%
車輌関係費	250	244	-6	97.6%	1,000	988	-12	98.8%
消耗品費	40	60	20	150.0%	160	200	40	125.0%
租税公課	170	174	4	102.4%	680	688	8	101.2%
運賃	110	100	-10	90.9%	440	420	-20	95.5%
リース料	100	100	-	100.0%	400	400	-	100.0%
事務用品費	50	52	2	104.0%	200	204	4	102.0%
広告宣伝費	10	12	2	120.0%	40	44	4	110.0%
支払手数料	130	70	-60	53.8%	520	400	-120	76.9%
販売促進費	100	200	100	200.0%	400	600	200	150.0%
雑費	40	44	4	110.0%	160	168	8	105.0%
経費	1,790	2,030	240	113.4%	7,160	7,820	660	109.2%
販売費および一般管理費	7,270	7,640	370	105.1%	29,080	30,000	920	103.2%
営業利益	-1,410	-640	770	45.4%	-5,640	-4,280	1,360	75.9%
営業外収益	40	60	20	150.0%	160	180	20	112.5%
営業外費用	110	100	-10	90.9%	440	430	-10	97.7%
経常利益	-1,480	-680	800	45.9%	-5,920	-4,530	1,390	76.5%
特別利益	-	-	-	-	-	-	-	-
特別損失	-	-	-	-	-	-	-	-
税引前当期純利益	-1,480	-680	800	45.9%	-5,920	-4,530	1,390	76.5%
法人税・住民税事業税	-	-	-	-	-	-	-	-
当期純利益	-1,480	-680	800	45.9%	-5,920	-4,530	1,390	76.5%

> 【月次モニタリングの確認ポイント】
> ① 前期・前月比較分析による数値面での改善効果の検証
> ② 経営改善施策の実行状況の確認

2 経営改善施策の実行状況の確認

　経営改善施策の実行状況については、下表のような「月次課題事項リスト」を活用して確認することが効果的です。シンプルな管理方法ではありますが、中小企業の月次モニタリングにおいては、実用性が高く、簡明で分かりやすいことが重要です。

【月次課題事項リスト（例）】
＜担当：△△営業部長＞
① 売上高・粗利益向上に向けた以下の取組みを行う。
　（1）新規顧客獲得のための営業担当者別の営業訪問計画の作成（月次）
　（2）既存取引先に対する採算の良い○○商品の提案を○○件実施
　（3）下位得意先のうち今後取引拡大が見込めるCランク取引先の訪問強化
　（4）仕入数量に応じた仕入単価の引下交渉により粗利率0.5%改善
　（5）……

＜担当：××経理部長＞
② 経費削減施策として以下の取組みを行う。
　（1）黒字化達成までの間、役員報酬の月額○○千円削減
　（2）社長を被保険者とする○○生命保険の解約による保険料削減
　（3）車両リース（A車）の期間満了後の物件買取によるリース料削減
　（4）電力会社の変更や電気料金の相見積取得による水道光熱費の削減
　（5）……

　このような課題事項リストを電子メール等で社内展開すれば、担当者

ごとに実行状況をメール返信で簡単に報告することができますし、報告の取りまとめ管理も容易に行えます。

　日々の営業現場で一人何役もこなす中小企業の経営者や現場担当者にとっては、目の前の優先課題に集中して一つずつ解決していく、というやり方が分かりやすく、改善を持続するためのモチベーションも生まれます。簡明で運用しやすい実行確認手段を導入し、日々の現場での改善活動を着実に積み重ねていくことが何より重要です。

　改善施策の実行確認を行い、課題を把握、その後更なる改善活動に繋げていくサイクルを回す。また、新たに生じた課題をタイムリーに拾い上げ柔軟に対処していくために、月次モニタリングはとても有効な手段であり、継続することで着実に成果を挙げることができます。

③ 計画実績比較分析

　上述の事業計画において計数計画を作成している場合には、毎月の財務数値を計画数値と比較して分析し、未達事項についてはさらなる改善活動を行います。具体的な比較・分析の方法については、上述の「①前期・前月比較分析」とほぼ同様ですので、そちらを参照してください。前期・前月数値を計画数値に置き換えて分析することとなります。

　計画実績比較分析が前期・前月比較分析と異なる点としては、業績が相当悪化している場合や新規事業に取り組んでいる場合には、赤字状態が一定期間継続したり前期・前月よりも損益が悪化したりするケースがしばしば見受けられます。そのような場合でも、計数計画において予定されている赤字や損益の悪化であれば、許容されるという点が挙げられます。

　計画がない状態で改善活動に取り組み赤字が継続する場合には、改善活動の方向性が間違っているのではないか、という不安が生じるとともに、改善へのモチベーションが持続しない事態に陥るおそれがあります。計数計画を作成し、毎月実績と比較してその進捗を確認することで、予定された赤字に怯むことなく改善活動に邁進することができます。重要なことは、計画されたアクションプランが着実に実行され、想定された成果を上げているかどうか、という点にあります。

4 財務三表シミュレーションの作成

　前項までのモニタリング実施事項については、過去の実績数値や計画内容と、現在の状況を比較して分析を行い、改善活動を推進するものでした。それだけでも意味がありますが、もし改善活動が想定通りの成果を上げられず、業績悪化が継続する場合には、資金繰りの動向を注視するために財務三表（☞142頁）シミュレーション（P/L、B/S、C/F計算書の将来予測シミュレーション）を作成することが有用です。財務三表シミュレーションの作成方法については、第2章6で述べた「4　計数計画の作成」とほぼ同様ですので、そちらを参照してください。

　ここでの財務三表シミュレーションは、あくまで計画とは異なります。現状でき得る限りの改善施策を実行した上で予測される、将来シミュレーションです。計画は一度策定したら当面はそれを達成しようとして取り組むべき目標ですので、基本的には安易に変更すべきでありません。一方で、経営環境の変化等により計画通り進まないことは往々にしてありますので、計画とは別に将来シミュレーションを作成することで、資金破綻等の不測の事態に備えることが可能となります。財務三表シミュレーションについても月次モニタリングの中で毎月作成・更新し、過去比較、計画比較の分析とあわせて活用することで、改善施策の実行強化や軌道修正に大いに役立ちます。

第5部

私的整理による事業再生

第1章
金融機関の理解・信頼を得る方法

1 金融機関の理解が重要であること

Q 金融機関に再生支援をしてもらうために必要なことは何ですか。

A 中小企業が地域で事業継続していくためには、日ごろから、金融機関と円滑な関係でいることが求められます。特に経営状況が厳しい場合には、これまで以上に金融機関の理解と信頼を得ていくことが肝要です。具体的には、誠実な経営、情報開示などが求められます。

　経営者は、平時から、経営の状況、損益の状況、財産の状況、事業計画・業績見通し、及びその進捗状況等に関して、金融機関に対して自発的に開示・説明することが大事です。事業改善（☞第3部第2章、第4部）だけでは、金融機関に約束していた支払いができない場合など、金融機関に何らかの支援（金融支援☞195頁**4**）をお願いする必要があります。

　有事（収益力の低下、財務内容の悪化、資金繰りの悪化等）に移行する兆候を自覚した場合には、速やかに金融機関に報告し、事業再生の専門家などの助力を得て、これまで以上に誠実な経営、事業改善への協力、情報開示が望まれます。情報開示というのは、例えば、決算書、試算表、資金繰り表、事業計画を、適時適切なタイミングで提出することです（中小版GL第二部1(2)②参照、経営者保証GL3(3)参照）。

2　金融機関交渉の基本は信頼関係

Q 会社や弁護士が金融機関と交渉する上で大事なことは何ですか。

A 信頼関係です。有事の局面（再生局面）の場合には、なおのこと誠実な対応が求められます。

　金融機関交渉の基本は、信頼関係です。不信感を持っている相手に対して、何を説明しても、まともに取り合ってもらうことはできません。正直に事実を話して、嘘をつかないことが重要です。

　「この会社、経営者は嘘をつかない」、「誠実である」と信じてもらうことが大事です。これは代理人弁護士など専門家にも通じる話です。事業再生の世界は狭い社会ですので、金融機関の担当者とは何度も顔を合わせることになります。専門家こそ金融機関から信頼を得る必要があり、事業再生を円滑に進める上で最重要といえるでしょう。

　有事（☞190頁）の局面では平時の場合以上に信頼関係の再構築が重要となります。正確かつ信頼性の高い経営情報の開示が求められますので（中小版GL第二部2(1)①参照）、会社、経営者は、財務調査担当の公認会計士の調査に誠実に応じるべきです。また、毎月の業績報告等を金融機関に行うことが求められます（☞256頁**6**）。

3 金融機関との交渉の際に知っておくべき用語

Q 金融機関や再生案件の専門家との会話の中で出てくる可能性のある、知っておくべき用語を教えてください。

A 債務者区分、実抜計画・合実計画、暫定計画、条件変更（リスケ）、期流れなどがあります。

1 債務者区分

　金融機関が返済可能性に応じて融資先を格付けしたものを債務者区分といいます。金融機関は、企業の財務状況、資金繰り、収益力等を踏まえて、企業の債務返済能力を判定しています。その状況等に応じて、債務者区分を決定しています。従前、金融庁が金融機関の貸出債権の査定や引当の方法を規定してきた「金融検査マニュアル」がありましたが、現在は廃止されています。もっとも、マニュアルの考え方は、その後の実務においても大きく変わらないものと思われます。約定返済を止めている、ないしは条件変更（リスケジュール）している融資先は、要注意先以下になります。

　債務者区分は、次の5つの区分に分けられます。

■金融検査マニュアルに置ける債務者5区分

区　分	説　明
正常先	正常先は、業況が良好であり、かつ、財務内容に特段の問題もなく、延滞もない企業をいいます。
要注意先	要注意先は、その他要注意先と、要管理先に分けられます。要注意先とは、業況不調で財務内容に問題がある、もしくは融資に延滞がある企業のことをいいます。要注意先の中でも、特に融資の全部又は一部が要管理債権（3か月以上延滞などの融資）である企業は要管理先となります。

破たん懸念先	破綻懸念先は、経営難にあり、改善の状況になく、長期延滞の融資がある企業をいいます。
実質破たん先	実質破綻先は、法的・形式的には経営破綻の事実は発生していないが、自主廃業により営業所を廃止しているなど、実質的に営業を行っていないと認められる企業をいいます。
破たん先	破綻先は、破産などの法的手続が開始されていたり、手形の不渡りにより取引停止処分となっている企業をいいます。

　金融機関は、債務者区分の見直しを年2〜4回実施していますが、業況が急に厳しくなる場合には、債務者区分の見直しを行うことがあります。例えば、債権回収が不能になった場合に備え、あらかじめ当期の費用として計上するものです。次のような場合には、見直しがなされることがあるでしょう。

- 試算表等で期中に赤字に転落した場合
- 粉飾決算が露見された場合
- 親会社や大口得意先が業績悪化した場合
- 事業譲渡等経営環境に変化があった場合
- 不祥事の発生や法令違反があった場合

　破たん先や実質破たん先の場合には、金融機関は、貸出債権から担保等から回収できる債権部分を除き、100％引当を積むことになります。引当というのは、債権回収が不能になる場合に備え、あらかじめ当期の費用として計上するものです。その分、損益の計算上で金融機関の利益を減らすということです。

　業況が芳しくなくて、「要管理先」になっている企業が再生計画を策定しその蓋然性が認められる等、将来的な正常先を目指すことができれば、「要注意先」に変更され（このことを「債務者区分のランクアップ」、「上位遷移」といいます）、金融機関は、引当金を減らすことができ、金融機関の業績向上をもたらす効果があります。債務者区分の判定基準としては、「実質債務超過解消年数」（☞次の**2**、262頁**1**）と「債務償還年数」（☞263頁**5**）の2つの基準が重要となります。準則型私的整理（☞第5部第2章）において、数値基準（☞209頁■）が設けられているのは、

債務者区分のランクアップを意識しているからといえるでしょう。

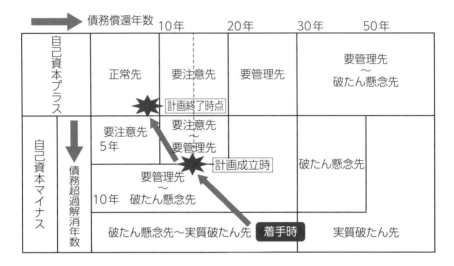

2 実質債務超過（簿価、時価、清算ベース）

　会社が資産超過であるか、債務超過かは、重要な視点です。事業再生の局面では、帳簿上ではなく、実態判断として資産超過か、債務超過かという視点で見ることが重要になります。その資産の時価がいくらかという形で考えることになります（☞262頁1）。

　例えば、土地についていうと、簿価は土地を購入時の金額で計上していますが、路線価、固定資産評価、不動産鑑定（正常価格）などを用いて、時価評価を行い、それに基づいて評価を行うのです。負債についても、未計上のものがあれば、それを考慮して実態評価を算出します。実態債務超過については、262頁を参照ください。

　また、会社が破産・清算した場合の評価も大事になります。例えば、不動産の場合について「早期処分価格」（概ね正常価格の6～7割程度）という評価を用いることとなります。会社の破産・清算局面の際には、破産管財人の費用等特殊な清算費用も要しますので、清算時の金融機関への配当率はかなり低くなることが通例です。清算配当率については、265頁**8**を参照ください。

第1章　金融機関の理解・信頼を得る方法

③ 実抜計画、合実計画

　実抜計画は、実現可能性の高い抜本的な経営改善計画のことをいいます（3年以内黒字化、5年以内の実質債務超過解消、債務超過解消時の有利子負債キャッシュフロー比率10倍以内）。

　また、合実計画は、合理的かつ実現可能性の高い経営改善計画（3年以内黒字化、10年以内の実質債務超過解消、債務超過解消時の有利子負債キャッシュフロー比率10倍以内（☞263頁5））をいい、債務者が中小企業であれば、かかる内容の計画が策定されている場合には、当該計画を実抜計画とみなして差し支えないとされています。

　「合実計画」を「実抜計画」の各々の要件を対比しやすいようにまとめると、下記のようになります。いずれも債務者区分の改善と関係している概念になります。

■合実計画・実抜計画の比較

	実抜計画	合実計画
主な対象	要管理先	破たん懸念先
主な要件	・債権放棄などの支援の額が確定しており、追加支援が必要と見込まれない ・業績見込みが十分に厳しい	・金融支援が金利減免、融資残高維持等に留まる ・実現可能性が高い
効果	要注意先〜正常先	要注意先
計画期間（債務超過解消期間）	概ね3年（中小企業の場合5年）	5年以内（中小企業は、5年を超え概ね10年以内）
計画終了後見込み	正常先	正常先（自主再生可能であれば要注意先でも可）

④ 条件変更・金融支援

　金融機関に対して、約定通りの弁済時期を後ろ倒しに変更することを条件変更とかリスケジュール（リスケ）といいます（☞40頁5、97頁1）。金融機関との協議やバンクミーティングの際には、利息の払い（☞252頁4）、リスケの事務手続の方法、やり方について確認を求められることが多くみられます。なお、新しい借入金によって従前の短期借入金を返済することを「ロールオーバー」といい、実質的に返済の繰延べと同

じこととなります。

「金融支援」とは、事業再生を図るために金融機関にお願いする支援全般のことを指します。資金繰りの安定化のために元本の返済猶予を求めるとか、返済条件を緩和してもらうことも含みますし、場合によっては、債権カット等の支援を行うことなど様々な手法を指す概念です（多様な事業再生手法については、第3部第4章参照）。

5 設備資金・運転資金・短期のつなぎ資金（紐付き融資）

　金融機関からの借入金は、大きく設備資金目的と運転資金目的に分かれています。設備資金は、設備や不動産等の資産購入のためのもので(貸借対照表に計上)、運転資金は、事業を運営するためのものです（人件費、店舗維持費、外注費等）。設備資金は金額が大きく、返済期間も長期に設定されます。運転資金は、継続的に利用するもので、返済期間を短期にしたうえ、期間満了となれば同額を再度融資（「借換え・折返し」ともいいます）する例も多くみられます。なおその他に、今後の売上を返済原資とすることを予定して、当該売上を計上すべき特定の事業に要する資金を短期間手当するものを「紐付き融資」と呼ぶことがあります。短期のつなぎ資金の一類型であり、特に建設業等で使われることがあります。

　リスケや再生計画を策定する際には、設備資金、運転資金、つなぎ資金（紐付き融資）をすべて同じ債務として扱い、平等な取扱いをお願いすることが一般的です。

　しかし、短期のつなぎ資金、例えば建設業者が工事を完成するとともに返済する約束で、金融機関から当該工事にかかる資金相当の借入れを行っている場合は、長期弁済の対象にすることに大きな抵抗を受けることになります。このような融資を受けている場合には、どういう資金使途目的で融資を受けたのかを説明できるように準備しておくことが望まれます。

6 期流れ・期限の利益喪失

　約定通りの返済ができれば問題ないのですが、条件変更の手続が遅れ

る場合、期限を徒過していることがあり、このことを期流れということがあります。期流れとなる場合でも、他の金融機関との衡平性の観点から、通常金利分を支払うので、改めて期限の利益を付与してもらうように交渉することもあります（☞252頁**4**）。

期限の利益喪失とは、分割弁済の利益を失い、一括請求を受けることをいいます。期限の利益を失い、一括請求をされてしまうと、会社の手元資金では支払いができない事態になることも多いです。また、担保権が行使され、競売手続となることも多いですし、多額の遅延損害金が加算されてきます。このような事態になると、金融機関から新規の資金調達はほとんど絶望的な状況であり、非常に危機的な状況といえ、早期の対応が不可欠となります。なお、信用保証協会付きの融資を受けている場合に期限の利益を喪失してしまいますと、信用保証協会に代位弁済されることになります。プロパー融資（信用保証協会の保証等がない融資）はサービサーに債権が売却されることもあります（再生型のサービサーもありますが（☞109頁**5**）、事前調整が必要になります）。

7 信用保証協会の代位弁済、求償権消滅保証

金融機関との取引が浅い中小企業・小規模事業者の方が融資を受けようとすると、「信用保証協会」（信用保証協会法に基づいて設立された公的機関）の保証を求められることもあります。信用保証協会が保証をしている融資は「保証付融資」「マル保」と呼ばれています（これに対し、信用保証協会の保証がついていない融資を「プロパー融資」といいます）。

民間銀行の融資についての保証（一般保証）と、地方公共団体、信用保証協会、民間金融機関が連携して行う制度融資（次の**8**）についての保証（制度保証）の2つがあります（信用保証協会取引がある場合の留意点（☞420頁））。

信用保証協会の代位弁済は、期限の利益を喪失している場合に、信用保証協会が金融機関に代わって弁済することをいいます。経営者の方と話をしていると、信用保証協会が代わりに払ってくれるから債権が減るものと勘違いしている方がいますが、債権者の顔触れが変わるだけであり（信用保証協会は債務者会社に対して立替払いをしているわけですか

ら求償権を取得することになります）、債務がなくなるものではありません（むしろ多額の遅延損害金が発生し続けることとなります）。

　それでは、代位弁済がなされると、どうなってしまうのでしょうか。

　代位弁済をすると、信用保証協会は当該債務者企業に対し、求償権を取得することになります。一般的に金融機関は、求償債務を負っている事業者に対し、新規の融資を行うことがありません（会社から見ると、新規融資が受けられないことになります）。現実的に考えても、期限の利益を喪失した状態の求償債務を負担している状態というのは、極めて不安定な事業運営といえます。信用保証協会に一度代位弁済されてしまうと、事業再生の道が断たれることになりかねないのです。

　平成18（2006）年4月から、「求償権消滅保証」が活用されています。「求償権消滅保証」とは、信用保証協会に求償債務を負っている中小企業者に対する債権の全部又は一部を消滅させることを目的として、民間金融機関の融資の際に信用保証協会が保証を行うものになります。求償権消滅保証は、中小企業活性化協議会等の活用が求められるものであり、どのような事業者でも利用できるわけではありませんが、求償権を放棄してもらい、今後の金融機関取引の正常化を果たすものであり、実務的には非常に有用な制度です。

　自力再建型で金融機関に債権放棄を要請する再生計画を策定する場合には、求償権消滅保証を活用することは一般的な方法ですが、どの金融機関に対応してもらうのか、代位弁済の時期をいつにするのかなど様々な調整が必要になります。

8　制度融資、プロパー債権・融資

　地方自治体の融資で、中小企業に融資（信用保証協会の保証）するものがあり、これを制度融資といいます。自治体に条例が制定されているか否かにより直接債権放棄の難易度に影響が生じることがあります。

　プロパー債権・融資とは、民間金融機関が信用保証協会の保証なしで融資をしている債権を指します。

9 動産・債権譲渡担保融資（ABL）

　ABLとは、不動産担保に依らず、売掛債権、在庫などを担保に活用する融資制度をいいます。債権放棄等を要請する場合、これら動産・債権の価値の評価のため、専門業者による査定が必要となります。

10 事業価値・EBITDA

　事業価値は、様々な算定の方法で算定しますが、債権放棄の金額の妥当性を検証する際は、DCF法等に基づいて計算することになります（☞289頁⑤）。

　EBITDAとは、利払い前税引き前償却前利益を意味し、簡便的に会計上の営業利益＋償却費で算出することもあります。EBITDAが出ているか否かで、事業性がありそうか、抜本再生になりそうか（☞241頁③）を検討します。

＜参考文献＞
・小林信明・中井康之編『中小企業の事業再生等に関するガイドラインのすべて』（商事法務）2023.9
・藤原敬三『実践的中小企業再生論』（金融財政事情研究会）2020.7
・日本政策金融公庫中小企業事業本部企業支援部『金融機関が行う私的整理による事業再生の実務【改訂版】』（金融財政事情研究会）2019.3

第2章 私的整理手続の類型

1 私的整理手続のスキーム比較

Q 私的整理の類型を教えてください。

A 準則型私的整理と、その他の私的整理（純粋私的整理）があります。準則型私的整理手続において最も活用されてきたのは、旧・中小企業再生支援協議会（現・中小企業活性化協議会）の手続でした。近時、中小企業の事業再生等に関するガイドラインが公表され、注目が集まっています。

1 準則型私的整理とその他の私的整理

　49頁でも簡単に説明したとおり、私的整理の類型の中には、公表された準則（数値基準、経営責任の明確化などのルールがあり「準則型私的整理手続」（☞51頁**3**）といいます）に基づく私的整理とその他の私的整理があります。その他の私的整理を「純粋私的整理」と呼ぶことがあります（☞228頁**5**）。

　なお、特定調停は裁判所が関与する手続であり、いわゆる数値基準はありませんが、準則型私的整理の一つと分類されることもあります（中小版GLQA21、経営者保証GLQA7-5参照）。

■私的整理の類型

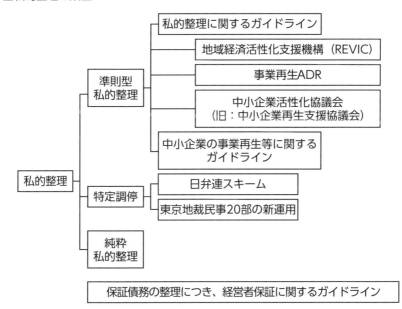

※事業者について準則型私的整理手続や特定調停で再生を図る場合には、保証人の保証債務については、「経営者保証に関するガイドライン」（☞第8部第2章）に基づいて、一体的に整理を図ることが原則となります。
同ガイドラインは、事業者（主債務）について法的整理の場合、廃業の場合でも、積極的な活用が期待されています。

2 準則型私的整理手続の類型

　公表された私的整理（準則型私的整理）手続は、いずれも数値基準（☞202頁、209頁■）があること、債権放棄を要請する計画の場合には、経営責任、株主責任、保証責任の明確化（☞295頁 **4**）を求めている点に特徴があります。また、準則型私的整理手続の中には、企業再生税制（☞317頁 **2**）に対応しているものもあります（私的整理に関するガイドライン、事業再生ADR、REVICのほか、中小企業活性化協議会の手続の中にも企業再生税制を利用可能な類型があります）。この場合、税務上のメリットを得ることができる一方、手続はより重装備になるので、注意を要します。

中小企業においては、企業再生税制の利用の実例は多くはありません（☞104頁表）が、中小企業再生支援スキームの活用実績は増えつつあるようです。中小版GLは、使い勝手とメリットを勘案し、結果として企業再生税制の利用は想定していません。（基本的に債権者・債務者の双方にとって税務問題は解決されています。中小版GLQA95〜99のほか、いわゆる「第二会社方式」など。319頁参照）。

各類型については、第3部の事業再生年表（☞61頁）も参照してください。

1　私的整理に関するガイドライン

私的整理に関するガイドライン（☞57頁**1**）は、私的整理において最初にできたルールであり、その後の私的整理手続の実務に大きな影響を与えたものとして基本原理的な意味合いがあります。

一時停止通知とその後の第1回債権者会議での承認という手続により、私的整理手続を開始させ、対象債権者間の不公平が生じないようにした上で、次のように再生計画案の内容に具体的な要件を設けています。

① 　3年以内の実質債務超過の解消（数値基準）
② 　経常利益の3年以内の黒字化（数値基準）
③ 　債権放棄を受ける企業の経営者は退任することが原則
④ 　債権放棄を受けるときは、支配株主の権利を消滅、既存株主の割合的地位を減少又は消滅させることが原則
⑤ 　債権者間で平等であること
⑥ 　対象債権者にとっての経済合理性

同ガイドラインは、事業再生のルールとして定着する契機となり、中規模以上の事業者（大型案件）を中心に処理がなされましたが、メインバンクが積極的かつ主体的に関与しなければならないことから、メインバンクの負担が大きく、かつ、メインバンク寄りの計画となりやすいという弊害が生じ、また、その後に誕生した事業再生ADRや中小企業活性化協議会の活用などの理由により、近時は、ほとんど使われていません。

しかし、同ガイドラインは、他の準則型私的整理の基礎となっており、私的整理の基本原理として現在も参照されることがあり、価値を有していると思われます。

2　事業再生ADR

　事業再生ADRは、事業再生実務家協会が特定認証紛争解決事業者として認証され、平成20（2008）年11月に発足し、以降、事業規模の大きい事業者を中心に活用されています。数値基準などのルールは、私的整理ガイドラインに準じた内容となっていますが、手続の開始や進行を主要金融機関が行う必要がなく、第三者である手続実施者が行う点に大きな違いがあります。

　正式に受理され、一時停止の通知を行うまでに、専門家による財務DD、事業DDが実施され、再生計画案の策定が求められているため、申込み前に相応の準備が必要という特徴があります。

　私的整理に関するガイドラインと同様に手続が厳格であり、その一方、企業再生税制も活用できます（☞317頁**2**）。現在は、中規模以上の企業（大企業等）を中心に使われています。

3　IRCJ ⇒ ETIC ⇒ REVIC

　平成15（2003）年には、産業再生機構法に基づき、株式会社産業再生機構（IRCJ）が設立され、大企業が私的整理により整理されました。産業再生機構は、平成19（2007）年に清算しますが、その後、これを基に平成21（2009）年に企業再生支援機構（ETIC）が設立され、平成25（2013）年以降は、地域経済活性化支援機構（REVIC）と商号を変更し、現在に至ります。「特定支援」というメイン行を主体として行う廃業支援にも取り組んでいます（☞414頁**7**）。

4　中小企業再生支援協議会 ⇒ 中小企業活性化協議会

　中小企業向けの支援機関としては、平成15（2003）年以降、全国47都道府県に中小企業再生支援協議会（☞63頁**5**）が設置され、令和4（2022）年4月に中小企業活性化協議会に改組されました。中小企業の事業再生

で最も活用されているスキームといえます。

　この中小企業活性化協議会のルールも「私的整理に関するガイドライン」に準じて作られていますが、中小企業向けに手続が相当程度緩和されています（☞207頁**2**）。

5　中小企業の事業再生等に関するガイドライン

　令和4（2022）年3月に公表された新しいガイドラインで、中小企業向けに緩和されています（☞68頁Ⅲ、213頁**3**）。

6　経営者保証に関するガイドライン

　「主たる債務者が廃業したとしても、保証人は破産手続を回避し得ること」の周知が重視されています。

　経営者保証ガイドラインは、行政当局の関与の下、日本商工会議所と全国銀行協会が共同で事務局となり、平成25（2013）年12月に公表された権威あるガイドラインです。破産を避けて保証債務の整理ができること、自由財産の外にインセンティブ資産を残す余地がある等の特徴があり、「華美でない自宅」を残すことができた事例もあります（☞487頁　事例紹介⑨）。

3　特定調停

　特定調停法は、平成15（2003）年に施行されました。元々、個人のクレジット・サラ金問題の救済のために議員立法で作られたものであり、事業者の事業再生のツールとしてはあまり使われていませんでした。

　近時、日弁連にて手引を公表し、事業再生（手引1）、廃業支援（手引3）、経営者保証に関するガイドラインの利用（手引2）のためのマニュアルとして利用されています。日弁連特定調停スキームの詳細は、226頁**4**にて確認ください。

　令和2（2020）年4月から、東京地裁民事20部において、事業再生ADRや活性化協議会などの準則型私的整理が成立しなかった場合などを想定した運用を開始しており、注目されています（☞302頁**3**）。

4 純粋私的整理

　個別に事業者や代理人弁護士等が金融機関と交渉すること（純粋私的整理）は、様々な局面で行われています。詳細は228頁**5**にて確認ください。

　以下では、中小企業において最も使われている「中小企業再生支援協議会」（中小企業活性化協議会に改組）（**2**）、今般公表された「中小企業版中小企業の事業再生等に関するガイドライン」（**3**）、「日弁連特定調停スキーム」（**4**）、「純粋私的整理」（**5**）について説明します。

2　中小企業活性化協議会（旧：中小企業再生支援協議会）

Q　中小企業活性化協議会とは、何ですか。

A　令和4（2022）年に中小企業再生支援協議会が改組され、中小企業活性化協議会となりました。全国47都道府県に一つずつ設置された公的機関であり、中小企業の事業再生で最多の実績があります。「地域における収益力改善・事業再生・再チャレンジ」をコンセプトに、企業の事業再生のほか、経営者保証に関するガイドライン対応など様々な支援を行っています。

1 中小企業活性化協議会とは

1　概要

　中小企業活性化協議会（以下「活性化協議会」ということがあります）の前身は、平成15（2003）年に全国47都道府県に設置された公的機関である中小企業再生支援協議会（☞63頁**5**以下）です。事業再生の専門家が常駐し、中小企業の経営者などからの相談に応じて、多数の再生計画策定支援実績を重ねて、地域における「中小企業再生のプラットフォーム」と呼ばれてきました。令和4年、新たに全国47都道府県の中小企業

再生支援協議会を関連機関と統合して「中小企業活性化協議会」が設置されました。

活性化協議会は、地域全体で多数の事業者を支援するハブとなるべきものであり、民間プレーヤーによる支援について補助金給付の窓口となるほか、協議会自身も支援を行います。

2 中小企業活性化協議会の支援メニュー

活性化協議会自身が行う支援は、以下①～③のステージに分かれています。

① 「収益力改善フェーズ」
いわゆる「事業再生」の前段階です。有事（☞186頁**1**）に移行するおそれのある中小企業を対象に、収益力改善計画の策定を支援します。
② 「再生フェーズ」（協議会スキーム）　※1）
ア）「プレ再生支援」（☞99頁**2**、272頁**5**）※2）
再生支援の準備段階であり、旧支援協議会における「暫定リスケ計画」に相当します。直ちに実現可能性の高い本格的な再生計画が立てられない企業につき、本格的な再生計画策定にむけたラストチャンスの準備期間として最大3年間のリスケジュールを行い、この期間に計画策定準備を行って、リスケ期間が終了すれば再生計画を策定し、その時点で再生計画が策定できなければ廃業・清算へ進みます（再生支援要領QA32）。
イ）「再生支援」
協議会スキームの原則類型です。債権カットを含む抜本的な再生計画の策定を含む事業再生の支援であり、経営者保証債務の整理も一体として行うことができます。
③ 「再チャレンジフェーズ」
事業継続が困難な場合でも、破産を避け、円滑な廃業と経営者・従業員の再スタートを目指します。そのために経営者及び代理人弁護士へ助言し、「経営者保証に関するガイドライン」などを活用します。

> ここで重要な考え方は「主たる債務者が廃業したとしても、保証人は破産手続を回避し得ることが周知されることで、経営者が早期に経営改善、事業再生及び廃業を決断し、主たる債務者の事業再生等の実効性の向上に資するとともに、保証人が新たなスタートに早期に着手できる社会を構築し、ひいては地域経済全体の発展に資することが期待される」(「廃業時における『経営者保証に関するガイドライン』の基本的考え方について」(経営者保証ガイドライン研究会・令和4年3月4日)ということです。

※1) 活性化協議会の再生支援には、より重装備の「中小企業再生支援スキーム」(☞317頁**2**) もあり、計画案提示と同時に一時停止の通知を発出し、企業再生税制の特例がある等の特徴があります。年に数件程度の実例があるとされます。
※2) 中小版GLには、プレ再生支援に相当する制度はありません。

　本章では、準則型私的整理の手続として、上記のうち②協議会スキームを説明します（③再チャレンジフェーズについては、第7部、第8部を参照してください）。

2 「協議会スキーム」と「中小企業版私的整理手続」の特徴 〜「私的整理に関するガイドライン」との比較による理解

　中小企業活性化協議会の再生支援（協議会スキーム）及び「中小企業の事業再生等に関するガイドライン」（第三部に定める中小企業版私的整理手続）の再生型私的整理手続は、中小企業の特性に応じて数値基準が緩和され、柔軟な対応が可能となっています。私的整理の基本原理となった「私的整理ガイドライン」（☞202頁**1**）と比較することで、どのように緩和されているのか理解することができます。

■中小企業の実態に即して緩和された手続
（活性化協議会、中小企業の事業再生等に関するガイドライン）

	私的整理ガイドライン	【中小企業の実態に即して緩和】	
		中小企業活性化協議会の再生支援（協議会スキーム）	中小企業の事業再生等に関するガイドライン（第三部・中小企業版私的整理手続）の再生型私的整理手続
対象	制限はないが、実質的には、中堅企業以上を主に対象	中小企業者対象	中小企業者対象
一時停止のタイミング	事業再生計画案と同時	必要に応じ、事業再生計画の策定前でも「返済猶予の要請」	必要に応じ、事業再生計画の策定前でも再生の基本方針を定めて「一時停止の要請」
一時停止の名義	主要債権者と債務者の連名	協議会の統括責任者と債務者の連名	第三者支援専門家の確認を経た債務者である中小企業者
実質債務超過解消年数	3年以内	5年以内	5年以内
経営者責任	退任が原則	退任を必須としない	退任を必須としない
重要プレーヤー	メインバンクが主導する（→メイン寄せの弊害）	公設機関である協議会の関与	主体は債務者自身＋民間プレーヤーによる支援
計画の検証（調査報告書作成者）	専門家アドバイザー	協議会統括責任者または協議会委嘱弁護士	第三者支援専門家

1　数値基準の緩和

　活性化協議会の再生支援（協議会スキーム）と、「中小企業の事業再生等に関するガイドライン」第三部に定める中小企業版私的整理手続（再生型手続）の再生計画の数値基準（☞221頁※1）は同一内容であり、次の表のとおりです。「私的整理に関するガイドライン」（☞202頁1）と比較して、中小企業向けに緩和されています（再生支援要領2(5)、中小版GL第3部4(4)①）。

> ■中小企業活性化協議会の数値基準（☞281頁2）
> ※中小企業活性化協議会・中小版GLに共通
> ①　実質的に債務超過である場合は、再生計画成立後最初に到来する事業年度開始の日から5年以内を目途に実質的な債務超過を解消する内容とする。
> ②　経常利益が赤字である場合、再生計画成立後最初に到来する事業年度開始の日から概ね3年以内を目途に黒字化する内容とする。
> ③　再生計画の終了年度（原則として実質的債務超過を解消する年度）における有利子負債の対キャッシュ・フロー（☞263頁5）比率がおおむね10倍以下となる内容とする。

　加えて、特に小規模な企業につき、債務減免（債権カット）等の要請を含まない事業再生計画案であれば、一定の条件のもと更に緩和して、この数値基準を含まないことができるとされています（許容される条件は協議会スキームとガイドラインで完全に同一ではありません。詳細は再生支援要領2(5)⑩「小規模な事業者」、中小版GL第2部4(4)②「小規模企業者」の定めを参照してください）。

2　その他、中小企業の特性に即した内容

　数値基準の他にも、中小企業の特性に即して緩和された点があり、私的整理ガイドラインとの違いは以下のとおりです。

①　経営者の退任を必須としない

　債務減免（債権カット）等を伴う事業再生計画案の場合、経営者責任の明確化を図りつつも、中小企業の実情に応じて、経営者の退任を必須としていません。

②　一時停止の通知（返済猶予等の要請）のタイミング

　一時停止の通知（返済猶予等の要請）は不可欠ではなく、必要に応じて行われます。その際、財務・事業DDや再生計画案の策定が未了であっても許容されます（☞219頁3）。

③　協議会スキームと中小企業版私的整理はほぼ同内容であること

　活性化協議会の再生支援（協議会スキーム）と中小版GL（第3部に

定める中小企業版私的整理手続）の手続の流れは、ほぼ同様であり、事業再生計画の内容、調査報告書で求められる内容も共通しています。以下にそれぞれの手続を説明しますが、互いに参照することで、共通・類似点が理解されるでしょう。

3 中小企業活性化協議会の手続の流れ

中小企業活性化協議会は、対象となる中小企業者と窓口相談（☞22頁コラム）を行い（一次対応）、再生支援を行うことが不相当でないと判断した場合は、再生計画策定支援を開始します（第二次対応）。

【窓口相談での確認事項（例）】
- 企業の概要
- 直近3年間の財務状況
- 株主、債権債務関係の状況
- 事業形態、構造（主要取引先）、会社の体制、人材等の経営資源
- 現状に至った経緯
- 改善に向けたこれまでの努力及びその結果
- 取引金融機関との関係
- 再生に向けて活用できる会社の資源
- 再生に向けた要望、社内体制の準備

活性化協議会の再生支援（協議会スキーム）の手続の流れは207頁の図のとおりです。なお、この図が示しているのは、第二次対応（手続開始）後に協議会が委嘱した専門家により、財務・事業DDを行い、再生計画案の策定を支援するスキームの場合です（いずれも費用補助あり）。このスキームが原則型の手続であり、「通常型」ということがあります。一方、債務者側において事前に財務・事業DDや再生計画案を完成させ（費用補助なし）、その後、協議会の委嘱した弁護士・公認会計士に上記資料の妥当性等を確認してもらい、調査報告書を作成してもらう手続（調査報告書の作成費用は費用補助あり）もあり、後者の手続のことを「検証型」といいます。

当初の段階では債権放棄等（☞101頁2）の要請を含むか否か不明確な

ため、債権放棄等を要請する方針が決まった段階で、保証債務整理の相談や手続が開始されることになります。これらの手続に要する期間は数か月とされており（☞233頁コラム）、この間、資金繰りが維持できることが必要です。

なお、①窓口相談、②再生計画策定支援の途中、③モニタリング期間中のいずれの場合においても、事業再生が極めて困難と判断された場合には、再チャレンジ支援（廃業支援）（☞206頁2③）、415頁❾）を開始するとされています。具体的には廃業型の私的整理手続、廃業に向けての助言、経営者保証に関するガイドラインの利用（単独型）や弁護士紹介等を行うこととされています（実施要領第2.3(6)、第6、再生支援要領QA20）。

4 中小企業再生支援全国本部 ⇒ 中小企業活性化全国本部

中小企業再生支援全国本部は、産業競争力強化法の指針に基づき独立行政法人中小企業基盤整備機構に設置されています。全国本部には、弁護士、公認会計士、税理士、中小企業診断士、金融機関経験者等の専門家がプロジェクトマネージャとして配置されており、各地の中小企業再生支援協議会（現・中小企業活性化協議会）の能力向上に対するサポート、外部専門家の派遣及び再生支援協議会手続マニュアルの作成、同協議会の業務の評価等の業務を行っています。令和4（2022）年4月に中小企業活性化全国本部に改組されました。

事業再生の実務では、様々な論点が日々出てきますし、金融調整で悩むことも少なくありません。事業再生の専門家は、全国本部に対し、難しい案件、悩む案件の相談をすることもあります。中小企業再生支援スキーム（☞317頁）の検討をする場合も相談が必要でしょう。

第5部　私的整理による事業再生

■中小企業活性化協議会の再生支援（協議会スキーム）の手続の流れ（通常型）

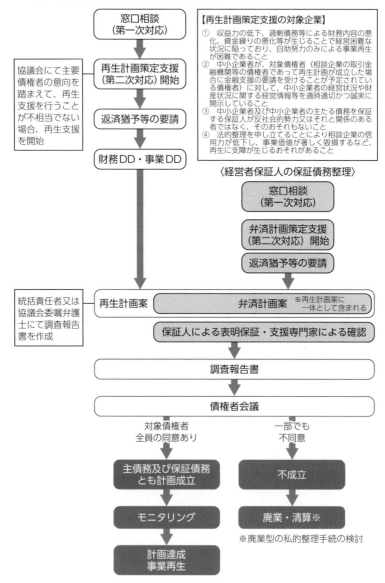

3 中小企業の事業再生等に関するガイドライン

Q 「中小企業の事業再生等に関するガイドライン」に定める私的整理手続とは何ですか。また、2024年1月の再生型手続の改訂の概要を教えてください。

A 「中小企業の事業再生等に関するガイドライン」の第三部に中小企業を念頭とする私的整理手続（中小企業版私的整理手続）が定められました。この手続には「再生型手続」と「廃業型手続」の二種類があります。

廃業型を定めたこと、再生型手続及び廃業型手続のいずれも「第三者支援専門家」の関与が必須であることが特徴です。「再生型手続」は、中小企業の実態に合わせて要件が緩和されており、協議会スキームと同様です。費用補助の仕組みもあります。

なお、令和6（2024）年1月の改訂では、第三者支援専門家不足への対応策が幾つか盛り込まれたほか、中小企業版GLの活用実績の把握のために就任報告等の位置づけが変更されました。また、一時停止の要請等に関する明確化（☞219頁）、リース債権と金融債権の衡平性の考え方の整理（☞221頁※2）、財務DDの基準日の考え方の整理（☞287頁）、スポンサー選定手続の透明性確保の手続の具体例の記載（☞278頁）、スポンサーから具体的な事業再生計画案が得られない場合の対応（☞280頁）が追記されました。

1 「中小企業の事業再生等に関するガイドライン」とは

1　概要

「中小企業の事業再生等に関するガイドライン」（以下「事業再生等ガイドライン」ということもあります）は、令和4（2022）年4月15日に適用が開始されました。第一部「本ガイドラインの目的等」、第二部「中

小企業の事業再生等に関する基本的な考え方」、第三部「中小企業の事業再生等のための私的整理手続」の全3部からなります（☞68頁Ⅲ）。

　同ガイドラインは、その策定の過程からも極めて公共性が高く、遵守が強く期待されます。

　中小企業の事業再生等の基本的な考え方を、平時から有事に至る時系列の中で示し、金融機関との信頼関係等を重視していることが特徴です（第一部・第二部）。

　同ガイドライン第三部は、準則型私的整理手続のスタンダードとして「中小企業の事業再生等のための私的整理手続」（中小企業版私的整理手続）を定めています。公的機関である協議会の関与がなく、民間プレーヤーのみによる支援手続であり、外部専門家・第三者支援専門家・主要債権者の役割がいずれも重要です。

　中小企業版私的整理手続は「再生型手続」と「廃業型手続」の二種類です。いずれも「第三者支援専門家」の関与が必須とされています。

　「再生型手続」（第三部4）は中小企業向けに緩和された手続になっており、その要件は活性化協議会の再生支援（協議会スキーム）と概ね共通しています。

　「廃業型手続」（第三部5）を定めていることも同ガイドラインの特徴です。あわせて「経営者保証に関するガイドライン」を活用し、廃業であっても破産を避けて経営者の保証債務を整理することが望まれます。

　費用補助の仕組みがあり、活性化協議会の経営改善支援計画策定支援の中に事業再生等ガイドライン枠が設けられています（☞64頁**7**）。

2　関係者

①　対象となる中小企業者

　対象となる中小企業者の定義は、中小企業活性化協議会とほぼ同様となっていますが、学校法人や社会福祉法人など会社法上の会社でない法人についても、その事業規模や従業員数などの実態に照らし適切と考えられる限りにおいて、ガイドラインを準用することを妨げるものではないとされています。また、中小企業基本法2条1項で定める「中小企業者」の要件に形式上該当しない場合でも、その事業規模や従業員数など

の実態に照らし適切と考えられる場合も活用しうる形となっています（中小版GLQA3参照）。

② 外部専門家

外部専門家とは、経営・財務及び事業の状況に関する調査分析や事業再生計画案の作成を支援（第三部4(3)①②）するもので、代理人弁護士、会社側アドバイザーの公認会計士等が想定されています（元より顧問関係にある者を含む）。業務としては、第三者支援専門家（☞215頁③）の選定を含めて様々な金融機関調整、財務及び事業の状況に関する調査分析の実施（中小版GLQA38）、事業再生計画策定支援、事業再生計画達成状況のモニタリング（第3部4(8)）などが想定されています。債務減免（債権カット）などの金融機関調整が必要な場合には、外部専門家には、弁護士の関与が不可欠となります。協議会手続では協議会の委嘱専門家を「外部専門家」と呼び、中小企業の事業再生等に関するガイドラインの外部専門家とは定義が異なる点に注意します。

③ 第三者支援専門家

第三者支援専門家は、新たな概念であり、本ガイドラインにおいて「弁護士、公認会計士等の専門家であって、再生型私的整理手続及び廃業型私的整理手続を遂行する適格性を有し、その適格認定を得たもの」と定義されました（第三部4項(1)）。中小企業者及び対象債権者との間に利害関係をもたず、独立した公正・中立な第三者の立場で本手続に関与し、円滑かつ迅速に事業再生を進めます。例えば顧問弁護士は外部専門家には就任できますが、第三者支援専門家には就任できません（QA34）。

その業務は、手続開始の判断、外部専門家の調査分析や再生計画案策定への助言、事業再生計画案の調査報告等です（第三部4(5)①②、中小版GLQA30参照）。第三者支援専門家は中小企業版私的整理手続（再生型及び廃業型）を進める上で必須の機関です。

第三者支援専門家は事業再生に豊富な知見を有する適格者に限られます（適格要件は厳しく規定され公表されています。中小版GLQA31）。その候補者リストは、中小企業活性化協議会全国本部及び事業再生実務家協会の各ホームページで公表されています（☞23頁コラム）。第三者支援専門家は、主要債権者の同意を得て、このリストから選任することが

原則です。対象債権者の全員から同意を得た場合に限って、リスト外から第三者支援専門家を選定することが認められます（第三部4(1)①②、中小版GLQA41参照）。

実務上は、主要債権者から紹介してもらう方法、債務者に選任された外部専門家が第三者支援専門家候補者を債権者に示す方法なども考えられるところです。なお、第三者支援専門家の候補者には受諾義務はありません。時間的余裕をもって事案概要を説明して打診することが望ましいでしょう（中小版GLQA32）。

第三者支援専門家の人数は1名から3名です。その業務が金融機関調整（計画案が債務減免を含む場合など）や法律事務に関する調査報告書作成を含む場合は、非弁行為（弁護士法72条☞21頁コラム）の抵触を避けるため、少なくとも1名の弁護士が選任される必要があります（QA33）。

④　第三者支援専門家や補佐人に関する改訂箇所

　令和6年1月の改訂では、第三者支援専門家が不足していることから、第三者支援専門家候補者の選定要件として活性化協議会の外部専門家補佐人を新設し、この経験をカウントできるようにしました。中小企業版GLQA別紙1において、第三者支援専門家補佐人等経験のカウント方法を明記しました（中小企業版GLQA31）。必要に応じて遠方の第三者支援専門家を選任する場合も考えられますので、手続開始前後も含め、必要に応じてオンライン会議等を活用し、機動的にコミュニケーションを行うことが望ましいとの追記がされました（同QA32）。

　第三者支援専門家補佐人は、第三者支援専門家が、自らの専門外の意見を求められた場合や補充的に他の専門家の補助を得ることが適当と判断する場合に第三者支援専門家の責任において選任ができる専門家をいうところ（同QA33-2）、全国本部・実務家協会が作成したリストから選任された第三者支援専門家は、対象債権者全員の同意を得ることなく、指名によって個別に第三者支援専門家を選任することが可能となり、補佐人の選任要件が緩和されました（同QA33-3）。

　第三者支援専門家に就任した際や案件終了時に、全国本部又は実務家協会に、①受任した案件の所在地、②第三者支援専門家や第三者支援専

門家補佐人の氏名等を報告することが必要とされており、これは第三者支援専門家補佐人の経験件数及び中小企業版GLの活用実績を把握することを目的とすることとされています（同QA43）。

⑤ 対象債権者

対象債権者は、金融機関、信用保証協会、サービサー、貸金業者等です。協議会実務と異なり、貸金業者が対象とされている点にご注意ください。再生型の場合、原則として、リース債権者は対象債権者に含まれませんが、私的整理を行う上で必要なときは含むとされています（中小版GLQA20）。

⑥ 主要債権者

主要債権者とは「金融債権額のシェアが最上位の対象債権者から順番に、そのシェアの合計額が50％以上に達するまで積み上げた際の、単独又は複数の対象債権者」を指します（中小版GL第3部2⑸、QA25）。

3 他の手続との比較

中小企業版私的整理手続（中小版GL第三部）は、活性化協議会の再生支援（協議会スキーム）と同様に、中小企業の特性に応じて基準が緩和され、柔軟な対応が可能となっています（☞207頁）。

活性化協議会が「官」の支援とすれば、ガイドラインは民間プレーヤーによる支援であり、外部専門家と第三者支援専門家と主要債権者が手続を担うこととなります。特に公正中立な第三者支援専門家の役割が大切です。

活性化協議会と中小版GLの違いと使い分けは、223頁をご参照ください。

2 中小企業版私的整理手続（ガイドライン第三部）

1 再生型私的整理手続（進行）の概要

「中小企業の事業再生等に関するガイドライン」第三部に定める再生型私的整理手続の流れは次頁の図のとおりです。活性化協議会の手続とほとんど同じ流れになっています。

■中小企業の事業再生等に関するガイドライン（第三部・再生型私的整理手続）の流れ

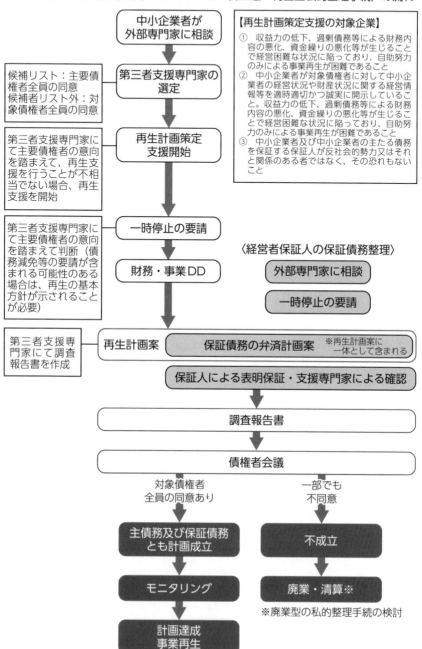

中小版GLを利用した再生型私的整理手続では、手続の開始を、第三者支援専門家が決めること、第三者支援専門家の選定等について、主要債権者の同意を得て選定することなどの特徴があります。

なお、第三者支援専門家や主要債権者が事業の継続可能性が見込まれないと判断し、かつ、中小企業者からも廃業の申出があった場合は、中小企業者、第三者支援専門家、主要債権者は協力の上、廃業型私的整理手続の適用を含めて、可能な対応を行うとされています（第三部4(9)参照）。

2　再生型私的整理手続の開始（第三部4(1)参照）

再生型私的整理手続を利用する場合には、弁護士、公認会計士、税理士、中小企業診断士等の外部専門家（☞215頁②）と相談しつつ、第三者支援専門家の候補者を公表されたリストから選定することになっています（☞215頁③）が、対象債権者全員から同意を得た場合は、リストにない第三者支援専門家を選定することも可能とされています。

第三者支援専門家は、主要債権者の意向を踏まえて、再生支援を行うことが不相当でないと判断した場合（中小版GLQA44）には、中小企業者の資産負債及び損益の状況の調査検証や事業再生計画策定の支援等を開始します。

3　一時停止の要請（第三部4(2)参照）

一時停止の要請は、資金繰りの安定化のために必要があるとき、中小企業者及び外部専門家（債務者代理人）の名義で、対象債権者に対して行うことができます。手続開始と明確に関連付けられてはおらず、手続上の不可欠なものともなっていません。この点は、中小企業活性化協議会の実務と同じです。

一時停止の要請を行う場合には、書面により、かつ、全ての対象債権者に対して同時に行われていることが必要です。当該書面には、主要債権者の意向を踏まえて第三者支援専門家（その氏名を含む）が手続を開始した旨等を記載することが望ましいとされています（中小版GLQA47）。一時停止の要請は、すべての対象債権者が一時停止の要請に応諾することによって効力が生じます。応諾の有無の確認は、必ずし

も書面によらず、債権者会議での口頭確認など弾力的な運用が想定されています（中小版GLQA51）。

　対象債権者は、ガイドラインに定める要件を充足する一時停止の要請には誠実に対応するものとされています。一時停止の要請は、通常、支払停止や期限の利益喪失事由に該当しないとされており、対象債権者が一時停止の要請を理由とした預金拘束をしないように留意すると明記されました（中小版GLQA50）。

　一時停止のタイミングにおいて再生計画案が策定できている必要はなく、債務減免（債権カット）等の要請が行われる可能性のある場合においても「再生の基本方針」が示されていることで足ります。事前に財務DD（☞258頁❸）や事業再生計画案を準備することが難しい中小企業の実情に即した制度になっています。

　「再生の基本方針」については、ガイドラインQ&Aの末尾に自主再建型とスポンサー型の2通りの書式が示されており、参考になります。

　一時停止の要請は、制度上は任意とされていますが、複数の債権者があり、債務減免（債権カット☞101頁❷）等の要請が予定される案件では、一時停止の要請が必要でしょう。なぜなら、債務整理を公正衡平に行うためには個別的権利行使を控えることが必要だからです（☞290頁2）。

　なお、令和6（2024）年1月の改訂では、第三者支援専門家が、手続の初動において対象債権の状況を把握する助けとなるため、一時停止要請時に債権の状況（債権残高、金利、物的担保・人的担保（保証）による保全の有無等）を第三者支援専門家に対して届け出るよう要請する場合があることが記載されるに至りました。

4　事業再生計画の内容（第三部4⑷参照）

　事業再生計画案は、次頁の【事業再生計画の内容に含むべき事項】の内容を含むものとされています（☞281頁❺）。中小企業活性化協議会の数値基準と同じ内容となっていますが、債務減免（債権カット）等を求める額の算定の前提情報の開示（ト）と、必要に応じて地域経済への影響を鑑みた内容とすること（チ）の2点は従前の準則型私的整理手続にはなかった特徴です（活性化協議会の実施要領にも同様の要件が記載さ

れ、平仄を合わせています）。

　ここで地域経済への影響とは、個別の債務者企業からの回収の多寡だけでなく、従業員の雇用、取引先企業の連鎖倒産防止、ひいて地元経済への総合的な影響を考慮するという趣旨であり、中小企業の事業再生が、一企業の存続可否を超えて、地元経済の活性化、ひいて日本経済の活性化に資するとの視点です。この点はガイドラインの第一部にも明記されています（本書のあらまし「6　近時の問題意識③」、中小版GLQA63を参照）。

【事業再生計画の内容に含むべき事項】
　イ　自助努力が十分に反映されたものであること（詳細略）
　ロ　5年以内を目途に実質的な債務超過を解消する内容（☞262頁**1**）※1
　ハ　概ね3年以内を目途に黒字に転換する内容※1
　ニ　再生計画の終了年度における有利子負債の対キャッシュフロー倍率が概ね10倍以内となる内容（☞263頁**5**）※1
　ホ　経営責任の明確化（債務減免等を要請する場合には株主責任の明確化を図る内容とする）（☞295頁**4**）
　ヘ　債権者間で平等であること（☞290頁**2**）※2
　ト　対象債権者にとっての経済合理性（債務減免等を求める額の算定の前提情報の開示）（☞286頁③）
　チ　必要に応じて、地域経済の発展や取引先の連鎖倒産回避等による地域経済への影響を鑑みた内容とすること
　※1　ロ、ハ、ニが数値基準（☞209頁■、281頁**2**）
　※2　実務上、一時停止の要請をした場合でも、金融機関には約定利息の支払いを継続することが通例です。リース物件については、リース物件の利用を継続する場合、リース料の支払いを継続することが多いと思われます。なお、令和6（2024）年1月の中小企業版GLの改訂において、リース会社を対象債権者に含めてリース料の支払いを停止した場合は、金融機関に支払った約定利息分をカット率に反映させることもあり得るとされました（中小企業版GLQA61の具体例参照）。

　上記にかかわらず、特に小規模企業者が債務減免（債権カット）等の

要請を含まない事業再生計画案を作成する場合は、一定の条件のもと更に緩和して、この数値基準（上記のロからニ）を含まないことができるとされています。

　この点、中小企業活性化協議会でも、「小規模な事業者」について同趣旨の規定が設けられ、ガイドラインと平仄が合わせられています（許容される条件は両者で完全に同一ではありません。詳細は再生支援要領2(5)⑩「小規模な事業者」、中小版GL第三部4(4)②「小規模企業者」の定めを参照してください）。

5　第三者支援専門家による調査報告（第三部4(5)参照）

　第三者支援専門家は、事業再生計画案の内容について、調査報告書（☞300頁**5**）を作成の上、対象債権者に提出し報告することとされています。調査対象は、次のイからニの内容を含むものとし、債務減免（債権カット）等を要請する場合には、イからホの内容を含むものとされています（記載がある場合には、ヘも含む）。協議会の従前の実務と同じでしょう。

■調査報告書の調査対象
　イ　事業再生計画案の内容の相当性（第三部3(1)要件該当性含む）
　ロ　事業再生計画案の実行可能性
　ハ　金融支援の必要性
　ニ　金融支援の内容の相当性と衡平性
　ホ　私的整理を行うことの経済合理性
　ヘ　地域経済への影響

6　計画の成立と不同意の理由の説明（第三部4(6)参照）

　中小企業者により、事業再生計画案が示された後、原則としてすべての対象債権者による債権者会議（バンクミーティング）が実施されます（通常は、何度か開催されることが想定されます☞255頁**5**）。

　事業再生計画案に対して、不同意とする対象債権者は、速やかにその理由を第三者支援専門家に対し誠実に説明するものとされており（中小

版GLQA72参照)、これまでの準則型私的整理手続にはない規定です(中小企業活性化協議会の再生要領が改正され、平仄がとられています)。これは合理的な計画であっても、「不合理な不同意」があると計画が成立しないことから、不合理な不同意を防ぐための政策的手段として、不同意の場合には、その理由を第三者支援専門家に対して説明させることとされています(コンプライ・オア・エクスプレインの原則)。

例えば、不同意の理由が「経済合理性がない」とのみの説明であれば、その説明を聞いた第三者支援専門家としては、調査報告書において経済合理性があるとしている部分を指摘して、経済合理性がないと判断する根拠をさらに確認したり、再考を求めたりすることで、対象債権者の合意形成に努めることが期待されています(☞301頁**2**)。

7 廃業型手続の概要

中小版GLには「廃業型私的整理手続」も定められています(中小版GL第三部5)。再生型の手続との相違は、外部専門家により手続が開始され、第三者支援専門家の関与のタイミングが遅くても許容されること、一時停止について期限を定める必要があること等です(廃業型手続については第7部を参照)。

なお、活性化協議会にも「再チャレンジ支援」があります(☞206頁2③、415頁)。これは、事業再生が困難と判断された場合の出口対応として、廃業への適切な移行に向けた助言等を支援するものです。助言の制度であって「再チャレンジ支援」そのものが廃業型の手続ではなく、助言の結果、例えば中小版GL廃業型手続(中小版GL第三部5)の利用を開始することも想定されています。

③ 活性化協議会と中小版GLの違いと使い分け(手続選択)

活性化協議会と中小版GLの再生型手続は、ほぼ同じつくりになっていますが、以下の点に違いがあります。

1 活性化協議会スキームと中小版GLの違い

① 対象企業の範囲や小規模事業者の定義が少し異なります（☞209頁）。
② 活性化協議会手続の場合、「通常型」が原則形態となりますので、活性化協議会アドバイザーの会計士等の財務DD等の内容を第三者の会計士等が検証することは想定されていません。これに対し、中小版GLの場合、会社側のアドバイザー会計士が財務DD等を実施し、当該DDの内容を第三者支援専門家が検証する建付けになっています（活性化協議会の検証型に類似しています）。
③ 活性化協議会では外部専門家とは活性化協議会アドバイザーを指しますが、中小版GLの外部専門家は会社側のアドバイザーないし代理人を指します。
④ 活性化協議会の場合、代理人弁護士の費用が補助対象になることはありませんが、中小版GLの場合、代理人弁護士の費用が外部専門家として費用補助の対象となる一方、第三者支援専門家に会計士が必要とされることがあり、関与する専門家の数が増える傾向があるため、その意味では手続コストを要することもあります。

　活性化協議会にはあっても、中小版GLにはない機能や制度が幾つかあります。
⑤ 活性化協議会は、公的機関として、無料の窓口相談に対応できるという機能がありますが、中小版GLにはそのようなものはありません。
⑥ 数値基準を満たす計画を策定することができない場合には、活性化協議会ではプレ再生支援というメニューを利用することができます（中小版GLには暫定リスケはありません）。
⑦ 直接放棄型の場合は、企業再生税制の活用が必要となることがあります。活性化協議会では、中小企業再生支援スキームにより対応可能です（中小版GLには企業再生税制対応のスキームはありません）。
⑧ 一方、廃業型手続は、活性化協議会にはなく、中小版GLのみで対応することができます。

2　いずれでも使える場合

それでは、再生型の案件で活性化協議会と中小GLのいずれでもできるという類型の場合には、どのように使い分けをすべきでしょうか。

手続の流れや要件は同じものですので、中小版GLという共通のルールを使って、民間の専門家と主要行が中心で行うか、商工会議所などで会議室を借りて、活性化協議会のスタッフの支援を受けて対応するかの違い程度といえるように思います。

実務的な感覚では、従前の手続（例えば、収益力改善支援やプレ再生支援など）において活性化協議会を活用している場合、そのまま活性化協議会による再生計画策定を目指すことが多いと思います。また、活性化協議会には歴史があり、また、銀行OBが多数在籍していることもあって、多くの地域で地元の金融機関から信頼されています。このような事情によって、金融機関からどちらでも活用し得るのであれば、「活性化協議会を活用してもらいたい」と言われることが多いように思われます。債務者代理人の立場から考えますと、活性化協議会を利用する場合、活性化協議会のサブマネージャーに金融調整を手伝ってもらえること、手続面への助言が得られること、手続メニューが広範であり、暫定リスケや企業再生税制対応など対応できる枠が広いことから、現状は活性化協議会の検討を優先的に行うことが多いように思います。

一方、活性化協議会には決裁システムがありますので、再生支援の手続開始にあたり、一定の時間を要することがあります。例えば、スポンサー型の場合、「スポンサーの青写真が見えていないと、第二次対応をしてもらえない」と言われることもあり、一定の時間を要することもあります。また、活性化協議会は、「官」という位置づけですので、慎重な対応が求められることがあり、明文化されていない「お作法」（法的・税務的に問題がありうるものには慎重）がある点が特徴でしょう。一方、中小版GLは、迅速、柔軟対応がしやすい面があります。

このように時間軸、柔軟対応の要否、活性化協議会の金融調整の支援を要するか否かなどの違いを踏まえ、事案ごと、地域ごとに対象債権者（特に主要債権者）と協議しながらいずれの手続を利用するのか決めているのが実態かと思われます。

4 日弁連特定調停スキーム

Q 日弁連の特定調停スキームとは何ですか。

A 中小企業の中でも特に小規模な事業者を主な対象に弁護士が主導して金融調整を行う仕組みです。「事業再生型」、「廃業支援型」、「経営者保証ガイドライン単独型」の3つの手引が公表されています。事業再生型・廃業支援型については、小規模事業者を中心に活用されています。

1 日弁連特定調停スキームの概要

日弁連特定調停スキームは、3つの手引から構成されています。

手引1は、事業再生型の手引となっています。手引2は、経営者保証に関するガイドラインの単独型(主債務者は破産や民事再生を想定)、手引3は、債務超過会社が任意に廃業するための手引となっています。これらの手引や書式は、日弁連のホームページ上に掲載されており、無料でダウンロードすることができます。

2 事業再生型の特定調停スキームの特徴

日弁連の特定調停スキームの特徴は、主に小規模事業者向けのスキームで債務者代理人が主導して進めること、最終的に裁判所が関与する点にあり、次のような特徴、留意点があります。

■特定調停スキームの特徴
① 代理人弁護士が主導する事前調整型であること
② 裁判所(調停委員)の関与
③ 17条決定
④ 債務名義となること

1 代理人弁護士が主導して行う事前調整型であること

　日弁連の特定調停スキームは、比較的小規模な事業者（具体的な目安はありませんが、協議会スキームや中小版GLと異なり、調査報告書の作成のための第三者支援専門家の費用を負担することが難しい規模の事業者が想定されます）を対象にしており、対象債権者となる金融機関と事前調整し、申立て時には同意の見込みを得ておくことが想定されています。そのため、事業再生のノウハウを有する弁護士が金融機関と調整する場合には有効に機能することがあります。

2 裁判所（調停委員）の関与があること

　日弁連の特定調停スキームは、裁判官や事業再生の専門的知識経験を有する調停委員（特定調停法8条）という公正中立の第三者の仲介を受けることとなっていますので、金融機関からしても単なる純粋私的整理より進めやすい面があります。

3 いわゆる17条決定

　民事調停法17条の規定に基づく決定（いわゆる「17条決定」）を得ることは、他の私的整理にはない特徴といえます。民事調停法17条は、裁判所が、民事調停委員の意見を聴き、当事者双方のための公平に考慮し、一切の事情をみて、職権にて当事者双方の申立ての趣旨に反しない程度で事件の解決のために必要な決定をすることができると規定しています。この決定の告知から2週間以内に異議がなければ当該調停条項は裁判上の和解と同一の効力を生じますので（民事調停法18条5項）、調停条項に対して積極的な賛成もできないが、積極的に反対をするつもりもないという債権者がいる場合に大きな威力を発揮することが期待されます。

4 債務名義となること

　調停条項は債務名義となるため、返済を怠った場合には、金融機関は裁判所の判決を得ずに強制執行ができます。債務者側にとっては、心理的プレッシャーとなりますので、債権者にとっては、履行確実性が高ま

るメリットがあります。

3 日弁連の特定調停スキームの課題と期待

　日弁連の特定調停スキームについては債務者代理人次第の面があること、同スキームが金融機関や債務者代理人に十分に周知されていないことなどが課題といえます。

　中小企業版GLを参照して手続を進めることが考えられますので（中小版GL第三部1(1)、中小版GLQA21参照）、同ガイドラインを参照しつつ、件数が増えることが期待されています。

5　純粋私的整理

Q　純粋私的整理とは何ですか。

A　純粋私的整理とは、準則型私的整理以外の金融機関との交渉一般を指します。①リスケジュールなどの対応を指す場合、②抜本再生の場合には準則型私的整理に入る前の準備（事前調整）のことを指す場合、③第二会社方式（＋特別清算手続）の活用など様々な場面で使われています。

　①リスケジュール（返済条件を変更する程度）（☞40頁**5**、97頁**1**）であれば、公表された私的整理を活用せずとも、会社だけで金融機関と相対で交渉していることが多いです。これらの金融機関との交渉事を私的整理の一つと観念すれば、純粋私的整理に区分してもよいかもしれません。

　②債権放棄型の計画策定を目指すとしても、スポンサー型（☞94頁）の場合には、スポンサーが現れるまでは会社と代理人弁護士にて金融機関と交渉し、中小企業活性化協議会が表に出ないことがあります（会社主催のバンクミーティングにオブザーバー参加してもらうイメージです）。そのような場合には、事前に代理人弁護士が主導して、財務DDや

事業DDを行い、スポンサーが見つかった段階で再生計画案を作成し、手続を進め、中小企業活性化協議会にて検証してもらうことが考えられます（「検証型」といいます☞210頁3）。このように準則型私的整理手続の事前準備段階で対応すること（事前調整）も純粋私的整理の活用方法としてしばしば使われています。

③債権放棄（☞101頁2）を伴う場合には、基本的には、準則型私的整理手続を活用することになりますが、時間的に間に合わない場合には、代理人弁護士が金融機関に説明し、明示又は黙示の了解を取って、事業譲渡手続を進め、残った旧会社を特別清算で処理するということも実務的には一定程度行われています（いわゆる第二会社方式スキーム。第二会社方式については、102頁参照）。特別清算手続において、金融機関の最終的な意向を確認しているスキームといえます。

他方で、第二会社方式に依らず、現法人を維持したまま、直接、債権放棄（☞101頁1）してもらうことは、メイン行主導のケースなどを除いて、純粋私的整理においては、実務的にはほとんどないようです。

6　準則型私的整理手続等の比較（まとめ）

これまで見てきた準則型私的整理手続等の特徴を比較をすると、次頁の図のとおりとなります。

第5部　私的整理による事業再生

■私的整理・法的整理の再生スキームの比較検討

私的整理

スキーム	私的整理ガイドライン	事業再生ADR	中小企業活性化支援協議会
①概要	私的整理手続を初めて準則化したもの	事業再生実務家協会が実施するADR実施機関	全国47都道府県の商工会議所等に設置されており事業再生支援等を行っている機関
②主な対象	中規模企業以上の企業向け	中規模企業以上の企業向け	中小企業向け
③裁判所（公表）	公表されない	公表されない	公表されない
④金融調整の主体	主要金融機関（代理人弁護士）	代理人弁護士	中小企業活性化支援協議会（代理人弁護士と協働）
⑤数値基準（債務超過解消、経常黒字化、CF倍率）／返済期間	3年・3年－／返済期間の定めなし	3年・3年－／返済期間の定めなし	3年・5年・10倍／返済期間の定めなし
⑥計画検証の主体	専門家アドバイザー（弁護士及び公認会計士）	手続実施者（弁護士及び公認会計士）	統括責任者又は専門家アドバイザー（弁護士等）
調査報告書の有無	有	有	有
⑦手続費用（費用補助の有無）	▲	▲	○
⑧再生手法　リスケジュール　DDS　DES　債権放棄	▲　▲　○　○	△　△　○　○	○　○　○　○
⑨税務*	◎	◎	通常は○だが、中小企業再生支援スキームは◎
⑩メリット・特徴	・一時停止のタイミングでDDと再生計画策定が必要	・一時停止のタイミングでDDと再生計画策定が必要	・返済猶予等の要請時点でDDや再生計画を策定していなくても対応可能 ・相談機能がある ・専門家の負担が二重（作成者側・検証側の2者分）にかからないよう、配慮した通常型手続（☞201頁③）が原則となっていることに加え、これら専門家費用に補助がある（注） ・調査報告書を作成する弁護士等は協議会が選定 ・費用補助がある
⑪保証債務整理※			一体型

（出典）藤原敬三『実践的中小企業再生論〔第3版〕』（きんざい）28頁を参考に筆者が加筆
（注）会社側でDDと再生計画を作り、協議会にて検証する場合（検証型）には、外部専門家に
※私的整理手続の場合には、手続に要する期間は、いずれも大きくは変わらない。
※経営者保証に関するガイドラインについては、私的整理については「一体型」（☞454頁①）で対
　454頁①）とはなるが、経営者保証に関するガイドラインに基づく保証債務整理は可能。
＊◎：企業再生税制、○：無税償却、期限切れ欠損金の活用

第 2 章　私的整理手続の類型

←――――――――――――――――――――→ 法的整理

中小企業の事業再生等に関するガイドライン	日弁連特定調停スキーム	特定調停につき東京地裁民事20部の新運用	民事再生
中小企業者・金融機関それぞれが果たすべき役割を明確化し、事業再生等に関する基本的な考え方を示すとともに、「中小企業の事業再生等のための私的整理手続」を定めたもの	日弁連が最高裁や中企庁と協議し、作成したものであり、事業再生、廃業支援、経営者保証ガイドラインの3つの手引がある同意の見込みを得ておくよう事前調整が必要とされる	準則型私的整理が成立しない場合などを想定し、裁判所の特定調停手続で調整を図る。ノウハウをもった専門部である東京地裁民事20部が担当するもの	中小企業向けの法的手続による事業再生手法
中小企業向け	小規模事業者・中小企業向け	小規模事業者・中小企業向け	中小企業向け
公表されない	公表されない	公表されない	裁判所活用（公表される）
外部専門家（代理人弁護士等）	代理人弁護士	代理人弁護士	代理人弁護士
3年・5年・10倍／返済期間の定めなし	無／返済期間の定めなし	特段の定めはないが、準則型私的整理に準ずる	無／返済期間10年（再生債権部分）
第三者支援専門家（弁護士及び公認会計士）	調停委員	裁判所（調停委員、調査委員）	裁判所
有	無	運用による	有
○	△	△	▲
○ ○ ○ ○	○ ▲ ▲ ○	○ ▲ ▲ ○	× × ○ ○
○	○	従前の手続によると思われる。	◎
・一時停止要請の時点でDDや再生計画を策定していなくても対応可能（債権放棄案件でも基本方針で可） ・債務者側で主要債権者の同意を得て第三者支援専門家（調査報告書作成する弁護士等）を選定 ・専門家の費用が二重（作成者側・検証側の2者分）にかかるものの、代理人弁護士費用も費用補助の対象となるなど費用補助の対象が拡充している ・費用補助がある	・17条決定がある ・裁判所（調停委員）の関与 ・DD等を簡易に済ませること、調査報告書がないことなどの理由により、事案によっては、簡易、迅速、安価な処理が可能	・17条決定がある ・専門性をもった裁判所（調停委員）の関与 ・準則型手続が成立しない場合の受け皿としての運用などを広く想定	・不利益な契約等を解除できる ・抜本処理が可能 ・公表されることによるスポンサー探索効果（アナウンスメント効果）
			単独型

弁護士に加えて、公認会計士を入れて、調査報告書が作成される。

応することとなり、調整しやすい面がある。法的整理の民事再生の場合においても、「単独型」（*

事例紹介① **小規模事業者における事業譲渡事例の紹介**

　東北地方にあるウインタースポーツに関する小売、イベント企画等を行うＡ会社の事例です。

　Ａ会社は、2011年の東日本大震災により打撃を受け、売上高が大きく減少してしまい、金融機関からの借入返済が困難な状況になっていました。借入総額は全金融機関を合わせて約7,000万円でした。金融機関からはリスケジューリングをしてもらい、利息だけの返済を続けていましたが、コロナ禍の影響もあり、売上が大きく落ち込んでしまいました。倒産手続も考えましたが、Ａ会社を支援してくれる方もおり（クラウドファンディングの活用を含みます）、また、Ａ会社で行っていた事業を残す意義もあり、復興支援という大義もある案件でした。代表者は金融機関の債務全額につき連帯保証をしており、資産としては、オーバーローンの自宅不動産以外、めぼしい資産はありませんでした。

　まず、Ａ社から相談を受けた代理人弁護士は、当時の中小企業再生支援協議会（現中小企業活性化協議会）のスキームでの再生を試みることにしましたが、事業の将来性が難しいと判断され、また、譲渡対価がせいぜい数百万円レベルと想定され、中小企業再生支援協議会の財務DD等の手続コストと見合わず、支援は受けることができませんでした。

　そこで、事業再生コンサルと代理人弁護士が中心となり、Ａ会社の事業を何とか継続させるためのスキーム構築を検討しました。検討した結果、日本弁護士連合会が推奨している特定調停スキームを活用し、Ａ会社の代表者が代表を務める別会社（Ｂ社、金融機関の債務はありませんでした）に事業譲渡する（事業譲渡対価は200万円弱）、事業譲渡後のＡ会社は特別清算する（債権者である金融機関から債権放棄を受ける）というスキームで進めることにしました。このスキームには、金融機関から承諾を得ることが前提ですので、事業再生コンサルの財務DD（破産時配当は０％と試算）を実施の上、バンクミーティング等を通じて金融機関と協議することになり

ました。

　金融機関からは、事業譲渡するとしても、A会社で成功しなかった事業がB社で成功できるという根拠があるのか、同じ人物が経営することになるならば結局同じではないか、代表者の経営責任はどのように考えているのかなど、厳しい意見がありました。

　405事業（☞81頁①）を活用し、認定支援機関である事業再生コンサルに経営改善計画書（再生計画書）を作成してもらい、B社のモニタリングの実施を約束することで、事業譲渡＋特別清算を行う、いわゆる第二会社方式の再生計画に承諾をもらうことができました。

　金融機関の承諾を得ることができましたので、東京簡易裁判所に特定調停申立を行い、その後、相手方である金融機関は誰も出頭せず、民事調停法17条の決定により特定調停が成立しました（A会社は特別清算を行う予定）。代表者の連帯保証債務については、経営者保証ガイドラインに基づき、保証履行なし（ゼロ円弁済）で、同じく特定調停手続により、保証債務免除を受けました。自宅は、住宅ローンの支払いを継続することにより、残すことができました。

　なお、405事業（☞81頁①）により、再生計画書の作成及びモニタリング支援には、補助金が出されますので、専門家費用の一部として、会社の資金繰り等との一助となっています。

　もし、A会社について破産手続きしか道がなければ、代表者も事業を継続することができず、自宅も残せませんでした。適切なスキームを構築することで将来が開けることが実感できた事例です。

（角田 智美）

コラム

中小企業の私的整理のスケジュールと手続コスト

　再生計画成立までのスケジュールと費用をどのように考えればよいのでしょうか。

　まず、再生計画の策定着手から計画成立までの期間ですが、中小企業活性化協議会の手続の場合、再生計画策定開始をしてから、再生計画案の提

出までの期間の目安は3～6か月とされているようです。また、再生計画案の提出から計画同意までの期間は2～3か月とされているようです。中小企業活性化協議会の手続の場合、手続開始後に再生計画案の策定を準備しますので一定の時間を要することは当然ですし、事業の改善をおろそかにして再生計画を策定しても、二次破たんに陥るリスクもありますので、必要な時間と考えられます。中小版GLの再生型のスケジュールも、時間軸は大きく変わらないように思われます。

次に、私的整理手続を進めるために必要な費用ですが、民事再生手続の場合との比較でみてみましょう。

民事再生手続の場合は、①裁判所へ予納金を納める必要があります。このほか、②申立代理人の弁護士費用や財産評定における公認会計士費用等が必要となります。②代理人弁護士費用等は、少なくとも予納金の2倍以上を要することが通例とされています。

■東京地方裁判所の予納金基準額（負債総額250億円未満）

負債総額	基準額
5,000万円未満	200万円
5,000万円～1億円未満	300万円
1億～5億円未満	400万円
5億～10億円未満	500万円
10億～50億円未満	600万円
50億～100億円未満	700万円
100億円～250億円	900万円

中小企業活性化協議会や中小企業の事業再生等に関するガイドラインなどの私的整理手続では、①財務・事業DDの費用、②再生計画策定費用、③（債権放棄等を要請する案件の場合）調査報告書作成費用、④モニタリング費用などが必要になります。

まず、公認会計士等による財務DD、中小企業診断士等の事業DD等（①）が必要となります。私的整理においては、調査対象が多岐にわたり（債権放棄等を要する案件については、実態貸借対照表だけでなく、窮境要因分析、過剰債務分析、正常収益力、清算価値の試算、税務の検討など7つの指標の分析が必要になります（☞260頁②）。そのほか、部門別採算分析・外部環境・内部環境分析などの分析を行うこともあります）、相応の手続コスト

を要します。不動産がある場合には、不動産鑑定が必要となるケースがあります（リスケジュール案件の場合には、固定資産評価額などで代用することもあります）。次に、再生計画策定については、財務・事業DDを担当した専門家が支援を行うことが多いですが、債権放棄等を求める事案、そうでなくとも複雑な権利関係がある事案では、代理人弁護士その他の専門家を入れて検討するケースが多いと思われます（②）。

また、中小企業活性化協議会や中小企業の事業再生等に関するガイドラインについては、第三者弁護士等の調査報告費用（③）を要することに注意が必要です。そのほか、事業引受先を探す際には、M&A仲介業者やFA業者が必要となることがあります。中小企業活性化協議会や中小版GLでは、財務・事業DD費用、不動産鑑定士費用、再生計画策定費用等の一部に対し、一定の費用補助（☞81頁①）があり得ます。

私的整理手続の費用といっても、事業規模、再生スキームの内容（リスケジュールか、債権放棄等を要請するかなど）により、各種DDのレベル感、再生計画案のレベル感、必要となる専門家も区々となりますので（中小版GLQA38参照）、専門家費用がいくらであると一概にいうことは難しいですが、多くの専門家のサポートが必要ですので、相応の手続コストが必要となってきます。事業再生に携わる専門家は、補助金の見込みを踏まえ中小企業事業者の資金繰り表をにらみながら、専門家費用の支払方法を考え、手続コストの確保に努めるケースが少なくありません。

（宮原 一東）

<参考文献>
・須藤英章他『私的整理ガイドラインの実務』（金融財政事情研究会）2007.3
・事業再生実務家協会『事業再生ADRのすべて（第2版）』（商事法務）2015.1
・藤原敬三『実践的中小企業再生論（第3版)』（金融財政事情研究会）2020.7

第3章
会社と専門家の打ち合わせ及び手続選択の検討

1　打ち合わせ事項

Q　会社が事業再生の専門家に相談に行く際には、何を打ち合わせするのですか。

A　決算書、資金繰り表を持参してもらい、何に困っているのか（資金繰り、金融機関との交渉状況）、収益力、財務内容などを確認することが多いです。

　会社が窮境に陥り、事業再生の専門家に相談に行く場合、専門家としては、概ね次頁の事項を聞き取り、適宜、資料を確認します。一般的には、どのような事項に困っているのか（資金繰り、金融機関への支払いの関係、その他）、困った状況（窮境状況）に至った経緯、負債が増えた経緯、事業内容（商流、組織、関連会社）を聞き取り、収益力や財務内容を確認することが多いです（第4部第2章の実態調査と210頁の中小企業活性化協議会の窓口相談の聞取り事項も参照）。

　何度か打ち合わせを行う中で、経営者の事業再生への熱意、誠実性、覚悟、スポンサーへの譲渡の可否、意向、不安点や疑問点、金融機関との関係性などを確認し、私的整理による再生可能性や時間軸を把握します（☞第5部第1章）。

■聞取り事項の例
- そもそも何に困っているのか
- 金融機関の負債ができた理由、経緯
- 事業内容・商流（得意先・仕入先等）
- 収益力、事業価値
    - 事業が複数ある場合には、その内容及びそれぞれの収益力
- 会社の強み
- 資金繰り・預金の状況
    - 公租公課の滞納状況
    - 資金繰りの精度についての確認
    - 預金が借り入れのある金融機関に入っているか、今後の入金口座がどこかの確認
    - 資金繰りが厳しい場合には、資金をつなぐための対応策
- 財務状況
    - 遊休資産の換価ができないかの確認
- 会計処理（粉飾等）の状況
- 会計・税務処理の状況（経理業務、申告業務）
- 窮境原因の所在・除去可能性
- 新型コロナの影響と今後の見通し
- 金融機関との交渉状況
    - 金融機関との信頼関係の程度の確認
    - 中小企業活性化協議会などの相談機関への相談の有無
    - 担保や保証の状況の確認
- 過去に策定した事業計画及び履行状況
- スポンサー支援の見込みや意向
- 従業員の状況（給与未払い等がないか、忠誠心）
- 経営者・大株主の意向など（経営を行う意向、保証の有無）
- 代表者等との貸借関係の有無
- 関連会社の有無、内容
- 簿外債務の有無（特に退職金額の見込み、撤去費用、損害賠償）
- 重要な契約内容の確認（取引先、賃貸借契約など）
- 許認可の内容、承継の可否

筆者の事務所では、できれば以下の資料を当日持参するか、事前にメールで送ってもらうようにお願いしています（「新たに資料を作る必要はなく、手元にある範囲で持参ください」と伝えています）。

1.	事業者	備考	提出状況
1	会社パンフレット	ホームページがある場合には、アドレスを指摘いただく形で結構です。	
2	定款		
3	取引関係図	主要仕入先リスト・主要販売先リストあれば（☞140頁）	
4	許認可、登録、特許一覧	書式自由	
5	グループ会社一覧図		
6	役員一覧		
7	株主名簿		
8	従業員名簿	給与、賞与額等が分かる資料	
9	就業規則（退職金規定がある場合は、退職金額の計算書）		
10	組織図		
11	商業登記簿謄本	登記情報でも可。子会社、関連会社がある場合はその分も	
12	資金繰り表	月次、日繰りの見込み（☞28頁）できれば3か月程度（直近1年の過去実績もあればベター）	
13	決算書、税務申告書、科目内訳書	最低3期分	
14	3期比較（BS&PL）	上記決算書を頂ければ、当方で作成することも可能ですので、作成済みでないケースの場合には、ご準備いただく必要はありません。	
15	直近試算表		
16	債権者一覧表・借入金明細	金融機関、保証協会付き、保証人も記載のこと、法人保証がある場合はそれも（☞153頁①）	
17	直近1カ年返済実績（あれば）		
18	会社が厳しくなった経緯、これまでの金融機関との信頼関係の状況等	時系列で書式自由、箇条書きでも構いません。	
19	経営改善計画（事業計画）	過去に作成したものでも可。あればとの趣旨	

20	店舗別、事業別、商品別損益が分かる資料 (あればとの趣旨)	(☞158頁)
21	事業の強み、外部環境の中でチャンスととらえる事象、今後の戦略・アクションプラン等を整理した資料	書式自由、箇条書きでも構いません。
22	不動産登記簿謄本	登記情報でも可。集合債権譲渡担保・動産譲渡担保 (☞199頁) を設定している場合には、必ずご説明ください。
23	担保状況一覧表	不動産登記簿を頂ければ、当方で作成することも可能 (☞154頁)
24	固定資産評価証明書、路線価、不動産鑑定書など不動産評価が分かる資料	
25	簿外債務がある場合はその一覧	法人保証等しかない場合には不要
26	リース契約、割賦契約一覧	(☞156頁)
27	主要取引先との契約書、賃貸借契約書	重要なものをご持参いただければとの趣旨です。
2. 保証人関係		
1	不動産登記簿	登記情報でも可
2	固定資産評価証明書、路線価、不動産鑑定書など不動産評価が分かる資料	
3	不動産以外の資産概要を整理した資料	保険、有価証券、車両など
4	連帯保証以外の個人的な負債	住宅ローンなど

※上記はある範囲で事前にご送付いただければと思います (宅ファイル等でお送りいただければ便宜です)。

※基本的に書式は自由です。参考書式はお送りしますが、これで整理しなければならないわけではありません。

※預金の扱いにはご注意ください。会社、連帯保証人だけでなく、配偶者の預金口座も同様です。

(出所) 桜通り法律事務所ウェブサイト

2　事業再生のための大まかな方針（手続選択）

Q　事業再生のための大まかな方針とは何ですか。

A　打ち合わせを何度か重ねて、①自主再建（「現経営陣ないし後継者が経営権を維持したままの再生」を指すこととします）か、スポンサー型になるのか否か、②私的整理による計画策定の余地があるか（法的整理にすべきか）、③私的整理による計画策定の余地があるとして、債権放棄を伴う抜本再生になりそうか、そこまでの金融支援が不要か、④喫緊の金融調整が必要か、時間をかけてからで構わないのか、⑤どのような相談機関に相談すべきか、どのような専門家に入ってもらうことが適切なのか、などの大まかな方向性を決めることとなります。

1　自主再建ができるか否かを決める要素

　自主再建ができるか否かを決める要素は、第3部第3章（87頁）、273頁**1**にて詳細を記載していますが、相談段階では、資金繰り、経営者（後継者）の熱意、誠実性、償却前営業利益の見込み、金融機関との関係等を確認し、判断することになります。

2　私的整理による計画策定の余地があるか（法的整理にすべきか）

　基本的には、私的整理による計画策定の余地がないかという視点で検討することになります（☞53頁**5**）。もっとも、既に資金破綻を生じているとか、近日中に資金繰りが破たんする見込みであり、しかも担保提供する資産が乏しく、しかも事業再生ファイナンス（☞123頁**Ⅱ**）の検討余地も乏しい場合には、私的整理の検討が取れず、民事再生手続（☞354頁）の検討を優先的に行う場合もあります（☞340頁**5**）。

　税金や社会保険料を多額に滞納しているとか、従業員の退職金が過大

になっている場合には、私的整理どころか民事再生すら困難な事案といえるでしょう。そのような非常に厳しい事案の対応については、次の❸で述べていますが、事業譲渡処理を検討したり、民事再生で現在の法人格を活かしつつ、延滞している債務を分割して支払うことを検討することもあります。税金の消滅を受けることができる場合（☞246頁事例紹介②）もないわけではありませんが、当然にできるものではないことに留意が必要です。

そのほか、悪質な粉飾がある場合とか、金融機関との関係が悪い場合は、私的整理が難しい類型とされています。実務的には、法的整理に移行するにしても、まずは私的整理を志向して、資金繰りの維持、事業改善、スポンサー探索、金融機関との信頼関係の醸成に努めるケースが多いように思いますが、ケースバイケースです。

③ 抜本再生になりそうか

債権放棄を要請するなど抜本再生になりそうか否かについては、DDや収益力を見極めないとはっきりしたことは言えません。しかしながら、会社の資産状況を確認して、実態債務超過額が極めて大きく、会社の自助努力をした場合の償却前営業利益（EBITDA）の５倍を大きく超えている場合には、抜本再生の必要がある事業体かもしれません（設備投資が必要な業種かどうか、今後の事業改善や成長が見込めるか否か、繰越欠損の有無等によっても変わります）。再生のイメージ図を頭において、何年程度で債務超過が解消できそうかを検証することもあります（再生のイメージ図は85頁①参照）。

④ 喫緊の金融調整が必要か

今すぐの金融調整が必要か否かについては、資金繰りの状況、営業損失の状況、金融機関の意向・体力いかんにより判断することになります。一定程度、資金繰りが維持できる場合は暫定リスケ（☞99頁②、206頁②ア）が合理的な場合もあるでしょう。一方、資金ショートが間近に迫っており早期にスポンサー探索が必要な場合には、早期に金融機関への説明・調整が必要でしょう。

5 どのような相談機関に相談すべきか

　中小企業の場合であれば、上記方針を決めるにあたって、事業再生の専門家（実務専門家）や中小企業活性化協議会などと相談しながら考えていくことが多いと思います。今般の中小版GLの改訂において、中小企業には、平時から金融機関や社外の実務専門家との十分なコミュニケーションに努め、客観的な状況把握に努めることの必要性が追記されることになりました。中小企業者は、有事へ移行する兆候を自覚した場合は、経営改善や情報開示に努めるのみならず、速やかに金融機関に報告し、金融機関や実務専門家、活性化協議会等の助言を得て、客観的な状況把握に努めるべきでしょう。

　なお、中小企業者が、自ら有事への段階的移行過程にあることを認識していない場合、実務専門家は、必要に応じ金融機関への相談を勧めるなど、中小企業者が主体的に行動するように促す役割を担います。また、必要に応じて、他の実務専門家、活性化協議会などの外部機関の連携を促すことが期待されています（中小版GL第二部１．(2)④⑤）。

3 Pro 税金等が多額にあるなど難しい事業者の手続選択～事業再生型私的整理に必要な金額の目安とは

Q 税金を多額に滞納している事業者の場合には、どのように再生を図るべきでしょうか。

A まずはスポンサー探索を急ぎ、可能な限り、私的整理による再生を目指します。一方、私的整理による再生計画を立案する上で必要となる譲渡対価を得ることが難しい場合には、資金繰りや時間軸などを踏まえて、民事再生、破産＋事業譲渡など法的整理も加味した検討を行うこともあります。

　コロナ禍において、税金や社会保険といった公租公課を多額に生じさ

せている事業者が増えています。また、従業員の退職金の発生が多額に見込まれる事業者も私的整理による事業再生は難しいこともあるでしょう（☞87頁[2]）。

このような事業者の場合には、赤字が継続し、資金繰りが厳しくなっていることが多く、スポンサー支援が必要になることが多いため、スポンサー探索を急ぐことが必要になるケースが多く見られます（☞94頁）。

私的整理を成り立たせるためには、最低限度、次の費用の支払が必要となります（手元現預金の金額などにより、多少増減します。

■私的整理の再生計画に必要な最低金額の算定式
① 税金、社会保険、従業員退職金など優先債務の支払い（優先債務額）
② 事業に必要な不動産等の資産がある場合には、設定されている担保権の価値相当額（保全額）
③ 担保で保全されていない債権部分に対する弁済（非保全弁済額）
④ 専門家費用
⑤ 会社分割費用、不動産等の移転コスト、清算費用（第二会社方式の場合）

事業者の手元資金等とスポンサーからの譲渡対価で上記①から⑤を賄える場合は再生計画が描けるのですが、スポンサーの資金繰りなどの事情により、私的整理を成立させるために必要な資金を一括で支払えない場合には、分割での対応を検討することもあります。

私的整理の再生計画策定にあたっては、いわゆる第二会社方式で進めることが多いのですが（☞102頁[2]）、公租公課の滞納債務を新会社に引き継がせることはできないことに注意が必要です。私的整理手続においても、税務上の検討を行いつつ、直接債権放棄のスキームが取れないかを検討することがあります。もっとも、私的整理の場合で、直接債権放棄スキームが取りにくい場合には、民事再生等の別のスキームを検討することもあります（372頁の事例紹介④参照）。

スポンサーが②の支払いはギリギリできるものの、それ以上の支払い

■私的整理・民事再生・破産の比較

類型		掲載頁	特徴	公租公課等の優先債務の支払	対象債権者	分割弁済の可否
私的整理	第二会社方式	第3部 98頁	・新会社に会社分割等で承継し、譲渡対価OR債務引き受けにより、旧会社債権者に対し、一定の弁済を行い、旧会社は特別清算手続で処理する方法 ・全行同意が必要	全額弁済が必要	原則、金融機関のみ	一括払い、分割払いいずれも可
	直接債権放棄	第3部 97頁	・現法人を活用し、直接債権放棄を受け、再生を図る手法 ・全行同意が必要			
民事再生（法的整理）	第二会社方式（計画外譲渡）	第6部 354頁	・債権者の積極同意なく、裁判所の許可のみ（代替許可）で事業譲渡を進める方法（スピーディな対応が可能であるが、最低限、財産評定までは済んでいることが必要と言われることが多い）		全債権者	通常は一括払い
	直接債権放棄（収益弁済）	第6部 342頁	・現法人を活かして、再生債権の一部について、直接債権放棄を受け、再生を図る手法 ・多数決原理採用 ・再生債権への弁済期間は10年以内			一括払い、分割払いいずれも可
	牽連破産（事業譲渡）	第6部 355頁	民事再生の申立てをするが、計画策定ができないと判明した時点で再生手続を廃止し、保全管理人による事業譲渡により、事業継続を図り、現法人は破産手続で処理する方法	不要（第二次納税義務に要注意）		一括支払いが必要
破産（法的整理）	事業譲渡	第6部 357頁	破産の直前又は直後に、破産管財人と連携して事業譲渡を行い、事業自体は残す方法			

※会社分割　登録免許税：土地建物とも2.0％、不動産取得税、土地3.0％、建物4.0％（不動
※企業再生税制の活用が必要な場合、中小企業再生支援スキームや事業再生ADRの手続

第3章　会社と専門家の打ち合わせ及び手続選択の検討

スポンサー選定	許認可	不動産移転コスト（登録免許税、不動産取得税※）	旧会社の処理	保証債務整理	債権者税務	債務者税務	留意点等
最も経済的合理性が高い先を選定することが必要とされる（第三者弁護士の調査報告書にスポンサー選定手続の公正性が記載される）	承継手続が必要	必要	別途、特別清算が必要	いずれも経営者保証ガイドラインにて対応可能（一体型となる）	法人税基本通達9−6−1（2）	譲渡損が現実化するので、通常、問題にならない	通常は準則型私的整理手続での対応となる
	不要	不要	不要		法人税基本通達9−4−2（実態判断）	原則、繰越欠損金で対応するが、不足する場合、期限切れ欠損金の活用、さらには企業再生税制の活用を検討（※）	
最も経済的合理性が高い先を選定することが必要とされる（裁判所の許可、監督委員の報告書作成上必要なため）	承継手続が必要	必要	別途、清算手続が必要	いずれも経営者保証ガイドラインにて対応可能（単独型となる）	法人税基本通達9−6−1（1）	譲渡損が現実化するので、通常、問題にならない	・事業価値の毀損の可能性 ・今後の仕入れにあたり、キャッシュオンデリバリーが求められる可能性
	不要	不要	不要			企業再生税制が活用できるので、評価損、繰越欠損金の優先適用が可能	
最も経済的合理性が高い先を選定することが必要とされる（裁判所の許可もしくは破産管財人の調査のため）	承継手続が必要	必要	破産手続となる		法人税基本通達9−6−2	通常問題とならない	・事業価値の毀損の可能性 ・事業譲渡対価の相当性の確認、第二次納税義務の検討が重要となる ・破産前譲渡は、特に慎重な検討が必要

産取得税はかからない方法も検討可（☞322頁❹）
を検討（☞317頁[2]）

は難しい場合もあり、そのような場合には、民事再生のアナウンスメント効果（☞350頁⓭）を期待して、民事再生を申し立てることもあります。結果として、再生手続において事業譲渡ができないとしても、再生債権の弁済ができないことが確定した段階で再生手続を廃止してもらい、保全管理人による事業譲渡を目指し、現法人は破産手続で処理することを検討することもあります（この場合は、公租公課の支払いが不要になりますが、他方で最低限必要な②の支払いについては、一括払いが必要となりますし、許認可承継の手続が必要となるなど様々、課題は残ります）。そのほか、民事再生手続を利用せずに、破産手続前後に事業譲渡を行うケースもあります（☞第6部第3章）が、譲渡対価の相当性の確保、第二次納税義務（☞442頁❹）の検討など様々難しい問題もあります（☞369頁❹）。

　このように優先債務を滞納している事業者の場合の手続選択には難しさがありますが、まずは私的整理による再生を目指しつつ、私的整理が無理でも民事再生による事業再生、民事再生が無理でも事業譲渡や破産など少しでも事業を残す視点で検討することとなります。

事例紹介②　固定資産税の滞納があったものの、私的整理手続で自主再建を果たした事例

　税金の滞納がある場合には、私的整理の解決が難しいことが多いですが、食品製造の工場を運営している小規模の事業者の事案で自主再生を果たした事例がありました。

　前代表者の時代に経営が悪化し、金融機関への支払いはできず、信用保証協会が代位弁済（☞197頁❼）し、プロパー債務はサービサーに売却されている状態でした。10年程度、延滞していましたので、遅延損害金が多額に上っている状態でした。前代表者が固定資産税の支払いを怠っており、滞納額が年商を上回る金額になっていました。

　このように非常に厳しい状況にありましたが、地元自治体としても残ってもらいたいと思ったのでしょうか。幸いにして、滞納処分

の執行の停止から3年間の経過により納税義務が消滅する規定により、固定資産税を消滅してもらうことになりました（地方税法15条の7第1項、4項参照。国税徴収法153条1項、4項にも同様の規定があります）。

その後、いわゆる第二会社方式（☞102頁②）で債権カットを受ける計画を立て、地元の民間金融機関に出口ファイナンスを受けて求償権消滅保証も活用し（☞197頁⑦）、再生を果たすことができ、現在も元気に事業運営しています。前代表者は、経営者保証に関するガイドラインで保証免除を受けました。

滞納税金の消滅は事業者の権利ではなく、簡単にしてもらえるものではありませんが、時にはこのような対応が受けられることもあります。

(宮原 一東)

4 Pro 専門家が対外的な交渉に同席するタイミング

Q 弁護士は対外的な交渉に、速やかに同席すべきでしょうか。

A 弁護士が交渉に同席する場合は、「金融機関にとって『不意打ち』で突然の法的整理が行われる」という誤解を受けないように注意します。他方で、債権放棄の交渉を行う局面においては、弁護士の関与は不可欠といえます。

専門家、特に弁護士が対外的な交渉窓口に最初から出るか、どのタイミングで同席するかは、要検討事項の一つといえるでしょう。弁護士が代理人として表に出ると、債権放棄を求められるのではないかとか、突然の法的整理ではないかと身構えられる可能性があるからです。弁護士が金融機関との交渉に初めて登場する際には、法的整理を行うわけではない

ことを丁寧に説明することが必要になります。弁護士は、個人の債務整理の際のように受任通知を発送しないように留意することが必要です。

　他方で、債権放棄を要請する計画を立案する段階に至っている場合には、必ず弁護士を入れて交渉を進めることが必要となります。債権放棄の交渉は、弁護士法上、弁護士以外ができない（非弁行為）こととされていますし、法的整理を見据えて、公正に手続を進めるためにも、金融機関への依頼事項を正確に記載するためにも、弁護士が事業再生計画策定に関与することは重要といえます。その他、株主対応、従業員対応、会社分割対応、保証人対応（経営者保証に関するガイドライン対応）など様々な法律問題への対応のためにも弁護士は不可欠です（☞18頁**2**、21頁コラム）。弁護士職務基本規程や弁護士倫理により、弁護士にはリスク察知能力があり、例えば、利益相反行為等への問題意識が高いことも重宝される理由の一つでしょう。

　そのため、従前は債権放棄を求める案件であっても代理人弁護士の関与がない、もしくは限定的で保証債務整理にしか関与しないということもありましたが、現在は、そのようなことはほとんどなく、債権放棄を求める可能性がある案件では、手続開始当初から代理人及び第三者的立場の弁護士（協議会の外部専門家、中小版ＧＬの第三者支援専門家）が関与することが一般的になりつつあり、あるべき姿になっているものと思われます。

第4章 金融機関交渉、DD及び事業再生計画策定

1 Pro 金融機関との接触

Q 金融機関との信頼関係に問題があるケースでは、金融機関に接触する際に、どのような点に留意すべきでしょうか。

A 初回面談時はあまり欲張らず、信頼関係の構築に努めましょう。中小企業であれば、中小企業活性化協議会に相談することも検討します。

1 中小企業活性化協議会への事前相談の検討

　金融機関への最初の接触の仕方は、様々なケースがあり、非常に悩ましいところです。債権放棄を要請する可能性が相応に高い場合、その他金融機関との信頼関係に難点がある場合には、会社だけで金融機関に訪問する前に中小企業活性化協議会に事前に窓口相談（☞210頁③）することを検討することもあります。私的整理の進め方についての適切な助言のほか、対象債権者となる金融機関の考え方、個別の事情等を教えてもらえることがあります。

　会社だけで中小企業活性化協議会に相談に行っても、相談対応のみで具体的な再生計画策定支援に進まないことがありますが、事業再生に精通した弁護士やコンサルが同行する場合は、会社の状況や論点や再生の

見通し等を的確に説明できることなどから、再生計画策定支援を受けやすい側面があるかもしれません。

2 個別訪問のアポ取り、個別訪問時に伝える内容

会社や弁護士が金融機関に個別訪問を行うのは、資金繰りのための返済猶予等の要請など、何らかのお願い事項があるからになります。事前に簡単なアジェンダの書面を用意して、面談時にお願いしたい事項を整理しておくようにしましょう。

個別訪問の面談日程の調整は、特に初回については、従前から金融機関と連絡をとっていた会社の担当者に対応してもらうことが多いでしょう。いきなり弁護士が電話すると、金融機関は突然の法的整理ではないか、と誤解し、預金を凍結するなどの思わぬ反応を招きかねません。

会社の担当者がアポ取りする際にも、弁護士が同行することを事前に告げるかどうかは慎重に検討すべきです。弁護士が同行するとなると、警戒感が高まることがあり、また法的整理を行うのではないか、との誤解を招きねないため、事前に告げるかどうかはケースバイケースです。

訪問の順序ですが、メイン行から、準メイン行、下位行という順序で訪問を行うことが通例ですが、訪問場所等により、臨機応変に対応します。信用保証協会付きの融資を利用している場合には、信用保証協会の訪問を忘れないように留意します。下位行には、メイン行の協力姿勢を共有し、今後の協力を要請することになるのでしょう。

個別訪問の場で協議（要請）する内容はケースバイケースですが、一例をあげると次のものになります。

■相談事項、伝える事項の例
① （専門家が初対面の場合には）自己紹介
② 会社の現状の業績、資金繰り（資金繰り表の持参も検討）
③ 私的整理を念頭に置いていること
④ 返済猶予等の要請と資金繰りの見通し
⑤ 再生の見通しやイメージ
⑥ 中小企業活性化協議会、中小企業の事業再生等に関するガイドライン、特定調停等の活用の有無
⑦ 今後のスケジュール
⑧ その他

　粉飾その他トラブルを抱えているケースでは、これら問題点を説明することで金融機関との信頼関係を破壊しかねないこともありますので、最初にどの範囲まで話をするかはケースバイケースになりますが、中小企業の事業再生等に関するガイドラインでは金融機関に誠実対応を求めています（中小版GL第二部1(3)③）。
　初回の訪問時には、あまり欲張らず、金融機関の担当者との間で信頼関係の構築を持つことに注力することが良いかもしれません。

3　預金避難の検討

　個別訪問を実施する際に事前に借入れのある金融機関の預金を避難させるかどうかは、要検討事項となります。例えば、多額の粉飾を吐露せざるを得ない場合や、公租公課の滞納が大きいなどの理由で法的整理の可能性も相応に高いケースの場合、金利の支払いすら難しい場合には、借入れのない金融機関に預金口座を移すことを検討することもあります。
　他方で、今後の入金口座の移動は容易ではないことも多く、また、預金避難を行うことで、金融機関との信頼関係にマイナスの影響を与えることもあり、ケースバイケースで判断することになります。
　メイン行からの紹介の場合や、中小企業活性化協議会にて再生計画策定支援（「第二次対応」といいます☞210頁**3**）が受けられる見込みが高

251

い場合には、直ちに預金拘束を受けるリスクは小さく、法的整理や廃業になる蓋然性が相応に高い場合を除いては預金避難まで行わないことが多いでしょう。中小版GLの手続が開始される見込みが高い場合も主要行の理解が得られているでしょうから預金拘束のリスクは高くなく、預金避難まで行わないことが多くあります。

4 条件変更の諸問題～前払利息や期流れの遅延損害金等の取扱い

　資金繰りが厳しい事案、債権放棄を要請する事案の場合は、債権者間の衡平性を維持するために、一定期間の元本返済猶予（☞40頁**5**、97頁**1**）をお願いする、つまり条件変更の相談をすることがあります（☞195頁**4**）。実務的には、いつまで返済猶予をしてもらうのかという検討が必要となります。金融機関への支払利息が前払いなのか、後払いなのかも可能であれば確認します。後述の再生計画のスケジュール感とも関連しますが、利息が前払いとなっており、相当先までの前払いを余儀なくされるような場合には、一部の金融機関だけ、利息の支払いがなされて、再生計画の衡平性が害される場合もあり得ます。利息の支払いも毎月払いに交渉することもあります。

　また、条件変更の要請が遅れるなどして、既に期流れ（☞196頁**6**）となっている場合には、通常金利を超える損害金については、減免してもらうよう交渉することが必要となることもあります。

　条件変更の点は、バンクミーティングで必ず出されるといっても良い質問になりますので、全金融機関にとって合理的であり、衡平であると考えられるように対応することが必要です。バンクミーティング前には検討しておくことが望まれる事項といえます。

2 Pro 債権者会議（バンクミーティング）を中心とした金融機関交渉

> **Q** 債権者会議（バンクミーティング）とは何ですか。
>
> **A** 金融機関向けの会議になります。私的整理の場合には、対象となる債権者が金融機関のみのことが多いので、「バンクミーティング」といわれることもあります。金融機関に様々なお願いをする場や、目線合わせの場、また再生計画の協議の場などとして使われています。中小企業の事業再生等に関するガイドラインにおいても、開催することが予定されています。

1 債権者会議（バンクミーティング）の目的

バンクミーティングの目的は、金融機関に対し、同時に共通の情報を提示し、会社側の依頼事項を伝え、足並みを揃えることになります。せっかくの機会ですので、信頼関係の醸成・構築の場にするように努めます。

2 招集通知

会社ないし代理人弁護士が主催する場合には、招集通知を取引金融機関に送ることになります。信用保証協会など保証をしている債権者を失念しないようにします。

ファクシミリを一方的に送り付けるなどの対応ではなく、個別訪問時に渡すか、もしくは事前に電話を行うなどして、失礼のないようにします。

3 会場の手配等

中小企業活性化協議会の第二次対応となっている場合には、同協議会が手配することになりますが、そうでない場合（中小版GLや純粋私的整理も同様）は、中小企業ないし弁護士等が自身で会場手配等すること

が必要になります。メインバンクに会議室を借りることができるのであれば、それがベターですが、それが難しい場合には、会社の近くの取引金融機関の近くの華美ではない会場を選ぶようにします。信用不安が生じないよう、会社名で借りず、代理人弁護士が借りることがありますし、債権者説明会などの名前にせず、懇親会などの名目にすることもあります。会社内の施設で行う場合もありますが、その場合には、従業員に信用不安が生じないよう注意します。

　また、新型コロナウイルスの影響が生じてからは、バンクミーティングをオンライン開催やハイブリッド開催とすることも増えています（中小版GLQA71）。なお、オンラインの場合にはオンライン参加者は発言しにくい面があるため、司会者から発言を促すなど対応することが望ましいでしょう。

4 当日の準備事項・式次第

　会議室のテーブルは、可能な限り、『ロ』の字型にしますが、人数が多い場合には、教室型になります。会社は、上座に着座せず、出入り口に近い場所にすることを検討します。他方で、メインバンクを上座にすると、会社との距離が離れる問題もありますので、あくまでもケースバイケースです。どの席に着座すればよいのか分かるよう、座席表を準備するか、プレートを置いておきます。出席者の人数分のペットボトル入りの飲み物を忘れないようにします。

　中小企業活性化協議会の場合には、同協議会にて司会進行を務めます。その他の場合、会社、メインバンク、会社代理人弁護士が務めることになります。中小版GLの場合には、外部専門家の弁護士が対応することが多いですが第三者支援専門家が行うことも考えられるでしょう。

　当日は、式次第を用意し、①代表取締役の陳謝、②会社の実態（窮境状態）や今後取り組む予定の改善事項の説明、③会社からの依頼事項（例えば、元本の残高維持の要請や、中小企業活性化協議会や中小版GLの活用を目指す方針、スポンサー選定を行う方針など）、④今後のスケジュール、⑤質疑応答などを行うことになります。出席できない債権者がいることもありますし、今後の手続をスムーズに進行させるため、議

事録を作成することが望ましいといえます（中小版GLQA70）。

5 債権者会議（バンクミーティング）を行うべき場面

概ね下表の内容でバンクミーティングを開催することが多いです。

以下の解説は、主に中小企業の場合（中小企業活性化協議会や中小版GLの活用場面）を念頭に置いています。中小版GLでは、最低1回は行うこととされていますが、複数回の実施可能とされており（中小版GLQA69）、従前の協議会実務と大きく変わらないと思われます。

回 数	内 容
第1回	専門家の紹介、資金繰りや業況の説明、再生の基本方針（自主再建かスポンサー型か）、元本返済猶予等の要請（一時停止の要請）、今後のスケジュール
第2回	財務・事業DDの結果報告（不動産鑑定を実施している場合にはその報告）、質問受付期間の説明 （自主再建型の場合）営業利益段階までの計画提示 （スポンサー型の場合）進捗報告
第3回	再生計画ドラフトの提示、質問、受付期間の説明
第4回	再生計画最終案の提示、同意期限の提示、調査報告書の提示
第5回	再生計画同意の報告集会、今後のモニタリング報告の予定等
その他	重要資産の処分、スポンサー決定の報告など個別の事情に応じて、臨機応変に開催

1回目で返済猶予等の要請（一時停止の要請☞219頁3）を行う旨の記載がありますが、これは債権放棄を要請する計画になる場合には、特に重要な要請事項となります。中小企業活性化協議会や中小版GLにおいては、返済猶予等の要請（一時停止の要請）は、不可欠なものとはなっていませんが、私的整理GLでは、私的整理手続の開始手続として求められています（私的整理GLQA15参照）。多数の債権者に係る債務整理を公正衡平に行うためには、対象債権者の個別的権利行使を控えることが必要だからとされています。

債権者会議（バンクミーティング）のスケジュール表の例は次のとおりです。下記の例は、中小企業活性化支援協議会にて、手続が開始された後のスケジュールとなっていますが、現実には、手続開始までの間に

事業改善やスポンサー提案など様々な事前調整をすることが多くなります（☞233頁コラム）。

■スケジュール表（例）

		●年1月			●年2月			●年3月			●年4月		
		初旬	中旬	下旬	初旬	中旬	下旬	初旬	中旬	下旬	初旬	中旬	下旬
項目	会議		協議会内支援決定 ○	第1回会議(キックオフ) ○			関係者会議(DD報告) ○	第2回会議(DD報告) ○	第3回会議(最終計画提示) ○				計画同意 ○
	財務・事業DD			○		Draft ►○	調査報告 ○						
	不動産鑑定			○		►○	►○						
	事業再生計画策定				計画策定開始 ○	Draft ►○	計画原案 ○	修正 ○	最終計画案 ○				計画同意 ○
	弁護士調査報告								調査報告 ○				
関係者	中小企業代理人弁護士		◎		◎		◎	◎		◎			◎
	外部専門家(財務コンサル)		◎		◎		◎	◎		◎			◎
	外部AD弁護士		◎		◎		◎	◎		◎			◎
	金融機関(メイン行)		◎		◎		◎	◎		◎			◎
	金融機関(メイン行以外)		◎				◎			◎			◎
	協議会		◎	◎			◎	◎		◎			◎

※実際には、私的整理手続開始までに事業改善、スポンサー探索など相応の時間を要することが多い。

※事業再生計画原案提示後、意見交換、質問受付期間を設けて、計画修正を行うことが多い。スケジュール表よりも長引くことも多い。

6 事業改善及び情報開示など会社側が行うべき事項

バンクミーティング後も会社としては、毎月、事業改善に努め、その状況を月次報告などの形で報告し、情報共有することにします。

代表者は、月毎に節目、節目で代理人弁護士と金融機関に訪問します。月次試算表、資金繰り表等を持参の上、協議を重ねることにより、金融機関に会社の置かれている状況を正確に理解してもらえますし、信頼関係の構築にもつながっていきます。中小企業の事業再生等に関するガイ

平時以上に、自発的に金融機関に報告するなど適時適切な開示・説明に努める必要があるとされています（中小版GL第二部2(1)①参照）。

7 専門家や専門機関との相談・連携

　代表者、事業再生のコンサル、事業再生の弁護士が金融機関交渉を進める上で、様々な問題に悩むことがあります。事業再生等に関するガイドラインにおいては、経営状況と財務状況の適時適切な開示等、様々な対応が求められていますが、それによる不利益を受けないかという不安を抱える場面もあるかもしれません。

　事業再生等に関するガイドラインにおいて、債権者である金融機関は、不利な対応がなされることがないよう誠実な対応を心掛ける（中小版GL第二部1(3)③）とされています。また有事の際は中小企業者と協力しながら事業再生計画の策定を支援するとされており、また、実務専門家、外部機関の視点、専門的な知見・機能の活用を通して、計画策定を積極的に支援するとされています（中小版GL第二部2(2)参照）。

　実務的には、中小企業活性化協議会への相談を促したり、事業再生に精通した弁護士やコンサルの紹介が考えられるでしょう。近時、全国の中小企業活性化協議会に弁護士の統括責任者補佐（サブマネージャー）が就任しており、活性化協議会、金融機関、信用保証協会、弁護士との連携が高まることが期待されており、実際に一部の地方では、勉強会などが行われているようです。

3 Pro DD及び事業計画策定

Q DDとは何のことですか。DDを実施する理由は何ですか。

A DDは「デューデリジェンス」の略であり、外部専門家による企業実態調査のことです。金融支援を依頼するに至った会社の経営状況を的確に説明するため、また、自助努力で最大限の返済を行える計画策定の基礎情報を得るため、実態調査としてのDD（財務調査、事業調査等）が必要となります。DDのレベル感は、事業者の規模、想定する再生スキームにより様々です。

1　DDの概要

　会社が窮境状況にあることを原因として金融機関に支援を依頼する場合、支援を依頼するに至った会社の経営状況を丁寧かつ分かりやすく説明する必要があります。また、金融支援をお願いするにしても、自助努力で最大限の返済を行うための事業計画を策定する必要があり、そのためには会社の財務・経営実態を的確に把握することが必須となります。

　そこで、外部の専門家（公認会計士、税理士、中小企業診断士等）による企業実態調査、いわゆるDD（デューデリジェンス）を実施することとなります。中小企業の事業再生等に関するガイドラインにおいても、開示する経営情報等の信頼性の向上の観点から、公認会計士・税理士等による検証を経て、開示を行うことが望ましいとされています（中小版GL第二部2(1)①参照）。

　DDには、調査対象分野ごとに幾つかの種類が存在しますが、中小企業の経営改善・事業再生の実務において実施されるのは、主に財務調査及び事業調査です。債権放棄や債権劣後化（DDS（デット・デット・スワップ））を伴う再生の場合には、所有不動産に係る不動産鑑定を実施することが求められます。旅館などの設備型の事業を営む場合には、

今後の必要な投資額を把握するため、エンジニアリング・レポート（ER）を準備することが多いです。

実態調査項目	具体的内容
財務調査 (財務DD)	●財務調査では、会社の財政状態、経営成績、資金繰りなどの財務状況について詳細な調査を実施し、正常収益力、実態純資産などの正確な財務実態を把握するとともに、経営悪化の窮境原因を特定します。 ●具体的には、P/L、B/S数値の残高の検証、P/L・B/S・キャッシュ・フロー計算書の過去実績推移分析、債務償還年数の分析、借入金・不動産の状況の調査、税務の状況の調査等を実施します。
事業調査 (事業DD)	●事業調査では、会社の経営上の外部環境及び内部環境について詳細な調査を実施し、会社を取り巻く市場環境や競争環境における機会と脅威、また、会社に内在する事業上の強みと弱みを分析することで、今後の進むべき方向性を明らかにします。 ●具体的には、市場規模分析、顧客動向分析、競合分析、ポジショニング分析、ビジネスフロー分析、拠点別損益分析、得意先別損益分析、人員分析等を実施します。

　財務調査、事業調査の一般的な実施手順は以下のとおりです。具体的な業務内容としては、経営者へのヒアリング、資料依頼、各種分析作業及び報告書作成となります。経営改善・事業再生の局面においては、資金繰りの観点から早期の調査完了が求められるケースが多く、スケジューリングと段取りを効果的に実施することが肝要です。

　ちなみに財務・事業DDいずれも事業規模、再生スキームにより、求められるレベル感は様々です（中小版GLQA38参照）。債権放棄等を要請する案件の場合には、後述の７つの指標など、レベル感は高いものが想定されることになります（不動産評価についても、固定資産税評価額などで代用せず、不動産鑑定を取ることが通例となります）。さらに、企業再生税制（☞317頁**2**）が必要となるケースの場合は、「実態貸借対照表作成に当たっての評価基準」に沿った対応が必要となります。

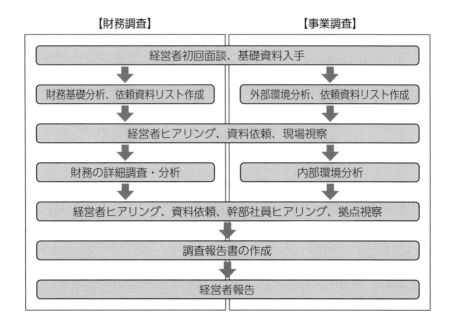

2 財務DDのポイント

　財務DDの概要は上述のとおりですが、詳細な内容については多くの書籍が出版されていますので、ここでは財務DDを実施する上で重視される「7つの指標」に焦点を当てて解説します。

　「7つの指標」については、中小企業活性化協議会事業におけるノウハウとして、事業再生の専門家の間では広く認知されているものですが、この指標を意識して財務DDを実施することで、再生スキームの検討とおおまかな計数計画の作成が可能となります。

　「7つの指標」のイメージ図は下記のとおりですが、再生局面において重要とされる財務指標として、①実質債務超過、②収益力、③フリー・キャッシュ・フロー（FCF）、④過剰債務、⑤債務償還年数、⑥非保全額、⑦税務上の繰越欠損金の指標が挙げられます。また、債権放棄を要請する事案では、⑧清算配当率の試算が必要不可欠となります。

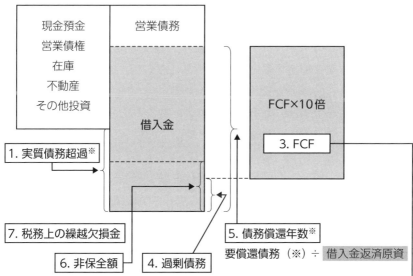

(出典)藤原敬三『実践的中小企業再生論〔第3版〕』(きんざい)81頁
※1、2、5は準則型私的整理手続の数値基準に関係します。ただし、私的整理ガイドラインと事業再生ADRと中小企業再生支援スキームでは「5.債務償還年数」の要件はありません(☞230頁表)。

1　実質債務超過（数値基準）

　実質債務超過とは、継続企業の前提（企業が将来にわたって無期限に事業を継続することを前提とする考えのこと。「ゴーイング・コンサーン」ともいいます）のもとで対象企業の資産と負債を時価評価した場合に、負債額が資産額を超過する金額のことをいいます。逆に資産額が負債額を超過する場合には「資産超過」といいます。

　実質債務超過の状況にある場合、企業が有する財産のストックベースの価値がマイナスである状態を意味しており、現状において企業が有する資産価値で負債を完済できないこととなります。そのような状況の企業にお金を貸している金融機関としては不安な状態であり、追加融資も一般的には困難なものとなります。財務DDで実質債務超過を把握することで、その状況を解消し財務状況を改善するために必要な収益力の水準や金融支援の手法、金額等を把握、検討するのに役立ちます。準則型私的整理手続の数値基準（☞209頁■、281頁**2**）の一つであり、重要な概念です。

2　収益力（数値基準）

　収益力とは、企業が実態ベースで稼得できる年間の経常利益金額を意味します。経常利益は、利払い後での経常的な企業の"儲け"を表しており、継続的に経常黒字を計上することができれば、上記**1**の実質債務超過は縮小していくこととなります。また、経常利益は設備投資も踏まえた企業の収益力を表すものであるため、長期的な企業の資金稼得能力の指標ともなります。収益力の良し悪しは企業の存続価値に関わるものであり、どのぐらいの収益力（＝経常利益）を出せるかどうかは、事業再生を果たす上で極めて重要な要素といえます。収益力も準則型私的整理手続の数値基準の一つになります。

3　FCF

　FCF（フリー・キャッシュ・フロー）とは、本業の営業上での稼得資金から設備投資に係る資金支出を控除した金額を意味し、年間での借入金返済原資がどのぐらいあるかを示す指標です。FCFは上記の収益

力をベースに算定することとなりますが、収益力が企業会計上の損益を表すのに対し、FCFは資金収支を表します。

"勘定合って銭足らず"という言葉があるとおり、損益だけでは企業の資金繰りを適切に把握できない場合もありますし、事業再生の局面では、何よりも資金破綻を避ける必要があります。また、金融機関としては返済原資の水準が与信判断に大きな影響を与えるため、やはり重要な指標といえます。

4　過剰債務

過剰債務は、現状の借入金額が上記FCFの10倍を超える場合の、その超過額のことをいいます。すなわち、10年間で返すことができない借入金額を意味します。業種にもよりますが、10年で返せない借入金は一般的には過剰であると考えられます。事業計画の期間内に過剰債務をゼロにすることを目標に計画を策定する、もしくは金融支援を依頼することが重要となります。

5　債務償還年数（協議会と中小版GLの数値基準）

債務償還年数は、要償還債務を借入金返済原資で割り返して算出した数値であり、"現状の債務を実質的に何年で返済できる力があるか"を表す指標です。ここで、要償還債務とはB/S上の「借入金－正常運転資本（売上債権＋棚卸資産－仕入債務）－現金預金－換金可能性のある非事業用資産」により計算し、借入金返済原資とはP/L上の「経常利益－法人税等＋減価償却費」により計算します（設備投資が不要な場合）。

上記4と関連しますが、債務償還年数が10年を超える場合には債務過剰もしくは収益力過少の状態であり、計画期間内に10年以内にすることを目標として事業計画を立案します。

6　非保全額

非保全額は、借入金のうち債務保証や担保によって保全されていない部分の金額をいいます。中小企業の場合、一般的には保証協会の保証や不動産担保によって借入金の保全が図られている場合が多いですが、保

全されていない部分がどれだけあるかによって、金融機関の支援姿勢や金融支援の手法が変わってきます。非保全額が小さい場合には、金融機関にとっては積極的に支援するインセンティブが弱く、金融支援を依頼する場合には企業側から積極的に働きかける必要があります。一方で、非保全額が大きい場合には、金融機関による支援のインセンティブは強いものの、債権放棄やDDS（債務の劣後化）等の痛みを伴う金融支援には抵抗感を示されることが多くあります。

また、不動産担保等の物上保証については、担保解除により債権放棄を依頼することは困難であることから、不動産担保による保全額が大きい場合には、そもそも債権放棄による再生スキームを選択しにくいという点にも留意が必要です（☞289頁④）。

さらに、債権放棄を要請する再生計画において、衡平な計画を作る際には、非保全額に応じて債権放棄額を案分しますので（☞290頁**2**）、その意味でも大事な概念です。

7　税務上の繰越欠損金

税務上の繰越欠損金は、法人税申告書上の課税所得がマイナスで欠損が生じている場合に、当該欠損金を一定期間にわたって繰り越して累積した金額のことをいいます。

税務上の繰越欠損金については、将来の課税所得が黒字の場合にそれを相殺して法人税等の発生を抑制する効果があり、事業計画の策定や再生スキームの検討に影響を与えることがあります。例えば、オーナー経営者が役員借入金の放棄や私財提供による支援を行い、法人において多額の債務免除益等が発生する場合には、繰越欠損金を超えて課税所得が計上される部分に課税が生じることとなります。

また、金融機関やその他の債権者から債権放棄を受けて税金が発生する場合には、一般的には過剰支援と捉えられるため、債権放棄額が繰越欠損金の範囲内に制限されることとなります。そして、法人において資産処分による資金創出を図る場合（☞39頁**4**、149頁**3**）でも、資産処分に係る利益に課税が生じないよう、法人の利益予測や繰越欠損金の状況を踏まえて資産処分の時期を調整するなど、適切なタックスプランニン

グを行うことが重要です（☞176頁**3**）。債権放棄を依頼する案件については、実務上は、第二会社方式（☞102頁**2**）で対応することが多いので債務免除益の問題が顕在化することはほとんどありませんが（☞319頁**3**）、何らかの理由により第二会社方式を採用できない場合や手続コストの観点等により、直接債権放棄となりますので、企業再生税制を使えるスキーム（☞317頁**2**）を検討することもあります。

以上が「7つの指標」の概要ですが、これらの指標を使って事業再生の方向性をイメージする方法を85頁**1**で紹介しています。財務DDの実施により「7つの指標」を正確に把握することは、事業再生の入口段階から事業計画の策定、再生スキームの決定まで、再生に向けた判断や行動を誤らないための指針を提供してくれます。

8　清算配当率

私的整理による再生計画は、破産手続と比較して債権回収額が大きいという経済合理性（清算価値保障原則）が確保されることが必要です（☞286頁**3**）。そのため、債権放棄等の抜本再生案件になることが見込まれる財務DDでは、清算配当率を試算することが必要不可欠となります。①清算価値算定の評価基準を示し、②それをベースに評価替えし、それに対し担保や相殺を考慮し、清算貸借対照表を示し、③清算配当率を求めるプロセスで表現されているものが分かりやすいと思います。

■清算BS

単位：千円	実態残高	修正	清算価値	担保・相殺	担保・相殺後
現金及び預金（※）	10,000	-	10,000	-	10,000
売上債権	14,187	-512	13,675	-6,360	7,314
棚卸資産	10,113	-6,636	3,478	-	3,478
その他流動資産	1,945	-1,223	723	-	723
流動資産合計	36,245	-8,370	27,875	-6,360	21,515
建物・附属設備	1,800	-1,800	-	-	-
機械装置	671	-671	-	-	-

その他償却資産	140	-140	-	-	-
土地	24,880	-9,890	-14,990	-14,990	-
有形固定資産合計	27,491	-12,501	-14,990	-14,990	-
無形固定資産合計	-	-	-	-	-
出資金	2,553	-	2,553	-100	-2,453
保険積立金	3,003	-	3,003	-	-3,003
投資その他の資産合計	5,556	-	5,556	-100	5,456
資産合計	69,292	-20,871	48,421	-21,450	26,970
仕入債務	9,791	-	9,791	-6,360	3,431
未払金	1,995	1,171	3,166	-	3,166
未払法人税等	81	-	81	-	81
未払消費税等	1,416	-	1,416	-	1,416
前受金	220	-	220	-	220
預り金	314	-	314	-	314
短期借入金	11,746	-	11,746	-	11,746
長期借入金	219,055	-	219,055	-15,090	203,965
人事関連引当金	468	297	765	-	765
簿外債務	500	-	500	-	500
負債合計	245,587	1,468	247,055	-21,450	225,605
純資産	-176,295	-22,339	-198,634	-	-198,634
負債・純資産合計	69,292	-20,871	48,421	-21,450	26,970

※預金を相殺扱いにするか否かはケースバイケースです。

【一般債権に対する配当率】

①配当原資	48,421	資産の清算価値
②担保・相殺	-21,450	
③小計　①＋②	26,970	
④租税債権	2,168	未払社会保険・固定資産税等357千円、未払法人税等81千円、 未払消費税等1,416千円、預り金314千円
⑤労働債権	2,155	従業員給与390千円、解雇予告手当1,171千円、 退職金（会社都合）594千円

⑥清算費用	12,500	管財人費用5,000千円、申立代理人費用3,000千円、 事務人件費1,000千円、会計事務所費用他予備費2,000千円 機械装置等の廃棄費用1,500千円(実態BS上認識した不稼働設備の処分費用500千円+1,000千円)
⑦合計 ④+⑤+⑥	16,824	
⑧予想配当可能額 ③-⑦	10,147	
⑨一般債権	220,781	
⑩配当率 ⑧÷⑨	4.6%	

　赤字が続く場合には、清算配当率が後ろになればなるほど下がることになりますので、基準日時点をどうするのか (☞287頁) や、清算配当の評価基準（掛け目等）をどうするのか、また借入れがある金融機関の預金について相殺扱いをするかなどが論点となることがあります。

　注意点としては、①原状回復費用や廃棄費用といった清算費用が適切に盛り込まれていないことがあったり（特に賃貸借契約の際に注意）、②破産時には財団債権（優先債権）になるにもかかわらず、その点が正確に考慮されていないことがあったり（退職金の取扱い、双方未履行双務契約の前払報酬過払い分の返還請求権などがしばしば問題となります）、③主債務者の会社以外の担保物件について別除権として債権から控除せずに清算配当率を算定すべきであるところ、別除権として控除していることがあるので、これらの誤りがないかなどを確認することが必要になります。清算貸借対照表は、破産時の法的見解の議論となりますし、再生計画の経済合理性にもかかわる重要な論点となりますので、債務者代理人弁護士や外部専門家弁護士（第三者支援専門家弁護士）などと確認しながら、作成していくことが必要不可欠といえます。

③ 事業DDのポイント

　事業DDの概要は第4部第2章のとおりですが、ここでは概ねどの企業にも共通して活用できる事業DDのフレームワーク、調査内容、調査・分析ツールについて紹介します。

　事業調査においては、企業を取り巻く外部環境と内在する内部環境の

調査・分析を行い、最終的にSWOT分析にまとめることで、事業計画の方向性を導き出します。SWOT分析とは、企業自身が有する「強み（Strength）」と「弱み（Weakness）」に加えて、企業を取り巻く「機会（Opportunity）」と「脅威（Threat）」を抽出して一つの表に整理することで、企業が採るべき事業戦略や実施施策をあぶり出す分析手法です（下表参照）。

SWOT分析は事業DDの結果として位置付けられ、事業計画における実施施策の方向性を示すこととなります。

■SWOT分析

	Strengths 強み ➢ ●●●	Weaknesses 弱み ➢ ●●●
Opportunities 機会 ➢ ●●●	【機会】×【強み】：積極的攻勢策 □ ●●●	【機会】×【弱み】：弱点強化策 □ ●●●
Threats 脅威 ➢ ●●●	【脅威】×【強み】：差別化策 □ ●●●	【脅威】×【弱み】：脅威回避策 □ ●●●

SWOT分析の構成要素である強みと弱みは内部環境分析により、機会と脅威は外部環境分析により抽出します。以下にそれぞれの分析における一般的な調査項目を列挙します。これらの項目は、対象企業の業種や規模によって変わりうるものですし、財務DDと関連する項目もあります。重要なのは、企業のビジネスの本質を理解し、事業計画の策定に必要となる経営資源の内容や事業環境の状況を正確に見極めることです。柔軟な発想で、より良い計画を策定するための材料を集めます。

■内部環境分析

調査項目	具体的内容
ビジネスモデル／ビジネスフロー	●対象会社のビジネスモデルの概要とビジネスフロー（商流）を図案化し、対象会社のコアビジネスと事業上の強み、弱みを把握する。
組織構造／拠点状況	●人的な組織構造と設置されている拠点の状況を把握し、人的資源、拠点資源の強み、弱みを検証する。
得意先別損益分析	●得意先別の売上高、粗利等の推移分析を実施することで、得意先ごとに採用すべき営業戦略の検討材料とする。
商品・サービス別損益分析	●商品・サービス別の売上高、粗利等の推移分析を実施することで、商品・サービスごとに採用すべき営業戦略、仕入・開発戦略の検討材料とする。
拠点別損益分析	●拠点別の売上高、粗利等の推移分析を実施することで、拠点ごとに採用すべき営業戦略、存続可否の検討材料とする。
月次損益動向分析	●直近24か月～36か月分の月次売上高、粗利等の推移分析を実施することで、損益の季節性を把握するとともに、足元の損益動向の検証を行う。
人員分析	●部門別、職種別の人員の年齢、勤続年数、平均給与月額を分析することで、人材面・給与面での強み、弱みを把握する。
固定資産分析	●直近3期間程度の設備投資の状況を確認し、ヒアリングを実施することで、今後の設備投資予定を検証する。資産効率改善余地のある固定資産を抽出する。
コスト構造分析	●直近3期間程度の経費の推移分析と総勘定元帳のレビュー及びヒアリングを実施することで、コスト削減余地の検証を行う。
経営指標の同業比較分析	●自社の経営指標（利益率、販管費率、人件費率、一人当たり売上高等）について、同業他社平均値と比較することで、自社の強み、弱みを分析する。

■外部環境分析

調査項目	具体的内容
業界構造／業界動向	●業界構造を把握し、対象会社が置かれている業界内の位置付けを明確化する。また、業界動向を把握し、今後の業界全体の機会や脅威を分析する。
市場規模の推移	●市場全体の売上規模の過年度推移及び将来予測を調査し、今後の需要動向や市場としての魅力度を分析する。
顧客動向分析	●自社の顧客層（事業者、個人、エンドユーザー）の数の推移や顧客タイプごとの割合の推移を調査し、今後の需要動向や注力すべき顧客層を分析する。
同業事業者数の推移	●同業の事業者数の過年度推移を調査し、同業全体の動向を把握する。
商圏分析	●自社商圏内の人口構成、競合他社の状況を調査し、自社が置かれている商圏の概要を把握する。
競合分析	●自社の競合となりうる企業の調査を行い、自社と比較することで、機会と脅威、強みと弱みの分析を行う。
ポジショニング分析	●商圏内競合他社と自社の特徴を2軸グラフ上でまとめ、商圏内市場で自社が置かれているポジションを把握することで、今後とるべきポジションを分析する。

　参考までに、事業調査で使用する各種情報ツールの一例を紹介します。財務DDで使用するツールもありますが、調査・分析項目に応じて適宜活用します。

■事業調査用情報ツール

ツール (出所)	具体的内容
『業種別審査辞典』(きんざい)	●産業、業種別に業界動向・業務知識・融資審査・事業性評価のポイントをまとめた書籍 ●対象会社が属する業界の基礎知識を得るために使用 ●全10巻200,000円 (税別)
「小企業の経営指標調査」 (日本政策金融公庫)	●決算データをもとに小企業の収益性や生産性などの指標値を集計したデータ集 ●経営指標の同業比較分析を実施する際に使用 ●利用料無料
RESAS (地域経済分析システム)	●産業構造や人口動態、人の流れなどの官民ビッグデータを集約し、可視化するシステム ●地方創生の取り組みを情報面から支援するために、経済産業省と内閣官房 (まち・ひと・しごと創生本部事務局) が提供 ●利用料無料
e-Stat (政府統計の総合窓口)	●各府省が公表した統計データを網羅して掲載しているポータルサイト ●「人口・世帯」「住宅・土地・建設」といった17分野からの検索やキーワード検索等、様々な検索機能を搭載。 ●利用料無料
G-Searchデータベースサービス (株式会社ジー・サーチ)	●ビジネス情報の総合的データベースサービス ●企業情報：帝国データバンク、東京商工リサーチ等 ●信用情報：帝国データバンク、東京商工リサーチ、リスモンG等 ●業界情報：SPEEDA LIGHT、日経テレコン等 ●「月額基本料300円～＋従量制の情報利用料」で利用可能
登記情報提供サービス (一般財団法人民事法務協会)	●インターネット上で法人登記及び不動産情報を閲覧できるサービス ●対象会社の役員等の基本情報や、所有不動産の所在地、担保状況、公図等の調査で使用 ●閲覧情報1件当たり145～365円で利用可能

4 事業計画（数値計画）の策定

上述の財務DD、事業DDでの調査・分析結果を踏まえて、事業を再建するための事業計画（計数計画）を策定（☞168頁**7**）することとなります。

5 早期に再生計画を策定できない場合の暫定リスケ（プレ再生支援）の意義

近年では、コロナ禍の影響や市場の衰退等、経営環境の著しい悪化により、早期に抜本的な再生計画の策定が困難である場合が多く見られます。売上が低迷して黒字化の目途が立たない場合や、過剰債務の状況が深刻で、再生計画に対する金融機関の理解が得られない場合等がそれに該当します。

金融機関としては、いわゆる実抜計画（実現可能性の高い抜本的な経営再建計画）や合実計画（合理的かつ実現可能性の高い経営改善計画）と呼ばれる再生計画が策定されれば、債務者区分のランクアップ（☞192頁**1**）を通じて貸倒引当金が減り、決算上の損益が向上する可能性があります。一方で、そのような計画を策定するためには、会社の過剰債務について債権放棄や劣後化（DDS）等の痛みを伴う金融支援が必要とされることがあり、金融機関からの賛同が得られないケースがあります。

そのような場合、再生計画を策定できる経営環境が整うまでの暫定的な経営改善計画を立案し、暫定的な返済方法として金融機関にリスケジュールを依頼する、いわゆる「暫定リスケ」計画を策定することが有用です（☞99頁**2**、206頁②ア））。暫定リスケにおいては、概ね3年程度の経営改善計画を策定し、1年間から3年間程度の返済方法を金融機関合意のもとに決定します。その後の返済方法については、定期的な計画の進捗状況確認、いわゆるモニタリングを行い、そのときどきの経営状況を踏まえて協議して決定します。

暫定リスケについては、あくまで暫定的な計画であることから、会社としてはその計画期間中に収益力を高め安定的な黒字化を達成し、その後抜本的な再生計画の策定に移行すること（それができない場合は、ス

ポンサーへの譲渡を行うことの覚悟や廃業の覚悟）が望まれます。また金融機関においては、計画期間中に会社の経営改善への取組みに対し指導的な役割を発揮するとともに、抜本的な再生計画の策定に備えた引当水準の見極めを進めることとなります。

　なお、中小企業版GLの場合、暫定リスケという制度はありません。数値基準を満たす計画が策定できない場合は、同GL手続内で暫定的な計画を策定することは否定されていませんが、活性化協議会のプレ再生支援と異なり、補助金の対象とならない点に注意が必要です。手続開始当初において、数値基準を満たす計画を描けるかどうか不透明な場合やスポンサーが見つかるか不透明な場合は、活性化協議会の活用を目指す方が補助金受給による手続費用負担の観点からは無難な面があります。

4　Pro　スポンサー交渉

Q　スポンサー交渉を行う場合の留意点は何ですか。

A　経営者の腹落ち、信用不安、スポンサー選定手続の公正性、私的整理が成り立つ譲渡対価かどうかなどに留意します。

1　自主再建かスポンサー型か

　自主再建型かスポンサー型（☞94頁）にするかについては、ケースバイケースであり、一概には言えませんが、以下の事情を考慮して、経営者とよく協議して、決めることになります。

　ここでいうところの自主再建とは、金融機関の債務全額を支払えるかどうかという意味ではなく、経営陣（ないし後継者）が残り、経営主体を変えない手法全般をいい、スポンサー型というのは、経営主体を変更する手法全般をいうことにしています。実務的には、スポンサー型を志向するといっても、まずは経営改善に努めて、早期の資金繰りが維持できなくなる可能性が高い場合には、早期にスポンサーへの譲渡が必要に

なります。その他、自主再建かスポンサー型かを見極めるポイントは次のとおりです。自主再建と両にらみで進めることも少なくありません。

■自主再建かスポンサー型かのメルクマール
① 資金繰り
② 経営者自身が自主再建を希望するか否か
③ 経営者の熱意・覚悟・誠実性
④ スポンサーが興味、関心を持つ事業体か（事業が特殊であったり、複数の事業体の集まりの場合、第三者への売却が困難とされる場合あり）
⑤ スポンサーへの円滑な承継が可能な事業体かどうか（事業価値が経営者個人の属性と紐づいていないか）
⑥ 自力で窮境原因を除去できるか否か（赤字の脱却、相応の収益力の回復ができるか、ガバナンス体制の構築ができるかなど）
⑦ 単独で償却前営業利益の黒字化を出せるか否か（スポンサーが買取りを希望する場合の譲渡対価よりも高いキャッシュ・フローを生み出せるか）
⑧ 既存の金融機関が収益弁済に協力してくれるか否か（粉飾その他金融機関の信頼を損ねる対応をしていないか）
⑨ 既存の金融機関の協力が難しい場合でも、その他の金融機関や事業再生ファンドの支援が受けられるかどうか
⑩ 経営者の年齢・後継者の有無

2 自主再建型にする場合の金融機関の腹落ち

近時、スポンサー型が多くなったこともあり（☞94頁）、自主再建型で債権放棄の計画を立案する場合には、どうしてスポンサー型にしないのか問われることがあります。スポンサー型にするよりも自主再建型の方が事業価値を高く出すことができること、事業の性質上、スポンサー型が適さないことなどを丁寧に説明することもあります（☞282頁コラム）。

自主再建型の場合、経営者続投（もしくは後継者への承継）となりますので、事業改善ができるのか、経営責任（☞295頁**4**）をどう取るかが

ポイントになります。場合によっては、事業再生ファンドの支援を受けることが適切な場合もあります（☞110頁**5****2**）。

3 スポンサー型にする場合の経営者等の腹落ち

　スポンサー型の場合、株主はスポンサーに移りますし、経営陣も排除される可能性が出てしまいます。経営者にとっては、会社は我が子同然であり、手放したくないと考えているケース、また、経営者のノウハウや人脈と紐づいており、経営者が排除されるとなると、事業が成り立たないケースもあります。

　スポンサー型を採用する場合には、経営者や株主の腹落ちができているのか、経営者の処遇をどう考えるかが非常に重要となります。腹落ちができていないまま、スポンサー選定を進めても、途中で頓挫しかねませんので、経営者がどのようなことを考えているのか、メインバンク担当者、代理人弁護士、M&Aを取り仕切る仲介会社担当者は、経営者等とよく議論しておくことが重要になります。

4 仲介会社やFAに依頼するのか否か

　M&Aの仲介会社やFA（ファイナンシャル・アドバイザー）に依頼するかどうかは、事案ごとによります。

　中小零細企業の場合には、事業価値が小さく、費用倒れに終わることが多く、また、経営者に事業価値が紐づいており、経営者の人脈等で見つける方が合理的な場合もあります。

　事業再生局面の場合には、情報管理を厳格にしないと、信用不安が一挙に広がってしまい、事業価値が一気に毀損しかねないリスクも内在しています。

　仲介会社等を利用しない場合には、代理人弁護士がその役割を務め、代表者や代理人弁護士の人づてをもとに、個別に交渉を開始することになります。各地の「事業承継・引継支援センター」に登録を行うこともあります（☞22頁コラム）。金融機関にスポンサー候補先の紹介を依頼することも合理的です。

　仲介会社に依頼する場合にも、事業再生の場合には、1社決め打ちで

交渉することが難しいこと（入札方式が必要なこと）を理解してもらう（☞278頁[7]）ことが必要です。

[5] スポンサー交渉の流れ

スポンサー交渉の流れとしては、まずスポンサー型で進めることについて金融機関の承諾を得て、その後に概ね下図の流れに沿って進めることが多いです。事業再生の場合には、時間軸を意識して進めることが必要であること、また、スポンサーの譲渡対価をもとに、金融機関の債権放棄額が決まる関係になることから、スポンサー選定手続は、入札手続ないし、これに準じた形で進めることが望ましいといえます。

■スポンサー交渉の一例

候補先の探索	・候補先リスト（ロングリスト・ショートリスト）の作成 ・ノンネームシート配布 ・関心先からの秘密保持誓約書の取得
候補先との具体的接触	・会社概要書（IM）、その他パッケージ資料及びプロセス・レターの配布 ・一次意向表明書の取得
基本合意	・基本合意の調印（必要に応じて独占交渉権の付与） ・スポンサー側の調査（財務・事業・法務） ・譲渡対象資産、負債、譲渡対価を協議し、最終意向表明の提出
最終契約	・最終意向表明を踏まえて、私的整理が成り立つ金額感か否か（☞242頁[3]）、その他前提条件の検討 ・他のスポンサーでなく、当該スポンサーが適格であることの検討 ・以上踏まえて問題ない場合には、スポンサー契約（最終契約）の締結
クロージング	・全金融機関にスポンサー契約の内容及び再生計画案を示し、理解を得る ・全金融機関の同意などの前提条件をクリアしたことを確認し、譲渡実行

スポンサー探索にあたっては、情報管理には十分に留意します。秘密保持契約書を取得するのは当然としても、安易に声掛けすることで信用不安が広がってしまい、混乱が生じることがあり、注意が必要です。金融機関に紹介を依頼する場合も、銀行秘密があることをベースにノンネームシート以上の情報を開示しないよう申し入れます。

売り手側の中小企業にて、財務DDや不動産鑑定を実施していることがありますが、基本的には、買い手側には開示しないものになります。開示してしまうことにより、私的整理が最低限成り立つ金額感の目線合わせができるという利点もありますが（私的整理が最低限成り立つ金額感については、242頁**3**参照）、他方で、譲渡金額の下限を知らせることにつながり、価格交渉上不利益に作用することもあるからです。

6 現法人活用か、第二会社方式かなどスキームの協議

スポンサーとの交渉にあたっては、現法人を活用する方式なのか（直接債権放棄）、第二会社方式にするのかによって、許認可の維持や手続コストが大きく変わることがありますので、十分に協議を重ねていくことが求められます。許認可承継やその他事業継続に重要な権利関係の移転に難易度が高いケース、資産の移転コストが高い場合は、第二会社方式（☞102頁**2**）の活用ができず、現法人活用スキーム（直接債権放棄☞101頁**1**）を取ることを検討します。繰越欠損金が十分でない場合には、企業再生税制を活用できるスキームの検討を行うこともあります（☞317頁**2**）。

第二会社方式を取るとしても、事業譲渡の場合には消費税がかかりますが、会社分割の場合には消費税がかかりません（☞322頁**4**）。近時は会社分割によって、対応することが多いですが、事業譲渡の方が税務上有利であるなどの理由により、事業譲渡を選択する事例もあります（☞333頁 事例紹介③）。事業譲渡スキームの場合には、契約関係の承継の同意をどう取るか確認が求められます。また、税別なのか税込みなのか、早期に確認しておくことが必要でしょう。会社分割の場合には、不動産取得税が生じないスキームをとることができますので、その検討をすることもあります（☞323頁表）。

7 スポンサー選定手続の公正性

　債権放棄を要請する場合には、スポンサー選定手続が公正に実施されているかどうかがポイントになります。スポンサー選定済みの場合は事業再生計画案の策定において、スポンサー候補者の選定方法や選定過程について丁寧に説明することが重要であり、例えば単一のスポンサー候補者から選定された場合は、人的繋がりや取引関係などを説明の上、中小企業者の状況から他の候補者が見つかる可能性が低いことを説明することが考えられます。広くスポンサー候補者を探索する場合には候補者リスト及び作成経緯、スポンサー候補者からの提示条件の一覧を主要債権者に開示することが考えられます（中小版GLの改訂に伴って、中小版GLQA53-2が新設されています）。

　実務的には、スポンサー探索を行う場合には、比較的初期の段階から、全金融機関に対し、スポンサー型で進めること、必要に応じて適切なスポンサー候補を代理人弁護士や仲介会社に紹介するように依頼することが必要になることが多いでしょう。

　企業によっては、結果としてスポンサー候補が1社しか見つからないという事態もあります。このような場合も、透明性のある合理的な手続で選定を進めてきたことが、金融機関はスポンサー選定の適正を納得してもらうための大切な前提となります。逆にいうと、金融機関への説明が不足し、始めからスポンサー候補を1社決め打ちで進めたかのような印象を与えてしまうと、まとまる話もまとまらないことになりかねません。

　中小企業活性化協議会の委嘱専門家、中小企業の事業再生等に関するガイドラインの第三者支援専門家は、このようなスポンサー選定の適正さについても、中立公平な立場から意見を述べることになり、金融機関が判断する上で重要な参考となります。

　入札方式を取り、広く数十社に打診している場合には問題ないと思われますが、費用の問題や情報管理の観点から、数社にしか打診できないこともあります。このような場合には、どうして数社にしか声がけができないのかについて、合理的に説明できるようにします。また、信用不安には十分に留意しつつ、金融機関や事業承継・引継ぎ支援センターに

スポンサー紹介を依頼しておくことも検討すべきでしょう。

8 譲渡対価の交渉及び事業計画の提示がない場合の対応策

　スポンサーとの交渉にあたっては、譲渡対象資産・負債をどうするかにも関連しますが、譲渡対価（新会社に承継する債務額）をどうするかがポイントになります。

　スポンサー交渉が入札方式に準じる方式だとしても、唯一のスポンサー候補の提示する譲渡対価が低く、清算価値保障原則を満たしていない場合は、譲渡対価の上乗せ交渉が必要となります。例えば、承継対象資産・負債（実態価格）の差額の純資産部分を下回るような対価しか提示されない場合は、新会社にとっても「負ののれん」が生じることを説明し、金融機関にとって過剰支援になるので、応諾できず、私的整理が成立しないことなどを説明し、譲渡対価の上積み交渉を行うことが必要になります。新会社の今後の事業性に可能性がある場合には、スポンサーに事業計画を示して、DCF法に基づく事業価値を示して、金額の上乗せ交渉をすることも一つでしょう。

　債務者代理人の立場として、スポンサー候補に対し、事業計画の提示を求めるか否かですが、可能な限り、事業計画の提示を求めることが望ましいでしょう。スポンサーが事業買収をするにあたり、赤字事業であったとしても、事業再構築やスポンサーの信用力などをバックに事業改善し、早期に黒字化を目指しているはずです。仮に事業計画の開示を受けることができれば、それをベースに事業価値の算定を行うなどして譲渡対価の上乗せ交渉が可能となるかもしれません。また、私的整理の再生計画においては、数値基準適合性を満たすことが求められており、3年以内の黒字化の実現ができることを説明しなければなりませんので、事業計画の提示を受けるよう交渉することが望ましいと思われます。スポンサー候補から事業計画の提示を受けることでスポンサー候補が事業買収して不動産だけ売り逃げして会社を潰そうとしているわけではなく、新会社の事業運営を真摯に行うことを金融機関に説明することも可能となり、事業再生の大義を説明しやすくなる面もあるでしょう。

もっとも、スポンサー候補の提示する事業計画は、スポンサーの信用力などを背景にしたものであり、債務者企業の事業価値を過大に評価している部分もあるといえます（スポンサーの信用力やスポンサーの支援、シナジー効果等を背景に生じた事業価値であり、スポンサーに帰属すべき価値であり、対象債権者に配当すべきものではないという理屈もあるところですし、その点を措いても、スポンサーの事業と統合することなどを理由にスポンサー候補から事業計画の開示が受けられないケースも珍しくありません。

　スポンサー候補から事業計画が提出されない場合であっても、スポンサー型だから当然に数値基準適合性が省略されており、何の説明もしなくてよいと考えることは適当ではありません。数値基準適合性は、事業再生の蓋然性を図るための基準と考えられますので、スポンサーの信用力、シナジー効果等を踏まえて、事業改善が進み、事業再生の蓋然性が高まることを定性的に論じていくことが求められるでしょう（中小GLQA68の改訂箇所になっています）。

9 スポンサー契約の内容の協議

　スポンサー契約の内容は様々ですが、承継対象資産負債を特定しておくこと、譲渡対価を特定しておくこと、前提条件として売り手側（債務者企業）において金融機関の全行同意が必要となっていることなどを織り込みます。

　時間との勝負になるケースもありますし、あまり困難な前提条件を多数つけられると、計画の実行可能性に疑義が持たれることもありますので、債務者代理人弁護士は、スポンサー候補との間で前提条件を厳しくされないよう交渉することが求められます。

　また、再生計画において、事業再生の蓋然性や再生計画の実行可能性を確保するため、スポンサー会社の概要（社歴、事業内容、株主構成、役員構成等）、スポンサー会社の財務内容の確認方法、スポンサー支援の内容（事業運営の方針、役員派遣の方針）やシナジー効果の内容、事業譲渡等の対価の資金調達の手段、（第二会社方式の場合は）新会社の概要等の確認・協議が求められます。

5 Pro 債権放棄を伴う事業再生計画

Q 債権放棄を伴う事業再生計画には、どのようなことを盛り込むのですか。

A 数値計画がいわゆる数値基準を満たすことのほか、事業再生を果たすことの大義名分があること、債権放棄を要請する場合には、経済的合理性があること、株主責任・経営責任を明確にすること、衡平性があること、計画の実行可能性があることが重要です。また、保証人がいる場合には、経営者保証に関するガイドラインに基づく弁済計画も盛り込むことが通常です。

1 再生計画策定の意義・目的

1 事業を残すことに意義があること

再生計画といっても、「自主再建型」と「スポンサー型」と大きく二つの方法がありますが、いずれの場合であっても、事業を残し従業員の雇用を維持できることに再生計画立案の意義・目的があるといってもよいでしょう。自主再建型の場合には、窮境原因を除去し、様々なアクションプランを行い、商品力、サービス力を高め、地元の雇用を維持し、取引先との関係を強化し、地域の活性化に寄与することも意義・目的といえるでしょう。

2 金融取引を正常化させること（数値基準適合性）

これは自主再建型に関する場合ですが、再生計画における目的の2つ目は、金融取引の正常化につながる点です。

金融機関は、債務者会社の債務者区分（☞192頁**1**）がランクアップするか否かに関心を寄せています。債務者区分がランクアップするような計画を目指すことが大事になってきます。そのためにも再生計画が必要であり、このような再生計画のことを実抜計画とか合実計画といいます。実抜計画とは実現可能性の高い抜本的な経営再建計画をいい、合実計画

は合理的かつ実現可能性の高い経営改善計画をいいます（☞195頁**3**）。

　小規模企業者は別として、再生計画を策定する場合には、原則として、数値基準を満たすことが必要です（☞209頁）。中小企業活性化協議会の場合には、次の３点を満たすことが必要です（中小版GLにおいても同様の基準（☞221頁※１））。なお、数値基準を満たす計画が策定できない場合は、暫定リスケの検討を策定するか、スポンサー型の計画策定を目指すことが多いでしょう。

① ３年以内の経常利益黒字化
② ５年以内の債務超過解消
③ 計画終了時点での債務償還年数が10年以内になること

コラム

スポンサー型の問題点と自主再建型の意義の見直し

　近時、スポンサー型は非常に増えていますが（☞第３部第３章）、スポンサー型は、①従業員の雇用環境や取引先との関係継続が図られるか不透明、②金融機関への配当が低廉になることが多いこと（不動産担保評価額を早期売却価格で見ざるを得ない案件、非保全配当率が低い案件が多い）などの問題点が指摘されることもあります。一方、自主再建型の場合には、①従前の関係が維持され、取引先を残し、経営者の経営資源を活用することもでき、また②金融支援額の妥当性が事業価値算定（☞289頁⑤）や数値基準に基づき決定されており、金融機関への配当率も高い傾向にあるように思われます。中小企業活性化協議会の調査によると、平成15（2003）年から23（2011）年度に完了した債権放棄を伴う自主再建案件375社のうち336社（90％）が事業継続しており、事業継続率はスポンサー案件と大差ないとされています（「事業再生と債務管理」177号77頁 橋田論考参照）。自主再建型の意義を見直す時期にきているのかもしれません。

（宮原 一東）

第4章　金融機関交渉、DD及び事業再生計画策定

■数値基準を満たす計画の数値例

①3年以内の経常利益黒字化
③計画終了時点での債務償還年数が10年以内

財務3表サマリー		実績	計画0期	計画1期	計画2期	計画3期	計画4期	計画5期
単位：千円		2021/3期	2022/3期	2023/3期	2024/3期	2025/3期	2026/3期	2027/3期
PL	売上高	279,000	316,200	330,150	339,085	348,375	357,665	357,665
	売上総利益	70,320	80,365	87,490	93,248	95,803	98,358	98,358
	売上総利益率	25.2%	25.4%	26.5%	27.5%	27.5%	27.5%	27.5%
	営業損益	△21,020	△10,680	528	4,284	6,839	9,393	9,393
	営業損益率	△7.5%	△3.4%	0.2%	1.3%	2.0%	2.6%	2.6%
	経常損益	△21,900	△13,520	△312	3,444	5,999	8,553	8,553
	経常損益率	△7.8%	△4.3%	△0.1%	1.0%	1.7%	2.4%	2.4%
	当期純損益	△21,972	△13,592	△384	3,372	5,927	8,481	8,481
	償却前営業損益	△19,580	△9,170	2,038	5,794	8,349	10,903	10,903
	償却前営業損益率	△7.0%	△2.9%	0.6%	1.7%	2.4%	3.0%	3.0%
BS	現金及び預金	25,840	20,576	20,981	21,624	25,680	27,891	28,984
	運転資本（注1）	49,500	50,097	15,489	52,926	53,280	53,634	53,634
	有利子負債（注2）	158,000	155,000	154,500	153,300	152,100	146,100	138,900
	要償還債務（注3）	82,660	84,327	82,030	78,750	73,140	64,574	56,282
	簡易営業CF（注4）	△20,532	△12,082	1,126	4,882	7,437	9,991	9,991
	債務償還年数（注5）	-	-	72.8	16.1	9.8	6.5	5.6
	実態純資産	△11,812	△25,404	△25,788	△22,416	△16,489	△8,008	474
CF	営業活動CF	△18,900	△12,264	905	3,343	6,756	9,711	9,792
	投資活動CF	-	10,000	0	△1,500	△1,500	△1,500	△1,500
	フリーキャッシュフロー	△18,900	△2,264	905	1,843	5,256	8,211	8,292
	借入金弁済原資	△18,900	△2,264	905	1,843	5,256	8,211	8,292
	借入金の増減	△16,000	△3,000	△500	△1,200	△1,200	△6,000	△7,200
	キャッシュ・フロー変動額	△34,900	△5,264	405	643	4,056	2,211	1,092
	期末現金及び預金	25,840	20,576	20,981	21,624	25,680	27,891	28,984

②5年以内の債務超過解消

（注1）運転資本＝売上債権－仕入債務＋棚卸資産
（注2）有利子負債＝短期借入金＋長期借入金
（注3）要償還債務＝有利子負債－現金及び預金－運転資本
　　　（運転資本がマイナスの時は控除しない）
（注4）簡易営業CF＝経常損益＋減価償却費－法人税・住民税事業税
（注5）債務償還年数＝要償還債務÷簡易営業CF

2 再生計画の全体像

再生計画（☞220頁4）の全体像は、次のとおりとなります。

■再生計画の全体像の一例
はじめに（代表者陳謝）
第1　会社概要等
第2　財政状況及び営業成績の推移
第3　窮境原因とその除去可能性
第4　事業再構築計画の内容及び今後の事業見通し
　　※自主再建型の場合には、自助努力を織り込む
第5　再生計画
　　1　事業再生の意義
　　2　事業再生スキームの概要
　　3　今後の財務三表の見通し（実態貸借対照表、資金繰り計画を含む）
　　4　債務弁済計画（債務免除額の算出根拠を含む）
　　5　計画の実行可能性（再建管理の説明等）
　　6　数値基準適合性（スポンサー型の場合は、定性的な説明になることもある）
第6　金融機関様への依頼事項（☞297頁）
　　1　対象債権者様及び基準日
　　2　信用保証協会付きの債権者様への要請事項
　　3　債務弁済計画（債務免除）へのご同意
　　4　保全・非保全の考え方
　　5　同意期限
第7　経済合理性（必要に応じて地域経済への影響）
第8　責任論（株主責任、経営者責任、保証責任）
第9　保証人の弁済計画
　　1　保証人の資産と負債の状況
　　2　経営者保証に関するガイドラインの要件充足
　　3　金融機関様への依頼事項
　　4　経済的合理性
　　5　計画の実行可能性

「はじめに」では、代表者の謝罪を記載し、今後の事業継続・事業再生への決意等を示すことになります。

第１から第３については、財務・事業DDでの調査結果をベースに記載することになります。第３の窮境原因の除去、第４の事業再構築計画の内容については、自主再建の場合の肝の部分になります。自助努力が十分に反映されたものとして、具体的施策（アクションプラン）を立案し、説明します。なお、スポンサー型の場合には、事業再生スキームがスポンサー型となり、スポンサー選定の必要性、スポンサー支援の合理性（スポンサー選定経緯、スポンサー提示額の合理性、スポンサーの支払能力、実行の確実性等）について、説明を行うこととなります。

　第５の再生計画については、事業再生の意義（事業再生による債権放棄の大義名分（☞第１部第１章））を示すことになります。中小企業の事業再生等に関するガイドラインにおいても、必要に応じて、地域経済の発展や地方創生への貢献、取引先の連鎖倒産回避等による地域経済への影響を鑑みた内容にするとされています（中小版GL第三部4(4)①チ参照）。

　そのほかPL計画、BS計画、CF計画（この３つの計画のことを「財務三表」（☞142頁**3**）ということがあります）、タックスプランニング（☞176頁**3**）を加味した計画を示し、今後の弁済条件（☞179頁、283頁）、数値基準を満たしていることなどを説明することになります（ただし、スポンサー型の場合には数値基準の説明が不要なこともあります）が、事業再生の蓋然性の説明を定性的に行うことが求められます）。

　第６の金融機関への依頼事項は、非常に重要な部分になります（☞297頁**4**）。対象債権の範囲、基準日、どのような場合に幾らの債権放棄を依頼するのか、担保解除に応じてもらうのか、特別清算への依頼、保全・非保全の考え方を明確に記載すること、弁済充当の考え方、利息・損害金の取扱い、信用保証協会への代位弁済（☞197頁**7**）の依頼などを記載することになります。債権放棄等を要請する案件の場合には、弁護士が主体となり金融機関ともよく協議して、事後的に解釈でもめないよう記載することが望ましいでしょう。

　債権放棄を依頼する計画の場合には、保証人の保証責任も問題となりますし、保証履行した場合の求償権の取扱いなどを明確化する必要がありますので（中小版GLQA92、93）、経営者保証に関するガイドラインに

基づく弁済計画を同時に立案することが通例です（中小版GLQA92、93）。

3 再生計画策定における重要な概念

1 経済合理性ないしは債務減免（債権カット）額の算定の説明

私的整理で再生計画を立案し、同意を得るためには、債権者にとって経済合理性があることを説明できる内容であることが不可欠です。もっとも、債務減免（債権カット）等を求める場合には、それだけでは足りず、債務減免（債権カット）等を求める算定の理由を説明することが求められます（中小版GL第三部4(4)①ト参照）。

経済合理性がある説明や債務減免（債権カット）額の算定の説明としては、以下の6つの考えを満たすことが必要になるでしょう。

① 狭義の経済合理性（清算価値保障原則）

再生計画に基づく弁済の方が、破産した場合の清算価値よりも多いことは経済的合理性を説明する上で、最低限必要なものとなります。民事再生手続でも必要な条件とされており、清算価値保障原則といわれています（民事再生法174条2項4号☞360頁）。破産手続での回収額の方が大きい計画であれば、債権者としては、破産を望むはずであり、当該計画に合理性がないことになるからです。

■清算価値保障原則のイメージ図

| 私的整理による再生計画に基づく回収額 | ＞ | 破産した場合の回収額 |

私的整理に関するガイドライン3項(4)では、「私的整理により再建するときは、破産的清算はもとより、会社更生法や民事再生法などの手続によるよりも多い回収を得られる見込みが確実であるなど、債権者にとっても経済的な合理性が期待できること」と定められており、その他の準則型私的整理手続における再生計画においても、法的再建手続の回収額との比較の検討をすることもあります。

しかし、法的再建手続との対比を現実的に示すことは困難でもありますし、法的再建手続の場合には、事業価値の劣化が生じたり、スポンサーが離れたり、手続費用の問題があり、法的再建型は想定しがたく、清算型にならざるを得ず、回収額は破産の場合と同等になると想定されるなどの説明をすることも少なくありません。

　中小企業活性化支援協議会や中小版GLでは、法的再建手続との比較までは求められていませんので、法的再建手続との比較は、不可欠のものと考える必要はなく、ケースバイケースの対応でよいでしょう。

　破産した場合との比較といっても、どの時点での比較をするかという点が議論となることがあります（基準日をどうするかという論点です）。会社の清算価値は、時点によっても異なるからです。オーソドックスなのは、財務DDにて清算時配当率を試算した時点（直近の決算時点等）になりますが、急速に事業価値が低下（悪化）している事業者の事案においては、直近の決算時点の清算価値を下回ることがあり、計画策定直前時点で比較することもあります。なお、今般の中小版GLの改訂において、財務DDの基準日の清算価値との比較が適切でない場合も生じ得るとして、事業再生計画案を提示する直近時点を基準日とする清算貸借対照表に基づいて算出される清算価値の提示を受け、当該時点の清算価値と比較することは許容されると示されています（中小版GLQA61-2参照）。

② 広義の経済合理性（地域経済への影響）

　上記①は債務者企業からの回収額のみを考慮するものですが（狭義の経済合理性）、それ以外のより広い範囲での影響を考慮する考えもあり、これを「広義の経済合理性」ということがあります。債務者企業が法的整理となった場合の従業員向け住宅ローンへの影響や連鎖倒産による他の貸付債権の回収懸念等を考慮する考え方になります（藤原敬三『実践的中小企業再生論〔第3版〕』39頁（きんざい））。

　中小企業の事業再生等に関するガイドラインの事業再生計画案には、必要に応じて、地域経済への影響を鑑みた内容とするとあり（中小版GL第三部4(4)①チ参照）、広義の経済的合理性を考慮する考えに立っているようです。

③ 実質債務超過額を超える債権放棄にならないこと

実務上、実質債務超過額（☞262頁1）を上回る債権放棄を要請する計画は、問題となることが多いです。理屈上、当該会社が一定の時間をかけて、正常に資産を換価すれば、対象債権者は、当該資産に見合うだけの回収を期待できる関係があると考えられるからです。

金融機関から見れば、任意に廃業したほうが合理的と考えられ、過剰支援との批判を受け、計画に合意してもらえないことになるでしょう。新会社には、「負ののれん」が計上されることとなり、税務リスクがあると考えられます（☞307頁1）。少なくとも自主再建の場合には、実質債務超過額を超える債権放棄の計画を立案することはあり得ないといってもよいでしょう。

■実質債務超過額による債権放棄額の妥当性の検証

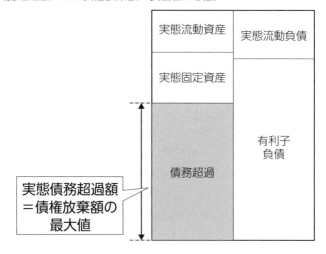

一方で、事業価値がかなり傷んでおり、早期に譲渡実行をしなければならない場合には、清算価値と実態価値の間の金額であれば、スポンサーに引き受けてもらえるような場合があります（将来の一定期間の赤字をスポンサーが引き受ける代わりに、スポンサー側からディスカウントを求められる関係となります）。このような場合には、実質債務超過額を超える債権放棄であっても、清算価値保障原則を満たすのであれば許容

されることもあり、ケースバイケースと考えられます。

④ 担保によって保全されている債権部分以上の支払いはすること

担保によって保全されている債権部分は、債権放棄をすることはできません。金融機関にとって、担保で保全されている金額部分は、法的倒産手続に入っても原則として回収可能な債権部分になりますので、債権放棄に協力することができないからです。もっとも、実務的には、担保の評価をどうするか（保全額をどうするか）について、様々、議論になることが少なくありません（☞292頁③）。

⑤ 事業価値算定（特に自主再建型の場合）

会社の事業価値の算定としては、実態純資産で評価する方法（時価純資産法）ではなく、将来のキャッシュ・フロー獲得能力を現在価値に引き直して計算するDCF法を採用することが多いです。

そこで、特に自主再建型（や事業再生ファンドを活用する場合）の債権放棄の計画においては、将来のキャッシュ・フローを試算して、DCF法で試算した事業価値の一定のレンジに新会社が承継する負債（新会社において支払いを予定している金融債務額）が収まっているかを債務減免（債権カット）等を求める算定根拠として、試算することがあります。

図に示すと、次のとおりとなります。

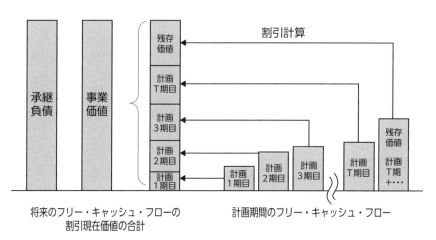

今後の計画が赤字の場合などで計画期間のフリー・キャッシュ・フロー

が出ない場合、事業価値が得られないということになってしまいます。事業改善に努めて合理的な期間内に改善が図れる場合はよいのですが、かかる見込みがない場合、スポンサー型の計画策定を検討したり、スポンサーが付かない場合には、廃業を視野に入れる必要がある場合もあります。一定程度事業価値は出るものの、計画期間内のフリー・キャッシュ・フローが低く、事業用資産の価値を下回る場合も同様の問題が出てしまいます。

⑥　スポンサー選定手続の公正性による説明

　他方で、スポンサー型の債権放棄の計画においては、事業価値算定を行うとは限りません。スポンサーから今後の損益計画等を出してもらうことは現実的ではないともいえますし、スポンサー選定手続が公正に行われていたとすると、「市場における評価＝時価そのもの」であると評価することが可能であり、必ずしも事業価値判定が必要不可欠なものとはいえないものと考えられます。

　そもそもスポンサー型においては、スポンサー会社が将来計画を立案することになるところ、当該事業計画は、スポンサーの信頼、資金力、ノウハウ等により実現するものであり、その価値はスポンサーに帰属するべきものであり（対象債権者に帰属するべき価値とは考えられない）、その意味でも事業価値算定までは必要としない考えがあるわけです。その場合、債務減免（債権カット）等を求める算定根拠としては、スポンサー選定手続が公正に行われているとか、スポンサー交渉が適正に行われていることになるのでしょう（☞278頁**7**）。なお、数値基準適合性の点に関しては、スポンサーのもとで事業改善が行われることを定期的に説明することになるでしょう（中小版GLQA68の改訂箇所）。

2　衡平性・公平性

　再生計画においては、対象債権者については、平等な計画にすることが求められます（中小版GL第三部4(4)①ヘ参照）。

① 　リスケジュールの計画の場合

　リスケジュールの計画の場合には、債権残高プロラタで計画を立案することが多いです（☞179頁**4**）。

例えば、債権額合計が10,000,000円で、各回の弁済額が100,000円の場合、債権額に応じて、平等に配分していくことになります。

(単位：千円)

	債権者名	債権額	各回弁済額
1	A銀行	5,000	50
2	B銀行	3,000	30
3	C銀行	1,500	15
4	公的機関	300	3
5	公的機関	200	2
	合計	10,000	100

② 債権放棄を要請する計画の場合

一方で、債権放棄を要請する計画の場合には、担保設定している資産で保全されている債務部分や保証協会の保証が付いている分は、破産時でも回収できることから、債権放棄の対象債権から除外する扱いが一般的です。債権放棄を要請する計画の場合には、担保や信用保証協会の保証で保全されていない債権残高（このことを「非保全債権残高」といいます）で按分する計画（非保全プロラタの計画）を立案することが多いです（☞263頁 **6** ）。

(単位：千円)

	債権者名	債権額	保全額（Ⅱ）	非保全債務額（Ⅲ＝Ⅰ－Ⅱ）	非保全債務弁済額（Ⅳ）	債務免除予定額（Ⅲ－Ⅳ）
1	A銀行	5,000	4,000	1,000	333	667
2	B銀行	3,000		3,000	1,000	2,000
3	C銀行	1,500		1,500	500	1,000
4	公的機関	300		300	100	200
5	公的機関	200		200	67	133
	合計	10,000	4,000	6,000	2,000	4,000

債権残高10,000,000円のうち、A銀行については、抵当権4,000,000円がありますので、全行の非保全債権額は6,000,000円になります。無担保部分からの回収額が2,000,000円とし、非保全債権額で按分して、計算することになります（2,000,000円／6,000,000円＝33.3％の配当率）。

私的整理の再生計画においては、会社と担保設定に応じている代表者

等の担保設定資産については、同一視して保全として評価することが多く見受けられます。なお、代表者（保証人）の無担保資産を保全として考えることはありません。信用保証協会と異なり、いつ、幾ら保証履行するのか不明確であることが理由になるのでしょう。

③　担保価値をどう評価するか（保全額の評価）

　担保価値をどう評価するかは悩ましい問題です。債権放棄を要請する事業再生事案の場合には、不動産については不動産鑑定を行うことが通例です。継続不動産は「正常価格」、処分予定不動産は「早期処分価格」で評価することが多いです。

　私的整理に関するガイドライン「Q．10－2　実態貸借対照表作成にあたっての評価基準」によると、「再建計画において、継続して使用予定の物件は時価（法定鑑定評価額、またはそれに準じた評価額）に調整する。売却予定の物件は、早期売却を前提とした価格等に調整する」とされていることに基づくものと思われます。

　もっとも、大赤字の事業の場合には、スポンサーの提示する譲渡対価が低くなることが多く、不動産鑑定の正常価格を保全額としてしまうと、スポンサーの譲渡対価が担保権者に全額充当されてしまい、専門家費用や非保全配当が出せず、再生計画の策定が難しくなることがあります。このような場合、私的整理であるものの、法的整理に準じた案件であることを強調し、継続不動産についても「早期処分価格」をもって保全評価として、再生計画を策定することも一部地方では増えつつあります。結局のところは、ケースバイケースで事案ごとに適切に使い分けているのが実態といえます。

④　処分予定の不動産の場合の保全額は事前に確定させるのか

　担保付きの処分予定不動産等については、事前に保全額を決めるのか（固定型）、事後的に処分できた金額を保全扱いにするのか（変動型）はケースバイケースであり、難しい問題です。

　非事業用不動産の保全額を変動させる場合には、以下のような依頼事項にすることが考えられます（下記の依頼文の一段落目のなお書きは固定型となり、2段落目のなお書きは、担保解除の依頼文です）。

> **■処分用不動産の取扱いについての依頼文の参考例**
> 　対象債権者各位におかれましては、非事業用不動産については、原則として、早期処分価格をもって、保全額として扱っていただきますようお願いいたします。ただし、令和●年●月末日までの間に、非事業用不動産の担保処分が実現された場合においては、当該実回収額をもって保全額として取り扱うよう修正することにご理解ください。なお、同日までの間に非事業用不動産の回収ができない場合には、当該不動産の保全額は早期処分価格のままとし、その後の処分による回収額が上振れしたとしても、下振れしたとしても変動しないものとします。
> 　なお、非事業用不動産による実回収額が早期処分価格を下回る場合には、第1回弁済額を増やす処理をすることとなります。他方で、令和●年●月●日前に処分が実現し、実回収額が早期処分価格を上回る場合には、第2回弁済時に衡平な配当率となるよう、別途調整をさせていただきます。後順位担保権者については、担保余剰分がない担保権については、担保解除料（ハンコ代）の支払いなく、担保解除に応じることにご協力ください。

⑤　売掛金など流動的な担保物件の保全額の定め方

　売掛金や在庫が担保に入っている場合、日々、変動しますので、その評価をどうするかは難しい問題です。直近の決算時点など基準日の評価で行うことも一案でしょうし、それが不合理な場合には一定の期間の平均値で試算を行うことも一案でしょう。

　在庫や機械等を担保設定されている場合には、適正な償却額で試算を行う場合のほか、在庫評価業者や中古品の買取業者に査定や見積もりを要請し、それを用いることもあります。

⑥　保全扱い（又は優先扱い）にするか否か議論になるもの

　実務上、保全の扱い（又は優先扱い）にするかどうかで議論が分かれるのは、以下のものになります。メインバンク、中小企業活性化協議会などの関係者でよく議論しておくべきでしょう。

■保全扱い（又は優先扱い）にするか否かが論点になりうるもの
　① 少額債権部分
　② 担保類似の資産（例えば、固定性の預金、出資金）
　③ 直近の融資分（特にコロナ特例融資の取扱い）

　近時は、コロナ特例融資分を保全扱い（又は優先扱い）にするかどうか、様々議論になっていますが、多くのケースでは、通常の債務と同様に扱っているようです。一方、事業再生ファイナンス（☞123頁Ⅱ）については、売掛金等を担保に取っていたり、既存の金融機関から保全扱い（又は優先扱い）にすることについて全行同意を取っていることが多いので、そもそも対象債権者として扱わなかったり、その点を措いても保全扱い（又は優先扱い）にすることは当然の前提となっており、あまり論点になりません。

⑦　劣後化することが多いもの
　代表者からの借入金など経営者一族からの債務は、優先的に債権放棄の対象にする、つまり劣後化させることが多いです（経営責任の観点からも劣後的扱いが求められます）。
　日本政策金融公庫等の劣後ローンは（☞37頁❸）、法的整理時には、劣後化するものですが、私的整理の再生計画を立案する際には、通常の貸出債権と同列で扱い、再生計画を立案することが多いです。劣後ローンが多い場合には、経済合理性を満たす計画を作れるか注意が必要となります。
　では、過去に金融機関の一部がDDSの支援をしたものの、その後、債権放棄が必要になる場合にはどうなるのでしょうか。DDSの債権も法的整理時には劣後扱いとなりますが、私的整理の計画上はどう扱うかという話です。劣後ローンと異なり劣後処理することが多いです。関係者との事前調整が求められる問題といえるでしょう。

3　透明性
　私的整理での債権放棄を要請する場合は、手続が透明であることが必要不可欠になります。債権放棄を要請する計画を立案する場合には、準

則型私的整理手続を活用することが多いですが、これらの手続は、透明性のある手続であることから、関係者からの信頼が高く、利用されるものといえるのでしょう。

　中小企業活性化協議会の手続においても、中小企業の事業再生等に関するガイドラインの手続においても、手続の透明性を重視しています（例えば、中小版GL第三部2(4)参照）。

　月次報告や重要事項の報告などを行うことで対応することが多いでしょう（☞256頁**6**）。

4　責任論

　私的整理において、債権放棄を要請する計画を立案する場合には、責任を明確化することが求められます。株主責任、経営責任、保証責任を明確にすることが必要となります（例えば、中小版GL第三部4(4)①ホ参照）。債権者に債権放棄を求めるにもかかわらず、債権者よりも劣後する株主が何ら責任を負わないことは許容されず、通常は、株式価値をゼロにすることが求められます（第二会社方式の場合には、特別清算手続により法人自身が清算されますので、責任を果たしたと評価されます）。

　経営者責任とは、退任により責任を果たすということが本来的な意味ですが、中小企業の場合には、そのような対応は現実的ではない場合があります。そのため、中小企業活性化協議会の手続や中小企業の事業再生等に関するガイドラインでは、経営者の退任を必須とするものではないとされています。その場合、経営者責任を明確化するため、役員報酬の削減、貸付金、求償権の放棄、私財提供や支配株主からの脱退等により図ることもあり得るとされています（再生支援要領QA28、中小版GL4(4)①ホ参照）。なお、実務上は、経営者が再生手続を円滑に進めることに協力している（例えば、株主として適切に権利行使する、引継ぎに協力するなど）ことで経営者責任を果たしていると説明することもあります。

　保証責任については、保証人として、一定の保証履行を果たすことで説明することが一般的です。経営者保証人GLに基づいて計画を策定で

きていれば、保証責任を果たしたと説明できることが多いでしょう。なお、一体型で保証人が保証履行を行う場合には、保証人が会社に対して取得する求償権について放棄する旨の記載を忘れないように留意します（☞484頁⑧）。

5 実行可能性

　実行可能性の乏しい計画は、問題です。自主再建型の場合には、二次破たんとなってしまい、債権放棄に協力した意味がなくなってしまいます。スポンサー型の場合には、譲渡実行ができなくなってしまってはそれまでの交渉の時間がすべて無駄となってしまい、時間的にやり直しが効かなくなってしまうからです。

　自主再建型の場合には、各種数値計画資料の整合性が取れているか、収益弁済の計画の実現可能性が保守的に作成されているかどうか、投資計画が十分に織り込まれているか、再建管理の有無（モニタリングを行うことになっているか）などにより説明します。

　スポンサー型の計画の場合には、スポンサー契約や事業譲渡契約が有効に締結されているか、会社の株主総会が適法に開催できるのか（株主が分散している場合や外部株主の場合には注意が必要）、スポンサーから譲渡対価が確実に入ってくるのか、前提条件が厳格になりすぎていないか、第二会社方式の場合には、特別清算の履行にあたり、問題となる事情が生じていないか（清算費用が適切に盛り込まれているか）を説明することになります。これらの進捗状況を適時適切に報告することを説明することもあります。

　なお、中小企業活性化協議会においても、また中小企業の事業再生等に関するガイドラインにおいても、委嘱弁護士や第三者支援専門家により、事業再生計画案の実行可能性を検証対象にすることが求められています（中小版GL第三部4(5)②ロ☞300頁⑤）。

6 数値基準の適合性

　準則型私的整理手続の場合に再生計画を立案する場合は、数値基準（☞281頁②）が設けられていますので、これらの数値基準に適合している

ことを説明することが必要となります。自主再建型の計画の場合（事業再生ファンドを活用する場合や新会社で分割対価の融資を受けるスキームの場合も同様）には不可欠の要件となります。スポンサー型の場合でも、本来的には求められるものです。特に現法人を活用するスキームの場合、分割弁済が必要となるスキームの場合などは必要となります。一方、第二会社方式で一括弁済する計画の場合には求められないこともあります。

4 金融機関への依頼事項

　金融機関への依頼事項は、明確に記載すべきです。例えば、次のような記載になります。基準日や対象債権を明確にし、保証協会への代位弁済を要請し、債務免除の要請も明確に記載するほか、金利等の扱いも明確に記載します。第二会社方式の場合には、特別清算への同意も要請します。

■金融機関への依頼事項の参考例
1　対象債権者様及び基準日
　　本再生計画において、金融支援依頼の対象となる債権者様（以下「対象債権者様」といいます。）は、令和●年●月末日（同日を基準日とします。）現在で当社に債権（以下「対象債権」といいます。）を有する下記債権者様とさせていただきます。（略）
※期限の利益が切れている場合など遅延損害金が生じる場合には様々な工夫が必要

2　債務弁済額及び充当方法のお願い
　　対象債権者の皆様への弁済額は、資料●に記載のとおりです。
　　対象債権者様に対して、非保全債権額（保全・非保全の考え方は6項に記載します。）に応じて弁済を行います。なお、弁済金については、いずれも元本に充当いただきますよう、お願いいたします。
(1)　第1回弁済（弁済率確定）（基本弁済）
　　本件会社分割が実行できたことを条件に実行日を目途として、当社は、事業用不動産の●●（正常価格か早期処分価格にするかを明示する）の支払いに加えて、非保全額に●％を乗じた金員をお支払いいたします（保証付き債権を有する●●銀行様におかれましては、●●県信用保証協会様への弁済分も合算して支払いを致しますので、適切に充当処理いただきますようお願い

いたします。）。後述のとおり、保全・非保全額は変動の余地がありますが、非保全配当率●％弁済は確定の配当率とお考えください。

(2) 非事業用資産の処分による弁済

　●●の不動産（以下「非事業用不動産」といいます。）を換価し、換価できた金額から換価・担保解除に必要な諸費用（消費税、司法書士費用、不動産仲介会社費用等）を控除した残額について、担保権者に弁済します。なお、上記諸費用を控除した残金が後順位担保権者に配当がない場合には、後順位担保権者におかれましては、担保解除料（ハンコ代）の支払いを受けることなく、担保解除に応じるものとしていただきますようお願いいたします。

(3) 第2回弁済（額未定）（追加弁済）

　残存資産や非事業用不動産の換価後、当社は解散し、解散の2か月後を目途に特別清算手続の申立てをし、和解契約に基づき速やかに第2回弁済（追加弁済）を行います。

　残債務全額について、特別清算手続内にて、債務免除をいただきます。

3　本件会社分割に対するご同意

　前述のように、当社は、新会社に対して当社事業を吸収分割の手法によって移転承継させる手続の実行を予定しております。対象債権者様におかれましては、当該一連の手続を行うことについてご同意いただきたくお願い申し上げます。

4　実質的債務免除の要請（特別清算手続）へのご同意

　当社は、本件会社分割実行後、残存する会社財産や譲渡対価をもって元本債務の弁済の準備を整えます。対象債権者様に対して、特別清算手続内にて、第2回弁済を実施し、弁済しきれなかった残額部分については、特別清算手続において債務免除（非保全プロラタによる免除）のお願いをさせていただきます。対象債権者様におかれましては、当社を解散させた上で特別清算させ、当該特別清算手続内にて債務免除することについてご同意いただきますようお願い申し上げます。特別清算手続の申立てにあたっては、事前に申立てへの同意書の提出をお願いいたします。特別清算手続においても、追加弁済を行う場合の和解契約における弁済対象となる基準債権額は、●日時点の元本のみとしていただきますようお願いいたします。

※協定型か、和解型かを検討する（☞418頁**12**）。

5　金利・遅延損害金の取扱いについてのお願い

　本件会社分割実行日後に生じる金利・遅延損害金その他の債務については、特別清算手続において、全額債権放棄の対象としていただきますようお願いいたします。

すなわち、当社は、実行日の前日までは、約定金利相当額（保証料を含みます。以下「金利等」といいます。）をお支払いいたします。他方で、実行日以降分の金利等については、お支払いできないものとします。
※自動引き落としの処理などにより、期限前弁済（前払い）をしている場合にはその処理も記載する（☞252頁**4**）。

6　保全債権額及び非保全債権額の考え方並びに担保解除のお願い
　　対象債権者様に対する債権放棄依頼額算出の基準となる非保全部分の債権（非保全債権）額の算定に当たり、対象債権額から控除される保全部分の債権（保全債権）額の算出は、以下の基準にて行うことについてご同意いただきたく存じます。
(1)　事業用不動産の保全額及び担保解除の扱い（略）
(2)　非事業用不動産の保全額及び担保解除の扱い（☞292頁）
(3)　預金口座
　　当社及び保証人が保有する対象債権者様に預けている預金については、本計画において非保全として扱うものとします。

7　保証付き債権をお持ちの金融機関様へのお願い事項
　　●県信用保証協会様による保証付債権を有する対象債権者様におかれましては、本件クロージング日後に速やかに代位弁済請求ができるよう必要な手続をお取り頂きたくお願い申し上げます。衡平性の観点から、代位弁済の対象は、元本のみとしていただきますようお願いいたします。
　　当社は、必要に応じて、期限の利益放棄の同意書を提出しますので、必要な場合には代理人弁護士宛、お申し出ください。なお、期限の利益喪失通知を送る必要がある場合、当社代理人弁護士宛にお送りください。
※求償権消滅保証を要請する場合は、その旨の依頼を説明する（☞197頁**7**）。

8　その他の依頼事項
　　当社は、対象債権者である金融機関様に対し、本件会社分割までの間、すべての対象債権について、基準日時点における残高を減少させること、弁済の請求・受領、相殺権を行使することなどの債務消滅に関する行為をなすこと、追加の物的人的担保の供与を求め、担保権を実行し、強制執行や仮差押え・仮処分や法的倒産手続の申立てを行うことを差し控えていただくよう、お願い申し上げます。

9　同意期限
　　●年●月●日午後5時までに●●宛てに同意書をご送付いただきますようお願い申し上げます。

⑤ 再生計画案を検証する場合の留意点

　中小企業活性化協議会を活用する場合で、債権放棄を要請する計画を立案する場合には、外部専門家として、弁護士が選任され、調査報告書が作成されます。調査報告書の項目は、概ね以下のとおりとなります。中小企業の事業再生等に関するガイドラインにおいても、第三者支援専門家により、同様の調査が行われます（中小版GL第三部4(5)）。

第1　会社の概要
第2　業績及び財産の推移
第3　収益及び財産等の現況・実態
第4　窮境原因と除去可能性
第5　再生計画案の概要
第6　再生計画の合理性、相当性、実行可能性等の検証
　　1　事業再生の意義
　　2　金融支援の必要性
　　3　金融支援の相当性
　　4　金融支援の衡平性
　　5　経済合理性（必要に応じて地域経済への影響）
　　6　実行可能性
　　7　責任論
第7　保証債務弁済計画の合理性、相当性、実行可能性等の検証

　検証する立場の弁護士（第三者支援専門家）や再生計画案を検討する立場の金融機関としては、再生計画案の内容が合理的か、衡平か、実行可能性があるか、経済的合理性があるか、責任が明確に図られているか、数値基準（☞209頁■、281頁2）に適合しているのか、（スポンサー型の場合には）スポンサー選定が適正に行われているか、経営者保証に関するガイドラインの要件充足に問題がないか等を計画立案段階から確認します。

6 Pro 再生計画案が成立しない場合の対応

Q 再生計画案が成立しない場合は、どのような対応がありますか。

A 再生計画案が成立しない場合は、その要因を解明して対応策を練ります。

1 再生計画策定にすらたどり着けない場合

　再生計画策定の前に、例えば、多額の粉飾や横領の事案が発覚し、どうやっても金融機関の全行同意が得られない場合や、そうでなくても、資金繰りが追い付かず、資金ショートが見込まれる場合もあります。

　このような場合には、廃業型私的整理手続への移行や法的整理の検討が必要になりますが、預金の取扱いなどに留意しつつ、それまでの私的整理の手続をいかに着地させるのか、関係者とよく協議を行うことが求められます。

2 再生計画策定までは進んだものの同意が得られない場合

　再生計画ドラフト提示の前に論点メモなどを示して、想定している計画の概要を事前に共有し、意見交換を行います。また、再生計画の最終提示の前に再生計画案ドラフトを提示して、一定期間内に当該計画案への意見、質問を受けるようにします。不同意の場合は、その理由の説明をしてもらうことで（☞222頁 **6**）、事業者と金融機関において、意見交換をして、すり合わせを行い不同意の障害をクリアして同意してもらうように努めることになります。

　会社や代理人弁護士ら再生支援チームは、金融機関が不同意の意向の場合には、金融機関の意見が合理的で受け入れられるものか（修正できるものか）、受け入れられないものかを見極めることが必要になります。金融機関が不満と感じている点を是正するか、説得するなどして、最終的には同意を得ているケースが多いでしょう。

再生計画案の修正等で調整が難しい場合には、以下の方法が考えられますが、様々な点で留意が必要です（☞242頁**3**も参照）。

■再生計画案の修正で対応できない場合の対応策

方法	内容	デメリット・留意点
再生計画の断念	リスケジュールの継続などを行う暫定リスケ・プレ再生支援の検討を行う	抜本的な再生につながらない、事業承継に問題を抱えている場合には承継ができない
	廃業型私的整理手続に移行する	事業継続ができなくなってしまう（ただし事業譲渡ができる場合は事業継続可能）
特定調停スキームの検討	不同意の金融機関については、17条決定での解決を目指す	17条決定が出ても不同意となる場合には使えない
事業譲渡実行（特別清算ないし破産）（☞第6部第3章）	全行同意が得られない中で事業譲渡を実行し、その後、旧会社を破産ないし特別清算にて処理する	●全行同意がない中でスポンサーが譲渡を引き受けてくれるのか ●担保権者が担保解除に応じてくれるのか ●破産管財人からの否認権行使のおそれがないのか ●経営者保証に関するガイドラインに協力してもらえるのか
民事再生（☞第6部第2章）	民事再生を申し立てる	事業価値の毀損のおそれ、金融機関の反発など

3 東京地裁民事20部の特定調停

　令和2（2020）年4月より、東京地方裁判所民事20部において、特定調停を扱うこととなりました。特定調停の多くは簡易裁判所で行われるものですが、これと異なり、多数の実績をもつ事業再生専門部である民事20部が扱うことが最大の特徴です。

　東京地裁民事20部の新たな運用は、原則として、事業再生ADRや中小企業活性化協議会等の手続から移行した案件を対象としていますが、資金繰りが厳しく、準則型私的整理手続を経る時間的余裕がないものの、公認会計士の作成したDDがあり、スポンサー候補がいるようなケースも対象としています。

調停委員会に倒産事件の処理に精通した弁護士等を入れるか、裁判官単独型とするかは事案によります。倒産事件の処理に精通した弁護士による調査嘱託の実施を中心的なスキームとして位置付けているとのことです。必要に応じて、17条決定を活用するとされています。進行モデルは次のとおりとされており、ノウハウに基づく高度な調整機能が発揮され、迅速な解決が期待されています。

■特定調停手続の進行モデル
○民事第20部あてに「特定調停事件連絡メモ」送信(申立日の３営業日前まで)
○事前相談
　・対象事件かどうかの検討
　・調査嘱託の要否、調査事項の検討
　・調査嘱託先の弁護士の人選と受任意向の確認
　・予納金額の決定
　・調停委員会を構成するかどうかの検討
○申立て
　・調停委員会を構成する場合には調停委員の指定
○進行協議期日(申立てから１週間後)
　・相手方(金融機関)から調査事項等についての意見聴取、調査事項の確定
　・調査嘱託の採用、調査の開始
○第１回調停期日(申立てから４週間後)
　・調査嘱託先の弁護士による調査結果の説明
　・各当事者からの意見聴取
　・調停委員会(又は裁判官)から調停案の提示
　・調停成立又は続行
○第２回調停期日(申立てから６週間後)
　・各当事者からの意見聴取
　・必要に応じて調停案の修正
　・調停成立又は続行
○第３回調停期日(申立てから７週間後)
　・各当事者からの意見聴取

- ・必要に応じて調停に代わる決定（17条決定）
- ・調停成立又は調停不成立
- ・調停不成立の場合には速やかに法的倒産処理手続の申立て

4 私的整理から法的整理への移行

　私的整理が成立に至らない場合に円滑に法的整理へ移行する連続性が意識されるようになっています。

　私的整理の成立には全員一致が必須です。そこで、合理的な計画案に大部分の金融機関が賛成であるにもかかわらず、少数が反対しているケースなどが想定され、特に事業再生ADRから法的整理への移行について立法で手当されました（☞342頁**7**）。

　今後は、過剰債務に陥った中小企業の本業が回復せず収益見通しが立たないなど、私的整理を通じてスポンサーが見つかっても金融機関への弁済率が余りにも僅少であり、私的整理では全員一致が得られないケースも想定されます。円滑に法的整理に移行し、民事再生や、破産手続を通じた事業譲渡などを活用し、事業の存続を図ることも考えられるでしょう（☞第6部第2章、第6部第3章）。

7　Pro　事業再生計画成立後のモニタリング

Q 事業再生計画成立後のモニタリングに関するポイントを教えてください。

A 事業再生方式によってモニタリング方法に違いがあることに留意する必要があります。

1 自主再建型の事業再生計画のモニタリング

　自主再建型の事業再生計画が成立した後は、定期的にモニタリングを行うことが大事になります。月次で提出できれば望ましいですが（☞

182頁**2**、第4部第3章)、そこまでは難しくとも、四半期、半期など、収益の状況、財務の状況を試算表や決算書にて説明するとともに、再生計画の達成状況を報告することになります。

モニタリングの期間は、原則として、事業再生計画が成立してから概ね3事業年度を目途として、必要な期間を定めることが多いです。

2 スポンサー型の場合のモニタリング

スポンサー型の場合には、事業再生計画に基づいて、事業譲渡や会社分割が実行されたのか、出資がなされたのかなどを報告することになります。資産処分を計画している場合には、資産処分の進捗状況等を適時適切に報告することが求められますし、いわゆる第二会社方式の場合には、旧会社の特別清算手続の進捗状況(解散のタイミング、特別清算申し立てのタイミングなど)に応じて、債権者に報告することが求められます。

3 計画と実績の乖離が大きい場合・廃業型手続との関係

モニタリングの結果、計画と実績の乖離が激しい場合は、分析を行った上で、再生計画の変更、抜本再生手続への移行、法的整理手続、廃業型私的整理手続への移行の検討を行うことになります。中小企業の事業再生等に関するガイドラインの場合には、再生型から廃業型私的整理手続に移行する場合は、従前の専門家が関与することが考えられますし、第三者支援専門家が手続の開始当初から関与することも考えられます(中小版GL第三部4⑻⑼、中小版GLQA80)。

＜参考文献＞
・藤原敬三『実践的中小企業再生論(第3版)』金融財政事情研究会 2020.7
・德永信他『社長・税理士・弁護士のための私的再建の手引き(第2版)』税務経理協会(2016.10)
・西村あさひ法律事務所ほか「私的整理計画策定の実務」商事法務 2011.9

・江原健志・岩井直幸・永谷典雄・上拂大作「東京地方裁判所における企業の私的整理に関する特定調停の新たな運用について」NBL1166号32頁
・永谷典雄他「東京地方裁判所における企業の私的整理に関する特定調停の新たな運用の概要」金融法務事情2133号20頁（2020.3）

第5章 事業再生型私的整理に伴う税務

I 債権者の税務

1 Pro 金融機関により債権放棄があった場合

Q 金融機関が取引先に対して債権放棄した場合の税務上の問題を教えてください。

A 債権放棄した金額が寄附金となり損金算入が制限される可能性があります。ただし、合理的な再建計画を作成していれば、貸倒損失として損金算入することができます。

1 債権放棄（直接放棄）

　取引先に対する債権が貸倒れとなった場合には、その貸倒損失が法人税基本通達9－6－1から9－6－3の要件を満たせば、損金算入ができます。

　加えて、再生型の直接放棄スキームの場合、事業継続することから、債権放棄が寄附金に当てはまるかどうかも論点となります。

　法人税基本通達9－4－2では、当該債権放棄が業績不振の取引先の倒産を防止するためやむを得ず行われるもので、合理的な再建計画を作

成しているものであれば、当該債権放棄した金額は貸倒損失として損金に算入することを認めています。

したがって、金融機関としては、取引先が作成する計画が合理的な再建計画となっているかがポイントとなります。当該計画がどのようなものかについては、国税庁ホームページで質疑応答事例が公表されており、次の1～7の要件を総合的に検討した上で、経済合理性（☞286頁）を有しているかどうかで判断する旨が示されています。

1 　損失負担等を受ける者は、「子会社等」に該当するか

「子会社等」には、資本関係だけではなく、取引関係、人的関係、資金関係等において事業関連性を有するものと定義されているため、金融機関にとっての融資先は「子会社等」に含まれると考えられます。

2 　子会社等は経営危機に陥っているか（倒産の危機にあるか）

取引先が実態債務超過であるため、資金繰りが逼迫しているような場合等が考えられます。なお、実態債務超過であったとしても、自力で再建可能な場合における支援は経済合理性がないものと考えられます。

3 　損失負担等を行うことは相当か（支援者にとって相当な理由はあるか）

金融機関が債権放棄等の支援を行うことで、取引先が倒産した場合と比較して弁済率が高まる、すなわち経済合理性があること等が考えられます（☞286頁①）。

4 　損失負担等の額（支援額）は合理的であるか（過剰支援になっていないか）

次のような点から検討することになります。
- 支援額が、経営危機を回避し再建するための必要最低限の金額とされているか（☞286頁①）。
- 取引先の財務内容、営業状況の見通し等及び自己努力（遊休資産の売却、経費の節減、増減資等）を加味したものとなっているか。

5 整理・再建管理はなされているか（その後の子会社等の立ち直り状況に応じて支援額を見直すこととされているか）

　前述4のとおり支援額は必要最低限のものでなければならないため、金融機関が取引先の再建状況を把握し、例えば、再建計画の進行に従い、計画よりも順調に再建が進んだような場合には計画期間の経過前でも支援を打ち切る等の手当てが必要となります。

　一般的には、債務者企業から金融機関に対して毎年又は半年毎に再建状況を報告させる等の方法が考えられます（☞304頁**7**）。

6 損失負担等をする支援者の範囲は相当であるか（特定の債権者等が意図的に加わっているなどの恣意性がないか）

　支援者の範囲は、当事者間の合意により決定されるものであり、事業関連性の強弱、支援規模、支援能力等の個別事情から決定されるものとなるため、関係者全員が支援しないから不合理であるとは必ずしも言えません。私的整理の場合は金融機関が対象となっていることが通常です。

7 損失負担等の額の割合は合理的であるか（特定の債権者だけが不当に負担を重くし又は免れていないか）

　支援者の出資状況、経営参加、融資状況等の事業関連性や支援体力からみて合理的に決定されているか否かを検討することとなります。合理性が認められるケースとしては、「プロラタ方式」（☞290頁**2**）やメインバンクが責任に応じた限りの支援を行う「メイン寄せ」等が示されています。

　国税庁ホームページ上の質疑応答事例（「子会社等を整理・再建する場合の損失負担等」1～28）では、さらに詳細な解説がされていますので、実務を行うにあたっては、ぜひ参照してください。

　形式的には、上述の①～⑦の要件を満たせば寄附金としては取り扱われませんが、個別案件上はなかなか判断が難しいと考えられます。

　実務上は、国税庁の文書回答事例を参考にして対応するケースも多いものと考えられ、具体的には、中小版GL（令和4年4月1日照会、同

日回答）中小企業活性化協議会（令和4年6月16日照会、同月17日回答）、日弁連特定調停スキーム（平成26年6月25日照会、同月27日回答）等の準則型私的整理（☞51頁**3**、200頁**1**）であれば、寄附金課税の問題がないと公表されています。

　文書回答事例で判断できない場合には、事前照会に対する文書回答手続き又は国税局等へ事前照会することで、税務リスクを明らかにすることができます。再建支援（債権放棄等に係るもの）に関する事前照会については、国税局の審理課等が相談窓口となっていますが、所轄の税務署に相談してもよいと思います。ただし、国税局等からの回答には一定の期間を要するため、事業再生の手続上、時間的な問題が生じないかどうかは検討が必要となります。

2 第二会社方式

　第二会社方式（☞102頁**2**）の場合には、旧会社の清算において、特別清算の手続が行われ、裁判所の関与の下、金融機関が債権放棄を行うことが一般的です。

　特別清算には、協定型と和解型の2つがありますが、法人税基本通達9－6－1(2)では、協定型の場合の貸倒れについて、損金の額に算入されることが明記されています（☞426頁①）。

　和解型については、法人税基本通達上は言及されていませんが、同基本通達9－6－2（事実上の貸倒れ）に基づき、損金算入するものと考えられます（☞426頁②）。

　なお、親会社の子会社債権について、和解型の特別清算により債権放棄した額を寄附金として認定した事例（平成29（2017）年7月29日東京高等裁判所判決）もあるため、特別清算であったとしても、債権放棄の合理性が説明できない場合には注意する必要があります。

　また、旧会社を破産した場合には、裁判所による終結決定等があった日に債務者の法人格が消滅したと考え、貸倒損失を損金算入することになると考えられます。

2 Pro 金融機関による金融支援があった場合

Q 債権放棄以外の金融支援（リスケジュール、DES、DDS、債権譲渡）をした場合の税務上の問題を教えてください。

A 税務上の問題が発生し得るリスク度合いは各々異なりますが、基本的には金融支援を行った合理的な理由が説明できないのであれば、税務上の課税リスクが発生する一方で、合理的な理由が説明できる状況であれば、税務上の問題は発生しないものと考えられます。

1 リスケジュール

リスケジュール（☞97頁**1**）は、借入条件の変更だけのため、税務上の問題は発生しません。ただし、合理的な理由がなく極端に返済スケジュールを先延ばしにしたり、極端に約定金利を引き下げる場合等は、提供した経済的利益（極端に返済時期を遅らせた分や金利の差分）が寄附金・受贈益と認定される可能性があります。特に、グループ法人税制の適用外となる関係会社等に対する貸付金には注意する必要があるでしょう。

なお、完全支配関係がある会社間の取引であれば、グループ法人税制の適用により、受贈益は益金不算入となり、課税の問題は発生しません。

2 DES

DES（☞105頁**3**）は、組織再編税制の適用を受けることとなります。金融機関が取引先の債権をDESした場合には、事業の移転を伴わないため、非適格現物出資となります。

非適格現物出資では、以下のとおり時価で資産を移転することとなるため、損失が発生します。

　　　　　有価証券　　時価（注）　/　貸付金　簿価
　　　　　現物出資損失　差額　　　/

(注) 平成22年（2010年）1月事業再生に係るDES研究会が公表した「事業再生に係るDES研究会報告書」では、時価は「合理的に見積もられた再生企業からの回収可能額に基づき評価する」とされています。

当該損失については、債権放棄（直接放棄）の場合と同様に合理的な再建計画に基づいていなければ、寄附金として取り扱われ損金算入が制限されます。

3 DDS

金融機関が取引先に対する債権をDDS（☞106頁4）した場合には、取引先の返済負担を軽減し、金利を引き下げることになるため、債権放棄（直接放棄）の場合と同様に法人税基本通達9－4－2に基づき合理的な再建計画の要件を満たさなければ、取引先がDDSにより得られる経済的利益を寄附金として取り扱い損金算入が制限されると考えられます。

なお、DDSにより劣後化した金額については、法人税法上の貸倒引当金の要件を満たせば損金算入が可能となるため、忘れないよう注意しましょう（金融庁「資本性借入金の税務上の取扱いについて」を参照）。

4 債権譲渡

金融機関が取引先の債権をサービサーや再生ファンドへ売却した場合（☞109頁5）には、債権の券面額より低い金額での譲渡となるため、以下のとおり譲渡損が発生します。

　　　　　キャッシュ　　譲渡価額　／　貸付金　簿価
　　　　　債権譲渡損失　差額　　　／

当該取引はサービサーや再生ファンドとの第三者間取引であるため、譲渡価額が時価として認定されることが一般的と考えられます。

ただし、譲渡価額が取引先や連帯保証人から最大限債権回収の努力をした価額と認められない場合等、低廉譲渡と認められる場合には、譲渡価額と時価との差額を寄附金として取り扱い、損金算入が制限されると考えられます。

Ⅱ 債務者の税務

1　Pro 直接債権放棄スキーム

Q 再生計画に基づき金融機関から債権放棄（直接放棄）を受けた場合に、債務免除益に対して法人税等が課税されてしまうのでしょうか。

A 当期発生する欠損金や青色欠損金以外にも、期限切れ欠損金を債務免除益に充てることができます。また、一定の要件を満たした企業再生税制が適用される場合には、資産の評価損益も債務免除益に充てることが可能となります。これらの対策により、債務免除益課税が発生しないよう対策する必要があるでしょう。

1　債務免除益課税

　再生企業が債務免除を受けた場合には、債務免除が多数の債権者によって協議の上決められる等その決定に恣意性がなく、かつ、その内容に合理性があると認められれば、期限切れ欠損金を利用することができます（法人税基本通達12－3－1(3)）。国税庁の事前照会事例では、中小企業の事業再生等に関するガイドライン（令和4年4月1日照会、同日回答）、中小企業活性化協議会（令和4年6月16日照会、同月17日回答）、日弁連再生型特定調停スキーム（平成26年6月25日照会、同月27日回答）による場合等に、期限切れ欠損金を利用できることが明らかにされています。

　これらの場合（企業再生税制の適用を受ける場合は後述を参照）には、以下の欠損金をそれぞれ順番に債務免除益に充てることで、課税が発生しないように取り組みます（法人税法59条3項、法人税法施行令117条1項5号、法人税基本通達12－3－1）。

■債務免除益等に相殺できる順序

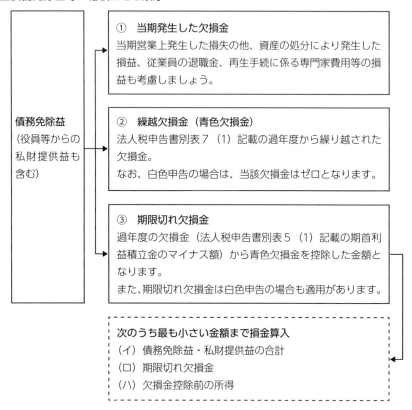

期限切れ欠損金利用がどのように利用されるのか、以下で説明します。

【前提】
① 債務免除益　　　　　　　　　　　　　　　　　　　100
② 繰越欠損金　　　　　　　　　　　　　　　　　　　300
③ 期限切欠損金　　　　　　　　　　　　　　　　　　500
④ 欠損金控除前の所得金額　　　　　　　　　　　　　400

　この場合には、④所得金額400からまず②繰越欠損金300が相殺され、当該残額100について、③期限切れ欠損金500と、①債務免除益100、④所得金額400のうち最も小さい金額100の範囲で相殺され、課税所得がゼ

ロとなります。

　直接債権放棄（現法人スキーム☞101頁1）では、繰越欠損金（☞176頁3）が少額で、かつ含み損を抱えた資産を処分できない場合には、債務免除益課税が発生してしまう可能性があります。

　また、繰越欠損金（青色欠損金）が期限切れ欠損金よりも先に充当されることにも注意が必要です。通常は債務免除益が発生した事業年度に青色欠損金を使い切ってしまうので、再生企業において債務免除を受けた事業年度後に発生する利益に法人税が発生することになると考えられます。

　なお、期限切れ欠損金は前期法人税申告書から、次頁のとおり算出することができます。

第 5 部　私的整理による事業再生

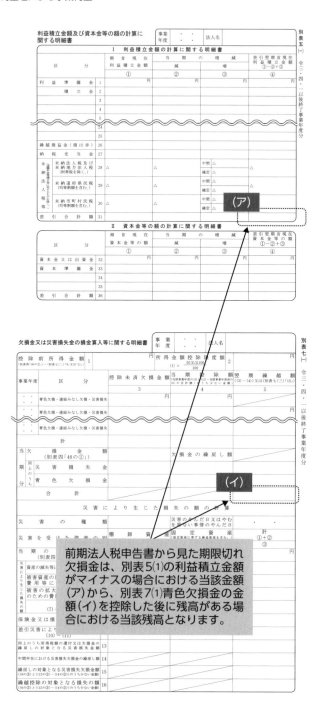

2 企業再生税制

　民事再生法等の法的整理に準じた私的整理として、一定の要件を満たす場合には、資産の評価損益を計上することができ、期限切れ欠損金を青色欠損金に優先して債務免除益に充てることができます。この場合における資産の評価損益及び期限切れ欠損金の取扱いは、381頁「3　別表添付方式」と同様になりますので、そちらを参照してください。

　企業再生税制による場合は資産の評価損益を計上できるため、313頁「1　債務免除益課税」の場合と比較して、債務免除益課税が発生する可能性が低く、また債務免除を受けた事業年度後も青色欠損金を利用できる可能性があるため、税務上はメリットがあります。

　ただし、企業再生税制の適用を受けることができるケースは以下のとおり要件が定められており、より厳格になっています。

> ①　一般に公表された債務処理を行うための手続についての準則（公正かつ適正なもので、特定の者が専ら利用するためのものでないもの）に従って再生計画が策定されていること。
> ②　公正な価額による資産評定が行われ、その資産評定に基づく実態貸借対照表が作成されていること。
> ③　上記②の実態貸借対照表に基づく債務超過の状況等により債務免除等をする金額が定められていること。
> ④　2以上の金融機関が債務免除等をすることが定められていること（政府関係金融機関、地域経済活性化支援機構又は整理回収機構は単独放棄でも可。民間金融機関の場合には、1行支援は対象外となります）。
> （注）　再生計画が上記①の準則に従って策定されたものであること並びに上記②及び③に掲げる要件に該当することにつき第三者機関等が確認する必要があります。
>
> （出所）国税HP 質疑応答事例「民事再生法の法的整理に準じた私的整理とは」https://www.nta.go.jp/law/shitsugi/hojin/14a/01.htm

　なお、国税庁ホームページでは、企業再生税制に該当するケースとしては、私的整理GL、中小企業活性化協議会（ただし、別冊3の「中小企業再生支援スキーム」のみ）、事業再生ADR、地域経済活性化支援機構、RCC企業再生スキーム等が示されています。

「中小企業再生支援スキーム」は、通常の協議会スキーム（別冊2）と異なり、事前にDDや再生計画案を準備し、主要債権者と活性化協議会統括責任者等が連名で「一時停止通知」を発出することが必要ですし、資産評定基準に基づく評定が必要です。「再生計画検討委員会（通常は弁護士と会計士で計3名。有利子負債10億円未満の中小企業は2名）」を設置することも求められます。このように同スキームは、主要債権者の協力、事前準備が必要であり、手続も厳格です（中小企業活性化協議会実施基本要領別冊3参照）。

　このような事情から、旧再生支援協議会の実務上は、企業再生税制を利用する事例は必ずしも多くありませんでした。しかし、近時、中小企業再生支援スキームの件数も増えつつあるようです。前述「1　債務免除益課税」の取扱いにより、期限切れ欠損金を用いて債務免除益にかかる課税の発生を防ぎますが、ケースによっては欠損金の額が不足することもあり得ます。これに対する実務上の工夫として、また寄附金課税対策として「第二会社方式」（☞102頁2、310頁2）があり、盛んに利用されてきました。

　事案によって、企業再生税制の適用を受けたいと考える場合（第二会社方式によらず、同一法人のまま取引口座を維持する必要、不動産移転コストが重い場合等）、プレDIPファイナンスの確認等を受けたい場合（☞330頁）は、中小企業再生支援スキームの検討が必要となりますので、活性化協議会や活性化全国本部（☞311頁4）に事前に相談した方がよいでしょう。

2 Pro 仮装経理の場合の更正の請求

Q 過去に粉飾決算を行っていたことにより、必要以上の法人税等、消費税等を支払っていましたが、還付を受けることはできるのでしょうか。

A 更正の請求を検討する必要があります。粉飾決算の場合は仮装経理の更正の請求となり、原則として即時還付を受けることができませんが、即時還付を受けることができるケースもあるため、検討が必用になります。

仮装経理の更正の請求については、383頁「**3** 粉飾決算による還付」を参照してください。以下、第二会社方式の場合も同様になります。

3 Pro 第二会社方式

Q 第二会社方式を利用した場合に、現法人スキームとの税務上の相違点を教えてください。

A 旧会社では、新会社に引継ぐ事業を会社分割又は事業譲渡により移転することになるため、企業再生税制の適用がなくても資産の含み損益を実現させることができます。また、新会社では、通常、資産及び負債を時価で受け入れ、差額をのれん（資産調整勘定又は負債調整勘定）として5年間で償却していくことになります。

1 自主再建型

1 旧会社

第二会社方式（☞102頁**2**）で新会社に事業を移転する方法としては、事業譲渡又は会社分割が利用されます。自主再建型の第二会社方式で、

319

事業価値見合いの借入金が新会社に承継される場合、事業譲渡対価又は会社分割対価はゼロとなります。

　会社分割は組織再編税制の取扱いとなりますが、窮境に陥った旧会社の株主責任を考慮すれば、新会社の株主構成比が旧会社と同じになることはないため、当該会社分割は非適格分割となり、事業譲渡同様に資産負債の移転を時価で認識することになります。

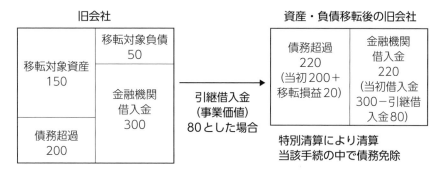

　　移転対象負債　50（簿価）／　移転対象資産 150（簿価）
　　移転借入金　80（引継分）／
　　事業譲渡又は会社分割 による
　　　移転損益　20（差額。注）

（注）対価 0（事業価値80―引継借入金80）－移転対象資産負債の簿価20（資産150－負債50－借入金80）

　なお、自主再建型の場合に、旧会社において株主を整理している場合もあり得ると思いますが、旧会社と新会社で株主構成比が同じ場合における無対価分割を行った場合や、親族間で株式を対価とする分社型分割（無対価の場合は324頁参照）を行った場合などは、適格分割となり、簿価譲渡（新会社では簿価での取得となり、のれんを認識できない）になってしまうため、注意が必要です。　旧会社は、事業譲渡又は会社分割後、特別清算（☞418頁**12**、426頁**2**）又は破産することになり、当該手続の中で債務免除を受けることになります。なお、当該債務免除については、期限切れ欠損金を利用することが可能となります（法人税法59条2項）。

2　新会社

新会社は、事業譲渡又は非適格分割により資産負債を時価で取得することになり、事業価値（☞290頁⑤）と資産負債の時価との差額は「のれん（資産調整勘定又は負債調整勘定）」として、税務上5年間（60か月）で償却していくことになります。

「正ののれん（資産調整勘定）」が発生した場合には、将来の税負担を軽減することができる一方で、「負ののれん（負債調整勘定）」が発生した場合には将来の税負担を増加させてしまうため注意が必要です。

旧会社			新会社	
移転対象資産 150	移転対象負債 50	引継借入金（事業価値）80とした場合	移転対象資産 100（時価）	移転対象負債 50（時価）
	金融機関借入金 300		のれん 30（差額）	引継借入金 80（事業価値）
債務超過 200				

なお、自主再建型の場合には、通常はDCF法等で算出した事業価値見合いの借入金を引き継ぐことになりますが、仮に本来の事業価値を超える借入金を引き継いだ場合には、当該超過部分は「のれん」とはならず償却することができないと考えられます。

2　スポンサー型

スポンサー型の第二会社方式の場合には、自主再建型のように事業価値見合いの借入金を新会社に引き継がず、譲渡対価を旧会社に支払い、旧会社は当該譲渡対価を原資に金融機関に弁済することが一般的です。

旧会社及び新会社の税務上の取扱いは自主再建型と同様になるため、前述の「自主再建型」を参照してください。

4 Pro 事業譲渡又は会社分割の選択ポイント

Q 第二会社方式の場合に、事業譲渡又は会社分割のどちらを選択した方が税務上有利なのでしょうか。

A 事業の種類や規模、損益状況、設備投資の見込み等によって、どちらが有利になるかは異なるため、慎重に検討する必要があります。

　第二会社方式では、事業譲渡又は会社分割により事業を移転するため、不動産取得税や登録免許税等が発生します。事業譲渡又は会社分割のどちらを選択するかによって発生する税額が異なるため、どちらを選択した方が資金的に有利になるか検討の上、選択する必要があります。

　会社分割の場合は、不動産取得税の非課税規定（次の表中、「不動産取得税」の欄を参照）があるため、旅館やホテル等装置産業の場合には新会社の資金負担が軽減されることがあります。

　事業譲渡の場合には、新会社の消費税納税義務判定が通常の新設法人と同様になるため、新会社の株主構成や資本金次第では設立1期目、2期目に免税事業者となることもあり得ます。労働集約的な産業の場合には、消費税負担が大きいことから、免税事業者となった場合には、資金的に有利となるでしょう。

■第二会社方式の際の事業譲渡・会社分割の税負担比較

	事業譲渡	会社分割
法人税	【旧会社】 時価譲渡 【新会社】 時価取得。差額はのれん	事業譲渡と同様

消費税	【旧会社】 課税資産（のれん含む）の譲渡は課税取引 【新会社】 課税資産（のれん含む）の取得は課税取引 新会社の納税義務は通常の新設法人同様に判定	【旧会社】 消費税対象外 【新会社】 消費税対象外 新会社の納税義務は旧会社の基準期間の課税売上に基づき判定
不動産取得税	土地：固定資産税評価額×4％（注1） 建物：固定資産税評価額（注2）×4％（注3） （注1）令和9年3月31日までは3％ （注2）令和9年3月31日までに宅地等を取得した場合には、固定資産税評価額×1/2 （注3）令和9年3月31日までは住宅は3％	以下の要件を満たした場合は非課税 ・分割法人に分割承継法人株式以外の資産が交付されていない（注4） ・分割事業に係る主要な資産負債が移転 ・分割事業が分割後も継続する見込み ・分割事業に係る従業員の概ね80％以上が分割後もその事業に従事する見込み （注4）地方自治体によっては、無対価の場合には該当しないと判断する可能性があるため、注意する必要があります。
登録免許税	固定資産税評価額×2％（注5） （注5）令和8年3月31日までの土地売買登記は1.5％	固定資産税評価額×2％
印紙税	記載された契約金額に応じて 1千万円を超え5千万円以下：2万円 5千万円を超え1億円以下：6万円 1億円を超え5億円以下：10万円 5億円を超え10億円以下：20万円等	4万円

　なお、事業譲渡又は会社分割の選択ポイントとは異なりますが、事業譲渡による課税資産の移転は消費税の課税対象となり、その中には「のれん」も含まれていることに注意が必要です。

　移転対象負債に多額の前受金等の負債が含まれる場合は「のれん」が想定以上に膨らむことがあります。本来あるべき消費税を譲渡先であるスポンサー企業から徴収し忘れないよう注意する必要があるでしょう。

　具体的には、次の仕訳を確認してください。

　　　　　課税資産　　　50（時価）　／　負債　　50（時価）
　　　　　のれん　　　　80（差額）　／　キャッシュ　80（事業譲渡対価）
　　　　　仮払消費税　　13（注）　　／　キャッシュ　13（注）
　　（注）（課税資産50＋のれん80）×消費税率10％＝13

この場合、消費税が事業譲渡対価80×10％＝8とならないことに注意が必要です。

5　Pro　第二次納税義務、連帯納付責任

Q 旧会社で公租公課を滞納したまま、第二会社方式により新会社へ事業を移転しました。旧会社の滞納公租公課について、新会社が納税義務を負う必要はないでしょうか。

A 第二次納税義務、連帯納付責任の問題が生じる可能性があります。

　税金を滞納している旧会社が生計を一にする親族その他特殊関係がある者（旧会社から受ける特別の金銭等で生計を維持している従業員等も含まれます）や被支配会社に事業を譲渡した場合には、新会社は譲受財産の価額を限度として、滞納公租公課の第二次納税義務を負うことになります（国税徴収法38条、同施行令13条）。

　自主再建型の第二会社方式の場合には、当該第二次納税義務を負う可能性もあるため、旧会社に滞納公租公課がある際には注意する必要があります。

　なお、無対価分割を行った場合において、分割直前において、①分割承継法人が分割法人の株式の全部を有している場合、又は②分割法人が分割承継法人の株式を有していない場合には、税務上、当該分割は分割型分割に該当し（法人税法2条12の9号ロ）、分割直前において、分割法人が分割承継法人の株式を保有している場合には分割型分割に該当します（法人税法2条12の10号ロ）。

　したがって、再生案件において無対価分割を行った場合には、分割型分割に該当することが多いと考えられますが、その場合には、分割承継法人は、分割法人の分割前に発生していた税金について、分割法人から

承継した財産の価額を限度として、連帯納付責任を負うことになります（国税通則法9条の3）。そのため、無対価分割を行う場合に、旧会社に多額の滞納公租公課が発生している場合には、注意する必要があります。

6 Pro 債権放棄以外の金融支援を受けた場合の留意点

> **Q** 債権放棄以外の金融支援（リスケジュール、DES、DDS、債権譲渡）を受けた場合における税務上の問題について教えてください。
>
> **A** リスケジュール、DDS、債権譲渡は債務者の借入金額に変更はないため、税務上の問題は通常発生しません。DESは非適格現物出資となり、債務消滅益が発生しますが、期限切れ欠損金の利用が可能となります。

1 リスケジュール

　リスケジュール（☞97頁**1**）は、借入条件の変更だけであるため、税務上の問題は発生しません。ただし、極端な条件緩和であり、リスケジュール部分が実質的な免除と認定される場合等は、課税の問題が発生すると考えられます。

2 DES

　金融機関から借入金のDES（☞105頁**3**）をされた場合には、前述のⅠ**2**「② DES」のとおり非適格現物出資となり、以下のとおり債務消滅益を認識することになります。

　　　　　　　借入金　　簿価　／　資本金　　時価
　　　　　　　　　　　　　　／　債務消滅益　差額

　なお、当該債務消滅益についても、期限切れ欠損金を利用することが

できます（法人税基本通達12-3-6(3)）。

3 DDS

DDS（☞106頁**4**）は、借入条件の変更だけであるため、税務上の問題は発生しません。ただし、極端な条件緩和であり、DDS部分が実質的な免除と認定されるような場合等は、課税の問題が発生すると考えられます。

4 債権譲渡

再生企業としては、債権金額は変わらず債権者が変更となるだけなため、税務上の問題は発生しません。サービサーや再生ファンドが取得した債権を一部放棄する場合には、上記Ⅱ「**1** 直接債権放棄」と同様の取扱いとなります。

7 Pro 個人事業の場合

Q 個人事業（事業所得）を営んでいましたが、再生計画に基づき、事業スポンサーへ事業を譲渡する予定です。また、個人で事業用不動産も所有していたため、併せてスポンサーへ譲渡する予定です。税務上の取扱いについて教えてください。

A 不動産の譲渡は、申告分離課税なため事業所得や給与所得等とは合算されず、譲渡所得課税がされます。譲渡所得の対象とならない資産の譲渡損益は、総合課税の対象となります。

1 所得税

1 概要

個人事業者が事業譲渡した場合の例を以下に図示しましたので、確認してみましょう。

第5章 事業再生型私的整理に伴う税務

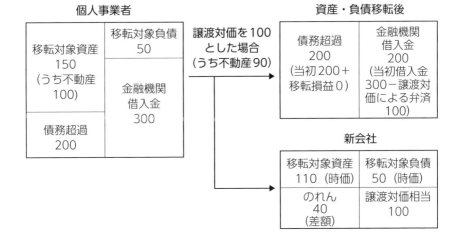

　個人事業者による事業譲渡の場合には、譲渡対象資産の種類によって、課税方式が異なるため、以下のとおり取扱いが変わります。

譲渡対象資産	課税方式
(イ) 土地や建物、株式等	申告分離課税
(ロ) 上記以外の資産	総合課税

2　不動産の譲渡

　前述の「1　概要」の事例では、不動産の取得原価100に対して譲渡対価90であるため、譲渡損が発生しています。

　法人であれば、当該譲渡損は債務免除益と相殺することができました。しかし、個人事業者の場合は、不動産の譲渡損を他の不動産譲渡益とは相殺することができますが、事業所得や給与所得等とは相殺することができません。

　仮に譲渡益が発生する場合についても考えてみましょう。その場合には、譲渡所得税が発生するため、金融機関に対して、税金分だけ法人への弁済を減らす交渉をするか、又は所得税法9条1項10号の非課税に該当するか検討することになるでしょう。

　当該内容については、504頁 5 「 2 特例の適用が受けられない場合」

327

を参照してください。

3　総合課税の対象となる資産の譲渡

前述の「1　概要」の事例では、不動産以外の簿価0（資産50－負債50）に対して、不動産以外の譲渡対価は10であるため、譲渡益が発生しています。

当該譲渡益については、総合課税の対象となり、所得税が課税されてしまいます。しかしながら、このような場合には、個人事業者は資力を喪失していることが通常です。前述「2　不動産の譲渡」と同様、金融機関に対して、税金分だけ法人への弁済を減らす交渉をするか、又は所得税法9条1項10号の非課税に該当するか検討することになるでしょう。

4　債務免除益

前述の「1　概要」の事例では、事業譲渡後に残る金融機関借入金200について債務免除を受けることになります。

所得税法44条の2では、資力を喪失して債務を弁済することが著しく困難である場合における債務免除は非課税とされているため、当該規定の適用を検討することになります。当該内容については、第8部第4章「❶　保証債務の免除を受けた場合①～経営者保証ガイドラインに基づく保証債務の整理」（☞491頁）を参照してください。

2　消費税

消費税課税事業者の場合に、事業用建物等の課税資産を譲渡したときは、消費税を納付する義務があります。

Ⅲ 経営者の税務

1 Pro 私財提供した場合

Q 当社（同族会社）は、再生計画に基づく金融機関の債権放棄に合わせて、経営者から無償で私財提供を受けましたが、課税の問題はないでしょうか。

A 私財提供した経営者は、みなし譲渡課税（所得税）の問題が発生しますが、一定の要件を満たせば、みなし譲渡益が非課税となります。

ただし、当該非課税措置は時限立法であるため、実行時期に適用されるかどうかは注意が必要です。また、通常は株主に課税の問題は発生しませんが、役員借入金の債務免除後に資産超過となる場合には債務免除をした株主から他株主へのみなし贈与（贈与税）の問題が生じます。

1 私財提供した個人の課税（所得税、消費税）

私財提供した個人の課税関係については、506頁「**7** 保証人が私財提供した場合」を参照してください。

2 他株主の課税（贈与税）

債務者企業が同族会社の場合に、私財提供により債務者企業の株価が増加した場合は、私財提供した者から株主に対して、株価が増加した分だけ経済的利益の移転があったものとみなされ、贈与税の課税対象となります（相続税法基本通達9－2）。

贈与税が課税されるイメージは、下図を参照にしてください。なお、この取扱いは私財提供だけでなく、著しく低い価額で現物出資（DESも対象）をした場合や債務免除、低廉譲渡等も対象となっています。

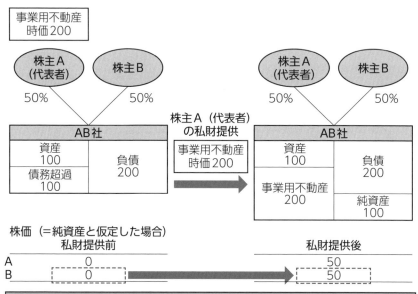

通常、合理的な再生計画の場合には、私財提供を行ったとしても、債務超過額の範囲内になります。その場合には、会社が資力を喪失していると認められれば、前述のような贈与税課税の問題は発生しません（相続税法基本通達9-3）。

贈与税が課税されない場合のイメージは、次頁の図を参照してください。

第5章 事業再生型私的整理に伴う税務

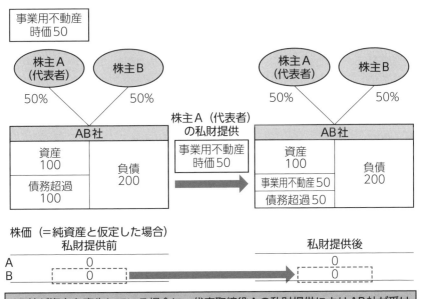

なお、資力を喪失した場合には、再生計画認可の決定があった場合の他、債権者集会の協議等により再建整備のために負債整理に入ったような私的整理の場合も対象となります（相続税法基本通達9－3）。

2 Pro 会社に対する貸付金がある場合

Q 私（経営者）が代表を務める会社は、再生計画に基づき金融機関から債務免除を受ける予定です。私には会社に対する貸付金があり、再生計画の中で債権放棄することになっていますが、課税の問題はないでしょうか。

> **A** 事業者でない個人が行う債権放棄であるため、所得税上は課税の問題は発生しません。また、他株主がいる場合に、債務免除後も債務超過であるときは、株主間のみなし贈与の問題は発生しません。

株主間のみなし贈与については、前述の**1**「**2** 他株主の課税（贈与税）」を参照してください。

3 Pro 会社からの借入金がある場合

> **Q** 私（経営者）が代表を務める会社は、再生計画に基づき金融機関から債務免除を受け、私は経営者保証ガイドラインに則り保証債務の整理を行う予定です。私には会社からの借入金があり、個人資産の処分による弁済後の残債について、債務免除を受けることを予定していますが、課税の問題はないでしょうか。
>
> **A** 経営者が資力を喪失して債務を弁済することが著しく困難であることが認められる場合には、所得税法上、債務免除益は非課税となります。

1 資産の譲渡対価により返済する場合

経営者に会社からの借入金がある場合には、まず金融支援を依頼する金融機関に対する弁済のため、個人所有の不動産等の財産を処分して、借入金の弁済に充てることが考えられます。不動産の処分に当たって譲渡益が発生すれば、譲渡益課税の問題が発生します。

法人に対する借入金弁済に充てるための譲渡であることから、保証債務の履行の課税の特例（☞497頁**5**）は適用できないと考えられます。したがって、金融機関に対して、税金分だけ法人への弁済を減らす交渉をするか、又は所得税法9条1項10号の非課税に該当するか検討すること

になるでしょう。

当該内容については、504頁**5**「**2** 特例の適用が受けられない場合」を参照してください。

2 債務免除益

経営者が法人から債務免除を受けた場合には、給与所得課税される可能性があります。

ただし、資力を喪失して債務を弁済することが著しく困難であることが認められる場合には、所得税法上、債務免除益は非課税となります。詳細は、495頁（「**3** 保証債務の免除を受けた場合(3)～保証債務の整理と合わせて、固有の債務（住宅ローン、カードローン等）を整理した場合」）を参照してください。

＜参考文献＞
・賀須井章人『はじめての人のための中小企業の事業再生と税務の基礎Q&A』（税務経理協会）2021.9
・藤原敬三『実践的中小企業再生論』（金融財政事情研究会）2020.7
・稲見誠一、佐藤信祐『ケース別にわかる企業再生の税務』（中央経済社）2010.6
・佐藤信祐『改訂版 組織再編税制の失敗事例』（日本法令）

事例紹介③ 第二会社方式で事業譲渡を選択した再生事例

第二会社方式で新会社に事業を移転する場合、契約関係の引継ぎ等の観点から会社分割を選択することが多いですが、衣服製造業の案件で、事業譲渡の方が有利と分かり、事業譲渡を選択した事例がありました。

会社は、前代表者の時代に、アパレル不況により親会社が倒産し、当社自体も信用不安により主要得意先との取引が停止となり業績が悪化、過剰債務の状況に陥っていました。代表者のモチベーションも低下し、当時従業員であった人が火中の栗を拾う形で代表者に就任しましたが、新代表の下、経営改善が行われ、黒字化することが

できました。これが取引金融機関に認められたことで、再生支援協議会を利用し、経営改善を行った代表者個人等を株主とする新会社へ事業を移転し、旧会社で債権カットを受ける、いわゆる自主再建型の第二会社方式により再生を果たすことができました。

　第二会社方式のスキーム選択にあたっては、会社分割と事業譲渡の場合に発生する税負担を比較検討したところ、下表のとおり、事業譲渡の方が有利であることが分かったため、事業譲渡を選択しました。

■会社分割、事業譲渡に係る税負担の比較検討

	会社分割	事業譲渡
旧会社	消費税課税対象外	消費税課税対象：課税事業者の場合は、消費税10百万円を事業譲渡対価にプラスして受領し、税務署へ支払（±ゼロ）
新会社（注）	【消費税】分割元法人である旧会社の課税売上が10百万円以上あるため、新会社は納税義務あり 【登録免許税】不動産▲4百万円、設立▲0.2百万円 【不動産取得税】非課税規定に該当 上記合計：▲3.8百万円	【消費税】新会社で納税義務を判断。設立1期目消費税免税事業者となり税負担減＋40百万円 【法人税等】上記に係る税効果▲14百万円（消費税負担が減少する分、課税所得が増加） 【不動産取得税】不動産▲4百万円、 【登録免許税】不動産▲4百万円、設立▲0.2百万円 上記合計：＋17.8百万円

(注) 新会社は資本金10百万円未満（消費税法12条の2第1項）、
　　 消費税の課税事業者選択届出書は提出しない（消費税法9条4項）。
　　 特定新規設立法人の納税義務の免除の特例（消費税法12条の3）に該当しない。

　同社は労働集約的な産業であることから、消費税負担が大きいため、新会社が免税事業者となる事業譲渡を選択したことで、税負担を軽減することができた事例でした。
　令和5（2023）年10月1日からインボイス方式が導入されるため、この事例のような消費税免税のメリットを享受することは今後できなくなりますが、スキームの選択に当たって比較検討することの重要性を感じた事例といえます。

（井上 健司）

第6部

法的整理による事業存続策

第1章
事業存続のための法的整理

1 法的整理と私的整理

Q 法的整理を用いた手法というと、破産のイメージしかありません。法的整理が事業存続に有効なのですか。

A 本章は、事業を存続させる方策としての法的整理をイメージさせることを狙いとしています。

　経営者から、私的整理はもとより法的整理となれば一度も経験したことがなく、「想像できない」、「不安ばかり感じる」などの声を聞きます。本章では、事業を存続させる手段としての法的整理について解説しますので、正しい知識を得てください。具体的には「民事再生手続」のほか、事業存続の手段として「破産」を用いることが可能であることも解説します。

2 法的整理と私的整理の使い分け

Q 窮境に陥った会社の事業を存続させるための方策として、法的整理と私的整理をどのように位置づけたらよいですか。

A まず私的整理を検討し、それが不可能な場合には法的整理を用います。私的整理で進めることができるか否かの判断が重要です。

　既に述べたとおり、会社が窮境に陥れば、まずは私的整理を検討します（☞53頁**5**）。金融機関だけを相手方として債務整理を行いつつ、仕入先、外注先など商取引先に対しては従来どおりに支払いを継続し、風評による事業価値劣化を避けて私的整理を成立させ、あわせて代表者個人保証の問題も解決することを目指します。

　私的整理を進める上での留意点は諸々ありますが、償却前営業利益を得られる見込みがあるか否かが重要なポイントです（☞273頁**4**）。赤字を垂れ流したまま回復の見込みがなければ、延命策を講じても事態は悪化していきます（☞9頁**1**）。外注先など商取引先に対して、従来どおりに支払うことがそもそも不可能であり、支払猶予を求めざるを得ないような状況になれば、私的整理をしている時間的余裕もなくなります。まして労働債権の支払いを遅延したり、社会保険、消費税など公租公課を滞納している状況では私的整理は難しいでしょう（☞55頁**3**、240頁**2**）。

　このような窮境は、放置しておけば進行し、ますます事態は悪化します。「病気」と同じようにその時々の会社の状態（病状）に即した処方箋でなければ効果を発揮できません。医師が患者の病状を見極めて手術の決断をするように、会社の状況を冷静かつ客観的に分析した上で、必要であれば法的整理の決断が求められます。

3　法的整理に対する思い込みの払拭

Q 法的整理は「倒産」であり、もはや事業は存続できないのではないでしょうか。

A 法的整理は、正しく用いれば事業存続のための強力なツールです。むしろ「法的整理を避ける」ことだけに汲々とすると、かえって事業継続のための適切なタイミングを見失うことがあり、注意が必要です。そのために専門家と経営者の協働が重要です。

　本書が強調したいのは、「法的整理＝破産」、あるいは「破産＝すべての終わり」といった誤った思い込みを排除してほしいということです。

　法的整理は、私的整理が不可能な場合の手段と位置付けた上で、適切なタイミングで正しく用いれば、事業継続のための強力なツールとなります。本書では、しばしば会社の窮境を「病気」に例えて説明していますが、抗生物質などの投与で足りるのに、わざわざ手術する医師はいないでしょうし、必要と思ったら手術に踏み切るのが専門家の判断です。

　手術に耐えるには一定の体力が必要といわれます。同じように、法的整理を事業存続のツールとして用いるには、適切なタイミングがあります。体力が残っているうちに手術する必要があるのです。

　一例を挙げれば、民事再生を用いて事業の存続を図る手法は一般化していますが、その場合でも資金繰りは極めて重要であり、状況が悪化して滞納税金を完済する目処もなくなってしまった後では、民事再生の利用も困難になってきます（☞9頁**1**）。

　しかし、正しい知識をもたず、「なんとしても法的整理は避けたい」といった一心で時間を浪費して、時期を逃してしまう例が見られます。典型的な「最悪のシナリオ」は以下のようなものです。

　「解決のあてもなく個人資産を会社に貸し付けて運転資金として費消し続けたうえ、力尽きて、もはや給料も払えなくなり、手形不渡の直前に弁護士事務所に駆け込み、自己破産する。」

いわゆる「街金」など市中金融業者による高金利の借入れに加えて、違法な高金利を貪る「闇金」に手を染めてしまう会社もあります。

このような状況に至って専門家に相談するのでは遅いのです。

では、どのタイミングで「手術」に踏み切るか。そのためにどのような準備をする必要があるのか。事案ごとに様々な要素を見極めて決断することが専門家の重要な仕事です。早期に専門家に相談し、経営者と専門家の協働が必要であり、その中で、適切な判断が可能になるのです。例えば、税金や社会保険など公租公課を滞納し始めていたら、「有事」です（☞190頁**1**）。手遅れになる前に専門家に相談すべきでしょう。

4 法的整理に踏み切るとき①〜私的整理に適するケース

Q 私的整理に適する典型的な場合は、どのようなものでしょうか。

A 金融機関のみを相手として元金返済を一時停止すれば資金繰が維持でき、この間に収支を改善して弁済計画案をたてるような場合が典型です。

私的整理が特に威力を発揮するのは、金融機関のみを相手として債務整理を進めつつ、仕入先、外注先などの一般取引先に対しては従来どおりの正常な支払いを維持する方法です。金融機関には守秘義務があるので、取引先には債務整理手続をとっていることを知られないように進めることが可能であり、風評などによる事業価値の劣化を避けることができることが何より大きなメリットです（☞第3部第1章）。

金融機関との間で私的整理を進める際は、了解を得て元本支払いを棚上げした上で、金利だけの支払いを継続する方法が一般的です。最終的な債務カットなど計画が成立するには少なくとも半年を要し、年単位のスケジュールも珍しくありません。この間の資金繰りを維持する必要が

あります（☞87頁②、225頁コラム）。

5 法的整理に踏み切るとき②〜私的整理が不可能なケース

Q 私的整理が不可能な場合は、どのようなケースがありますか。

A 資金繰りが維持できない場合や、公平・公正に反する事実があり、金融機関の納得を得られない場合などが典型例です（☞87頁②、129頁⑦、242頁③）。

　第一に、資金繰りが維持できなくなる場合には、法的整理に踏み切るべきです。一般取引債務の支払いができなくなれば、一気に信用を喪失し、急激に事業価値が劣化します。いったん取引が止まってしまうと、その事業を存続させることが殆ど不可能になります。そうなる前に法的整理を申立て、迅速な処理を図る必要があります。このまま推移すれば資金繰が破綻してしまうというときは、破綻してしまう前に、少しでも資金繰に余裕をもった上で法的整理を選択すべきです。
　第二に、私的整理を進行させるには、金融機関との信頼関係が決定的に重要です。経営者の不正、大規模な粉飾決算など金融機関の納得を得られない事実がある場合、金融機関からの信頼を失い、全員一致による私的整理は困難となり、法的整理を迫られます。
　一部の債権者に対する不平等、詐害行為などがあった場合も、私的整理では適切に是正ができないことが多く、法的整理により「否認権」を行使するなど、是正策が要請されることがあります。
　第三に、事業が極めて低迷しているなど収支回復見通しが厳しく、金融機関への弁済が満足に確保できない等の理由から、金融機関の納得が得られない場合もあります。
　私的整理は全員一致でなければ成立しませんので、「これ以外に事業

を存続させる方策はない」という計画案であっても、一行でも反対があれば私的整理は成立しません。法的整理に持ち込むことになります。

6 法的整理に踏み切るとき③ 〜いきなり法的整理か、私的整理を経るか

Q 法的整理の前に、必ず私的整理を経るのでしょうか。

A まず私的整理を行った上で不可能と見極めて法的整理に移行する場合と、私的整理を経ずに最初から法的整理を申し立てる場合があります。今後は、私的整理を経た後に法的整理を申し立てる事案が増加することが見込まれます。

　私的整理を進めるうちに、資金繰りが悪化したり、粉飾など問題が見つかったり、金融機関の納得がどうしても得られない等の場合、私的整理を断念して法的整理へ移行します。
　私的整理を介在させる余裕もなく、最初から法的整理を申し立てる場合もあります。事業を継続したまま、対外的には突然のタイミングで民事再生などを申し立てるケースが従来から見られるところです。
　しかし、私的整理の使い勝手が良くなったこと、金融円滑化法の適用期限（平成25（2013）年3月末まで）後も金融機関に対して円滑な資金供給や貸付条件の変更等が要請されてきたこと（令和3（2021）年3月8日付け金融庁「年度末における事業者に対する金融の円滑化について」等）などを背景に、法的整理申立ての前に、まずは金融機関に対する元本返済を停止して私的整理を試みるケースが増えています。さらにコロナ禍にあっては様々な資金供給手当もなされたことから、資金繰りが破綻して駆け込み的に突然の法的整理を申し立てる事例は減少しています。
　今後は、いきなり法的整理を申し立てるのではなく、まず私的整理を

試みた上で、これが奏功せずに法的整理に移行する事例が増加するのではないでしょうか。

特に、一時的な手当としてコロナ融資などが潤沢に用意された結果、過剰債務に陥っている中小企業が多いことが気になります。負債が大きいうえ、本業が回復せず収益見通しが立たないとなれば、事業を引き継ぐスポンサーが見つかっても金融機関への弁済率が余りにも僅少となり、私的整理では了解を得られずに法的整理を利用する事例などが想定されます。

7 私的整理から法的整理への移行

Q 私的整理から法的整理への移行について、どのような手当がなされていますか。

A 私的整理から法的整理への移行の重要性が意識され、さまざまな制度的な手当が設けられています。

法的整理に移行しても、商取引債務が弁済可能であることの予測可能性を高める仕組みのほか、合理的な計画案であっても少数一部の反対で私的整理が成立しない等の場合について、移行すべき法的整理の手続選択としては民事再生の一種である「簡易再生」が注目されています。円滑な移行のため重要となる商取引債務の扱いについても配慮されています。

このように私的整理を経た後に法的整理を申し立てる場合、その円滑な移行が重要です。そこで「私的整理から法的整理への移行」の問題が近時注目されており、立法手当も行われています（☞59頁❸）。

産業競争力強化法が改正され、事業再生ADRから法的整理への移行が手当されました。事業再生ADRから民事再生、会社更生に移行した場合に、手続実施者が監督委員に選任され得ることが明記されたほか（産業再生法49、50条）、対象債権者の議決権額の5分の3以上の同意を得

た上で手続実施者が確認した後に「簡易再生」に移行したときは、「債権者一般の利益」が認められやすくなっています（同法65条の3、4）。

「簡易再生」とは、民事再生法の中に定められた簡略型の手続で、総債権額の5分の3以上の同意がある場合には、債権調査確定手続を省略して、よりスピーディに手続を進行させることができます。先行する事業再生ADR手続において、手続実施者が調査報告書を作成して計画案の合理性を確認したにもかかわらず、少数の債権者の反対ゆえに成立しない等の場合は、これを簡易再生に円滑に移行させて多数決原理で成立させる途を示すとともに、反射的にADRでの全行同意の形成にも資することが想定されています。

特に重要なのはプレDIPファイナンスと商取引債務の扱いです。法的整理に移行して迅速に処理するためには、私的整理と同様にプレDIPファイナンスと商取引債務は弁済を継続し、金融機関だけを相手として策定した私的整理の計画案をそのまま用いる必要があります。この点の手当として、プレDIPファイナンスと商取引債務の弁済を継続できる予測可能性を高める仕組みが産業競争力強化法に定められています（産業競争力強化法59～65条、中小企業活性化協議会（中小企業再生支援スキーム）について同59条3項、65条の2☞353頁**15**）。

この他に、東京地裁民事20部による特定調停の新たな運用もあり、注目されています（☞302頁**3**）。

事業を存続させる手段としての法的整理について、私的整理から移行する法的整理の利用は今後ますます注目されるテーマです。

8　法的整理と個人保証

Q 法的整理を申し立てると、社長の個人保証はどうなりますか。

A 会社の債務整理と同時に、経営者の個人保証を解決すべきことは、私的整理であっても法的整理であっても同じです。法的整理になれば、個人保証についてもより厳しい対応になることは事実ですが、専門家と協議して、経営者保証に関するガイドラインの利用など、最善を尽くすべきです。

　金融機関からの借入れについて、約定の期限を待たずとも一括返済を要求される事態になることを「期限の利益を喪失する」といいます（☞196頁**6**）。

　私的整理中に期限の利益を喪失している例もありますが、少なくとも法定整理を申立てすれば、必ず期限の利益を喪失します。

　経営者が個人保証している場合、会社が期限の利益を喪失すると、会社の借入れの全額について、連帯保証人が一括返済することを要求されます。到底支払うことができませんので、経営者の保証債務についても同時に整理すべきです。

　経営者の保証債務を整理するためにも、専門家との協働が必須になります。破産をさけて一定の資産を残す「経営者保証に関するガイドライン」は会社が法的整理を選択する場合でも利用可能です（第8部参照）。

　「中小企業の事業再生等に関するガイドライン」において、「中小企業が法的整理手続を実施する場合も、保証人は経営者保証に関するガイドラインを活用する等して当該保証債務の整理を行うことが望ましい」と明記されています（中小版GL第二部3）。主たる債務者が廃業・清算したとしても、保証人は破産を回避し得るのです。

9 資金繰りの重要性①
〜私的整理の資金繰り

Q 私的整理でも、なぜ資金繰りが大切になるのですか。

A 金融機関との間で私的整理を進めるには、一定の時間がかかります。その間、税金・労働債権・仕入先・外注先などの支払いは、期日どおりに続けることが前提となります。

　金融機関との間で私的整理を進める際は、了解を得て元本支払いをいったん停止した上で、金利だけの支払いを継続することとし、金融機関以外については期日どおりの支払いを継続します。

　商取引債務を期日どおりに支払うことができなくなれば、信用不安が急速に広まり、事業を継続することが困難になります。支払いが滞った取引先から預金口座の仮差押えを受けることがあれば適切な法的整理を進めるための最低限の資金すら確保できなくなってしまいます。

　消費税、社会保険など公租公課を滞納している場合も同様です。公租公課の取立てについては「滞納処分」という強力な手段が付与されており、裁判を経ずに、いきなり預金や売掛金を差し押えされることがあります。公租公課を滞納したまま私的整理を進めるのは危険です。

　したがって、少なくとも公租公課を滞納せず、給与や退職金の遅配もなく、一般の商取引債務を期日どおりに支払い、金利の支払いを継続していくだけの資金繰りを維持しなければなりません（☞第2部第1章、87頁**2**）。

10 資金繰りの重要性②
～事業存続策としての法的整理と資金繰り

Q 私的整理が不可能で法的整理を選択する場合でも、資金繰りは大切ですか。

A 法的整理においてこそ、さらに資金繰りが大切になってきます。私的整理を断念して法的整理に踏み切る際にも、資金繰りを考えながら方針を決める必要があります。そのために専門家との協働が大切です。

　法的整理を選択する時点では、既に資金繰りが苦しくなってきていることが多いでしょう。しかし、特に事業を存続させる手段としての法的整理では、ますます資金繰りが大切になります。

　法的整理は、申立て前（手続開始前）の負債の支払いを停止した上で、申立て後（手続開始後）に新たに取引する分は支払うことにより、かろうじて事業を継続したうえ、事業価値が劣化する中で、迅速な解決を目指すことが基本です。申立前の負債に対する弁済率は、手続の中で後から決まります。

　私的整理と異なり、法的整理では仕入先、外注先などに対する支払いを全て「棚上げ」することになります。その上で、申立て後に新たに取引する分は支払うこととして取引の継続を求めます。了解してもらえるとしても、支払サイトは当然ながら従来より短くなります。例えば、平時では毎月末〆翌月末支払いであったものが、現金払いを要求されたりします。運搬中や倉庫内の物品について商事留置権を主張されることもあり、リストラコストが必要になることもあります。問題解決のために現金が必要になるのです。一方で、手形割引が用いることができなくなり、入金予定であった売掛金の入金が今後への不安などを理由に遅れることもあります。

　法的整理に入り、過去の未払いを棚上げにした後、さらに新たな取引

の支払いができない事態となれば、もはや事業を存続させることは完全に不可能となります。手続は廃止され、解体清算しかなくなります。

このように、私的整理であれ法的整理であれ、事業を存続させるために資金繰りを維持することが必須です。窮境の中で手をこまねいていると、私的整理はおろか、事業を存続させる手段としての法的整理を試みる力までも失ってしまい、解体清算しかできなくなってしまうおそれがあることに留意しなければなりません。正しいタイミングで正しい方策を講ずること、特に法的整理に踏み切るか否かを見極めるためには、専門家と経営者が互いに協働し、議論を尽くすことが何よりも大切です。

11 資金繰りの重要性③ 〜債務整理中の新たな借入れ

Q 私的整理や法的整理に入った後に、新たな借入れをすることはできますか。新たな融資形態として「プレDIPファイナンス」、「DIPファイナンス」という言葉を聞きますが、これらは、どういうものですか。

A 私的整理や法的整理に入った後は、平時と異なり、金融機関からみて新たに貸し付けることが難しくなります。近時、債務整理手続中の資金需要に備えて、特に新たな貸付けを可能とする金融機関があらわれています。

私的整理であれ法的整理であれ、手続中の資金繰維持の重要性は既に述べたとおりです。しかし、債務整理中に金融機関から新たな融資を得ることは、かつては、ほぼ不可能とされてきました。民事再生を申立てた会社は「破綻先」に分類され、新規貸付けは原則不可能です。しかし、私的整理や法的整理は単なる延命策ではなく、抜本的な過剰債務処理を行って事業を再建する手段ですから、資金繰りさえ繋がれば再建できる

ものが、資金不足によって中途で挫折し、解体清算・破産の途をたどるとすれば極めて遺憾であり、社会的にも損失です。

そこで、新たな融資形態として債務整理中の資金を手当てする「DIPファイナンス」（☞124頁**3**）の取組みが行われています。危機的状況にあって融資を実行するため、専門的な部署が関与し、事案ごとの精緻な分析に基づき、事業価値や担保設定に留意して、融資実行の実績を重ねています。

DIPファイナンスを私的整理・法的整理によって区別し、私的整理の手続中の融資を「プレDIPファイナンス」、法的整理に入った後の融資を「DIPファイナンス」と呼びます。債務整理の時期によって区別し、手続の初期における融資を「アーリー・ファイナンス」、手続終了（繰上げ返済その他）の資金に用いる融資を「EXITファイナンス」と呼ぶこともあります（☞124頁**3**）。

DIPファイナンスは法的整理に必要な「血液」を供給する極めて重要な取組みであり、さらに発展が望まれます。したがって、融資を受ける側も、その返済を「確実に100％履行する」ための慎重な心構えが強く求められることに留意してください。

12　法的整理の利点と難点①　～法的整理の利点

Q　法的整理が優れているのは、どのような点ですか。

> **A** 裁判所が関与するため公平性・透明性に優れており、平等・公正が徹底されます。法的整理を事業存続のための方策としてみたとき、重要な利点は、①多数決で可決したうえ裁判所が認可すれば、反対した債権者に対しても計画案の効果が及び、過剰債務の免除を得ることができること、②迅速に進行し、スケジュールの予測可能性があることです。さらに③スポンサーを見つける上でも、法的整理には大きな利点があります。

　法的整理は裁判所が関与する法律上の手続であり、公平平等原則が貫徹されています。私的整理に不平等、不公正があり、債権者の納得を得られないようなケースでは、法的整理において不平等・不公正を是正して事業再生を進めるべきです。

　さらに、事業を存続させる手段としてみたとき、特に重要な点が二つあります。

　第一は、全員一致でなければ成立しない私的整理と異なり、多数決で可決したうえ裁判所が認可すれば成立し、反対した債権者であっても債権カットできる強力な効果があることです。

　第二は、迅速な進行です。既に述べたとおり、法的整理に入ると、商取引先に対する支払いも棚上げになり、風評等とあわせて事業価値が急激に劣化します。従業員の士気を維持して事業を継続するとしても、そう長い時間はかけられません。法的整理では迅速進行が強く意識され、実際にそのような運用が行われてきました。

　民事再生手続の場合、裁判所が「標準スケジュール」を設けており（☞358頁❻）、これによれば申立てから計画案を議決するまでわずかに5か月です。実際に多くの事件がこのスケジュールどおりに進行しています。

　後に述べるとおり、民事再生だけでなく、破産手続を用いて事業譲渡によって事業の存続を図る手法もあります。これによれば、さらに迅速な処理も可能です（ただし、破産と事業譲渡による手続はリスクも高く、熟練した専門家が慎重に準備して行う必要があることに注意してください）（☞第6部第2章）。

「まず私的整理により可能であれば時間をかけて処理を試みたうえ、これが無理となればタイミングをみて法的整理へ移行し、一気に債務整理の決着をつける」というイメージを持つとよいでしょう。

第三に、事業存続のためのスポンサーを探す上でも次の**13**で解説する法的整理が有利であることは、もっと知られてよいでしょう（民事再生のアナウンスメント効果）。

13　法的整理の利点と難点②～法的整理とスポンサー

Q　「事業存続のためのスポンサーを得るために法的整理が優れている」と言われるのはなぜですか。

A　債務者からみると、アナウンスメント効果により広く事案が周知されるので、新たなスポンサー候補の登場が期待できます。スポンサーからみると、法的整理の透明性・信頼性は魅力であり、有利な価格で安心して投資を実現する機会です。

法的整理に入ると、官報に手続開始決定が公告されますが、それにとどまらず、全ての取引先に対する支払いを止めるインパクトもあって多数の知るところとなり、「倒産情報」としても伝播します。

そのことにより、一方では事業価値が急速に劣化するので、迅速処理が必要になりますが、他方では、いわばアナウンスメント効果があり、当該債務者が法的整理に入ったことが周知される結果、それまでコンタクトのなかった先が法的整理を契機として情報を得て、新たにスポンサー候補として名乗りを上げることが珍しくありません。大規模な企業では「フィナンシャル・アドバイザー（FA）」に費用を支払ってスポンサーを探索することもありますが、そのようなことをせずとも、法的整理の申立てそれ自体が、広くスポンサーを募るきっかけとなり得るのです。

スポンサーの側からみると、新たに投資して他社の事業を譲り受ける「M&A」には常にリスクがあります。投資に見合ったリターンが得られない不安だけではなく、譲受対象会社の従来の取引関係から有形無形の「しがらみ」があったり、決算書に表れない「簿外債務」が隠れているなどの不安要素があったり、これらを確認した上で決断して投資に踏み切らなければなりません。この点、法的整理であれば、裁判所の手続によって透明性が確保されており、このような不安を払拭しやすいといえます。

特に、事業譲渡の方法によれば、魅力があって、「欲しい」と思う部門だけを切り離して契約することにより、簿外債務のリスクを根絶できる利点があります。取得価格は、もちろん破産配当と比較して高値でなければならず、債権者が納得できる適正な価格が必要ですが、法的整理後の企業の場合には、平時より事業劣化していると考えられ、より合理的な価格で譲り受けることが期待できます（☞360頁**7**）。

このように各当事者からみて利点があることから、法的整理を「M&A」（企業買収）の機会として位置付ける理解が定着しています。

法的整理とスポンサーの選定については、極めて多くの論点があり、理論的にも技術的にも日進月歩の分野となっています。

14 法的整理の利点と難点③ 〜法的整理の難点と克服策

Q 法的整理の難点は何ですか。それに対して、どのような克服方法がありますか。

A 法的整理の難点として、私的整理よりさらに資金繰りの維持が困難となること、商取引債務も整理対象とするので事業価値が劣化することが指摘されます。近時、これらの問題点を克服するための取組みが検討され、実績も表れています。

法的整理の難点の第一は、資金繰りの維持が困難となることです。

　私的整理においては、税金や取引債務を期日どおり支払っていれば問題はありません。もちろん、そのための資金繰りは維持する必要がありますが、それ以上の特段の資金需要は生じにくいといえます。

　しかし、法的整理に入った後は資金繰りがさらに厳しくなります。取引を継続するために、従来の支払サイトではなく、現金払いなど短い支払サイトを余儀なくされるからです。手形割引もできなくなります。加えて、風評などで売上も低下することがあります（売上の低下は業種によって大きく異なります。一般的にBtoB（業者間の取引）では、先行き不安等から売上が低下することが多く、一方、BtoC（消費者向けの取引）ではケースによって影響を受ける場合、影響が少ない場合があるようです）。新たな取引を続けるための資金が枯渇すれば、もはや事業を存続させることはできません。

　法的整理に入ってからも資金繰を維持する方策として、従来は「回し手形を用いた支払いを要請する」など限られた手段しかありませんでした。近時は法的整理における資金需要に着目し、法的整理を申し立てた後に融資を行う「DIPファイナンス」に取り組む金融機関があります（☞123頁Ⅲ）。

　法的整理の難点の第二は、取引先を巻き込むことから事業価値が劣化することです。これを克服するため、法的整理であっても商取引債務を全額弁済する方策が検討されるようになりました。大前提として、それを可能とする資金繰りの確保が必要となることは当然です。それが可能となるケースは限られることから、まだ実例は少ないですが、民事再生手続の申立後に商取引債務を全額弁済する事例もあり、慎重に実績が積み重ねられています。

15 法的整理の利点と難点④〜商取引債権保護の制度化

Q 私的整理では商取引債務を支払っていたのに、法的整理に入ると支払いができなくなるので事業価値が劣化します。これを防ぐための法的措置はありますか。

A 近時、産業競争力強化法が改正され、準則型私的整理から法的整理に移行した場合に、商取引債務の弁済が可能であることの予測可能性を高める仕組みが設けられました。

　私的整理が奏功せず法的整理に移行する場合に、それまでは支払っていた商取引債務の弁済ができなくなれば事業価値の劣化は必至です。その結果、私的整理で策定していて計画案の弁済率を維持できなくなれば金融機関にとっても痛手となります。そこで、法的整理に入ってもなお商取引債務の全額弁済が認められることが予め予測できるなら、私的整理が奏功しない場合に法的整理への移行が円滑になるのです。

　このような問題意識から、政府は平成30（2018）年及び令和3（2021）年に産業競争力強化法の改正を行い、こうした問題への手当てを立法化して、商取引債権が法的整理に至っても保護される予測可能性を高める規定が設けられました。準則型私的整理の代表である「事業再生ADR」と「中小企業活性化協議会（中小企業再生支援スキーム）」の手続について、私的整理手続中に一定の手当を講じておくことにより、法的整理に移行した後も商取引債務の全額弁済を裁判所が認めることの予測可能性が高まる仕組みです（産業競争力強化法59〜65条、中小企業活性化協議会の追加について同59条3項、65条の2）。

第2章 民事再生による事業の存続

1 民事再生の対象

Q 民事再生手続を使えるのは株式会社だけですか。

A 民事再生は、再建型法的手続の基本形であり、広く適用されます。

　民事再生法は、再建型の法的整理の基本法として制定されました。株式会社に限らず、個人が屋号を用いて事業を営む場合や、有限会社（特例有限会社）、合同会社、医療法人、学校法人など広く適用されます。

2 民事再生による経営権の維持

Q 社長が経営権を維持したまま手続を進めることができると聞きましたが本当ですか。

> **A** 社長が経営権を維持したまま手続を進めることが原則です。ただし、管理が失当であるとして管財人が選任される場合があることに留意してください。

　債務者民事再生は債務者の再建意欲を尊重し、債務者が主体となって、経営権を維持したまま手続を進めることを原則としています。これを「DIP」（debtor in possession "占有する債務者"）と呼び、民事再生の大きな特徴です。裁判所が監督委員を選任し、適正な進行を監督します。

　ただし、資金流出の恐れ等の不正がある場合など、財産の管理処分が失当である場合、管理命令が発令されて管財人が選任されることがあります。この場合、旧経営者の経営権は剥奪され、管財人に専属します。

　DIP型により、経営権を維持したまま手続を適切に進めるために、監督委員の監督に服し、よく相談しながら進める必要があります。特に債務者代理人弁護士の役割が重要になっています。再生債務者と代理人弁護士は、監督委員に対して報告したり、その調査に服す義務を負います。

3　民事再生と経営者の交代

> **Q** 民事再生を用いて再建すれば、負債の免除を得た上で自分が社長として続投できるのですか。
>
> **A** 負債の免除を得た後の会社の新しい姿がどうなるかは、事案によって異なります。債権者の納得やスポンサーの意向も重要となり、負債免除後は社長交代する事例が多くみられます。

　民事再生法は経営者に当然退陣することを求めるものではありません。中小企業では事業を維持するための社長自身の役割が重要なことも多く、民事再生申立の直後に事業を維持するため、破綻時の経営者が自ら采配を振るい、債権者に理解を求めるなど再生のために力を発揮する例がみられますし、力を発揮すべきです。

しかし、民事再生手続では大幅な債権カットが通例であり、債権者各位に多大な迷惑をかける中で、民事再生が成立した後も同じ経営者が経営権を維持していくことに理解が得られにくいことも事実です。そのような場合、経営権の維持に固執することは、事業を存続させるという究極的な目的をかえって阻害し、得策でもなく、望ましくもありません。債権者の反発を受けて計画案に賛成を得られなければ破産になってしまいます。事業を引き継ぐスポンサーが旧経営陣の退陣を求めることも多くあります。

まずは民事再生を成立させて破綻した会社の新しい姿を築くまでが旧社長の役割と位置付け、事案に応じて債務者代理人弁護士とよく相談することが良いでしょう。

4 民事再生手続を利用する心構え

Q 民事再生手続を申し立てる際の、社長の心構えを教えてください。

A 民事再生手続は、債務者が中心となって手続を進行させることを原則としており、裁判所が再生手続開始を決定すると、債務者は法律上、「手続の機関」となって、法律上の「公平誠実義務」を負います。監督委員が選任され、その監督に服します。

民事再生手続は、債務者が財産の管理処分権を維持して経営権を有したまま、自ら中心となって手続を進行させるDIP型の手続です。破産の危機に瀕した事業を維持し、過剰債務を処理するために債務カットを行う手続を、当該債務者自身が中心となって進行させることに特徴があります。

裁判所が民事再生手続の開始を決定すると同時に、再生債務者は、手続を進行させる主体として位置付けられ、これを「手続の機関」といいます。再生債務者の地位は、再生手続開始決定によって一変し、手続の

機関として中立的であることを要求され、債権者に対する公平誠実義務を負担して、全債権者のために業務の遂行、資産の管理処分を行う義務を負うのです。

この誠実義務に反するとき、裁判所が管理命令を発令して管財人を選任する理由となります。また、詐欺再生罪、特定の債権者に対する担保供与の罪などの倒産犯罪の問題ともなり得ます。

5 申立代理人の役割

Q 申立代理人（債務者代理人）の役割を教えてください。

A 申立代理人は民事再生手続を進行させる最も重要な立場にあり、経営者との密接な協働が必要になります。再生債務者に手続のリスクを正しく伝えること（説明責任）、監督委員の監督に服し、公平誠実義務を遵守させることも申立代理人の役割です。

民事再生手続を進行させる上で最も重要なのは、申立代理人弁護士です。申立代理人は会社から委任された立場ですが、単に会社の利益を追求するのではなく、再生手続の機関としての公平誠実義務を遵守させることも申立代理人の職責です。その表れの一つとして、監督委員に対する報告義務は、再生債務者だけでなく、代理人弁護士も義務を負うことが法律上明記されています。

民事再生手続を円滑に進めるには、申立代理人と経営者の密接な協働が不可欠です。二人三脚で進めるためにも、民事再生申立て前に申立代理人は経営者に充分な説明やリスクの告知を行うべきでしょう。民事再生が奏功せず破産となるリスク、監督委員（裁判所から選任されて、民事再生を申し立てた会社の業務や財産の管理処分、民事再生手続の遂行等を監督する弁護士）に対する報告義務、社長が退陣を求められる可能性、道義的な経営責任を超えて法的な損害賠償の制度があることなど、

充分な説明が必要です。

6 民事再生の手続

Q 民事再生手続の流れの概要を教えてください。

A 各裁判所が標準スケジュールを定めており、これに沿って進行します。手続進行の予測可能性を高める等の観点からも、標準スケジュールは極めて重要です。

民事再生手続を担当する各裁判所が、標準スケジュールを定めています。標準スケジュールの策定により手続の迅速性を確保するとともに、これを公表して手続の透明性を確保し、再生債権者など利害関係人に対して手続進行の予測可能性を高めています。

例として、東京地裁及び大阪地裁の標準スケジュールは以下のとおりです。

手続	東京地裁 申立日からの日数	大阪地裁 申立日からの日数
申立て・予納金納付	0日	0日
進行協議期日	0日〜1日	
保全処分発令・監督委員選任	0日〜1日	0日
債務者主催の債権者説明会	0日〜6日	
第1回打ち合わせ期日	1週間	
開始決定	1週間	7日
債権届出期限	1月+1週間	40日
財産評定書・報告書提出期限	2月	35日
計画案（草案）提出期限	2月	
第2回打ち合せ期日	2月	
認否書提出期限	2月+1週間	61日

一般調査期間	10週間〜11週間	71日から2週間
計画案提出期限	3月	116日
第3回打ち合せ期日	3月	
監督委員意見書提出期限	3月＋1週間	130日
債権者集会招集決定	3月＋1週間	132日
書面投票期間	集会の8日前まで	
債権者集会・認可決定	5月	168日

　民事再生法は、破産の恐れがあるとき、事業継続に著しい支障を来すことなく弁済すべき債務を支払えないときに開始されます。破産となる前に、そのおそれがある段階で早期に開始できる制度になっています。申立直後に債務者主催の説明会を実施し、監督委員が同席して債権者の意見・動向を確認します。

　債権者が「弁済計画の提示を待つまでもなく、今すぐに破産すべきだ」と主張するケースは珍しく、「とりあえず、どんな計画案になるか見極めよう」と考えることが通常です。そうであれば「計画案作成の見込みがないとはいえない」と判断され、手続を開始できます。このような運用により、民事再生の申立てから開始までは短縮されているのです。

　財産評定と平行して債権が届出され、調査を経て確定します。確定した再生債権に対してどのように弁済するのか、弁済率（カット率）、弁済期間などを具体的に記載するのが再生計画案です。

　裁判所が議決に付する決定をすれば、債権者が計画案を議決するための投票となります。可決のためには議決権を行使した債権者の頭数で過半数、確定した再生債権額の過半数の両方を満たさなくてはなりません。頭数では一般取引債権者の動向が、議決権では金融機関の動向が重要になることが一般的です。

　計画案が可決され、裁判所がこれを認可して確定すれば計画案の効力が生じます。

　標準スケジュールでは申立てから認可まで5か月程度となっており、非常に迅速な処理が図られています。

7 清算価値保障の概要

Q 清算価値保障とは、どういう意味ですか。

A 清算価値保障とは、仮に破産した場合より多くの返済をしなければならないという意味であり、民事再生に限らず、私的整理にも共通する大原則です。債権者からみて破産と比較して有利であることが求められます。

　清算価値保障原則は、私的整理にも法的整理にも共通する大切なルールです。仮に破産した場合よりも弁済率が高いことが要求され、それゆえに債権者は債権カットにも応じることができるのです（☞286頁**3**）。

8 財産評定の意義

Q 財産評定は、何のために行われるのでしょうか。

A 民事再生の計画案は清算価値保障原則を満たしていなければなりません。そのことを確認するために、民事再生手続開始時の財産を評定し、仮に破産した場合の清算配当率を示します。

　清算価値保障とは、仮に破産した場合より多く弁済しなければならないという大原則です。これを確認するため、債務者は財産評定を行います。財産評定の実務は債務者代理人とチームを組む会計士の仕事です。
　財産評定を経て債務者は、民事再生手続開始当時に仮に破産した場合、破産配当率がどうなるか算出します。清算価値保障原則により、民事再生の計画弁済は、予想破産配当より高くなければなりません。そこで債務者が財産を不当に低く評定し、予想破産配当率を殊更に低くするような不正がないか、監督委員と補助者の会計士が第三者の視点でチェックします。

9　事業存続のための準備

Q 民事再生手続で事業を存続させるために、どのような準備が必要ですか。準備が大切なのは、なぜですか。

A 特に初動が重要であり、事業を停止させないために資金繰りの手当てがポイントです。準備には密航性が必要ですが、例外的に事前にコンタクトすべき先もあり、情報管理が極めて重要になります。

　民事再生手続を申し立てると、保全処分・開始決定の効果として金融債務だけでなく取引債務もすべて弁済が禁止され、いったん「棚上げ」になります。それでもなお事業を継続し、取引を停止せずに活動を続けなければなりません。そのために資金繰りが重要であることは既に述べたとおりです。事前準備としては、預金が相殺などによって使えなくなることを避けて安全な口座に移動することが必須となるほか、DIPファイナンス（☞347頁**11**）を利用するためには担保設定できる資産の検討も必要です。様々なノウハウがありますので、申立代理人の役割が重要です。

　民事再生手続の準備をしていることが対外的に知られると、取付け騒ぎなどの混乱のおそれがあり、準備には密航性が必要です。申立代理人が指導し、経理担当など限られた一部の従業員だけに事情を説明して準備を進めます。

　しかし、その一方で、事前に説明すべき特定の利害関係人もあります。

　メインバンクには事前に説明することがあり、事前説明ができない場合でも、申立直後から充分な説明が必要です。欠くことのできない主要取引先に協力継続を確保する必要もあります。どの段階で、どの相手に伝えるか、事案によって慎重な配慮が求められます。

　特に重要なのはスポンサー候補です。事前に目処があれば、水面下で協議をすすめ、申立ての直後からスポンサー候補として意向表明しても

らって信用を補完することなどが考えられます（一方で、事前にスポンサーを決め打ちすることについては、申立て後に、より条件のよいスポンサー候補があった場合や、債権者がより条件のよいスポンサー探索を求める場合などの問題が生じることが論点ともなっており、注意が必要です）。

10 民事再生手続における金融機関との接し方

Q 民事再生手続における金融機関への接し方は、どのように考えたらよいですか。

A 債務者代理人が意識してアクセスしないと、金融機関には情報が入らなくなります。計画に賛成を得るためにも、随時に充分な連絡をとり、私的整理に準じて情報を開示していくことが求められています。

　私的整理の進め方の基本は、バンクミーティング（☞253頁**2**）です。随時開催し、金融機関に情報を提供しながら進みます。加えて、メインバンクとは密接に連携し、打ち合わせを重ねます。財務DDやスポンサー選定、金融支援を得て債権カットとなればカット率の根拠、弁済額の合理性など詳細な説明を求められます。

　一方、民事再生では、手続の中心的担い手となる債務者代理人弁護士が監督委員と協議しつつ、裁判所との打ち合わせ期日を基本として裁判所の標準スケジュール（☞358頁**6**）に従って進行します。民事再生法に定められた手続としては特段のバンクミーティングがありませんので、債務者代理人弁護士が意識して金融機関との連絡を保つ必要があります。計画案を提出して議決権を行使してもらう段階になって初めて説明するようでは、スポンサーの選定や弁済率、弁済期間等について金融機関の納得を得ることは難しいでしょう。

従来から、民事再生手続に手慣れた弁護士であるほど、金融機関との連絡や情報提供には意を用いてきました。しかし、それでも金融機関からは、私的整理に比較すると情報が少ないという声が聞かれます。
　私的整理が発展してきた中で、民事再生手続であっても従来以上に金融機関への情報提供を意識し、理解を得て進めることが望まれているといえるでしょう。特に、私的整理を行ったうえ、これが奏功せず法的整理に移行するような場合は尚更です。
　従前は、金融機関の側でも、法的整理になれば「失敗事案である」との受け止め方があったかもしれません。しかし、コロナ禍で事業価値が劣化した過剰債務企業が多くなると、わずかな弁済計画しか立案できず、私的整理では同意を得られないような事例も出てくるでしょう。そのような場合、金融機関としても私的整理から法的整理までを一貫した視野で見て、法的整理を含めて「最も合理的な解決を模索する過程」と位置付けることが大切になってくると思います。そのためにも、民事再生手続における金融機関への情報提供の在り方が重要になっていると考えます。

11　民事再生によって事業を存続させる方策

Q 民事再生によって事業を残すための具体的な方法は、どのようなものがありますか。

A 収益弁済と、スポンサー型（事業譲渡など）に大別されます。

　私的整理であれ法的整理であれ、債権者の理解を得て計画を成立させ、事業を存続させるには、再生計画案を立案できるよう弁済原資を得ることが必要です。弁済原資の調達方法によって、収益弁済型とスポンサー型に分けることができます。
　収益弁済型は、事業を継続して得られるフリーキャッシュフローを弁済原資として分割弁済するものです。民事再生法では最長10年の分割弁

済が認められています。

スポンサー型は、事業を経営する主体をスポンサーに移し、スポンサーが拠出する代金で一括弁済する計画が基本です。

近時はコロナ禍で事業価値が劣化するなど、スポンサーの拠出できる金額が伸びず、事業活動のために必要な資産（営業拠点や生産設備など）を確保するのが精一杯というケースも想定されるようになりました。そのような場合、スポンサーのもとで収益弁済する「ハイブリッド型」も考えられます。

12 収益弁済による再生計画の概要

Q 収益弁済による再生計画の概要は、どのようなものですか。

A 事業活動から得られる収益で分割弁済する計画です。民事再生法では、最長10年までの分割弁済が認められていますが、近時は短期の弁済が好まれる傾向にあります。

事業活動から得られる収益で弁済する再生計画は、従前の法人格を維持して分割弁済する点で分かりやすく、民事再生法による弁済計画の基本イメージともいえます。一時金の負担なく、分割弁済するので、同じ経営者が続投できる場合にも馴染みやすい弁済方法です。

長期分割弁済には問題点もあります。債権者にとって回収が長期化し、途中で履行できなくなるリスクもあります。債務者にとっても民事再生の計画遂行中は「再生会社」の印象がついて回り、取引諸々の正常化に時間を要することになればデメリットです。

民事再生で過剰債務のカットに成功した後も同じ経営者が続投することについては、取引先などの目も厳しく、なかなか難しい場合も多いことは既に述べたとおりです。

こうした点があいまって、近時は収益弁済型より一括弁済型が好まれ

る傾向にあるようです。とはいえ、コロナ禍で過剰債務企業が増大する中、事業価値が劣化してスポンサーが付かず、大幅に負債をカットして自力で再生するような事例も想定されます。

　私的整理においても法的整理においても、収益弁済型による解決も視野に入れて検討することを忘れてはならないでしょう（☞282頁コラム）。

13　スポンサー型再生計画の概要

> **Q** スポンサー型の再生計画の概要はどんなものですか。
>
> **A** 事業を経営する主体をスポンサーに移し、スポンサーが拠出する代金で一括弁済する計画です。減増資、会社分割、事業譲渡などの手法があります。

　スポンサーが事業を引き継ぐ方法は、大きく分けて当該法人を維持して支配下に置く方法と、事業だけを切り出す方法があります。

　前者の場合、スポンサーの100％子会社とすることが一般的です。民事再生法の手続によっては減資ができませんが、会社法による減資手続と組み合わせ、株主を入れ替えることが可能です。過剰債務の法人が当該事業に必須の免許などを有していたり、借地契約が多い場合などに使い勝手があります。

　事業を切り出す方法は事業譲渡や会社分割です。事業譲渡は法的整理で盛んに利用される手法です。民事再生だけでなく、民事再生が奏功せず破産に移行する場合にも用いられますし、緊急避難的な措置として、最初から破産申立てと組み合わせて事業譲渡を用いる手法もあります。事業譲渡については第3章で詳説します。

第3章 事業譲渡の利用

1 民事再生による事業譲渡

Q 民事再生手続で事業譲渡を行うには、どうすればよいですか。

A 民事再生法には株主総会の特別決議に代わる裁判所の許可の制度があり、事業譲渡を進めやすくなっています。計画外譲渡と計画内譲渡があり計画外譲渡は、より迅速に事業譲渡を実現することができます。

　民事再生手続で事業譲渡を行う手法には、再生計画に事業譲渡を定める「計画内」譲渡と、再生計画とは別個に裁判所の許可を得て事業譲渡する「計画外」事業譲渡があります。

　計画内譲渡の場合は、再生計画案の決議を経て裁判所が認可することで事業譲渡が認められます。しかし、標準スケジュールに見たとおり、計画案の決議と裁判所の認可までには5ヶ月程度を要します。民事再生手続を申し立てた後、事業価値が急速に劣化するおそれがあるので、計画案の可決と裁判所の認可を待たず、早期に譲渡したいニーズがあります。

　そこで民事再生法には、再生計画とは別個に裁判所の許可を得て事業を譲渡する「計画外」譲渡の方法が設けられており、実務上も多用され

ています。裁判所が、事業譲渡について債権者の意見を聴取した上で事業譲渡を許可する制度です。

　事業譲渡には株主総会の特別決議が必要であることが会社法の定めです。株主が多数である場合や株主の理解を得るに時間を要する場合などでは、事業譲渡の機会を逸するおそれがあります。民事再生手続に入った会社は債務超過の状態にあることが一般であり、そうであれば株式は実質的な価値を失っていることになります。そこで、債務超過の状態にある場合には、裁判所の許可をもって株主総会の特別決議にかえる制度があり（代替許可）、民事再生手続において事業譲渡を進めやすくなっています。

2　牽連破産保全期間中の事業譲渡

> **Q** 民事再生が奏功せず、破産になるときでも事業譲渡をすることは可能でしょうか。
>
> **A** 民事再生から破産へ移行する間の「保全管理」期間中に事業譲渡できることがあります。民事再生が奏功しない場合のソフトランディングの手法として確立しており、複数の実例が積み重ねられています。

　民事再生手続が奏功しないこともあります。スポンサーが見つからない、資金繰りが続かない、収益見込みが立たない等の理由から計画案を提出できない場合や、計画案を議決した結果、可決することができない場合などで、裁判所が民事再生手続を終わらせます。これを「廃止決定」といいます。廃止決定は官報公告され、これが確定すると裁判所は新たに破産を決定し、破産手続により処理されます。このように、民事再生手続で始まったものが奏功せず破産になる場合を「牽連破産」と呼びます。

　民事再生手続から牽連破産の手続開始までの間を繋ぐのが「保全管理」

です。裁判所が保全管理命令を発令して保全管理人が選任されると、会社の財産管理処分権は保全管理人に専属し、社長の権限は失われます。裁判所の運用では、監督委員であった弁護士が保全管理人に選任され、同じ者が引き続き破産管財人に選任されています。

保全管理期間中に、保全管理人がスポンサー候補と迅速に交渉し、事業を譲渡できるケースもあります。資金繰りが逼迫し、事業価値は益々劣化していることも多いので、事業譲渡価格は高額にはならないかもしれませんが、事業を存続させて従業員の雇用を守ることができます。もちろん、民事再生手続で計画案が可決認可されて再生を果たすことが望ましいですが、それが適わない場合でも、保全管理期間中の事業譲渡によってソフトランディングを図る途が残されているのです。

3　破産手続による事業譲渡

Q　会社が破産しても事業譲渡ができますか。

A　破産申立てと事業譲渡をセットで行う手法があります。他に事業を存続させる方法がない場合に行う手法であり、熟練した専門家と綿密に打ち合わせて行う必要がありますが、有力な手段です。

本書は専門家に対する早めの相談をお勧めしています。事業再生のゴールデンルールは「早期着手」です。

しかし、諸々の事情から専門家への相談が遅れてしまい、資金繰りが逼迫して私的整理を試みる余裕すらない場合もあります（☞87頁**2**、129頁**7**、242頁**3**）。取引先への支払いの停止が迫ったり、滞納公租公課による滞納処分（預金や売掛の差押）が近々に懸念されるなど、「Xデイ」が迫り来る緊急事態です。

加えて、近時のコロナ禍においては、過剰債務を抱える一方、業績が回復しないケースも増えていることから、資金繰りも「ジリ貧」となり、ようやく見つけたスポンサーは満足な価格を提示できず、事業譲渡代金

では滞納税金を支払うにも足りない、といった事例が多発することが懸念されるようになっています。

　民事再生は税金など優先債権を滞納なく支払っていくことを前提とした手続ですから、もはや困難となり、残された手段は破産しかないかもしれません。しかし破産であっても、事業を引き継ぐ意思のあるスポンサー候補さえあれば、熟練した専門家と社長が充分に打ち合わせをして、事業譲渡と自己破産申立てをセットで行い、会社は破産しても事業は譲渡して存続させることが可能です。

4　破産申立てと事業譲渡をセットで行う場合の留意点

Q　破産申立てと事業譲渡をセットで行う場合の注意点を教えてください。事業譲渡のクロージングは破産前が良いですか、それとも破産手続開始後にクロージングする方が良いですか。

A　安易に事業譲渡した後、譲渡後の会社を破産処理するケースが散見されますが、破産管財人から否認権を行使されるリスクがあります。クロージングを破産開始の前後どちらにするかは事案によりますが、破産開始前であっても、後に破産管財人から厳しいチェックを受けることを想定すべきです。

　破産と事業譲渡をセットで行う場合に重要なのは、スポンサーの確保です。破産手続開始決定があると事業は極めて急激に劣化します。手をこまねいていれば事業活動は速やかに停止し、そうなれば再開は極めて困難です。破産した後にスポンサーを探す余裕はないと考え、事前にスポンサー候補を確保すべきです。

　スポンサーを確保しても、譲渡価格が問題となります。破産に瀕した債務者は、スポンサーとの価格交渉で弱い立場になりがちですが、破産

手続が開始されると裁判所が破産管財人を選任することを忘れてはなりません。破産管財人は事業譲渡価格の相当性を厳しくチェックし、不当に安く譲渡したと判断すれば否認権を行使して、事業譲渡は否定されてしまいます。事業譲渡だけ済ませてしまい、その後の処理を不透明にして「破産すれば債権者が諦めるだろう」といった安易な処理は絶対に禁物です。

どうしても破産前にスポンサーへ事業譲渡しておく必要があるならば、価格の相当性を立証できるよう充分に資料を整え、スポンサー選定の過程を含め透明性を保って管財人に報告できるよう用意しなければなりません。事業再生に熟練した弁護士に関与を求めるべきでしょう。

否認リスクを避けて安定的な譲渡を実現するには、むしろ破産管財人への連続性の視点をもった処理が望ましいといえます。例えば、破産申立前では事業譲渡契約を締結するにとどめておき、破産開始決定後に管財人のチェックを経て、管財人が相当と判断すれば「双方未履行契約の選択」により譲渡代金を管財人に支払う手法など、高度に専門的な配慮が求められます。

破産とセットの事業譲渡は、最後の切り札であり、困難とリスクを伴います。熟練した専門家と充分に相談し、破産管財人への連続性の意識をもって進めることが必要であり、適切に運用すれば事業存続のための極めて強力な手段となります（☞242頁**3**）。

5 破産手続に対する正しい認識 〜3つの視点

Q 破産には、どうしても悪いイメージしかありません。破産についてどのように理解すればよいでしょうか。

> **A** 破産は最後の手段であり、避けられるなら避けるべきです。しかし、正しく用いることによって再スタートの出発点と位置付けることができます。
>
> 　なお、経営者保証債務との関係では、「主たる債務者が廃業したとしても、保証人は破産手続を回避し得ること」を忘れないでください。

1　最後のセーフティネットとしての積極的な位置付け

　本書は、破産を避けて解決することを基本方針としていますが、場合によっては、専門家への相談が遅きに失したなど様々な理由から、会社・経営者ともに破産が最善の途となるケースもあります。法律上、破産手続は、法人・個人に共通する清算型の法的倒産手続と位置付けられます。債務整理が他の方法で解決できないとき、破産は最後の受け皿となるのです。

　破産は最後の手段であり、言い換えれば、どのような場合であっても、少なくとも破産手続を利用することはできます。したがって、破産は法制度が用意した最後のセーフティネットという意味があり、積極的な位置付けが可能です。

　個人破産について「戸籍に載る」「投票できなくなる」等の俗説がありますが、それは誤りです（☞489頁1）。破産手続によって清算を遂行することは「誠実な破産者」と評価され、特段のルール違反がなければ、速やかに手続を進行させて、裁判所の免責決定を受けることができます。

2　「破産でも解決できない事態」を避ける

　破産は最後のセーフティネットですから、逆にいえば「破産でも解決できない事態」にはならないよう留意すべきです。

　例えば、親戚から借金をして、再建のあてもなく運転資金に注ぎ込んでしまい、そのまま破産するケースがあります。親戚づきあいも辛くなり、かといって破産手続中に密かに返済することは不公平な違法行為であり「免責不許可事由」に該当します。返済のあてもなく親戚の借金で

補う前に、専門家に相談することを強くお勧めします。「免責不許可事由」には詐欺的な借入れ、管財人への説明義務違反などの類型があり、弁護士に相談して正しい知識を得ることが必要です。

3 主たる債務者が廃業したとしても、保証人は破産手続を回避し得る

特に経営者保証人については、「主たる債務者が廃業したとしても、保証人は破産手続を回避し得ること」を念頭におき、まずは「経営者保証に関するガイドライン」の利用を検討することが重要です。弁護士は、経営者に安易に破産を勧めるのではなく、かといって闇雲に破産を回避するのでもなく、ガイドラインによる整理を検討した上で、種々の要素を考慮し、必要に応じて破産手続を選択することが望まれます。

「中小企業の事業再生等に関するガイドライン」において「中小企業が法的整理手続を実施する場合も、保証人は経営者保証に関するガイドラインを活用する等して当該保証債務の整理を行うことが望ましい」と明記されています（中小版GL第二部3）。経営者保証債務の整理については、本書の「はしがき」「第8部」を参照してください。

事例紹介④ 多額の退職金債務があったものの、民事再生を申し立てて、現法人スキームにて再生した事例

事業者は、小学生女子向けの雑誌等に商品を掲載し、通信販売をしており、最盛期には数十億円の売上があり、高いネームバリューを誇っていました。

しかし、近時の出版不況の影響を大きく受け、売上低迷に歯止めがかかりませんでした。その間、メインバンクから資金面（融資）、人事面に多大な支援を受け、地元の中小企業再生支援協議会（中小企業活性化協議会に改組）にて、リスケジュール等の支援を受けていたものの、売上低下に歯止めがかからず、キャッシュアウトが止まらない状況でした。

自主再建型の再生計画の策定は難しいと判断され、資金繰りも厳しくなったことから、スポンサー探索を開始し、抜本再生を図ることとなり

ました。しかし、優先債務である退職金債務及び公租公課の猶予額が増えてしまい、優先債務を賄えるスポンサー候補はすぐには見つからない状況でした（私的整理が成り立つために必要な金額の目安は243頁参照）。資金繰りからしても一定の時間を要する私的整理による事業再生は難しいと判断されました。

　その頃、相談を受けた筆者ら弁護士チームは、①単純な破産のほか、②事業譲渡＋破産手続（☞第6部第3章）を検討したこともありましたが、ブランド力、事業規模、再生を望むメインバンクの存在、民事再生手続のアナウンスメント効果（☞348頁⓬、⓭）によりスポンサーが見つかる可能性などもあり、③民事再生手続に賭けることにしました。

　事業者は、申立て後、キャッシュアウトを止めるべく、新たな仕入れを停止し、在庫販売のみで事業を回すとともに、スポンサー募集を行いました（資金繰りの問題があり、M&A仲介会社は使わず、弁護士が窓口）。申立ての事実が報じられると、クラウドファンディングにて寄付をしたいという声がネット上で出されました。代理人弁護士は、裁判所及び監督委員と相談の上、クラウドファンディングについて最低募集金額超過を条件とする売買契約であると判断し、実施することにしました。幸い、1,000万円を超える資金が集まり、商品発送コストに充てることができ、事業継続の力になりました。

　最終的には、民事再生手続のアナウンスメント効果と様々な調整により、スポンサーが決定し、再生計画案を提出して、無事に認可を受けることができました。民事再生手続により、既存の法人格を使うことで、退職金が直ちに生じない形となり、スポンサーが一度に支払う資金を減らすことが可能になって、スポンサーとの調整をまとめることができたのです。事業者は、事業継続が可能となり、多数の従業員の雇用を守ることができました。

　代表者の保証債務については、地元の中小企業活性化協議会の支援を受けて、経営者保証に関するガイドラインにより、保証債務整理を図る予定です。

（宮原　一東）

第6部 法的整理による事業存続策

第4章

法的整理に伴う税務

I 民事再生の場合

1 Pro 債権者の税務

Q 私（銀行員）の担当する取引先が民事再生を申し立てましたが、再生債権は、いつ損金算入できるのでしょうか。

A 債務者が再生手続開始の申立てを行ったタイミングと再生計画認可の決定があったタイミングに、税務上認められる範囲内で貸倒引当金や貸倒損失により損金算入が可能となります。

1 債務者が再生手続開始の申立てを行った場合

1 概要

債権者である金融機関や中小法人は、再生企業に対する債権について、会計上、貸倒引当金を繰り入れた場合には、当該引当金のうち取立て又は弁済の見込みがないと税務上認める金額（以下「個別評価引当金繰入限度額」といいます）を損金算入することができます（法人税法52条1

項)。なお、貸倒引当金を損金算入できる中小法人は資本金1億円以下の法人(資本金5億円以上の法人による完全支配関係がある法人等を除きます)に限定されており、全ての法人に適用があるわけではありません。

2 個別評価引当金繰入限度額

　税務上の個別評価引当金繰入限度額は、民事再生を申し立てた者に対する債権(下図(イ))から取立て又は弁済の見込みがあると考えられる金額(下図(ロ)、(ハ))を控除した残額(下図(ニ))の50％相当額となります(法人税法施行令96条1項3号)。

■個別評価引当金繰入限度額のイメージ

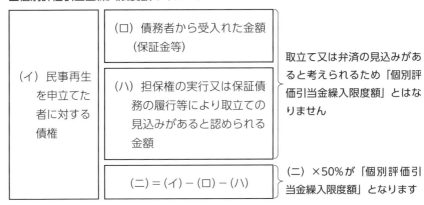

　なお、特別清算開始の申立てや破産手続開始の申立ての場合も同様の取扱いとなります。

2 再生計画認可の決定があった場合

1 貸倒損失

　再生計画認可の決定により切り捨てられることとなった部分の金額は、当該事実が発生した事業年度に貸倒れとして損金の額に算入されます(法人税基本通達9－6－1(1))。

2　貸倒引当金

再生計画認可の決定を受けた事業年度終了の日の翌日から5年経過する日までに弁済されることとなっている金額以外の金額（下図（ハ）a）のうち、担保権の実行又は保証債務の履行等により取立ての見込みがあると認められる金額を除く金額については、全額が貸倒引当金として損金算入の対象となります（法人税法施行令96条1項1号）。

■貸倒損失と貸倒引当金のイメージ

（イ）民事再生を申立てた者に対する債権	（ロ）再生計画認可の決定により切捨てられた金額		貸倒損失
	（ハ）再生計画認可の決定後に弁済する金額	（ハ）a.再生計画認可の決定があった事業年度終了の日の翌日から5年経過後に弁済される金額	担保の実行又は保証債務の履行等により取立て見込みがある分を除いた金額が「個別評価引当金繰入限度額」となります
		（ハ）b.5年以内に弁済される金額	

個別評価引当金の適用対象法人及び損金経理要件は、前述の①「2　個別評価引当金繰入限度額」と同様になりますので、そちらを参照してください。

2　Pro　債務者の税務

Q 民事再生により再生債権の債務免除を受けた場合に、債務免除益に対して法人税等が課税されてしまうのでしょうか。

> **A** 資産の評価損、青色欠損金、期限切れ欠損金を債務免除に充てることができます。資産の評価については、「損金経理方式」と「別表添付方式」があり、評価時期や評価対象が異なる他、期限切れ欠損金の相殺順序も異なります。将来的なタックスポジションも視野に入れて、どちらの方法を選択するか検討する必要があるでしょう。

1 債務免除益課税

　債務者である再生企業が、再生債権者である金融機関や取引業者から債務免除を受けた場合には、当該債務免除益は益金の額に算入されるため、法人税等が課税されてしまう可能性があります。

　民事再生法の適用を受けた場合には、資産の評価損や期限切れ欠損金を利用することにより、課税リスクを抑えることができます。なお、資産評価について「損金経理方式（会計上の損金経理が要件となる方法）」と「別表添付方式（法人税申告書に評価損益に係る別表添付が要件となる方法）」のどちらの方法を選択するかによって、青色欠損金及び期限切れ欠損金を債務免除益と相殺する順番が異なります。

■債務免除益との相殺順序

損金経理方式	別表添付方式
① 評価損（評価益の益金算入はない） ② 青色欠損金 ③ 期限切れ欠損金	① 評価損益 ② 期限切れ欠損金 ③ 青色欠損金

　特に現法人スキームの場合には、将来的に利用できる青色欠損金が大きく変わる可能性もあるため、どちらの方法を選択するのか慎重な判断が必要となると考えられます。また、どちらの方法を選択するかによって資産評価の対象や認識時点が異なる点にも注意する必要がありますので、以下それぞれの方法における資産の評価及び期限切れ欠損金の取扱いを説明します。

2 損金経理方式

1 資産の評価損

再生手続開始の決定があった事業年度において、会計上、資産の評価損を計上した場合には、評価損を計上した範囲内で税務上認められる時価まで損金算入ができます（法人税法33条2項、法人税法施行令68条1項、法人税基本通達9-1-3の2）。なお、損金経理方式の場合には、評価益の計上は認められていません。

税務上、評価損が認められる範囲は下表の資産ごとの時価までの金額となります（法人税基本通達9-1-1、9-1-3）。時価については、民事再生手続にあたって実施する財産評定上は、再生手続開始時の清算価値（処分価値）となる一方で、税務上は、再生手続開始の日の属する事業年度終了時点において、当該資産が使用収益されるものとしてその時において譲渡される場合に通常付される価額（以下「使用収益価額」といいます）となり、時価の認識時点や考え方が異なる点に注意する必要があります。使用収益価額については、分かり難い点もあると思いますので、下表を参照してください。

■損金経理方式による資産評価損

対象資産	評価単位（法基通9-1-1）	税務上の時価＝使用収益価額
土地等	一筆（一体として事業の用に供される一団の土地等は、その一団の土地等）ごと	民事再生の手続上、実施する財産評定では、不動産鑑定を行い特定価格(早期処分価格)で評価します。税務上は、当該鑑定における正常価格を使用収益価額として評価することになると考えられます。
建物	一棟（区分所有する場合には区分所有の単位）ごと	
電話加入権	電話局の異なるものごと	財産評価基本通達上の評価額（東京都の場合の標準価額1,500円）等を参考にするものと考えられます。

棚卸資産	種類等の異なるものごと	財産評定上は処分価格で評価しますが、税務上は買い手側が使用収益するものと仮定した場合における通常の譲渡価額により評価します。精通者意見を参考にする他、金額的重要性が大きい場合には、別途動産評価を行うことを検討する必要があると考えられます。
有価証券	銘柄ごと	【時価のある株式】 市場価格 【時価のない株式】 法人税基本通達9-1-13（市場有価証券等以外の株式の価額）、同9-1-14（市場有価証券等以外の株式の価額の特例）を参考にするものと考えられます。
その他資産	合理的な基準	【建物以外の減価償却資産】 再取得価額（期末において新品として取得する場合の取得価額）を基礎として、旧定率法又は定率法により償却を行ったものとした場合における未償却残高とすることが認められています。 【その他】 使用収益価額

（注）　損金経理方式の場合において、金銭債権は貸倒引当金の対象となるため、評価損は認められていません（法人税基本通達9-1-3の2）。

2　期限切れ欠損金

「損金経理方式」を選択した場合には、下図のとおり欠損金等をそれぞれ順番に債務免除益に充てることで、課税が発生しないように取り組みます（法人税法59条3項）。

■債務免除益等に相殺できる順序

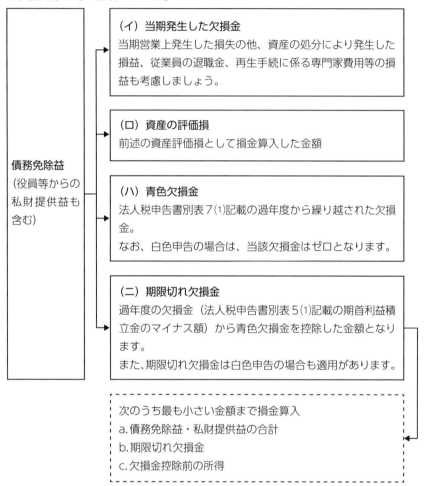

「損金経理方式」を選択した場合には、上図のとおり青色欠損金が先に使用されるため、債務免除後に青色欠損金が残るケースは少ないものと考えられます。

3 別表添付方式
1　資産の評価損益

再生計画認可の決定があった事業年度において、法人税申告書の別表を添付して、資産負債の時価評価を行った場合には、当該時価と簿価との差額は益金又は損金の額に算入されます（法人税法25条3項、33条4項）。

「別表添付方式」の場合は、会計上の損金経理が要件とされていないため、会計上は費用計上せずに法人税申告書上で別表調整することも可能となります。

また、評価時点が「損金経理方式」の場合は再生手続開始の決定があった日の属する事業年度末であった一方、「別表添付方式」は再生計画認可の決定があった時点となり、認識時点が異なっています。

なお、時価については「損金経理方式」と「別表添付方式」で同じ「使用収益価額」ですが、評価対象は「損金経理方式」が評価損のみを対象としていた一方で、「別表添付方式」は評価益についても時価評価の対象となる他、個別資産の評価対象範囲にも相違があります。具体的には、「別表添付方式」の場合は、以下資産が評価損益の対象から除外されており、当該除外対象資産以外は評価対象資産となることから「損金経理方式」を選択する場合と評価対象範囲が異なる点に注意する必要があります（法人税法施行令24条の2第4項、68条の2第3項）。

- 再生計画認可の決定があった日の属する事業年度開始の日前5年以内に開始した各事業年度において圧縮記帳の適用を受けた減価償却資産
- 時価法の対象となる短期売買商品
- 売買目的有価証券（短期的な価格変動を利用して利益を得ることを目的に取得したもの）
- 償還有価証券
- 少額減価償却資産、一括償却資産の適用を受けた減価償却資産

2　期限切れ欠損金

「別表添付方式」を選択した場合には、以下の欠損金をそれぞれ順番に債務免除益に充てることで、課税が発生しないように取り組みます。

「損金経理方式」と異なり、期限切れ欠損金（☞297頁①）を青色欠損金に優先して利用することができるため、債務免除後に青色欠損金が残る可能性がより多くあると考えられます（法人税法59条2項）。

■債務免除益等に相殺できる順序

債務免除益
（役員等からの私財提供益、資産の評価損益も含む）

→ **（イ）当期発生した欠損金**
当期営業上発生した損失の他、資産の処分により発生した損益、従業員の退職金、再生手続に係る専門家費用等の損益も考慮しましょう。

→ **（ロ）資産の評価損益**
前述の資産評価損益として損金又は益金に算入した金額

→ **（ハ）期限切れ欠損金**
過年度の欠損金（法人税申告書別表5⑴記載の期首利益積立金のマイナス額）から青色欠損金を控除した金額となります。
また、期限切れ欠損金は白色申告の場合も適用があります。

→ **（ニ）青色欠損金**
法人税申告書別表7⑴記載の過年度から繰り越された欠損金。
なお、白色申告の場合は、当該欠損金はゼロとなります。

期限切れ欠損金が青色欠損金に優先して相殺されるため、青色欠損金を残せる可能性があります。

次のうち最も小さい金額まで損金算入
a. 債務免除益・私財提供益・資産の評価損益の合計
b. 期限切れ欠損金
c. 欠損金控除前の所得

なお、評価対象資産がない場合や確定申告書に評価損益の明細書及び関係書類の添付をしなかった場合などにより、別表添付方式による資産の評価損益を計上できないときには、期限切れ欠損金を青色欠損金に優先して利用することはできません（法人税基本通達12－3－5）。

3 Pro 粉飾決算による還付

Q 過去粉飾決算により、必要以上の法人税等、消費税等を支払っていましたが、還付を受けることはできるのでしょうか。

A 更正の請求を検討する必要があります。粉飾決算の場合は仮装経理の更正の請求となり、原則は即時還付を受けることができませんが、民事再生の場合には即時還付を受けることができます。

□ 仮装経理の場合の更正の請求

再生企業の場合には、過去粉飾決算により本来納付すべき金額以上の税金を納めている場合が少なくありません。このような場合には、更正の請求の対象期間（通常は法定申告期限から5年）であれば、当該手続きにより還付請求することが可能です（国税通則法23条1項）。

通常の更正の請求の場合には、当該請求が認められた際に、請求金額について即時還付を受けることができますが、粉飾決算を是正した場合には法人税や地方税（法人住民税及び法人事業税）では、即時還付が認められないペナルティが課されています。具体的には、税務署による更正があった日の属する事業年度開始の日から5年以内に開始する各事業年度の法人税額から当該粉飾決算の是正による還付請求金額が順次控除され、その後においても還付請求金額が残っている場合に、ようやく当該残額が還付されることになります（法人税法135条）。なお、消費税法にはこのようなペナルティ規定がないため、粉飾決算の場合でも即時還付を受けることができます。

383

しかしながら、民事再生法の規定による再生手続開始の決定があった場合には即時還付を受けることが可能となります（法人税法135条4項2号）。再生企業の場合には、税金還付金が弁済原資の大きな割合を占めることもあり得るため、当該規定が適用できないか十分に検討する必要があるでしょう。なお、当該規定は再生手続開始の決定があった場合以外にも、特別清算の開始決定があった場合や企業再生税制の適用を受ける場合（☞311頁2）や債権者集会の協議決定や行政機関、金融機関その他第三者のあっせんによる当事者間の協議により合理的な基準で債務者の負債整理を定めている場合も対象となります（法人税法135条4項2号、同法施行令175条2項、同法施行規則60条の2）。

　なお、仮装経理における申告書作成実務にあたっては、国税庁ホームページ「平成22年度税制改正に係る法人税質疑応答事例（グループ法人税制その他の資本に関係する取引等に係る税制関係）」の「問11　実在性のない資産の取扱い」が参考になりますので、ぜひご確認ください。

II 破産や特別清算の場合

Pro 破算・特別清算により事業譲渡をする場合

Q 当社事業について、破産前に事業スポンサーへ譲渡することになりました。税務上の取扱いについて教えてください。

A 債務者企業では、事業譲渡時に譲渡損益を認識することになります。

　事業譲渡の取扱いは、319頁の**3**を参照してください。また、事業譲渡後における債務免除益課税や申告における取扱いは、432頁のIIを参照してください。
　債権者側では、貸倒引当金や貸倒損失を検討する必要があります。この取扱いは、428頁のIを参照してください。

＜参考文献＞
・稲見誠一、佐藤信祐『ケース別にわかる企業再生の税務』中央経済社 2010.6

第7部
廃業手法

第7部 廃業手法

第1章

廃業・清算の概要

1　廃業を検討すべき場合

Q　どのような状況に至った場合に、廃業を検討すべきでしょうか。

A　会社が窮境に陥り、赤字を継続して、資金の流出を止めることができない状況にあるにもかかわらず、経営者の年齢、事業への意欲、会社の経営資源の問題から自力再建はもちろん、スポンサーによる支援も期待できない場合は、専門家に相談しつつ、廃業を検討すべきといえます（☞第1部第2章）。

　廃業とは、会社の経営者又は個人事業者が会社や個人が行っている事業を廃止することです。

　経営者は、会社が窮境に陥ったとしても、営業赤字からの脱却など収益力の改善に努めます。しかしながら、経営者の年齢、事業への意欲、会社の経営資源などによっては、そもそも事業価値に乏しく、外部環境の急激な変化によっては施策の効果も不十分であり、自力では収益力の改善が見込めない場合もあります。このような場合、金融機関から返済猶予等の条件緩和を受けるだけでは足りず、債務減免等の抜本的な金融支援が必要となりますが、自力再建が難しい場合となりますので、第三者であるスポンサーから事業面・財務面の支援を受けて、事業の維持や

従業員の雇用確保を図ることができないかを検討することになります。

　しかしながら、会社の事業規模が小規模であるとか、優良な顧客を持たない、また強みとなる技術やノウハウ等も持たない場合などは、スポンサー候補にとっては事業自体の魅力が乏しく、スポンサーへの事業承継を進めることも、現実的に困難な場合もあるでしょう。このような場合、経営者は、赤字を継続させ、資金の流出を止めることもできないのですから、手遅れにならないうちに、廃業することを検討すべきといえます（☞9頁**1**）。

　もっとも、このような判断は、経営者自身で判断することは難しいことが多いでしょう。事業再生を扱っている弁護士等に早めに相談することを検討しましょう（☞22頁コラム）。

2　廃業を決断するタイミング ～早期廃業の合理性

Q どのようなタイミングで廃業を決断するのがよいでしょうか。

A 取引先や従業員のためにも、経営者自身のためにも、手遅れとならない早期かつ適切なタイミングで廃業を決断するのが望ましいといえます。これにより、円滑かつ秩序立った廃業を進めることができます。早期に検討し、決断するほど、選択の幅が広がり、より安定的な処理が可能になります。

　廃業は会社の事業を廃止することですので、ネガティブなイメージを持たれる方も多く、廃業後の将来の不安もあって、なかなか早期に廃業の決断をすることは難しいかもしれません。

　しかし、会社が窮境に陥って、収益力改善の効果的な施策も実施できず、赤字のまま事業を続けていくことは、会社の資産を漫然と食い潰して事業を継続している状況です。会社の財産状況はますます悪化し、や

がて金融機関への債務を正常に弁済することもできず、過剰債務の状況に陥ります。それでも、一定の財産がある段階で廃業の決断ができれば、金融機関だけを対象とした債務整理を行うことも検討できますが、早期廃業の決断ができずに漫然と事業を続けた場合、商取引債権の弁済も困難な状況となります。友人・親族などから個人的な借入れをしたり、悪質なサラ金業者などから高金利で借入れをするほかなくなり、やがては自転車操業となり返済も難しくなり、税金の滞納や給料遅配など資金繰りに行き詰まり、経営破綻するでしょう。それでは、金融機関にとどまらず、商取引債権者にも大きな被害を与えて連鎖倒産のような事態も招きかねません。ある日突然、雇用を失う従業員にも多大な迷惑を与えます。そうなっては手遅れであり、経営破綻を巡る混乱を関係者から非難され、これまで培ってきた信頼関係を失うことにもなるでしょう。

経営者にとっても、早期廃業にはメリットがあります。廃業時に経営者保証に関するガイドラインを活用することにより、経営者の保証債務を整理して新たな創業や再就職など再チャレンジを目指すこともできますし、一定のインセンティブ資産も残すこともでき、生活の再建にもつながります（☞第8部）。高齢の経営者は、自分が受給している年金を資金繰りに充てて事業を続けているような場合もありますが、そのようなことをしなくても済むようになります。

取引先や従業員のためにも、経営者自身のためにも、手遅れとならないように、早期かつ適切なタイミングで廃業を決断するのが望ましいといえます。これにより、円滑かつ秩序立った廃業を進めることができます。

3 早期の廃業決断の有用性

> **Q** 負債が多いので、廃業の決断は不安です。結果的に破産になってしまうのではないですか。
>
> **A** 早期に決断するほど、解決の幅が広がります。万一、結果的に破産を選択することになっても、早期決断により、より安定的な処理が可能です。経営者の連帯保証債務の解決のためにも、手遅れにならない早期かつ適切なタイミングで決断することが大切です。

　近時、破産以外の廃業手法が発達しており、事案に応じた適切な手法を選択するためにも、弁護士への相談が不可欠です。破産の回避について、次項以降で詳しく説明しますが、一般に早期に相談するほど、柔軟な処理の可能性が高まるといえます。結果的に破産を選択する場合であっても、早期に廃業方針を決断すれば「破産による事業譲渡」（第6部第3章）等の手法を含め、より幅広い対応が可能となります。

4 破産の回避に向けた私的整理の活用

> **Q** 過剰な債務を抱えたまま廃業をすると、経営者は自己破産をしなければならないのでしょうか。
>
> **A** 必ず自己破産をしなければならないわけではなく、自己破産を回避して、私的整理で廃業・清算を進められる事案もあります。

　経営者は、どうして早期かつ適切なタイミングで廃業することに踏み切れず、無理して事業を続けようとしてしまうのでしょうか。
　経営者が廃業を考えたとしても、過剰な債務を抱えていると、債務全額を弁済することができませんので、個人を含めて破産をしなければな

391

らないと考えてしまうことが多いです。破産は、世間のネガティブなイメージもあるため、破産したという風評を懸念し、高齢の経営者にとっては抵抗感があります。また、破産した場合には直ちに事業を廃止するのが通常ですので、得意先に対する納品や商取引債権の弁済もできなくなります。商売上の仲間に迷惑をかけることや破産後の生活の不安を感じることもあり、早期廃業を躊躇して、自分の生活を犠牲にしても、無理しても事業を続けるほかないという考えに至るようです。

　しかしながら、廃業・清算の方法として、必ず破産手続を選択しなければならないわけではなく、破産を回避して、私的整理で廃業・清算を進めることができる事案もあります。

　私的整理で廃業・清算を進める場合は、原則として金融機関やリース債権者のみを対象とし、商取引債権者を巻き込むことを予定していません。対外的には「倒産」のイメージが限りなく薄まり、「自主廃業」という秩序立った清算のイメージを残すことができます。

　経営者としては、最後まで経営者の責任を全うしたいと考えて私的整理を希望する場合もあります。破産手続では、裁判所から選任された破産管財人である弁護士により清算が進められますが、私的整理では経営者自身が清算人として清算事務を遂行します。最後まで責任を果たそうとする姿を見て、従業員から一定の理解を得たり、取引先から再チャレンジを応援してもらえるということもあるでしょう（☞422～426頁　事例紹介⑤～⑧）。

　さらに、私的整理で廃業・清算を進める場合には得意先への突然の納品停止という事態を避けたり、仕入先に対する返済を実施できる場合もあるなど、事案に即した円滑な清算も可能にします。当面の間は営業を続けながら、在庫商品の換価のために閉店セールを実施するなどすれば、配当財源を増加させることもできるでしょう。

　金融機関としても、経営者が普段から金融機関と十分なコミュニケーションをとり、債務の弁済や経営状況・財務状況の開示等にも誠実に対応し、良好な取引関係を構築していれば、会社の実情をよく把握していますので、廃業に至る経緯等に理解を示し、私的整理で廃業・清算を進める方針に反対の姿勢をとることもないでしょう。

5 廃業と経営者保証

Q 廃業、清算すれば経営者は破産するしかないのでしょうか。

A 経営者保証に関するガイドラインを検討します。

　総負債を完済できずに廃業・清算する場合は、経営者保証の問題に直面します。経営者については自己破産を決断する前に、まずは経営者保証ガイドラインの活用を検討しましょう。会社について私的整理による場合だけでなく、法的整理の場合であっても、経営者保証に関するガイドラインの利用が排除されるわけではありません。第8部を参照してください。

第2章

廃業・清算の方法

1 廃業・清算の概要

Q 廃業・清算の類型・方法を教えてください。

A 廃業の類型には、事業譲渡型、単純廃業型、廃業済型など様々な類型があります。廃業の方法にも、通常清算、私的整理手続による廃業・清算、法的手続による廃業・清算などがあります。

　廃業の類型としては、①事業再生を模索したものの、うまくいかなかった類型、②事業譲渡を模索したものの、うまくいかなかった類型、③事業譲渡ができた類型、④当初から資産換価を進めて単純に廃業することを模索する類型、⑤廃業済みなど様々な類型があります。私的整理手続による廃業の場合には、一般業者を巻き込まない類型が多いですが、中には一般業者を巻き込む類型もあります。

　この点、事業譲渡型は、事業再生で行う場合の第二会社方式とほぼ同じスキームになりますので、再生型に移行すべきか論点となります。中小版GLでは、スポンサーに対する事業譲渡等を前提とした弁済計画案を作成しようとする場合は、第三者支援専門家を選任し、第三者支援専門家は、中小企業者の事業の内容や規模、資金繰りの状況等並びに対象債権者の意向を踏まえ、廃業型私的整理手続を適用することが相当か判断することが必要とされています（中小版GLQA81参照）。事案にもよ

りますが、事業性が乏しい事業（赤字の事業）をスポンサーに引き受けてもらう事業譲渡のケースは、数値基準の充足という再生の蓋然性を検証することまでは必要なく、清算価値保障（経済合理性）が求められているだけですので、廃業型の計画の方が適しているという意見もあり（小林信明・中井康之編『中小企業の事業再生等に関するガイドラインのすべて』（商事法務）52頁、加藤弁護士の発言参照）、実務上、そのように対応したこともあります。

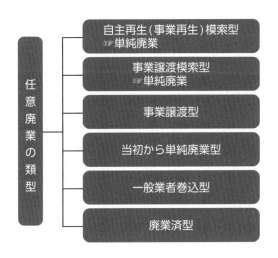

　廃業・清算の方法としては、次の方法があります。経営者の意向を踏まえつつ、会社の財務状況、資金繰りの状況、債権者の状況、資金繰りの状況、残務の状況等の諸事情を考慮し、事案に応じて適切な方法を選択します。

【廃業・清算の手法】
(1) 通常清算
(2) 私的整理による廃業・清算
　① 中小企業の事業再生等に関するガイドライン
　② 特定調停手続
　③ REVICの特定支援手続
　④ 純粋私的整理（特別清算手続の併用）

(3) 法的倒産手続による廃業・清算
　① 特別清算手続
　② 破産手続
　③ 民事再生手続

2　通常清算

Q 通常清算は、どのような手続ですか。通常清算で廃業できるのは、どのような場合ですか。

A 通常清算は会社法に定める清算手続です。会社が資産超過の状況（会社資産等ですべての負債を支払える状況）にあれば、通常清算の手続で清算できます。

　会社は事業を廃止して解散すると、清算手続を開始します。
　清算とは、会社の法人格の消滅前に、会社の現務を結了し、債権を取り立て、債権者に対し債務を弁済し、株主に対し残余財産を分配する手続であり（会社法481条）、清算会社は営業を行わず、清算人が取締役に代わって清算事務を行います。清算事務が終了したときは、株主総会の決算報告の承認により清算が結了し、会社の法人格が消滅するとともに、清算結了の登記を行います。これを「通常清算」といいます。
　会社が資産超過の状況にあるならば、資産を換価回収して会社の債務を全額弁済することができますので、債務の整理を図る必要はありません。会社法の定める清算手続で清算を進めていけば足ります。

3　私的整理による廃業・清算①　〜私的整理を選択できる場合

Q　私的整理手続で廃業できるのは、どのような場合ですか。

A　会社が債務超過の状況にあれば、債務の整理が必要となります。経営者の意向を踏まえ、私的整理の可能性を検討しますが、会社に十分な資金もなく、商取引債務や公租公課の支払いができない場合には弁済計画案を策定する見込みがなく、私的整理による廃業は困難ということになってしまいます。また、否認権行使や役員の責任追及の問題がある場合などは、私的整理手続では難しい場合もあります。

　会社を廃業したとき、債務超過の状況（☞194頁**2**、262頁**1**）にあるならば、資産を換価回収しても会社の債務を全額弁済することはできないので、通常清算では清算を進めることができず、債務整理を図る必要があります。

　この場合、経営者の意向を踏まえ、私的整理の可能性を検討していきます。私的整理によれば、対外的な「倒産」のイメージを薄めることができる、経営者の責任を全うできる、商取引債権などを巻き込まずに円滑な清算が期待できる場合もある、個人破産の回避により信用情報機関の登録を回避できる（クレジットカードの継続利用が可能になる）等のメリットがあるからです。

　もっとも、経営者が私的整理を希望したとしても、どのような事案でも私的整理で廃業を進められるわけではありません。以下のような場合は、廃業時に生じうる混乱を防止するため、破産手続を選択する方が適切といえるかと思います（☞417頁**11**）。

【破産手続を選択する方が適切といえる場合】
① 破産手続に比して経済合理性のある弁済計画案を策定する見込みがない（つまり、弁済資金を確保する見込みがない）。
② 多額の公租公課や商取引債権が存在し、全額返済の見込みがない。
③ 契約解消が難しく、高額な違約金等が生じる場合
④ 手形不渡りなど支払停止が予想される。
⑤ 個別の債権回収行為を防ぐ必要がある。
⑥ 対象債権者間の意見・利害調整が不可能又は著しく困難である。
⑦ 否認権行使や役員の責任追及の問題がある。
⑧ 債務の弁済や経営状況・財務情報の開示等に誠実に対応しておらず、対象債権者との間で良好な取引関係が構築されていない。

①私的整理で廃業を進める場合には、対象債権者にとって破産手続に比して経済合理性が認められる弁済計画案を策定し、金融機関やリース債権者に対して一定の弁済資金を確保できることが前提となります。そのため、廃業が手遅れとなり、破産手続の手続費用程度の資金しか確保できず、対象債権者への弁済資金を確保できないのであれば、私的整理による廃業は難しいと言わざるをえません。

②多額な公租公課が存在し、全額返済の見込みがない場合にも、金融機関やリース債権者の債務の整理だけでは清算ができませんので、破産手続で清算をするほかありません。商取引債権者は対象債権者に参加させることができるとしても、商取引債権者は私的整理手続に馴染みのないこともあり、多数の商取引債権者が存在する場合には私的整理における合意形成をはかることは現実的に難しいことも多く、商取引債権の金額が多額となる場合は債権者間の平等性の問題が指摘されることもあります。

③賃貸借契約などの各種契約についても、廃業時にはすべて解消することが必要になります。破産手続の場合には、双方未履行双務契約の解消（破産法53条）により、契約解除ができますし、違約金条項等についても、排除する余地があります。しかし、任意廃業の場合にはこのような強力な手続はなく、契約解除自体ができるかという問題があります。

また、解除ができるとしても、違約金条項等をどこまで封じられるかは交渉次第となります。契約解除ができないか、できるとしても高額な違約金が生じる場合は、破産手続の方が合理的となる場面も出てくるでしょう。

④手形不渡りなど支払不能が予想される場合や、⑤強制執行など個別の債権回収行為に着手されている場合には会社の混乱を防止し、既に債権者の平等を確保すべき段階にきていますので、破産手続の方が望ましいといえます。

⑥不平等な弁済や担保設定があり、対象債権者間の意見・利害調整が著しく困難な場合、⑦財産隠匿や不相当に過大な役員報酬の支給など、否認権行使や役員の責任追及が問題となる場合、⑧悪質な粉飾決算の程度も著しいなど、対象債権者との間で良好な取引関係が構築できていない場合も、全ての金融機関との間で合意形成を図ることは難しいため、破産手続の方がふさわしいといえます。

4 私的整理による廃業・清算②～給料不払いへの対応

Q 資金繰りが限界にきており、従業員の給料支払いを遅滞しています。このまま廃業して大丈夫でしょうか。

A 従業員の給料は労働債権であり、優先的に保護されなくてはなりません。破産の場合、独立行政法人労働者健康安全機構による労働債権立替払制度が利用できます。立替払対象となるための期間制限があるので、給料不払いのまま漫然と放置することがあってはなりません。

資金繰りが苦しいあまり、労働債権の支払いが滞ってしまう事例も散見されます。言うまでもなく許されないことであり、労働基準監督署によ

る行政指導や、事案によっては代表者に対する刑事告訴の問題にもなります。しかし、悪いと分かっていても、いったん労働債権の支払いを遅滞すると、まとめて数か月分を支払う財源がなく、遅れ遅れで支払いをしながら、未払いを解消できずに廃業に追い込まれることになりかねません。

　このような場合でも、会社が正式に破産手続を申し立て、裁判所の破産開始決定を受ければ、「未払賃金立替払制度」の利用が可能となります。未払賃金（退職金も含みます）の8割（ただし上限あり）が、国の制度として立替払いされます。

退職日における年齢	未払賃金総額の限度額	立替払上限額
45歳以上	370万円	296万円
30歳以上45歳未満	220万円	176万円
30歳未満	110万円	88万円

　給料すら支払えなくなっている場合には、破産手続により、立替払制度の利用を可能とすることを検討すべきでしょう。

　なお、立替払いの対象になるのは、退職後、6か月以内に破産手続開始等の申立てを行っていることが必要であることに注意してください。給与未払いがあるままで会社が事実上廃業すると、従業員は新たな職を得るために退職します。その後、半年以上経過してから、会社が破産等をしたとしても、立替払いの対象にはなりません。漫然と放置して立替払制度の適用すら受けることができないような事態は絶対に避けなくてはなりません。

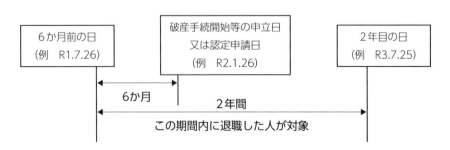

5 Pro 中小企業の事業再生等に関するガイドライン

Q 中小企業の事業再生等に関するガイドラインにより、私的整理で廃業を進めることができますか。

A 令和4（2022）年3月に「中小企業の事業再生等に関するガイドライン」（中小版GL）が公表されています。同ガイドラインの第三部には、廃業型私的整理手続も定められています。

1 中小企業の事業再生等に関するガイドラインの公表

　中小企業活性化パッケージ（関連施策集）の一つとして令和4年3月、中小版GLが公表されました。同ガイドライン第三部に定める中小企業版私的整理手続には、再生型私的整理手続と並んで、廃業型私的整理手続も定められていることが特徴です。

　これまで、準則型の私的整理手続には、（特定調停は別として）廃業型の債務整理手続がありませんでした。私的整理で早期に廃業することにより、経営者の再スタートに資する他、取引先等への悪影響も回避でき、金融機関の債権回収額の毀損も、破産に比較すれば小さくなる意義があり、中小企業者・金融機関・地域経済にとって望ましいことから、同ガイドラインにおいて私的整理手続が策定されたものです。従来、破産等の法的整理手続がなされずに放置される弊害も指摘されていたので、廃業に適する中小企業者の放置を回避する意義もあります。

　廃業型手続においても、外部専門家・第三者支援専門家の費用について、経営改善策定事業の「中小企業の事業再生等ガイドライン枠」として補助金の受給が可能です（上限3分の2、上限700万円）（☞81頁 **1**）。

2 廃業型私的整理手続の流れ（進行）の概要

　中小版GLによると、廃業型私的整理手続は、概ね以下の流れにより、進行することが予定されています（中小版GL第三部5参照）。

401

第7部 廃業手法

■中小企業の事業再生等に関するガイドライン（第三部・廃業型私的整理手続）の流れ

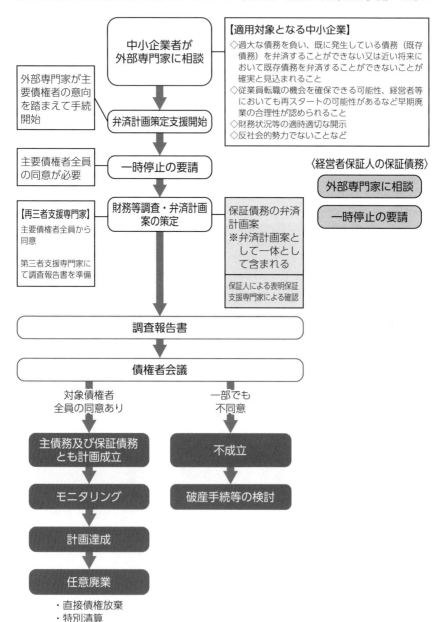

3 廃業型私的整理手続の適用対象となる中小企業者

廃業型私的整理手続は、以下の全ての要件を充足する中小企業者に対して適用されます（中小版GL第三部3(2)）。

① 過大な債務を負い、既に発生している債務（既存債務）を弁済することができないこと又は近い将来において既存債務を弁済することができないことが確実と見込まれること(中小企業者が法人の場合は債務超過である場合又は近い将来において債務超過となることが確実と見込まれる場合を含む)
② 円滑かつ計画的な廃業を行うことにより、中小企業者の従業員に転職の機会を確保できる可能性があり、経営者等においても経営者保証に関するガイドラインを活用する等して、創業や就業等の再スタートの可能性があるなど、早期廃業の合理性が認められること
③ 中小企業者が対象債権者に対して中小企業者の経営状況や財産状況に関する経営情報等を適時適切かつ誠実に開示していること
④ 中小企業者及び中小企業者の主たる債務を保証する保証人が反社会的勢力又はそれと関係のある者ではなく、そのおそれもないこと

金融機関は、「中小企業者から廃業の申出があった場合は、スポンサーへの事業譲渡による事業継続可能性も検討しつつ、中小企業者の再起に向けた適切な助言や中小企業者が廃業を選択するにあたっての取引先対応を含めた円滑な処理等への協力を求め、中小企業者自身や経営者を含む関係者にとって望ましいソリューション（第三部「5．廃業型私的整理手続」の適用を含む。）を提供するよう努める。その際、中小企業者の納得性を高めるための十分な説明に努めることとする。」とされています（中小版GL第二部2(2)③二）。

4 対象債権者、主要債権者

廃業型私的整理手続の対象債権者は、原則として、銀行、信用金庫、信用組合、労働金庫、農業協同組合、漁業協同組合、政府系金融機関、信用保証協会、サービサー等及び貸金業者ですが（中小版GL第一部3）、廃業型の場合には、リース債権者も対象債権者に含まれます（中小版GL第三部1(1)）。必要なときは、その他の債権者を含めることもできま

す。

　対象債権者のうち、債務者に対する金融債権額が上位のシェアを占める債権者が「主要債権者」とされます。具体的には、金融債権額のシェアが最上位の対象債権者から順番にそのシェアの合計額が50%以上に達するまで積み上げた際の（廃業型ではリース債権額も金融債権額に含まれます）、単独又は複数の対象債権者です（中小版GL第三部2(5)）。実務的には、リース債権者に対し、一時停止通知を出すタイミングをどうするかは検討が必要です。早期に一時停止通知を発出してリース物件が引き上げられてしまうこともありますし、事業譲受先や資産処分先との関係でリース取引の承継をしてもらえることもありますので、リース債権者への一時停止通知をどのタイミングで出すか、又は出さないかを慎重に検討すべきこともあるでしょう。

　実務的には、一定期間事業を継続する事案や清算業務にリース物件が必要な場合、リース対象資産の使用期間に応じたリース料を支払うことは多く見受けられます。中小版GLでは、廃業型の場合は、リース物件は使わなくて返還されるという実態を踏まえて、対象債権者にしたとの趣旨に鑑み、リース物件を使うのか、返すのか、これがメルクマールとして実務が運用されているように見受けられます（中小版GLQA61の加筆部分も参照）。一方、リース債権者と異なり、割賦債権者は、中小版GL上、明示的に対象債権者に含まれていませんが、対象債権者に含めることは否定されていません。リース債権者と割賦債権者の同質性からすると、割賦債権者もリース債権者と同様に対象債権者に含める実務運用が確立されることが期待されるところです（小林信明・中井康之編『中小企業の事業再生等に関するガイドラインのすべて』（商事法務）の20－21頁参照）。

　主要債権者は、「中小企業者から本手続の利用を検討している旨の申出があったときは、誠実かつ迅速にこれを検討し、主要債権者と中小企業者は、相互に手続の円滑で速やかな進行に協力する。なお、主要債権者は、手続の初期段階から信用保証協会と緊密に連携・協力する」とされています（中小版GL第三部2(5)）。

5 廃業型私的整理手続の開始・一時停止要請
1 私的整理手続の開始
　中小企業者は、外部専門家(廃業時は、弁護士を入れることが不可欠でしょう)とともに、主要債権者に対して、廃業型私的整理手続を検討している旨を申し出ることができます。外部専門家である弁護士(債務者代理人弁護士)は、主要債権者の意向が否定的でないこと(中小版GLQA44)を踏まえて、中小企業者の資産負債及び損益の状況の調査検証や弁済計画策定の支援等を開始します(中小版GL第三部5(1)①②)。再生型手続の場合には、手続を開始できるのは独立した中立的な立場である第三者支援専門家に限られますので(☞219頁**2**)、その点が異なります。

2 一時停止
　中小企業者及び外部専門家(債務者代理人弁護士)は、必要に応じて、手続開始以降の適宜のタイミングで、主要債権者全員の同意を得た場合に限り、一時停止の要請を行うことができます(再生型においては中立的な第三者支援専門家の判断で手続が開始されていることに対し、廃業型では債務者代理人が手続を開始していることから、一時停止の要請を行うに際して主要債権者全員の同意を必要としたものです)。

　なお、今般、中小版GLが改訂され、既に第三者支援専門家が選任されている場合は当該第三者支援専門家が主要債権者の意向を踏まえて一時停止の要請の発出について判断すれば足りることになりました。第三者支援専門家が選定されている場合は、再生型と同様の規律となります。

　一時停止の要請は書面により、かつ、全ての対象債権者に対して同時に行うことが必要です。中小版GLに定める要件を充足している場合には、対象債権者は一時停止要請に誠実に対応することとされています。

　一時停止の要請が効力を生ずるのは、全ての対象債権者から応諾が得られたときです。応諾の有無の確認は、債権者会議での口頭確認など弾力的な運用が想定されています(中小版GLQA51)。

　廃業型では事業継続による新たな弁済原資の獲得が期待できないことから、いたずらに計画の作成期間が長期化することのないよう、一時停

止の要請の濫用を防ぐ措置が設けられています。相当の期間（原則として外部専門家の支援等の開始から3～6か月）を経ても弁済計画案の策定提示が適切になされない場合や、策定状況について対象債権者の求めに応じた適切な経過報告がなされない場合には、対象債権者は一時停止を終了することができます（中小版GL第三部5(1)③）。

3 資金繰りとの関係

なお実務的には、特に資金繰りについて、様々な状況が想定されます。商取引債務を全額弁済し、私的整理による廃業型手続で進むことが可能であるような資金繰りが大前提ですが、一方で、再生型の事案と比較して、より法的整理に移行するリスクが高い場合も想定されます。一時停止の要請は支払停止や期限利益喪失事由（一括請求事由）に相当するわけではありませんので（中小版GLQA85）、金利の支払が困難になったケースもあり、そのようなケースでは計画提示後の一定のタイミングまでは金利を支払い続けながら廃業型手続を進める場合も多いでしょう。一方で必要によっては金利の支払が困難なケースもあり、そのようなケースでは預金避難（☞251頁**3**）を検討することが必要な場合もあるでしょう。いずれにしろ対象債権者との信頼関係の維持と対象債権者間の衡平性に留意し、また、法的整理に移行した場合も想定して検討を進めることが必要です。

6 弁済計画案の立案・内容

1 手続開始後に行う事項

中小企業者は、自ら又は外部専門家から支援を受ける等して、相当の期間内に、次項記載のとおり、廃業に向けて資産の換価等必要な策を実施し、弁済計画案を作成します（中小版GL第三部5(2)①）。

2 合理的な資産換価や資産処分の見通しの確保

廃業を目指す中小企業者が弁済計画案を策定するうえで重要になるのは、資産の換価をいかに合理的に進めるかということになります。中小版GLでは、中小企業者の「自助努力が十分に反映された」弁済計画を

立案することが必要であり、事業を廃止するまでの間、中小企業者は可能な限り事業価値を維持し、これらを有利に換価するなどして債権者に対する弁済を最大化することが求められることになります（中小版GLQA88参照）。

　資産換価を最大化するうえでは、事業譲渡の合理性が高いケースもあるでしょう。スポンサーに対する事業譲渡等を前提とすることを予定している場合には、弁済計画の作成前に、第三者支援専門家を選定することになる改正が行われています（中小版GLQA第三部5(2)③参照）。

　中小版GLの記載上は、資産換価は弁済計画成立後を予定しているようにも読めますが、合理的必要性が認められる場合における早期換価を否定するものではなく、換価額の最大化や弁済時期の早期化を図るという観点から、弁済計画成立前の換価も当然に許容するものと解されます（中小企業GLのすべて・233頁参照）。実務的な検討の面からは、従前の顧客・商流で処分することが合理性の高い処分といえるでしょう。例えば、小売店で消費者向けの商材を換価する場合には、閉店セールを行うことも考えられるでしょう。一方で、従前の商流等で処分できない場合には、一括買取業者等、特殊な処分を余儀なくされる場合もあるでしょう。このように特殊な処分になる場合や、そうでなくても主要資産を処分する場合、対象債権者や第三者支援専門家に対し、弁済計画前の資産処分の必要性、合理性を資金繰り表や収支見込等で説明し、関係者の理解を得ながら、資産処分を進めることが望ましい対応といえるでしょう。

　なお、計画提示後に資産処分が見込まれる場合、保守的に弁済率を示し、追加弁済を行う計画も許容されます（中小版GLQA87）。

3　負債や各種契約の取扱いを踏まえての弁済原資の確保

　弁済計画案を策定するうえでは、資産換価に加えて、負債の取扱いも問題となりますが、対象外債務については随時弁済が原則となります。すなわち、労働債務、商取引債務等の対象外債務は、一時停止の要請の対象になりませんので、中小版GLの手続開始後であっても従前どおり随時弁済を行うことが原則となります。中小版GLにおいては、手続の透明性が求められますので、中小企業者は、対象外債務の弁済について、

適時適切なタイミングで対象債権者に説明・報告することが望ましく、債権者会議など然るべきタイミングで資金繰り表や収支計算書等を用いて、対象外債務の弁済状況や弁済見込等を説明することが望ましいと考えられます。

　中小企業者の役員等は、廃業手続の遂行にあたり、重要な役割を担いますので、資産換価が終了するまで、もしくはその後も業務内容に応じて合理的な役員報酬の支払を継続することが多く見受けられます。もっとも、必要以上に高額の役員報酬や廃業が完了した後も漫然と支払を継続することは弁済原資を減少させ、対象債権者の理解が得られない事態を招きかねませんので、注意を要します。

　弁済計画作成にあたっては、今後の費用の発生を抑えることが必要ですので、賃貸借契約、その他各種契約についても、順次、解約手続を進めることになります。

　これらの作業を受け、資産換価完了までに要する事務所賃料、人件費、その他諸経費、清算結了までに生ずるであろう公租公課、専門家費用などを計算し、弁済原資がどの程度になるものか試算し、弁済計画における弁済原資がどの程度確保できるか検討することになります。

4　財務調査等

　中小版GLにおいて、財務調査に関係する弁済計画案における記載事項としては、財務状況（資産・負債・純資産・損益）の推移、実態貸借対照表が必要とされています（中小版GL第三部5(3)①イ）。対象債権者にとって経済合理性の説明が必要となりますので、清算貸借対照表を作成することが不可欠です。その他、廃業の相当性（中小版GL第三部5(4)④イ）等についての対象債権者への説明のため、窮境原因の分析等も必要と考えられます。

　なお、実態貸借対照表と言っても、廃業を検討している中小企業者は、弁済計画立案までの時間的制約が大きいことや、すでに廃業を決断した企業の弁済計画案としては清算価値を保証するような経済合理性の確認ができれば足りると考えられますので、事業の継続を想定した精緻な実態貸借対照表を作成することは必ずしも必要ではないと考えてお

り、例えば、決算期末の資産内容等の数値について実態に即した修正を施した、いわゆる修正簿価の算定程度のものを実態貸借対照表とすること等が考えられます（中小版GLQA88-2の新設箇所参照）。

5 弁済計画案の記載事項

廃業型の弁済計画案は、以下の内容を含むものとします（中小版GL第三部5(3)）。

【弁済計画案に含むべき事項】

イ 自助努力が十分に反映されたもの（中小版GLQA88）であるとともに、以下の内容を含むものとする。
- ・企業の概況
- ・財務状況（資産・負債・純資産・損益）の推移
- ・保証人がいる場合はその資産と負債の状況
- ・実態貸借対照表[※1]
- ・資産の換価及び処分の方針並びに金融債務以外の債務の弁済計画、対象債権者に対する金融債務の弁済計画[※2]
- ・債務減免等を要請する場合はその内容

ロ 弁済計画案における権利関係の調整は、対象債権者間で平等であることを旨とし、債権者間の負担割合については、衡平性の観点から、個別に検討する（☞290頁**2**）。

ハ 破産手続で保障されるべき清算価値よりも多くの回収を得られる見込みがある等、対象債権者にとって経済合理性があることとする（☞286頁**3**）。

ニ 必要に応じて、地域経済に与える影響も鑑みた内容とする。

上記ハに関して、廃業型の弁済計画では、弁済額が僅少で清算価値との差がほとんどなかったり、弁済額がゼロであることも起こり得ます。このような計画案も、清算価値がゼロであるならば、排除されるわけではありませんが、その場合にも金融機関にとって経済合理性が認められることは必要です（中小版GLQ&A90）。このような場合は、例えば連鎖倒産回避による地域経済への影響回避により取引金融機関にとっても

メリットが生じえることや、債権の早期処理によるメリットなど、できる限り説明を尽くす必要があります。

廃業型の弁済計画では、対象債権者に債務減免を要請することが想定されますので、経営者責任、株主責任についても規定することが必要です（中小版GLQA88）。廃業型の場合、会社を清算していくことで、経営者責任、株主責任が果たされることが通常ですが、直接放棄で清算するのか、特別清算で清算するのかなどの論点もありますので、これらの論点について記載することが求められます。

保証人については、保証人の資産負債の記載が求められていますが、これに加え、保証債務人の弁済計画を同時に示すことも求められます。

後述のとおり、第三者支援専門家の調査報告も意識して、弁済計画案の実行可能性についても、弁済計画において十分に説明することに留意します。

その他、弁済計画案では、対象債権者に同意を求める依頼事項を明確にすることが必要です。依頼事項例は事案により異なりますが、一例を挙げると次のとおりです。

【廃業型の弁済計画における依頼事項例】
- 資産換価方針（事業譲渡を含む。）や弁済計画に対する同意
- 弁済額についての元本充当についての同意
- 保全目的物換価に際しての保全弁済と引換での担保解除等への同意
- 特別清算を予定する場合はその申立てに対する同意
- 法的倒産手続申立てその他個別的権利行使をしないことの同意
- 金利支払時期等についての説明及び依頼
- 預金口座の利用継続を許容し相殺をしないことの同意
- 信用保証協会付の場合、代位弁済請求の依頼（代位弁済の対象を元本にすることについての同意）

7 弁済計画案の調査報告
1 第三者支援専門家の選任

廃業型では、再生型と異なり、中小企業者が外部専門家とともに廃業

型の手続を開始し、この時点では第三者支援専門家（☞215頁③）を選定することは不可欠となっていません（中小版GL第三部5(1)②）。第三者支援専門家は、原則として主要債権者全員の同意のもと公表されたリストから選ばれる（中小版GL第三部5(4)①）ところ、廃業型の場合には、既に作成された弁済計画案の調査から始めるのが原則です（中小版GL第三部5(4)）。これは再生型手続に比べ、廃業型手続が比較的簡素で把握しやすい弁済計画案となることが想定され、弁済計画案作成後のタイミングで関与しても十分な調査が可能であると考えられること、手続コストを抑えられることが理由とされています。ただし、廃業型でも検討の初期段階から第三者支援専門家を選任することが否定されているわけではありませんので（中小版GLQA91）、従前の経緯把握のため、（弁済計画策定前に）事業譲渡や重要資産の譲渡するケースなどは、手続開始の早い段階から第三者支援専門家を入れることも考えられるでしょう。

なお、中小版GLの改定により、事業譲渡等を前提としている場合は、弁済計画案の作成前に第三者支援専門家を選任し、支援の申し出をすることとなりました。そして、第三者支援専門家が廃業型私的整理手続を適用することが相当と判断した場合、廃業型手続が開始することになりました（中小版ＧＬ第三部5(2)③）。

2　調査報告書の作成報告

中小企業者は、第三者支援専門家に支援を申し出ることができ、第三者支援専門家は、中小企業者からの申出に対して、誠実に対応するものとされます。第三者支援専門家は、債務者である中小企業者及び対象債権者から独立して公平な立場で弁済計画案の内容の相当性及び実行可能性等について調査し、調査報告書を作成の上、対象債権者に提出し報告します（再生型の場合☞222頁**5**、300頁**5**）。

弁済計画案の調査対象は、以下の内容を含むものとされます（中小版GL第三部5(4)④）。

イ　廃業の相当性（中小版GL第三部3(2)の要件に該当することを含む）
　ロ　弁済計画案の内容の相当性
　ハ　弁済計画案の実行可能性
　ニ　債務減免等の必要性
　ホ　債務減免等の内容の相当性と衡平性
　ヘ　破産手続で保障されるべき清算価値と比較した場合の経済合理性（私的整理を行うことの経済合理性）
　ト　地域経済への影響（必要に応じて）

8 弁済計画の成立とモニタリング

　中小企業者により弁済計画案が作成された後、中小企業者、主要債権者及び第三者支援専門家が協力の上、原則として全ての対象債権者による債権者会議を開催します。債権者会議では、対象債権者全員に対して、弁済計画案を説明し、第三者支援専門家は、債権者会議で、対象債権者全員に対し、弁済計画案の調査結果を報告するとともに、弁済計画案の説明、質疑応答及び意見交換を行い、対象債権者が弁済計画案に対する同意不同意の意見を表明する期限を定めます。なお、債権者会議を開催せず、弁済計画案の説明等を持ち回りにより実施することは妨げません（中小版GL第三部5(5)①）。弁済計画案に対して不同意とする対象債権者は、速やかにその理由を第三者支援専門家に対し誠実に説明するものとします（中小版GL第三部5(5)②）。

　全ての対象債権者が、弁済計画案について同意し、第三者支援専門家がその旨を文書等により確認した時点で弁済計画は成立し、中小企業者は弁済計画を実行する義務を負担し、対象債権者の権利は、成立した弁済計画の定めによって変更され、対象債権者は、債務減免等など弁済計画の定めに従った処理をします（中小版GL第三部5(5)③）。

　外部専門家と主要債権者は、弁済計画成立後の中小企業者による計画達成状況等について、モニタリングを行います（中小版GL第三部5(7)）。

6　特定調停手続

Q 日弁連特定調停スキームにより、私的整理で廃業を進めることができますか。

A 日弁連特定調停スキームは、主に小規模事業者向けに簡易裁判所の特定調停制度手続を利用した準則型私的整理手続の一つであり、廃業時も利用することが可能です。

　日本弁護士会連合会は、平成29（2017）年1月、簡易裁判所の特定調停手続を利用して廃業・清算をする事業者及び保証人の債務の整理をスムーズに進められるよう、代理人となる弁護士が参考とする指針として、「事業者の廃業・清算を支援する手法としての特定調停スキーム利用の手引」を作成・公表しています（手引3）。

　日弁連特定調停スキーム（☞226頁**4**）は、主に小規模事業者向けに簡易裁判所の特定調停制度手続を利用したスキームであり、債務者代理人が主導して手続を進めていきます。このスキームの特徴としては、①代理人弁護士が主導する事前調整型である、②調停委員の関与がある（もっとも、同スキーム上は、第三者（調停委員あるいは調査委員など）による調査報告が必要とはされていません）、③いわゆる17条決定がある、④調停調書が債務名義となる、⑤税務面のメリットがある点などがあります。

　弁済計画案で定める弁済計画の履行可能性の確実性を高めるため、弁済計画に不履行があった場合に強制執行ができるよう、特定調停により調停調書を作成することを希望する金融機関もあります。また、小規模事業者の場合は弁済計画案における弁済額が極めて少額になることもあり、特定調停の調停期日への出席に難色を示される場合もありますが、この場合も17条決定により調停を成立させることもできます。

　後掲する参考事例⑤⑥は、いずれも廃業支援型特定調停スキームを活用したものです。

7 REVICにおける再チャレンジ支援（特定支援）

Q REVICの支援を受けて、私的整理で廃業を進めることができますか。

A REVIC（株式会社地域経済活性化支援機構）も、経営者保証の付いた貸付債権等を金融機関等から買い取り、金融債務の整理と「経営者保証に関するガイドライン」に沿った経営者個人の保証債務の整理を一体で行う業務（特定支援業務）を行っています。

　REVIC（株式会社地域経済活性化支援機構）でも、経営者保証の付いた貸付債権等を金融機関等から買い取り、金融債務の整理と「経営者保証に関するガイドライン」に沿った経営者個人の保証債務の整理を一体で行う業務（特定支援業務）を行っています。事業の継続が困難な事業者の円滑な退出（廃業）を促し、経営者の再チャレンジや地域経済の新陳代謝を促すものです。

　大まかな流れとしては、REVICに事前相談を行い、REVICにて事業者の資産査定と経営者の私財調査が行われ、弁済計画の策定が支援されます。特定支援決定が行われると、REVICにより金融調整が行われ、弁済計画の合意を得るという流れで手続が進みます。

8 純粋私的整理と特別清算手続の併用

Q 準則型私的整理手続を使わず、私的整理で廃業を進めることができますか。

> **A** 金融機関の数も少なく、準則型私的整理手続を使わずに迅速に合意形成ができる場合などは、準則型私的整理手続を使わずに私的整理で廃業を進める場合もあります。ただし、税務上の損金処理を明確にするため、特別清算手続を併用する場合が多いです。

　準則型私的整理手続を利用せず、金融機関と直接協議しながら廃業を進める場合もあり、これを「純粋私的整理」といいます（☞228頁**5**）。金融機関の数も少なく、準則型私的整理手続を使わず迅速に合意形成ができる場合などは、金融機関と直接協議しながら廃業を進めた方が早い場合もあります。ただ、この場合も、金融機関における貸倒損失の計上などの税務上の損金処理を明確にするため、私的整理における弁済計画案成立後に最終的に特別清算手続を併用して特別清算手続で清算を進めることが多いです（☞418頁**12**）。

　私的整理が先行していることで、資産の換価回収など残務整理も進められ、さらに特別清算手続申立て前に金融機関にも先行して弁済を実施し、実質的に清算業務が完了していることが通常です。債権者は金融機関や経営者のみという場合が多く、特別清算手続は迅速に終了させることが可能です。

9　中小企業活性化協議会への相談

> **Q** 中小企業活性化協議会はどのような廃業支援をしてくれますか。
>
> **A** 中小企業活性化協議会は、経営者の再チャレンジ支援の取組みとして、廃業支援に取り組む弁護士を専門家として紹介するなどして、私的整理による廃業の支援をするとともに、経営者の保証債務整理について弁済計画の策定支援にも取り組んでいます。

　中小企業活性化協議会では、経営者の再チャレンジ支援の取組みとし

て、廃業支援に取り組む弁護士を専門家として紹介する（☞423頁 事例紹介⑥）などして、私的整理による廃業の支援をするとともに、経営者の保証債務整理について弁済計画の策定支援にも取り組んでいます。会社の事業を継続すべきか、廃業すべきか悩んでいる段階から、中小企業活性化協議会に積極的に相談することも検討すべきでしょう。

10 私的整理による廃業・清算の課題

Q 私的整理による廃業・清算には、どのような課題がありますか。

A 廃業型の私的整理は、弁護士側も手続に不慣れな点もあり、破産手続を安易に選択してしまうといった指摘があります。金融機関側も廃業時に債権管理部門に移管するため、従来のコミュニケーションがとりづらくなるといった課題があります。廃業型私的整理手続等に対して、弁護士や金融機関の十分な理解が浸透することが期待されます。

近時、経営者の再チャレンジを支援するため、廃業型の準則型私的整理手続（☞401頁**5**）や廃業支援の枠組みが整備されてきました。

私的整理による廃業・清算では、対象債権者に対して私的整理で廃業を進める方針等を説明し、メイン銀行などの主要債権者の了解を得なければなりません。私的整理の方針に明確な反対がなければ、資産の換価回収等や商取引債権の弁済などを進めて、弁済計画案を策定していくことが考えられますが、私的整理ですので、債務免除を得るためには、全ての対象債権者の同意が必要となります。そのため、対象債権者との間では十分かつ丁寧な協議が必要となることに留意が必要です。

私的整理による廃業・清算は、これまで債務者代理人である弁護士により手続の遂行が委ねられてきましたが、廃業型の私的整理は弁護士側もまだまだ手続に不慣れな点もあり、合意形成に要する手間暇を惜しん

で破産手続を安易に選択してしまうといった指摘もあります。金融機関側としても、まだまだ廃業型の私的整理に不慣れな点もあり、金融機関の窓口が債権管理部門に移管し、従来のコミュニケーションがとりづらくなり、廃業に至る経緯等が十分に汲み取られないといった実務上の課題があります。私的整理で進める方が破産手続で進めるより経済合理性を充たすことなどを丁寧に説明し、金融機関と十分かつ丁寧に協議することが大切であり、廃業型私的整理手続等に対して弁護士や金融機関の十分な理解が浸透することが期待されます。

11 法的倒産手続による清算①〜破産手続

Q 破産手続により廃業・清算を進めるのは、どのような場合ですか。

A 会社に十分な資金もなく、弁済計画案を策定する見込みがない場合や否認権行使や役員の責任追及の問題がある場合などは、破産手続を選択すべきでしょう（☞397頁**3**）。

　経営者が私的整理を希望したとしても、会社に十分な資金もなく、弁済計画案を策定する見込みがない場合や否認権行使や役員の責任追及の問題がある場合などは、破産手続を選択せざるを得ません。
　経営者は、弁護士に相談して破産手続を選択せざるを得ないと判断された場合には、裁判所に破産手続開始の申立てをします。破産手続開始の申立てがあると、裁判所が破産管財人となる別の弁護士を選任します。破産手続では、破産管財人が破産会社の財産の管理処分権者として、財産の換価、債権の調査、破産債権への配当等の管財業務を進めます。経営者は、破産管財人の要請に応じて、管財業務に協力するとともに、破産管財人に必要な説明をしなければなりません。経営者は債権者集会にも出席する必要があります。
　破産手続では、配当するだけの財団を形成できれば配当を実施し、破

産手続が終結して清算結了の登記が行われます。配当財源が不足するときは、「異時廃止」として破産手続は終了します。

破産手続開始当時に破産手続の費用が不足するときは（東京地裁では最低予納金は20万円以上）、「同時廃止」として破産開始決定と同時に手続は終了します。破産管財人も選任されず、債権者集会も開催されません。

なお、会社を破産手続で清算したとしても、経営者個人の保証債務の整理について私的整理で合意形成の可能性があるときは、経営者保証に関するガイドラインを活用して保証債務の整理を行うことも可能です。信用情報機関への登録を回避できる（クレジットカードを継続して利用できる）メリットもありますので（☞455頁**2**）、経営者から相談を受ける弁護士としては、経営者の意向をよく確認しておく必要があります。

廃業時における「経営者保証に関するガイドライン」の基本的考え方の７項（☞449頁**2**）において、「特に、主たる債務者がやむを得ず破産手続による事業清算を行うに至った場合であっても、支援専門家は、保証人に、破産手続を安易に勧めるのではなく、対象債権者の経済合理性、固有債権者の有無や多寡、保証人の生計維持、事業継続等の可能性なども考慮した上で、保証人の意向を踏まえて、ガイドラインに基づく保証債務の整理の可能性を検討することとする」とされています。

12　法的倒産手続による清算②〜特別清算

Q　法的倒産手続のうち、破産手続以外の清算型手続はありますか。

A　会社法に定める特別清算手続があります。清算人主導で清算事務が進められますので、破産に比べて風評被害は生じにくいといわれます。

特別清算手続は、解散して清算手続に入った株式会社につき、債務超

過の疑いや清算の遂行に著しい支障を来すべき事情がある場合に裁判所の特別清算開始の命令により開始される特別の清算手続です（会社法510〜574条）。

特別清算は、清算型の法的倒産手続の一つですが、会社法9章の「清算」に定められた会社法上の制度ですので、清算手続に入っている株式会社のみが対象となります。

特別清算では株主総会で選任された清算人が清算事務を遂行する主体となります（ただし、清算人に公平誠実義務があり、裁判所の監督は受けます）。否認権の行使もできませんので、詐害行為などが問題となる事案では特別清算は向きません。

特別清算の手続には、「協定型」と「和解型」の2つの手続があります。

「協定型」では、清算人が債権者の弁済方法や権利変更（債務免除）の内容を定めた協定案を作成し、協定案につき債権者集会の特別多数決（出席議決権者の過半数かつ議決権総額の3分の2）による決議を得た上、裁判所の認可を受け、当該協定に基づき債権者の弁済や権利変更（債務免除）を実施します。協定に同意しなかった債権者も、協定に拘束されることになります。

「和解型」は、協定に代わり、債権者全員との間で個別和解により弁済や債務免除を定め、裁判所の許可を受けてこれらの清算を行います。債権者が少数の場合には債権者集会を開催するよりも債権者全員の同意を得る方が早いため利用されます。どちらの手続を選択するかは、債権者が少ないか否か、債権者全員から同意が得られる見込みがあるかなどを考慮して決めることになります。なお、和解型の場合、主債務者との和解により債務免除の効力が生じると、付従性により、保証人の保証債務も消滅することに注意が必要です（保証履行を求める根拠がなくなってしまい、金融機関の理解が得られなくなってしまいます）。

特別清算は、会社法上の清算手続の特則であり、清算人主導で清算事務が進められますので、破産に比べて風評被害は生じにくいといわれます。債権者との間の合意形成を必要としますし、協定案では債権者の属性に応じて実質的衡平を害さない範囲で差異を設けられるなど柔軟な対応も可能です。ソフトランディング型の清算手続として私的整理に似た

側面があります。そのため、私的整理による処理が可能な場合でも、金融機関における税務上の損金処理を明確にするため、特別清算が併用されることがあります。

特別清算開始の申立てにつき債権者の同意を得ている場合は特別清算手続の費用を廉価ですませることも可能です。

> **コラム**
>
> **信用保証協会付き取引がある場合の注意点**
>
> 信用保証協会付きの取引には、民間銀行の融資についての保証（一般保証）と、制度融資についての保証（制度保証）の２つがあります（☞197頁**7**）。信用保証協会と協議する際の留意点は次のとおりです。
> ① 信用保証協会に対し、求償権の直接放棄やDDS等を依頼する場合は、スケジュール等に注意が必要です。信用保証協会は制度上、私的整理手続で直接債権放棄（債務免除）やDDS等を単独で判断することが不可能とされており、日本政策金融公庫保険部の事前承諾が必要であり、調整のための時間を要するからです。実務上、廃業型私的整理手続では特別清算を利用し、再生型の場合に第二会社方式（☞102頁**2**）により、旧会社を特別清算（☞418頁**⓬**）することによって債務免除の効果を得るケースが多くみられますが、これは特別清算手続を活用することで、上記手続負担（公庫との調整負担）が軽くなるためです。
> ② 制度融資の求償権放棄について、(イ)求償権放棄を認める条例がある自治体、(ロ)廃業を含めた放棄を認める条例がある自治体、(ハ)自治体の損失補償がなく対応不要な自治体、ⅳ条例が未制定の自治体があり、条例制定の進捗状況に留意が必要です（中小企業庁金融課の2024年３月29日事務局説明資料＊の54～55頁に制度融資損失補償条例の制定状況が整理されています）。
> ＊https://www.chusho.meti.go.jp/koukai/shingikai/kinyu/012/002.pdf
> ③ 保証人債務整理を行う場合、主債務者（会社）と保証人（社長など）を一体で整理することが必要です。主債務者だけについて直接債権放棄（債務免除）を進めても、保証協会は制度上、同意することが不可能とされています。

日弁連の特定調停の手引（再生型と廃業型の各手引のいずれも12頁）において、「信用保証協会が対象債権者に加わる場合の留意点」が示されていますので、ご確認ください。

(宮原 一東)

13 法的倒産手続による清算③～民事再生手続

Q 廃業時に民事再生手続を利用することはできませんか。

A 破産手続に比べて有利になる清算型再生計画案を作成する見込みがある場合や突然の廃業により社会的な影響が大きいような場合には、民事再生手続の利用を検討すべき場合も考えられます。

　民事再生手続は、事業の再生を図ることを目的とする手続ですので、清算目的の場合には、本来は再生手続の利用を予定していません。しかし、当初より清算目的でも、債務者の事業を継続することにより仕掛中の案件を完成させ、また在庫商品を適正価格で販売するなど換価を上手に進められる場合があります。弁済率の向上など破産手続に比べて有利となる清算型再生計画案の作成・可決の見込みがあれば、再生手続の利用も検討すべきです。

　さらに、医療法人など突然の閉鎖により社会的な影響が大きいような業種もあります。当面の間の資金繰りが確保できることが前提となりますが、債務者の社会的意義や破産による社会的影響を考慮して、再生手続を利用して当面の間で事業を継続すること（ソフトランディングさせること）も考えられます。

廃業・清算の方法として、破産によらず、私的整理によって金融債務の整理を進められる事案もあります。経営者の再チャレンジを支援する取組みとして積極的に期待されますので、2つの事例を紹介します。

> **事例紹介⑤** 破産によらない廃業・清算〜スポンサー選定が頓挫し、廃業に至った事例

　一つ目の事例は、小型モーターの製造メーカーの事例です。この会社は、経営者の高齢化と後継者の不在により、会社の営業力が低下して、売上が長期間低迷し、自主再建が難しかったため、当初はスポンサー型の事業再生を目指していました。中小企業再生支援協議会に相談し、私的整理での再生計画の策定に向けて、公認会計士による財務状況の調査などを進めていました。ところが、スポンサー選定手続中に、取引先が倒産して資金繰りが悪化するともに、従業員の士気の低下もあり、売上の急減と資金流出が止まらず、事業継続を断念せざるを得ない状況となりました。

　ただ、経営者としては、自己破産は回避したいという希望が強く、公租公課の滞納などもなかったため、破産手続によらずに私的整理で清算を進める方針をとることとなりました。これまでのスポンサーの探索状況や資金繰りの状況については、中小企業再生支援協議会（現中小企業活性化協議会）や金融機関に対して定期的に報告をしていたことから、金融機関も廃業に至る経緯は十分理解し、私的整理で会社の清算を進める方針に反対する声はなく、むしろ早期の廃業・清算の決断をしたことを積極的に評価していました。金融機関との合意形成のため、バンクミーティングを複数回開催して金融機関と意見交換をしながら、会社の弁済計画案を策定していきました。

　私的整理の手続としては、中小企業再生支援協議会では廃業を前提とする弁済計画の策定支援が受けられないとしても、準則型私的整理手続を活用して透明性を確保してほしいという意見があったことから、日本弁護士会連合会の特定調停スキームを活用することと

なり、特定調停手続により特定調停を成立させた上、さらに特別清算手続により債務免除を受けることにより金融債務を整理することになりました。

　保証債務については、中小企業再生支援協議会が廃業に至るまでの経緯を把握しており、地元金融機関や政府系金融機関への調整が期待できるため、中小企業再生支援協議会の保証人単独型の手続を利用して、保証債務の整理をすることになりました。中小企業再生支援協議会も、バンクミーティングにオブザーバーとして参加して、経営者の残存資産に関する金融機関調整に協力をしてくれました。

　このケースでは、経営者が早期の廃業を決断して十分な清算資金を確保していたこと、自主廃業の形式をとったために在庫商品の適正な換価や売掛金の円滑な回収につながり、会社及び保証人から合計約30％超の弁済を実施することができました。

（清水　靖博）

事例紹介⑥　破産によらない廃業・清算～中小企業再生支援協議会に相談し、廃業支援を受けた事例

　二つ目の事例は、パンフレット等の印刷業者であり、売上数千万円規模の小規模な会社の事例です。

　出版不況により、主要な顧客からの注文が減少し続けており、売上が長期間低迷していました。そのような状況のなか、新型コロナウィルス感染症の影響により景況が悪化して、売上がますます減少することを予想できたことから、中小企業再生支援協議会に経営改善の相談に行きました。ところが、会社に事業性がなく、自主再建はもちろん、スポンサー型での再生支援も難しいということとなり、経営者としても年齢的な問題から会社を廃業して別会社に再就職したいと考えるようになりました。

　ただ、破産だけは回避したいという希望が強かったため、中小企業再生支援協議会から廃業支援を手掛ける弁護士の紹介を受け、私

的整理で清算を進める方針をとることとなりました。

　このケースでは、上記の事例紹介⑤と異なり、それまで金融機関との間で事業再生に向けて協議をしておらず、新型コロナウィルス感染症の影響を受けて廃業を決断したものでした。そのため、金融機関には廃業に至る事情を説明し、早期の廃業・清算を進めることにより一定の清算資金を確保し、金融機関にとって経済合理性のある（つまり、配当率が高い）弁済計画案を策定できるという私的整理のメリットについて丁寧に説明して理解を求め、金融機関と意見交換をしながら、会社の弁済計画案を策定していきました。手続としては、やはり準則型私的整理手続の活用により少しでも透明性を確保してほしいという希望があり、日本弁護士会連合会の特定調停スキームを活用することとなり、特定調停手続により調停を成立させた上、特別清算手続により債務免除を受けることになりました。経営者の保証債務については、中小企業再生支援協議会の保証人単独型の手続を利用して、保証債務の整理をしました。

　このケースでも、早期の廃業の決断により、十分な清算資金が確保できたこともあり、約10％超の弁済を実施できました。

（清水 靖博）

事例紹介⑦ **破産によらない廃業・清算〜中小版GLによる廃業型私的整理手続により、経営者の連帯保証債務と一体で処理した事例**

　三つ目の事例は、鉄鋼部品メーカーです。技術に定評がある老舗で、立地のよい工業団地に所有土地があり、本社工場を置いていました。しかし、メイン納入先の経営主体が変更される等の事情から売上げを失い、新規取引先の開拓を試みるもジリ貧となり赤字続きとなりました。経営者は、まず自主努力による黒字転換を目指し、メイン金融機関に相談して経営改善計画を策定しましたが、達成することができませんでした。そこで中小企業活性化協議会に相談し、

スポンサー型の事業再生を目指すことになりました。金融機関に対して随時に状況を報告し、信頼関係を維持しながら、広くスポンサーを探索しました。しかし、半年を経てもスポンサーがあらわれず、唯一の候補が提示した事業譲渡価格は、黒字転換の見込みがないことを理由に工場敷地の更地評価にも満たない極めて低いものでした。

資金繰りは悪化する一方であり、やむなく経営者は自宅を売却して得た資金を会社に貸して、当面数ヶ月を繋ぐことにしましたが、このままでは最悪の事態が懸念されました。公租公課の滞納はありませんでしたが、経営者が心配したのは、数十名の従業員たちの退職金です。老舗らしく、手厚い退職金制度を設けており、外部の掛金で賄えるのは半分程度に過ぎず、残り半分は自己資金で支払う必要がありました。

ここに至って経営者は専門家の弁護士の助言の必要を感じ、弁護士に依頼して入念な打合せを重ねました。その結果、自己破産を回避し、従業員の退職金を完済するために、まだ余裕のあるうちに自主廃業することを決断しました。

中小企業活性化協議会のバンクミーティングでスポンサー型を断念し、支援を終了することを報告し、その席上で直ちに代理人弁護士が、中小版GLによる廃業型私的整理を開始する方針を説明したところ、それまで透明性をもって従来の経緯を説明してきたことから、全ての金融機関が納得し、一時停止に応じてくれました。

金融機関に対する元本返済を停止したまま、全取引先に対して自主廃業を連絡しました。破産ではなく、商取引債務を全額支払うこと、仕掛り中の仕事は可能な限り完成して納品することを説明し、取引先の協力を得て仕掛品を完成し、従来どおりの単価で得意先へ納品することができました。

並行して、複数の中古工作機械取扱業者に声をかけました。ついさっきまで動いていた状態のよい機械なので、業者の査定は高く、複数業者に競わせたところ価格が伸びて、工場機械売却代金によって退職金支払原資を確保することができました。

不動産についても、十分に時間をかけて不動産業者に活動しても

らったところ、建物を取り壊して土地だけを再利用する希望者があり、不動産売却代金で金融負債の保全部分（担保付き債権）を完済し、若干の余剰を得ることができました。

このような処理の結果、金融機関（非保全債権）に対する弁済率は35％超になり、破産の場合より高いことが明らかとなりました。金融機関の100％同意を得て廃業型私的整理の弁済計画は成立し、弁済の後、特別清算手続によって会社を清算しました。

経営者は金融債務を保証していましたので、代理人弁護士は、会社の廃業と合わせ、「経営者保証ガイドライン」を用いて一体型で処理することとしました。主債務者である会社の弁済率が高いものであったことも奏功し、金融機関は経営者の個人資産のうち、相当部分を手元資金（インセンティブ資産）として残すことを了解してくれました。経営者は全てを失うことを覚悟していましたが、結果として従業員の退職金を支払い、破産せずに会社を清算したうえ、残った個人資産で安定した生活を継続できました。

事例紹介⑧ 破産によらない廃業・清算～破産方針を中小版GLによる廃業型私的整理手続に切り替えて処理した事例

四つ目の事例は、建築内装業です。代表者社長のほか、従業員はその長男1名だけで、専ら外注によって内装工事を手掛けていました。社長の体調不良により、次第に売上げが低迷していきました。やがて社長の体調が急激に悪化して入院したところ、進行性の病気であることがわかり、入院1ヶ月足らずで急逝してしまったのです。

会社のことは全て社長が一人でやっており、入院した病院でもスマホで取引先に連絡するなどしていました。長男はまだ若く、現場の一作業員として業務に従事しているだけですから、経営内容、財務など全くわかりません。

相談を受けた税理士は、社長なしでは到底、事業を継続できないと考えました。負債は1億円強程度ですが、手持ち資金で完済する

ことはできません。税理士は長男と相談したところ、長男も、負債がある会社を引き継いで経営することは避けたい考えでした。そこで税理士は知り合いの弁護士に連絡して破産を依頼しました。

　弁護士は急遽、会社に駆けつけ、遺された通帳などを調べました。たしかに手持ち資金で金融債務を完済することはできません。しかし、若干の手持ち資金があって、当面の仕掛りを完成させるための外注先への支払をすることはできます。公租公課の滞納もありません。唯一の不動産（事務所兼倉庫）は立地がよく、被担保債権である金融債務をほぼフルカバーしているように思われます。

　弁護士は、いきなり破産は勿体ないと考え、中小GLに基づく廃業型私的整理による方針として、金融機関に相談に廻りました。金融機関は社長の突然の急逝に驚きましたが、状況を聞いて、廃業型私的整理の方針を理解してくれました。

　金融機関に対する元本返済を停止し、取引先には弁済を継続して、残った仕掛り現場を完成することにしました。取引先も状況を理解して、現場の完成に協力してくれたので、工期は若干遅れましたが無事に完成し、工事代金を満額回収できました。

　事務所兼倉庫の中は乱雑で、廃品と使える資材などが混ざって多数残置されていました。廃業にあわせてこれを整理し、使える資材を現場で使うなどした結果、見違えるほど綺麗に整頓でき、廃棄コストも大幅に圧縮できました。そのうえで、不動産業者に時間をかけて活動してもらったところ、希望者があり、高値がついて、不動産売却代金で金融負債の保全部分（担保付き債権）を完済し、若干の余剰を得ることができました。競売であれば到底叶えられない結果であったため、担保を設定している金融機関はとても喜びました。

　このような処理の結果、金融機関（担保なし非保全債権）に対する弁済率も70％を超える高率になり、破産の場合より高いことが明らかとなりました。金融機関の100％同意を得て廃業型私的整理の弁済計画は成立し、弁済の後、特別清算手続によって会社を清算しました。亡くなった社長の遺族は相続放棄して、処理を終えることができました。

第3章

廃業に伴う税務

I 債権者の税務

1 Pro 取引先の破産・特別清算に伴う損金算入時期

Q 取引先が破産や特別清算した場合、債権はいつ損金算入できるのでしょうか。

A 取引先に破産や特別清算が生じた場合は、貸倒引当金と貸倒損失による損金算入を検討しましょう。損金算入時期は、それぞれの状況に応じて異なります。

1 債務者が破産手続開始や特別清算開始を申し立てた場合

　債務者が破産手続（☞417頁**11**）開始や特別清算（☞418頁**12**）開始を申し立てた場合には、当該債務者に対する債権のうち取立て等の見込みがない金額の50％相当額まで、個別評価引当金として、損金算入することができます（法人税法施行令96条1項3号）。

　なお、個別評価引当金の適用対象法人や繰入限度額のイメージは、374頁「**1**　債務者が再生手続開始の申立てを行った場合」を参照して

ください。

2 特別清算に係る協定の認可の決定があった場合等
1 特別清算
① 協定型

特別清算（☞418頁⓬）に係る協定の認可の決定があった場合には、この決定により切り捨てられることになった金額が貸倒損失として損金算入されます（法人税基本通達9－6－1(2)）。また、廃業の場合には利用されるケースは多くないように思われますが、再生計画認可の決定があった場合と同様に、当該決定があった日の属する事業年度終了の日の翌日から5年超弁済されない金額のうち、担保等による取立て見込みがない部分は個別評価引当金として損金算入することができる旨が規定されています（法人税法施行令96条1項1号）。

なお、個別評価引当金の適用対象法人や繰入限度額のイメージは、375頁「2　再生計画認可の決定があった場合」を参照してください。

② 和解型

和解型（☞418頁⓬）の場合における貸倒損失については、法人税基本通達上は言及されていませんが、同通達9－6－2（事実上の貸倒れ）に基づき、損金算入するものと考えられます。詳細は、310頁「2　第二会社方式」を参照してください。

2 破産

破産の場合における貸倒損失も、法人税基本通達上は言及されていません。破産の場合には、裁判所による終結決定等があった日に債務者の法人格が消滅したと考え、貸倒損失を損金算入すると考えられます。なお、破産手続の終結まで時間を要する場合もあると思います。終結前でも配当金額がないことが明らかであれば、法人税基本通達9－6－2（事実上の貸倒れ）に基づき、貸倒損失を損金算入することを検討しましょう。

3　廃業型私的整理手続

　廃業型私的整理手続による貸倒損失は、法人税基本通達9－6－1(3)ロにおける「行政機関又は金融機関その他の第三者のあっせんによる当事者間の協議により締結された契約で、その内容が債権者集会の協議決定で合理的な基準により債務者の負債整理を定めているものに準ずるものによる切捨て」に該当すれば、損金算入することができます。「中小企業の事業再生等に関するガイドライン」（令和4年4月1日照会、同日回答）や日弁連の廃業型特定調停スキーム（平成30年5月24日照会、同年6月4日回答）についても国税庁に対する照会において同様の内容が示されています。

2　Pro　債務者不明の際の債権の損金算入

> **Q** 得意先が音信不通になってしまいました。債権の貸倒損失について、損金算入することはできるのでしょうか。
>
> **A** まずは、法人税基本通達9－6－3（形式上の貸倒れ）による貸倒損失を検討しましょう。次に法人税基本通達9－6－2（事実上の貸倒れ）による貸倒損失を検討することになりますが、慎重な判断が必要となります。

　継続取引先に対する売掛債権の場合には、取引停止後1年以上経過したときは、備忘価額を控除した残額を貸倒損失として損金算入することができます（法人税基本通達9-6-3）。なお、担保がある場合には、担保による取立て見込み部分は貸倒損失から除かれます。

　法人税基本通達9－6－3（形式上の貸倒れ）が適用できない貸付先や不動産取引等の一時的な取引先の場合には、法人税基本通達9－6－2(事実上の貸倒れ)の適用を検討することになります。同通達では、「①その債務者の資産状況、支払能力等からみて、②その全額が回収できな

いことが明らかになった場合には、③その明らかになった事業年度において貸倒として損金経理することができる」と示されています。

　当該内容をもう少し噛み砕いてみると、①債務者の決算情報等を入手して、その決算情報等から、②債権が1円も回収できないことが明らかになった場合に、③その明らかになった事業年度に貸倒れとして損金算入することを課税当局は認めていることになります。当該通達による貸倒れの損金算入は事実認定の判断が難しいため、慎重な判断が必要になると考えられます。

II 債務者の税務

1 Pro 債務免除益課税や資産の譲渡益課税に対する対応

Q 当社は、解散後の事業年度において、含み益のある資産を売却するため、多額の譲渡益が発生する見込みです。また、その後、債権者から債権放棄を受ける見込みです。譲渡益や債務免除益に対して課税されないでしょうか。

A まずは譲渡益が青色欠損金や清算事業年度に発生する損失の範囲内かどうか検討しましょう。超過する見込みの場合には、期限切れ欠損金の利用を検討しましょう。

1 解散の場合の期限切れ欠損金の取扱い

1 背景

平成22（2010）年度税制改正によって、清算所得課税が廃止され、同年10月1日以後に解散した場合には、益金額から損金額を控除して所得を計算する継続企業と同様の損益法が適用されることになりました。損益法では、残余財産がない場合に、債務免除益や資産の譲渡益等が青色欠損金を超えて発生すれば、法人税が課税されてしまいます。そのため、改正前と同様、残余財産がない場合に法人税が課税がされないよう、解散の場合も期限切れ欠損金の適用が認められることになりました。

2 損金算入額

解散の場合において、残余財産がないと見込まれるときは、清算事業年度前の各事業年度の期限切れ欠損金の額を清算年度の所得の計算上、

損金に算入することができます（法人税法59条4項）。

■清算事業年度1期目に期限切れ欠損金を利用する場合

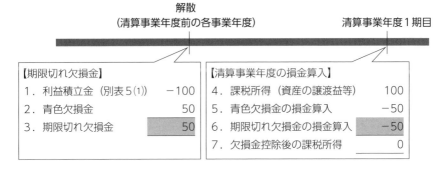

なお、期限切れ欠損金の詳細については、313頁「1債務免除益課税」を参照してください。

3 特別清算や破産の場合（法人税法59条3項）との相違

民事再生手続の決定や特別清算開始の命令、破産手続開始の決定があった場合等には、債務免除益、私財提供益、資産の評価益（評価損がある場合には純額）の範囲内までしか期限切れ欠損金を損金算入することができません（法人税法59条3項）。一方で、解散の場合には、このような制限が設けられていないため、資産の譲渡益等についても期限切れ欠損金を利用することが可能となります（法人税法59条4項）。

また、解散の場合の期限切れ欠損金には、税務上の資本金等の額がマイナスのとき、当該金額を加算することができます。過年度に合併等の組織再編をした場合には、税務上の資本金等の額がマイナスになっていることがあるため、忘れないように注意する必要があるでしょう。

■資本金等の額がマイナスの場合

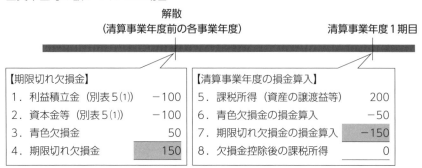

4　適用要件

　解散した場合の期限切れ欠損金の損金算入を受ける場合には、「残余財産がないと見込まれる」必要があります（法人税法59条4項）。ここでの「残余財産がないと見込まれる」とは、実態ベースの貸借対照表が債務超過であることを意味しています（法人税基本通達12-3-8）。実態ベースの貸借対照表は、通常は会社清算を前提とした資産の処分価格により評価したものとなりますが、解散が事業譲渡等を前提としている場合には、使用収益価額により評価したものとなります（法人税基本通達12-3-9）。

　使用収益価額については、378頁の「1　資産の評価損」を参照してください。

2 特別清算や破産の場合の期限切れ欠損金の取扱い

　特別清算の開始命令、破産手続開始の決定があった場合には、期限切れ欠損金を利用することができます。この場合の期限切れ欠損金は、前述のとおり、債務免除益、私財提供益、資産の評価益（評価損がある場合には純額）の範囲内まで利用することができます（法人税法59条2項）。

　なお、期限切れ欠損金の詳細については、313頁の「1　債務免除益課税」を参照してください。

2 Pro 還付請求

Q 税金の還付を受ける方法を教えてください。

A 過年度の税計算に誤りがあれば、更正の請求を検討する必要があります。粉飾決算の場合には仮装経理の更正の請求となり、原則としては即時還付を受けることができません。ただし、特別清算の場合等には即時還付を受けることができますので、適用を検討しましょう。その他、欠損金の繰戻還付や中間納付額の還付についても検討しましょう。

1 仮装経理の場合の更正の請求

仮装経理があった場合の更正の請求については、383頁の「□ 仮装経理の場合の更正の請求」を参照してください。

2 欠損金の繰戻し還付

1 解散の場合

欠損金の繰戻し還付の適用は、通常、資本金1億円以下の法人（資本金5億円以上の法人による完全支配関係がある法人等を除きます）を除き、停止されていますが、解散事業年度においては、資本金の多寡にかかわらず、適用することができます。解散の場合の繰戻し還付は、解散日の前1年以内に終了する事業年度（下図②の場合）又は解散日の属する事業年度（以下「解散事業年度」といいます。下図①の場合）のいずれかに欠損金があり、それぞれの前事業年度において法人税額が発生している場合に認められています（法人税法80条4項、租税特別措置法66条の12）。少し分かり難いかと思いますので、それぞれの場合について、次頁のイメージを参照してください。

■解散した場合の繰戻し還付請求

	前々事業年度	前事業年度 (解散日から1年以内)	解散 (みなし事業年度)
①解散日の属する 事業年度に欠損 金がある場合 (通常の繰戻し 還付と同様)		1. 所得金額　100 2. 法人税額　　23 　　23.2%	3. 所得金額－100 4. 繰戻し還付請求　23　=2×3÷1
②解散日の前1年 以内に終了する 事業年度 (解散の場合の 特例)	1. 所得金額　100 2. 法人税額　　23 　　23.2%	3. 所得金額－100 4. 繰戻し還付請求　23　=2×3÷1	

　解散の場合の繰戻し還付請求は、提出期限が解散日から1年以内となり通常の場合と比べて長くなっています。

　なお、欠損事業年度から還付請求事業年度まで継続して青色申告書を提出している必要があります（法人税法80条3項）。

2　清算事業年度

　清算事業年度においても、資本金の多寡にかかわらず、欠損金の繰戻し還付の適用を受けることができます。ただし、請求することができる場合は解散事業年度と異なり、各清算事業年度に欠損金があり、前事業年度において法人税額が発生している場合に限られます（法人税法80条1項、租税特別措置法66条の12）。

■清算事業年度の繰戻し還付請求

3　中間納付額

中間納付額を支払っている場合には、業績次第では確定申告により還付を受けることができる可能性があります。また、中間申告について、前期実績を基準とする予定申告をする場合に一定の税額が発生するときは、仮決算による中間申告も検討するとよいでしょう。

3　Pro　清算・破産に伴う税務申告

Q 清算や破産した場合の税務申告や納税について、通常と異なる点を教えてください。

A 事業年度の考え方や申告期限が通常と異なることから留意する必要があります。

1　事業年度と申告期限

1　事業年度

事業年度については、会社法の適用を受ける普通清算や特別清算の場合と破産の場合で異なります。下図を確認してみましょう。

■解散事業年度・清算事業年度・残余財産確定日の属する事業年度

	X1年4月1日 通常の 事業年度開始日	X1年10月31日 解散又は 破産手続開始決定日	X2年3月31日 通常の 事業年度末	X2年10月31日 解散日の翌日から 1年後	X2年12月10日 残余財産 確定日
普通清算	解散事業年度		清算事業年度		残余財産確定日の属する事業年度
特別清算	解散事業年度		清算事業年度		残余財産確定日の属する事業年度
破産	解散事業年度		清算事業年度	残余財産確定日の属する事業年度	

まず、解散を機に通常の営業活動をしていた法人から、清算活動をする法人に切り替わるため、法人税法上はみなし事業年度規定を設けることで、清算活動期間中に租税特別措置法上の特別償却や圧縮記帳等の特例を受けることができないよう整備されています。したがって、清算の場合には事業年度開始日から解散日まで、破産の場合には破産手続開始決定日までの期間がみなし事業年度（上図では「解散事業年度」としています）となります（法人税法14条1項1号）。

次に、清算の場合には、解散日の翌日から1年後の日までが「清算事業年度」となり（法人税基本通達1-2-9）、その後はその事業年度の翌日から1年ごとの期間が清算事業年度となります。一方で、破産の場合には破産手続開始決定日の翌日から定款上の決算日までが清算事業年度となり、その後も定款上の決算日までの期間が清算事業年度となります。

最後に、最終の清算事業年度終了日の翌日から残余財産確定日までが「残余財産確定日の属する事業年度」となります。残余財産確定日については、①残余財産全ての換価が終了した日、②租税債務以外の弁済が終了した日、③債務弁済を終了した日、④清算事務終了に伴い決算報告を行った日等で個別判断するものと考えられていますが、通常は、財産の換価が終了し、弁済すべき債務の弁済が全て完了した日を「残余財産確定日」として取り扱うことが多いものと考えられます。

2 申告期限

① 法人税の申告期限

前述の「1 事業年度」における解散事業年度・清算事業年度・残余財産確定日の属する事業年度それぞれにおいて、法人税の確定申告が必要となります。解散事業年度及び清算事業年度については、それぞれの事業年度終了後2か月以内（申告期限の延長の適用を受けている場合は延長あり）に申告が必要となりますが、残余財産確定日の属する事業年度については、事業年度終了後1か月以内（申告期限の延長の適用なし）に申告しなければなりません。

② 消費税の課税期間と申告期限

消費税の課税期間は、法人税の事業年度の規定が準用されているため、前述の「1　事業年度」の解散事業年度・清算事業年度・残余財産確定日の属する事業年度が課税期間となります（消費税法19条1項）。なお、申告期限についても、前述の「①　法人税の申告期限」と同様に定められています（消費税法45条1、4項）。

2 解散事業年度・清算事業年度・残余財産確定日の属する事業年度の申告

1　法人税

　解散事業年度・清算事業年度・残余財産確定日の属する事業年度の申告は損益法により行うため、継続企業と同様、減価償却費の計上、貸倒引当金・返品調整引当金の計上、青色欠損金の繰越控除、交際費の損金算入などが認められています。ただし、残余財産確定日の属する事業年度においては、貸倒引当金・返品調整引当金の計上は最終事業年度であり戻入れができなくなるため、認められません。

　また、想定されるケースは多くないと考えられますが、租税特別措置法又は法人税法に定める特別償却や準備金、特別控除等の特例については、継続企業を前提としているため、解散事業年度・清算事業年度・残余財産確定日の属する事業年度における適用が制限されています。

2　消費税

①　概要

　消費税は、解散事業年度・清算事業年度・残余財産確定日の属する事業年度の場合においても、課税事業者に該当すれば納税義務があります。これらの事業年度においては、通常の売上が計上されることは余りないですが、資産の換価手続にあたって、建物等課税資産の売却があることが多くあります。特に、担保提供資産を売却した場合には、売却代金を債権者へ弁済することになるため、消費税の申告時点で納税資金がないということがないよう注意しましょう。

　また、清算事業年度においては、課税売上がなく、清算費用の支払いのため課税仕入のみがある場合もあり得ます。この場合には、課税売

上割合がゼロとなり、消費税の仕入税額控除ができないと通常考えられるため、清算事業年度に仮払いした消費税を支払ったまま終えることになります。

② 中間申告

　法人税は清算事業年度は中間申告の義務はありませんが、消費税は清算事業年度も中間申告の義務があります（法人税法71条１項、消費税法42条６項）。前期確定申告上の消費税額が一定程度あれば、予定納税でなく、仮決算による中間申告を検討しましょう。なお、仮決算をせずに中間申告期限を過ぎると、予定納税により申告したものとみなされます（消費税法44条）。

③ 届出書

　消費税は届出書（簡易課税制度選択・不適用届出書、課税事業者選択・不適用届出書、課税期間特例選択届出書、課税売上割合に準ずる割合の適用承認申請書等）の提出により、納税額や納税時期が大きく変わる可能性がある税目です。解散事業年度や清算事業年度における課税売上や課税仕入れの発生額やタイミングを見定めて、各届出書を提出することも検討の対象になると考えられます。

3　法人事業税及び法人住民税

　法人事業税及び法人住民税は、資本金等を課税標準としている資本割（外形標準課税適用法人の場合）と均等割を除き、法人税とリンクしているため、課税所得がなければ発生しません。

　均等割は、人的設備が置かれていること、物的設備が置かれていること、継続的に事業が行われていることの全ての要件を満たした場合に課税されます。各地方自治体により判断は異なりますが、休業届出の提出により均等割が免除される可能性があります。例えば、事業譲渡又は会社分割により事業の全部を移転した場合には、移転後から解散事業年度末までの各期間については営業活動を行っていないため、休業届出を提出することで、均等割が免除される可能性があります。各地方自治体の判断にもよりますが、その後の清算事業年度については、清算活動を行っている取扱いとなるため、均等割が課税されることが一般的と考えられ

ます。

　また、資本金1億円超の外形標準課税適用法人や資本金が多額又は事業所が多数あり均等割の負担が一定程度ある法人の場合には、解散前に減資を検討するとよいでしょう。減資により追加で発生するコスト（司法書士報酬や登録免許税等）よりも資本割や均等割の減税効果が大きければ、キャッシュアウトを抑制することが可能となります。

4　源泉所得税

　清算事業年度においても、源泉所得税の納付義務があります。弁護士等の専門家報酬について源泉所得税の納付漏れがあると、不納付加算税や延滞税が課されてしまいますので、注意しましょう。

5　固定資産税・償却資産税

　固定資産税や償却資産税は賦課期日（1月1日）に所有している不動産や償却資産に対して課税されます。特に、賦課期日後から納期到来までの間に事業譲渡や資産の売却をした場合等において、固定資産税や償却資産税を忘れないよう注意しましょう。

　なお、不動産譲渡の場合に、未経過期間に対応する固定資産税を買主と精算することが一般的に行われますが、固定資産税の納税義務者は賦課期日（1月1日）時点の所有者となるため、税務上、当該未経過固定資産税は譲渡対価に含まれることになります。

6　不動産取得税

　ケースとしては少ないかもしれませんが、リースしていた不動産を事業譲渡や売却した場合には、リース会社から不動産を一旦取得した後に売却することになり、不動産取得税が課されてしまいますので注意しましょう。

4 Pro 第二次納税義務

Q 残余財産の分配後、未納の税金があることが判明しました。納税義務はあるのでしょうか。

A まず法人が納税義務を負います。法人が納付できない場合には、清算人と株主が、分配された財産の価額を限度として、第二次納税義務を負います。

　清算結了の登記をした場合においても、清算の結了は実質的に判定すべきものであるため、法人税の納税義務を履行するまでは法人が存続するものとされています（法人税基本通達1－1－7）。
　したがって、清算結了後も、法人が引き続き納税義務を負うことになるのですが、課税当局が租税債権を徴収することは通常困難と考えられます。この場合に、本来の納税義務者である法人が納税義務を履行しなければ、課税当局は、第二次納税義務者から租税債権を徴収することになります。
　では、誰が第二次納税義務を負うのかというと、残余財産の分配をした清算人と残余財産の分配を受けた株主になります。当該清算人と株主は、分配された財産の価額を限度として第二次納税義務を負うことになります（国税徴収法34条、地方税法11条の3）。

Ⅲ 株主の税務

Pro 清算・破産の際の株主に対する課税関係

Q 清算や破産した場合における株主の課税について教えてください。

A 特別清算や破産の場合には、債務超過が見込まれるため、残余財産がないことが一般的と考えらます。残余財産がない場合には、株主に対する課税は発生しませんが、普通清算の場合等で、残余財産の分配があれば、分配額をみなし配当と株式の譲渡部分に分けて課税されます。なお、法人株主については、完全支配関係がない場合とある場合で取扱いが異なります。

1 個人株主の場合

個人株主が、残余財産の分配を受けた場合における課税関係については、以下のイメージ図を確認してください。

■みなし配当と有価証券の譲渡

まず、分配をした法人の資本金等の額を超える部分は利益剰余金からの配当と同様と考えられるため、「みなし配当」として総合課税されます（所得税法25条1項4号）。なお、「みなし配当」については、法人側で所得税の源泉徴収（20.42％）をする必要があります（所得税法181条1、2項）。

　次に、資本金等の額に対応する部分については「株式の譲渡対価」となるため、譲渡所得として申告分離課税されます（租税特別措置法37条の10第3項4号）。

2　法人株主の場合
1　完全支配関係（100％支配関係）がない場合
①　株式評価損

　清算や破産の場合には、これら手続の終結決定時に株式の消滅損を認識するこができますが、投資額を回収することができないことも多いと考えられるため、これら消滅損の前段階で株式評価損を損金算入できないか検討するとよいでしょう。

　法人税法上は、その有価証券を発行する法人の資産状態が著しく悪化したため、その価額が著しく低下した場合に評価損の損金算入が認められています（法人税法33条2項、同法施行令68条1項2号）。法人税基本通達では、資産状態が著しく悪化した場合として、具体的には、特別清算開始の命令があったこと、破産手続開始の決定があったこと等の法的整理の場合や1株当たりの純資産価額が有価証券を取得した時における1株当たりの純資産価額に対して概ね50％以上下回ることになり、近い将来その価額の回復が見込まれない場合が示されています（法人税基本通達9－1－8、9－1－9、9－1－11）。

②　みなし配当及び株式譲渡損

　法人が残余財産の分配をした場合における「みなし配当」及び「株式譲渡対価」といった収入の考え方は、以下のイメージ図のとおり前述の「1　個人株主の場合」と同様になります（法人税法24条、61条の2①、所得税法181条1、2項）。

■みなし配当と有価証券の譲渡

残余財産の分配 100		みなし配当 60 (100−40)	出資割合に応じて「受取配当金の益金不算入」の適用あり
	分配をした法人の資本金等の額 40	株式の譲渡対価 40	譲渡原価を差し引いた金額が譲渡益

　ただし、法人株主が残余財産の分配を受ける場合には、みなし配当部分については、出資割合に応じて受取配当金の益金不算入の適用を受けることができるため、個人株主よりも税負担が軽減できる可能性があります。

　また、令和4（2022）年度税制改正において、配当を受け取る法人側に益金不算入制度があることに合わせて、支払う法人側の源泉徴収の見直しがなされています。具体的には、令和5（2023）年10月1日以後において、配当の基準日に発行済み株式等の3分の1超を所有している法人に対する配当について、源泉徴収を行わないこととされました。

2　完全支配関係（100％支配関係）がある場合
①　株式評価損及び未処理欠損金額の引継ぎ

　完全子法人の残余財産が確定した場合には、当該子法人の未処理欠損金額は完全親法人に引継ぎがなされます（法人税法57条2項）。なお、未処理欠損金額については、完全子法人の繰越欠損金をイメージしてください。

　未処理欠損金額を引き継ぐ完全親法人は、清算中の完全子法人や解散が見込まれる完全子法人の評価損や消滅損を損金算入できれば、二重に税メリットを受けることができてしまいます。そのため、完全子法人の評価損や消滅損については損金算入できないよう規定されています（法人税法33条5項、61条の2第17項、同法施行令68条の3）。

②　みなし配当及び株式譲渡損

　法人が残余財産の分配をした場合における「みなし配当」及び「株式

譲渡対価」といった収入の考え方は、以下のイメージ図のとおり前述の「1　個人株主の場合」と同様になります（法人税法24条、61条の2第1項、所得税法181条1、2項）。

■みなし配当と有価証券の譲渡

残余財産の分配 100		みなし配当 60 (100−40)	「受取配当金の益金不算入」の適用あり。完全子法人の場合は、全額益金不算入
	分配をした法人の資本金等の額 40	株式の譲渡対価 40	譲渡対価と譲渡原価を同額とすることで、譲渡損益は発生しない

　ただし、完全子法人からのみなし配当については、全額が益金不算入となります。なお、令和4（2022）年税制改正において、配当を受け取る完全親法人側が全額益金不算入となることに合わせて、支払う完全子法人側の源泉徴収の見直しがされました。具体的には、令和5（2023）年10月1日以後に支払いを受けるべき配当について、源泉徴収を行わないこととすることになりました。

　また、株式の譲渡損益については、未処理欠損金額を引き継ぐことから、発生しないよう調整されています（法人税法23条1項、61条の2第17項）。ここで課税されないこととなる「株式の譲渡対価と譲渡原価との差額」については、完全親法人の資本金等を増加又は減少させることになります（法人税法施行令8条1項22号）。

＜参考文献＞
・太田達也『第3版　「解散・清算の実務」完全解説−法律・会計・税務のすべて−』（税務研究会出版局）2020.10
・三森仁、髙杉信匡、萩原佳孝、吉田和雅、植木康彦、榑林一典、内藤敦之著『会社の廃業をめぐる法務と税務』（日本法令）2021.1

第8部

保証人の保証債務整理

第1章

保証債務整理の概要

1 保証債務整理の手続概要

Q 保証債務整理には、どのような方法がありますか。

A 経営者保証に関するガイドライン、個人破産などがありますが、経営者保証に関するガイドラインを優先的に検討することが一般的です。

近時、廃業時における「経営者保証に関するガイドライン」の基本的考え方が公表されており、利用促進が期待されています。

主債務者会社が法的整理になる場合や、私的整理であっても、債権放棄を伴う計画を立案する場合には、経営者個人の保証債務が現実化し、保証債務整理（債務免除交渉）が必要となります。

保証債務整理の方法としては、以下の方法があります。

【保証債務整理の方法】
① 経営者保証に関するガイドライン
② 破産
③ 自然災害ガイドライン(コロナ特則)
④ 民事再生
⑤ 小規模個人再生
⑥ 消滅時効
⑦ 相続放棄
⑧ サービサーとの個別和解
⑨ その他(超長期弁済など)

　悪質な粉飾をしていたり、財産隠匿をしているなど経営者保証に関するガイドラインの要件を満たさない場合(経営者保証GLの要件(☞458頁**4**))や経営者自身が多額の自分自身の負債(固有の負債)を抱えている場合(固有の債務を抱えている場合の解決方法(☞478頁**1**))は別として、「経営者保証に関するガイドライン」を優先的に検討することが一般的です。令和4(2022)年3月に廃業時における「経営者保証に関するガイドライン」の基本的考え方が公表され、令和5(2023)年11月に改定されており、さらなる利用促進が期待されています(次の**2**を参照)。

2　廃業時における基本的考え方

Q 廃業時における「経営者保証に関するガイドライン」の基本的考え方とは、どのようなものですか。また、今般の改定箇所を教えてください。

A 中小企業の廃業時に焦点を当て、経営者保証に関するガイドラインの趣旨・内容を明確化したものです。対象債権者の範囲を明確

> 化したほか、いわゆるゼロ円弁済を認めたこと、支援専門家に経営者保証に関するガイドラインによる整理の可能性の検討を求める内容となっています。今般の改定で、廃業手続に早期に着手することが保証人の残存資産の増加に資する可能性があるとされました。

「廃業時における『経営者保証に関するガイドライン』の基本的考え方」（以下「基本的考え方」といいます）は、令和3（2021）年11月19日の閣議決定にて、倒産時の個人破産を回避するため、経営者保証に関するガイドラインの内容を明確化し、活用を促す措置を検討することを背景に策定されたものであり、経営者保証に関するガイドラインの趣旨・内容を明確化したものになります。破産手続を回避し得ることが周知されることで、早期の事業再生や廃業を決断でき、新たなスタートに早期に着手できることにより、ひいては地域経済全体の発展に資することが期待されています。

基本的考え方においては、廃業時においては、リース債権者についても、対象債権者として参加することが強く求められること、固有債権者についても、誠実に対応することが期待されるとしています（4項参照）。また、対象債権者に対し、いわゆるゼロ円弁済（保証履行なしで全額債務免除してもらうこと）が経営者保証GL上、許容されうることが明示された点などが示されています（☞480頁3）。

このように基本的考え方は、「中小企業の廃業時に焦点を当て、中小企業の経営規律の確保に配慮しつつ、現行のガイドラインの趣旨・内容を明確化」（「1項　はじめに」参照）しています。

基本的考え方は、弁護士等の専門家に対しても意識改革を求めています。①経営者保証GLに基づく保証債務整理を第一の選択肢として検討すること（「7項　支援専門家における対応」）、②固有債権者対応についても様々な対応法が示されるなど、経営者保証GLに基づく保証債務整理の可能性を粘り強く検討するよう求めています。さらに、③中小版GLにおいて、廃業型私的整理手続が定められましたので（☞401頁5）、弁護士は、中小企業の円滑な廃業そして経営者等の再スタートを支援することが求められ、④金融庁・中小企業庁の連名による「経営者保証に

関するガイドライン」に基づく保証債務整理について」が発出されていることにも留意が必要です（☞20頁**3**）。

　ところで、廃業事案については、一定期間の生計費などを残すことについて消極的な対象債権者がいることもあり、インセンティブ資産を残せない事案が散見されていたところですが、企業経営者に退出希望がある場合の早期相談の重要性について、より一層の周知を行っていく観点から、廃業手続に早期に着手することが、保証人の残存資産の増加に資する可能性があること等を明確化するため、令和5（2023）年11月に「廃業時における経営者保証に関するガイドラインの基本的考え方」が改定されました。改定箇所は、次のとおりです。

【基本的考え方の改定箇所】

3．基本的考え方改定の背景
- 令和4年3月に基本的考え方が公表されて以降、主たる債務者、保証人、対象債権者及び保証債務の整理に携わる支援専門家の間で、主たる債務者が廃業したとしても、保証人は破産手続を回避し得ることが周知され、取組みが進んできたところである。
- かかる中、「経済財政運営と改革の基本方針2023」（令和5年6月16日閣議決定）及び「新しい資本主義のグランドデザイン及び実行計画2023改定版」（令和5年6月16日閣議決定）では、企業経営者に退出希望がある場合の早期相談体制の構築など、退出の円滑化を図る旨が明記され、企業経営者への早期相談の重要性について周知徹底を行うこととされた。
- ガイドラインでは、主たる債務者が廃業する場合に、当該手続に早期に着手したことによる保有資産等の劣化防止に伴う回収見込額の増加額について合理的に見積もりが可能な場合は、当該回収見込額の増加額を上限として、事業清算後の新たな事業の開始等のため、一定期間の生計費に相当する額や華美でない自宅等も保証人の残存資産に含まれる可能性があるとしている。
- これらを受け、経営者保証に関するガイドライン研究会において、企業経営者に退出希望がある場合の早期相談の重要性について、主

たる債務者、保証人、対象債権者及び保証債務の整理に携わる支援専門家に対し、より一層の周知を行っていく観点から、廃業手続に早期に着手することが、保証人の残存資産の増加に資する可能性があること等を明確化する基本的考え方の改定を実施した。

5．対象債権者における対応の明確化
（1）ガイドラインに基づく保証債務の整理への誠実な対応
・対象債権者は、保証人の破産の回避に向け、主たる債務者及び保証人からガイドラインに基づく保証債務の整理の申出を受けた場合には、主たる債務者及び保証人が財産開示に非協力的ではないか、対象債権者に経済合理性がないか等の合理的不同意事由の有無につき、ガイドライン第7項（1）イ）からニ）に基づき判断し、主たる債務者及び保証人の意向を真摯に検討の上、廃業手続に早期に着手したことが、保有資産等の減少・劣化防止に資する可能性があることなども十分斟酌し、ガイドラインに基づく保証債務の整理に誠実に対応する。

7．支援専門家における対応
・その際、廃業手続に早期に着手したことによる保有資産等の減少・劣化防止に伴う回収見込額の増加額について、合理的に見積もりが可能な場合は、当該回収見込額の増加額を上限として、事業清算後の新たな事業の開始等のため、一定期間の生計費に相当する額や華美でない自宅等も保証人の残存資産に含まれる可能性があることにも配慮する。

第2章 経営者保証に関するガイドライン

1 経営者保証に関するガイドラインとは

Q 経営者保証に関するガイドラインとは、どういうものですか。

A 経営者保証に関するガイドラインとは、保証債務について、平時の取組みと保証債務整理が必要な場合のルールを定めたものです。

　「経営者保証に関するガイドライン」(以下「経営者保証GL」といいます)とは何かですが、全国銀行協会と日本商工会議所が事務局となり作られた保証債務についてのルールです。

　経営者保証GLには、入口の話と出口の話の2つがあります。入口の話は、「平時」の際であり、保証なしでの融資や事業承継の話になります。これに対し、出口の話は、「有事」(☞190頁)のものになります。端的にいうと、主たる債務者にて債権放棄を求める事業再生や法的整理を進める場合を指します。

　本書は、事業再生等を念頭に置いていますので、以降は、出口の話(有事の話)、つまり保証債務整理について解説します。

2 経営者保証に関するガイドラインの類型及びメリット

Q 経営者保証GLはどのようなメリットがあるのですか。会社を再生させる場合だけでなく、法人破産する場合でも使えるのですか。

A 破産しないで保証債務整理ができること、信用情報に掲載されないこと、比較的自宅を残しやすいことなどがメリットです。再生の場合だけでなく、会社が破産になる場合や廃業になる場合も利用可能です。誠実に会社経営している経営者であれば、使える場合が多いでしょう。

1 一体型と単独型

　経営者保証GLには、一体型と単独型があります（その相違点については484頁 8 参照）。一体型というのは、主債務者について、準則型私的整理において債務整理を行う場合に再生計画案に保証債務整理の弁済計画案も一体的に記載し、保証債務整理を図るものになります。中小企業の事業再生等に関するガイドラインや事業再生ADRや中小企業活性化協議会や特定調停スキームなどがあります。

　これに対し、単独型というのは、主に主債務者が破産、民事再生など法的整理を行う場合で、保証債務整理のみを行う類型になります。単独型で保証債務整理を図るものとしては、中小企業活性化協議会（中小企業活性化協議会等の支援による経営者保証GLに基づく保証債務の整理手順及びQ＆A）と特定調停スキーム（手引2）の2つです。

類型	手続の内容	具体例		GL条項
主債務と保証債務の一体整理を図る場合（一体型）	主たる債務の整理について準則型私的整理手続を利用する場合に、保証債務の整理についても当該準則型私的整理手続を利用	(case1)	主債務と保証債務を、中小版GL（再生型・廃業型）で一体整理	7.(2)イ)
		(case2)	主債務と保証債務を、特定調停手続で一体整理	
		(case3)	主債務と保証債務を、協議会スキームで一体整理	
保証債務のみを整理する場合（単独型）	主たる債務の整理が法的債務整理手続を利用するなど一体整理が困難な場合に、保証債務の整理について準則型私的整理手続を利用	(case1)	主債務を法的整理手続（民事再生、破産、特別清算）で、保証債務を特定調停手続又は協議会スキームで整理	7.(2)ロ)
		(case2)	主債務の法的整理手続又は準則型私的整理手続が終結した後に、保証債務を特定調停手続又は協議会スキームで整理	

2 経営者保証GLのメリット

　経営者保証GLによる債務整理を図るメリットは、次のような点です。

【経営者保証GLのメリット】
① 破産しないで債務整理ができる
② 信用情報が傷つかない
③ 自宅を残しやすい
④ 自由財産以上に財産を残しやすい

　1点目として破産しないで保証債務整理ができる点になります。個人破産でも経営者保証GLでもどちらでもよいということであれば、後者を選ぶ経営者の方が多いでしょう。2点目として、信用情報に登録されず（キャッシュレス時代において、クレジットカードが利用し続けられることが大きなメリットでしょう）、再チャレンジしやすい点です。3点目として、自宅を残しやすい点です（☞471頁**7**）。4点目として、自由財産に加えてインセンティブ資産（☞466頁3）を残す余地がある点が

挙げられます。このように経営者保証GLにはメリットがありますので、保証債務以外に債務がないケースの場合、経営者保証GLによる債務整理を優先的に検討します。経営者保証GLでなく、個人破産を検討するのは、経営者保証GLの対象債務にならない固有の債務が過大な場合や、対象債権者たる金融機関等の理解協力が得られない場合（多額の粉飾をしている場合）などに限定されます。

　もっとも、多額の粉飾等をしている場合でも、一体型の場合、保証人が保証履行した場合の求償権の処理が明確でないと、一体型の計画策定が難しいという問題もあります（例えば、破産管財人が主債務者に求償権を行使するリスクがあると計画の実行可能性に疑義が生じます。中小版GLQA92、93参照）。そこで、一体型の場合は、単独型の場合に比べ、可能な限り、経営者保証GLによる計画策定を目指すことが多いといえます。

3　経営者保証に関するガイドラインの手続の流れ

Q 経営者保証GLの手続の流れを教えてください。

A 中小企業活性化協議会と特定調停では多少違いますが、返済猶予等の要請により、手続が開始すること、資産目録や弁済計画を立案すること、表明保証を行うことなど手続の大部分は同じです。いずれも支援専門家の弁護士が関与することが必要です。

経営者保証GL単独型の手続の流れは、以下のとおりです。

第 2 章　経営者保証に関するガイドライン

■「日弁連特定調停スキーム単独型」の流れ

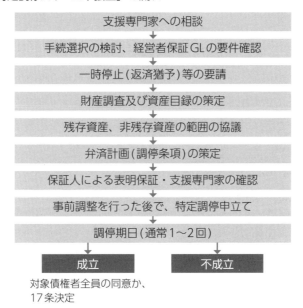

■中小企業活性化協議会「整理手順」の流れ（単独型の例）

(出典)「中小企業活性化協議会実施基本要領 別冊 4」中小企業活性化協議会等の支援による経営者保証に関するガイドラインに基づく保証債務の整理手順 Q & A

同じ経営者保証GLというルール（準則）を使う以上、単独型の手続の流れはほぼ同様です。いずれの手続とも、①経営者保証GLを活用する方針を決めた上で、②対象債権者に対する一時停止（返済猶予等）の要請により、保証債務整理の手続が開始します。そして、③支援専門家である弁護士が、保証人の財産調査を行い、弁済計画を作成して、④弁済計画に対する対象債権者全員の同意を得て、成立します。

　支援専門家とは、経営者保証GLに従って、保証人の債務整理を支援する弁護士等の専門家であって、全ての対象債権者がその適格性を認めるものをいいます（経営者保証GL5(2)ロ）。保証人の債務整理を行う場合は、対象債権者との間で保証債務の減免交渉を伴うことが通常であるため、非弁行為（☞21頁コラム）にならないよう、弁護士が支援専門家になります（代理人と兼務することが多いです）。支援専門家となる弁護士は、経営者保証GLの手続において、保証債務の整理に関する一時停止や返済猶予の要請、保証人が行う表明保証の適正性についての確認、対象債権者の残存資産の範囲の決定の支援、弁済計画の策定支援等を行います（経営者保証GLQA7-6）。

4 Pro 経営者保証に関するガイドラインの要件

Q 経営者保証GLの要件を教えてください。

A 保証債務整理の対象となる保証人かどうかなど、要件を確認することになりますが、日弁連のホームページにアップされているチェックシートを使ってみましょう。

　経営者保証GLの要件ですが、日弁連の特定調停スキームの手引2の書式6-1「経営者保証に関するガイドライン（GL）に基づく保証債務整理（単独型）GL要件該当性及び弁済計画案等の御説明」（日弁連ホームページからダウンロードできます）にてチェックシート方式で作られたものがあり、要件充足性のチェックに有益です。チェックシートをベー

スにして、弁済計画を作成することも考えられます。

　手引2の別紙2にてチェックシートの使い方を説明をしていますが、以下、簡単に説明します。チェックシートの第1の保証債務整理の対象となる保証人の箇所ですが、1つ目のガイドライン3項の要件（経営者保証GL3(3)、同GLQA3-3、3-4）のうち、財務情報等を適時適切に開示していることというのは、簡単に言うと悪質な粉飾の場合、要件を充足せず、経営者保証GLの活用が難しいことを意味します。4つ目の免責不許可事由のおそれがないことというのは、保証人が財産隠匿などをしていないことなどを意味します。経営者保証GLは、誠実な経営者を救済することを意図しているものであり、これらの要件のことを「誠実要件」ということがあります。まっとうに会社経営をしている大部分の経営者（保証人）は、経営者保証GLの対象となる保証人であることがほとんどです。逆に言えば、悪質な粉飾や財産隠しをしている場合には、「誠実要件」を満たさないと言われることがあります（☞481頁**4**）。

　チェックシートの第2の対象債権者というのは、経営者保証に関するガイドラインにいう、金融機関の保証債権のみを対象としています（固有の債務者について478頁参照）。信用保証協会も対象債権者に含まれます。廃棄型の場合は、リース債権者も含まれます。

　チェックシートの第3の保証債務整理の手続の箇所ですが、単独型の場合には、中小企業活性化協議会と特定調停の手続の2つの利用が予定されていますので、原則的には、いずれかを選択してもらうことを想定しています。

　第4の保証債務整理を図る場合の対応が適正であることの要件ですが、経営者保証GLを開始させるためには、返済猶予等の要請を行うことと、その手続が適正に行われていることが必要とされています。例えば、主たる債務者、保証人、支援専門家が連名した書面で、すべての対象債権者に同時に提出することなどが求められています（次の**5**を参照）。

5 Pro 返済猶予等の要請の意義と留意点

Q 返済猶予等の要請の意義、留意点を教えてください。

A 経営者保証GLを開始させる手続要件であり、資産目録や弁済計画の基準時点となる意義を持っています。返済猶予等の要請を出すタイミング等には留意が必要です。受任通知とは別物です。

　返済猶予等の要請は、経営者保証GLの手続要件であり、手続を開始させるという意味を持ちます。返済猶予等の要請を行った以降に保証人が稼いだ収入は、「新得財産」といって、保証履行の対象にはならず、また返済猶予等の要請に効力が生じた時点が資産目録や弁済計画の基準時点となるという意味を持ちます（受任通知とは別物です☞480頁**2**）。

　返済猶予等の要請を行うタイミングには、留意が必要です。前述のとおり、返済猶予等の要請を行った時点が資産調査の基準日となり、幾ら財産を残し、幾ら保証履行に回すかの基準時点になります。こうしたことから、保証人の収入が乏しく、手元の資産が減る一方の場合には、保証履行時に財産が減少していて、保証履行できないことにもなりかねません。どのタイミングで返済猶予等の要請をするかは検討した方が良いでしょう。仮に返済猶予等の要請を行うとしても、事前に代理人弁護士が資産を預かるなどの対応も検討すると良いでしょう。

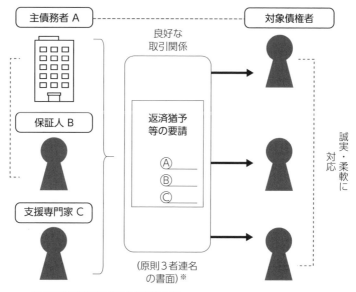

全ての対象債権者に対して同時に行う
（経営者保証GL7項(3)①ロ）

〈一時停止等の要請の意義〉
① 保証債務整理の開始
② 財産評定（資産目録）の基準日
③ 要請後の収入は、新得財産（保証履行の範囲外）
④ インセンティブ資産への影響

※単独型の場合には、保証人と支援専門家の二者で書面を作成します。なお、中小企業活性化協議会の場合には、統括責任者と連名で提出します。

　ちなみに、主債務の整理手続終了後に返済猶予等の要請を行っても、インセンティブ資産を残すことはできません（経営者保証GLQA7-20参照）。主債務者が破産など単独型の場合には、主債務者の手続が終了する前に返済猶予等の要請を出すよう留意することが大事です。

6 Pro 残せる財産の範囲

Q 経営者保証GLの場合では、どの程度の財産を残せるのですか。

A 前提として、一定の時点の資産調査を行うことが必要です。自由財産99万円のほか、インセンティブ資産を残せる場合もあります。

1 前提としての財産調査

経営者保証GLでどの程度財産を残すのか、幾ら弁済するかを決める前提として、返済猶予等の要請を出した時点(「基準日」といいます)の財産の状況を支援専門家の弁護士が確認し、資産目録の形で整理することが必要になります。

筆者の法律事務所にて経営者の方にお渡しする資産調査の依頼資料リストは以下のとおりです。

	項目	ステータス	受領日	依頼者様への注意事項
1	2年分の預貯金通帳写し			・通帳の表紙、支店名が記載されているページも必要です。 ・通帳の表紙、表紙裏(支店名が記載されているページ)の写しも必要です。 ※原本をお預かりし、事務所で写しを取ることも可能です。 ・すべての通帳について、最新の記帳をしてお持ちください。 ・おまとめ記帳になっている場合は、該当箇所の履歴を銀行からお取り寄せ下さい。 ・ネットバンクを利用している場合は、2年分の履歴を銀行から取り寄せる必要があります。
2	給与明細			直近2か月分が必要です。
3	源泉徴収票			確定申告書をご提出頂いた場合は不要です。
4	2年分の確定申告書写し			
5	課税(非課税)証明書			直近年度のものを取得してください。市区町村役場で取得できます。

6	保険証券、解約返戻金証明書			掛捨て、積立てを問わず（生命、損害、火災、自動車など）
7	車検証			自動車、バイクを保有している場合
8	不動産登記簿の写し			・個人名義の不動産がある場合 ・固定資産評価書がある場合はお持ちください。
9	有価証券写し			・ゴルフ会員権、信用組合出資金等 ・会社が株券発行会社の場合の株券を含みます。
10	貸付金の契約書等			会社に対して貸付けがある場合
11	個人借入れの明細			・住宅ローン、個人ローン、消費者ローン等の残額が確認できるもの ・親族・友人からの借入れがある場合は、借用証書等の根拠資料と現在の残額が分かる資料
※	家計収支表			作成をお願いする場合がございます。

　支援専門家の弁護士は、預貯金通帳については1～2年分の写しを確認し、不自然な資金の流れがないか、他に通帳がないかを確認し、不明点等について、保証人に確認します。また、保険の解約返戻金の計算書、不動産の固定資産評価書などを確認して、資産目録を作成していきます。

　保証人が相続を受けている場合には、相続人の範囲と相続財産の調査が必要となります。必要に応じて相続放棄を行うことも検討します（☞485頁**9**）。

　資産評価は、早期に処分した場合の評価額（経営者保証GLQA7-25）で作成することが一般的です（不動産では、不動産鑑定の早期処分価格のイメージですが、単独型の場合には、費用の問題から不動産鑑定ができないことが多く、複数の不動産業者の査定額の中間値や固定資産評価証明書記載の金額を使うこともあります）。住宅などの担保付き資産については、不動産の評価額から被担保債務（住宅ローンなど）を控除した金額をもって、資産額として評価することが一般的です。このようにして各資産の評価を行い、資産目録の形で整理することになります。

　保証債務整理を進めていく上で、保証人と支援専門家の弁護士との信頼関係、情報共有を密にすることが必要ですので、支援専門家の弁護士は、経営者保証人に対し、以下の点を注意することがあります。

【保証債務整理に向けての注意事項】
① 事前に弁護士と確認したものを除き、債権者への弁済はお控えください。
② 今後は新たな借り入れはなさらないでください（家計収支上、どうしても必要な場合は事前にご相談ください。
③ クレジットカードの利用額が高額（例：10万円以上）になる場合は、事前にお知らせください。
④ ご面談時にお聞かせいただいた財産、上記記載の財産以外に高価な物品又は第三者に対する債権等をお持ちの場合は、弁護士に速やかにご報告ください。
⑤ 財産処分を検討している場合は、処分前に弁護士にご相談ください。
⑥ 転居、転職の場合は、弁護士にお知らせください。
⑦ 今後お願いする資料のご提出、ご質問については、速やかにご提供、ご回答をお願いいたします。
⑧ 家計状況表の作成が求められることがありますので、現実の収支との整合性をご確認ください。
⑨ ご自身が相続人になる形で相続が生じている場合は、お知らせください（☞485頁）。

　なお、支援専門家の弁護士が確認した疎明資料を対象債権者に開示するかどうかですが、中小企業活性化協議会の事案（一体型、単独型）では協議会側アドバイザー（外部専門家）の弁護士に開示することから、また、中小企業版GLの一体型の手続では第三者支援専門家の弁護士に開示することから、対象債権者に開示しない実務となっているように思われます。日弁連の特定調停スキームの場合は、調停申立前は、第三者のチェックがありませんので対象債権者に開示するか否か、事案ごとに判断しているものと思われます。

2 保証履行額の計算のための残存資産の範囲
1　残存資産の考慮要素
　保証債務の履行額は、基準日時点（返済猶予等の要請を行った時点）の無担保の資産額から残存資産を控除して算出します。どの程度の財産

を残すのかという計算は、逆に言えば、どの程度保証履行をするのかという計算をしていることを意味することになります。

例えば、無担保の資産総額が300万円で残す財産の範囲が自由財産の99万円のみとした場合には、201万円が保証履行額となり、さらに専門家費用分（ここでは簡便に30万円とします）を残す場合には、171万円が保証履行額となります。

【保証履行額の計算】
▷ 300万円（基準日時点の資産総額）－99万円（残存資産）＝201万円（保証履行額）
▷ 300万円（基準日時点の資産総額）－99万円（残存資産）－30万円（支援専門家費用）＝171万円（保証履行額）

経営者保証GLにおいては、残存資産をどの程度残すかについては、以下の点を総合的に勘案して決定するとされています（経営者保証GL7(3)③）。

【残存資産に関する勘案事項】
イ．保証人の保証履行能力や保証債務の従前の履行状況
ロ．主たる債務が不履行に至った経緯等に対する経営者たる保証人の帰責性
ハ．経営者たる保証人の経営資質、信頼性
ニ．経営者たる保証人が主たる債務者の事業再生、事業清算に着手した時期等が事業の再生計画等に与える影響
ホ．破産手続における自由財産（破産法34条3項及び4項その他の法令により破産財団に属しないとされる財産をいう。以下同じ。）の考え方や、民事執行法に定める標準的な世帯の必要生計費の考え方との整合性

2　99万円は残せること

上記のうち、ホが特に大事です。破産手続における自由財産は、経営者保証GLでも残存資産になるということで、簡単に言うと、99万円までの財産相当額を残すことができるということです。そのほか、小規模

企業共済など差押禁止財産も自由財産になりますので、保証人としては、残すことができる財産になります。逆に言えば、保証人の財産が99万円未満の財産しかない場合には、理屈上は、全額の財産を残せる（全額債務免除してもらえる）ことを意味することになり、いわゆるゼロ円弁済の議論になります（☞480頁**3**）。

3 インセンティブ資産を残す余地があること

　99万円未満の財産しかない保証人の場合には、これ以上の検討は不要ですが、99万円以上財産を保有している保証人は、インセンティブ資産を残す余地がないかを検討することにします。

　下の図にあるとおり、経営者保証GLにおいては、回収見込額の増加額の範囲内という条件付きではありますが、自由財産に加えて、①一定期間の生計費に相当する現預金や、②華美でない自宅等や、③その他の資産（①〜③を「インセンティブ資産」といいます）を残存資産に含める余地があります（経営者保証GLQA7-14参照）。

　回収見込額の増加額は、再生事件の場合には破産した場合と比較し、廃業型の場合には、今廃業した場合と廃業が遅れた場合を比較します。例えば、会社が再生した場合、金融機関が3,000万円回収でき、破産の場合に配当がない場合（異時廃止事案）では、保証人は3,000万円の範囲内で財産を残す余地が出てくることになります。

■再生型

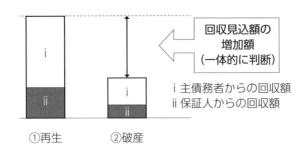

■廃業型

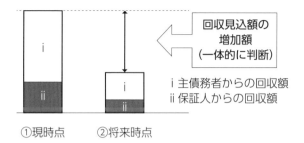

残せる財産のイメージとしては、一番下の自由財産が最も残しやすく、②、③を残すハードルは相当にあります。積み上げて試算して、金融機関に必要性を説明し、理解を求めていくイメージになります。

■インセンティブ資産の積上げ図

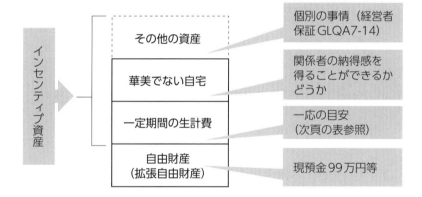

① 一定期間の生計費

一定期間の生計費については、下表にあるとおり、年齢区分に応じて、金額の目安が示されています。保証人が65歳以上であっても、「一定期間の生計費に相当する現預金」を残す必要性は65歳未満の場合と変わりないため、65歳の場合に準じて「一定期間」を90日〜240日と定めればよいものとされています。

■一定期間の生計費の金額の目安

保証人の年齢	給付期間	金額の目安
30歳未満	90日～180日	99万円～198万円
30歳以上35歳未満	90日～240日	99万円～264万円
35歳以上45歳未満	90日～270日	99万円～297万円
45歳以上60歳未満	90日～330日	99万円～363万円
60歳以上65歳未満	90日～240日	99万円～264万円

② 華美でない自宅

　無担保の自宅（担保が付いているとしても住宅ローンのみであり、自宅の価値よりもローン残債務の方が小さい場合）については、華美ではない場合として残す余地があります。自宅が「華美」か否かの判断は、周辺相場、築年数、同居者の人数、扶養家族や要介護者の有無等を勘案して、個別具体的な事案ごとに行うものとされています（「経営者保証ガイドラインの実務と課題　第2版」104頁参照）。

　地方都市の場合では、経営者の自宅は、それなりに大きい場合がありますが、面積だけで判断するのではなく、築年数、評価額、その他の事情を加味し、また、事業再生への協力の度合い、再生の場合の経済的合理性の程度の多寡なども勘案して、最終的には金融機関の納得感で決めているのが実態のようです。

③ その他の資産（目安を超えて資産を残すことができる事情）

　経営者保証に関するガイドラインQ&Aでは、「当事者の合意に基づき、個別の事情を勘案し、回収見込額の増加額を上限として、以下のような目安を超える資産を残存資産とすることも差し支えありません」（経営者保証GLQA7-14）とされ、一定期間の生計費を超える資産を残存資産とすることが許容されています。

　目安を超えて資産を残す場合には、残存資産とする必要性かつ許容性が必要とされるところ、以下の事情が必要性・相当性を基礎づけると考えられます。

【目安を超えて残す余地があるか否かの判断要素】
▷ 保証人が高齢であること
▷ 保証人が介護を必要とする状態であること（もしくは親族介護を必要とする事情があること）
▷ 今後も治療費や入院費用を要する可能性があること
▷ 今後の居住場所確保のため費用を要すること
▷ 主債務者が窮境に至ったことに帰責性が高くないこと
▷ 早期廃業・再生の決断への寄与が高いこと
▷ 対象債権者の弁済原資の増大に貢献したこと
▷ 就学中の子供がいること

　実際の事例では、インセンティブ資産として、一定期間の生計費の上限程度を残している事例が多いようです。中には、一定期間の生計費を大きく超えて財産を残した事例も相当数報告されていますが、上記の判断要素にあるように、個別の事情による部分や金融機関の考えによる影響が多いので、一概にいくらまで残せるかを断定することはできません。支援専門家の弁護士は、インセンティブ資産を残すことを希望する場合には、保証人、金融機関などとよく協議を重ねインセンティブ資産を残す事情を丁寧に説明していくことが求められます（経営者保証GL7(3)③a）。

　筆者が携わった廃業型の事例でも、病気の治療、高齢であることを理由にして、また、担保付き自宅の「公正価額弁済」のため、一定期間の目安を相当程度超えて残存資産として残してもらえた事例が相当数あります。基本的考え方や改定された経緯などを丁寧に説明し、理解をしてもらえたものです。

　ところで、一定期間の生計費を超えて残存資産を残すよう求める場合、対象債権者からは、過去事例の参考資料等を求められることも少なくありません。過去事例の参考資料としては、季刊「事業再生と債権管理」という雑誌に様々な事例が掲載されていますので、それを用いることもできますが、インターネットで収集できる情報としては、金融庁の「『経営者保証に関するガイドライン』における廃業時の保証債務整理に関す

る参考事例集（令和元年8月改訂版や令和4年6月）」があります。公表された参考事例の中には、一定期間の生計費を超えて残した事例として次の事例が公表されていますので参考になるでしょう（☞79頁）。

【令和元年参考事例集掲載の残存資産の例】
▷事例58：自由財産、一定期間の生計費の他、自宅（金額不明）、生命解約返戻金4百万円を残した事例
▷事例62：残存資産を4480万円とした事例
▷事例63：自由財産、一定期間の生計費の他、自宅、火災保険、車両（いずれも金額は不明）、その他の資産として1200万円を残存資産とした事例
▷事例64：取締役について残存資産約11百万円とした事例
▷事例71：残存資産を約20百万円とした事例

3　公正価額弁済

　公正価額弁済とは、本来弁済原資となる資産を処分・換価する代わりに当該資産の公正な価額（通常は処分価格）に相当する額を弁済し、保証人の財産として残すことをいいます（経営者保証GL7(3)④ロ）。公正価額弁済により、本来であれば処分せざるを得ない資産についても、残す余地が出てきます。分割弁済の条件については、保証人の収入等を勘案しつつ、経済的再建に支障を生じないよう留意します（経営者保証GLQA7-14、7-19参照）。

1　担保権が設定されている場合

　担保権が設定されている場合は、担保権者が優先しますが、弁済計画の履行に重大な影響を及ぼす恐れのある債権者を対象債権者に含めることが可能ですので、担保権者を対象債権者に含めた上で、担保権を実行する代わりに保証人が「公正な価額」に相当する額を弁済する内容等を弁済計画に記載し、当該財産を残すことがあります（経営者保証GLQA7-19）。

2　無担保の場合

保証人の自宅が無担保である場合は、華美ではない自宅などインセンティブ資産として残す場合以外は、原則として処分・換価の対象となりますが、「公正な価額」に相当する額を弁済する内容等を弁済計画に記載し、当該財産を残すことがあります。

7　自宅の残し方

Q 経営者保証GLによれば、自宅を残しやすいのでしょうか。

A 破産の場合よりは残しやすいです。特に住宅ローンを抱えていて、オーバーローンの場合には残しやすいといえます。

保証人にとって、自宅が残るか否かが一番重要な関心事であることも少なくありません。自宅を残す方法については、類型ごとに考えることが必要です。

1　オーバーローンの住宅ローンがある場合

473頁の図のようにオーバーローンの場合（自宅の早期処分価格よりも住宅ローンの方が多い場合）には、住宅ローン返済を継続して自宅に住み続けることが通例です。自宅を残しやすい典型例といえるでしょう（☞232頁　事例紹介①）。そのほか親族等に適正価格で買い取ってもらい、任意売却することも考えられます。

2　担保余剰がある場合や無担保の場合

次にアンダーローンの場合（自宅の早期処分価格よりも住宅ローンの方が少ない場合）や無担保の場合、まずはインセンティブ資産（華美ではない自宅）として残すことができないか検討します（☞468頁②）。

何らかの事情で、華美ではない自宅としては残せない場合（インセン

ティブ資産として残せない場合)には、自宅の価値相当額を支払って残す方式、いわゆる公正価額弁済（☞470頁[3]）により残すことを検討します。一括もしくは分割弁済による弁済計画（5年）を作成し、対象債権者に諮ることが考えられます（経営者保証GL7(3)④イ) c)）。

[3] 主債務の担保が設定されている場合

　基本的には、担保設定されている場合には、経営者保証GLの範疇ではありませんが、経営者保証GLには自宅に住み続けられるようにするという精神があるため、自宅評価額で親族等に売却し、売却代金を担保権者に弁済し、残額の免除を要請する方法や自宅評価額について保証人が免責的債務引受けをし、担保権者と相対で協議（担保権は債務者変更）することが考えられます（ガイドラインによる個人債務、整理の実務Q&A150問Q47、「事業再生と債権管理」164号134頁宮原論考参照）。

　インセンティブ資産として一定の現預金が残る場合にはそれを原資に弁済することも考えられます（☞487頁　事例紹介⑨）。なお、保証人が自宅不動産等を処分する場合には税務上の観点にも留意が必要です（☞499頁[5]～[7]）。

第2章　経営者保証に関するガイドライン

■オーバーローンの場合

※住宅ローンの支払いを継続して自宅を残す

■剰余ありの場合（無担保の場合）

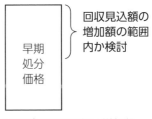

※余剰額が回収見込額の増加額の範囲であれば「華美ではない自宅」といえるか検討
※範囲外の場合は公正な価額弁済を検討（GL7項(3)(4)イC）

■主債務の担保設定の場合

※不動産価値相当額を保証人に債務引受（債務者変更）するなどして不動産価値相当額を支払うことで自宅を残すことを検討

8　Pro　保証人の弁済計画案及び表明保証

Q 保証人の弁済計画策定にあたって、重要な点は何ですか。

A 経営者保証GLの要件充足、残存資産の範囲の相当性（経済的合理性）、衡平性、実行可能性などが重要になります。

1 弁済計画案の記載例（金融機関への依頼事項例）

　保証人の弁済計画案の記載例（公正価額弁済で自宅を残す再生一体型の事案）は、以下のとおりです（経営責任や表明保証などは省略）。一体型のため、保証履行した場合など主債務者に対する債権については放棄する旨を記載しています。単独型の場合も概ね同様の内容となりますが、一体整理が困難な理由等を記載することが求められます。

■保証人の弁済計画の参考例（一体型）
1．金融機関の依頼事項
　(1)　残存資産と保証債務免除
　　　保証対象債権者様（後述）におかれましては、●●の資産を残すことを認めていただき、●●の弁済が完了した時点で、経営者保証GLに基づき、残債務の免除をいただきたくお願い申し上げます。かかる一部弁済をもって、債務免除の効力が生じるものとし、別途、債務免除の契約書等を作成しないものとします。※免除の時期と別途の合意書の有無等を記載
　(2)　担保解除の依頼※公正価額弁済により担保権者に支払う内容
　　　住宅ローン債権者（固有債権者）におかれましては、本再生計画成立の翌月末日までに、公正価額弁済として、●●円を一括弁済いたしますので、弁済完了日に担保権抹消手続をお取りいただきますようお願いいたします。なお、担保解除費用と振込手数料は、保証人の負担とします。
2．経営者保証GLの要件該当性（略）
3．保証対象債権者、保証対象債権の範囲及び基準日
　(1)　保証対象債権者の範囲
　　①　保証対象債権者
　　　経営者保証GLの対象債権者（以下「保証対象債権者」といいます。）は原則として保証債権者（保証債務履行請求権者）ですが、経営者保証GLでは、弁済計画の履行に重大な影響を及ぼす恐れのある債権者を対象債権者に含めることができるとされております（経営者保証GL7（3）④ロ）。本件では、●●の住宅ローン債務について、弁済計画の履行に重大な影響を及ぼしますので、保証対象債権者とさせていただきます。
　　②　保証対象債権の範囲（略）
　　③　基準日について

基準日は、原則、●●県中小企業活性化協議会様の第二次対応開始決定日である●日とさせていただきます。
4．主債務者と同一の手続で行うことが求められていること（略）
　　※単独型の場合には、一体整理が困難な理由等を記載
5．財産の状況
　　添付資料「資産目録」記載のとおりです。資産額合計は、●円となります。
6．残存資産の範囲
　(1)　経営者保証GLにおける残存資産の考え方（略）
　(2)　本件における残存資産の具体的検討
　　　以下の事情も併せて総合的に考慮すると、保証人にはインセンティブ資産を認めることが許容されると思料されます（経営者保証GL7(3)③）。
　　※個別の事情は略
7．現実の弁済額と債務免除
　(1)　自宅の権利関係と公正価額弁済について
　　　保証人自宅には、●●銀行様に対する住宅ローンの抵当権が設定されています。保証人の自宅に抵当権が設定されている場合の処理について、経営者保証GLQA7-19では、以下のとおり記載されています。「……<u>抵当権を実行する代わりに、保証人が、当該資産の「公正な価額」に相当する額を抵当権者に対して分割弁済する内容等を当該計画に記載することも考えられます</u>。なお、弁済条件については、保証人の収入等を勘案しつつ、保証人の生活の経済的再建に支障を来すことのないよう定めることとします。」「公正な価額」について、経営者保証GLQA7-25では、以下のとおり定められております。「関係者間の合意に基づき適切な評価基準日を設定し、当該期日に処分を行ったものとして資産価額を評価します。具体的には、法的倒産手続における財産の評定の運用に従うことが考えられます。」本再生計画に同意いただきましたら、計画成立の翌月末日までに、住宅ローン債権者である●●銀行様に対し、●●円を一括弁済いたしますので、担保権抹消手続をお取りいただきますようお願いいたします。担保抹消手続費用及び振込手数料は保証人の負担とします。
　(2)　弁済額と債務免除要請（略）
　　※保証履行した場合、主債務者に対する求償権は放棄する旨記載する（☞484頁**8**）。
8．経済的合理性（略）
9．計画の実行可能性（略）

2 表明保証

　経営者保証GLでは、基準日時点の財産状況を示し、財産内容に間違いがないことを保証人が表明保証し、支援専門家が確認することが求められ、表明保証違反があった場合には、債務免除がなかったこととなる旨を約束することが必要とされています。ただし、ごくわずかな資産の計上漏れなど、過失が小さい場合でも常に債務免除の効力が失われることは酷であるため、日弁連の調停条項の書式では、故意等の場合に限るとしており、また、新たに見つかった財産の限度で追加弁済すれば足りる内容としています。かかる観点で表明保証書を作成するとなると、以下の内容となります（経営者保証GLQA7-31参照）。

■表明保証書の参考書式

資産に関する表明保証書

金融機関各位
1　私の資産は、別紙資産目録のとおりであり、その余の資産を有しない旨を表明し保証いたします。
2　私が本書面により表明保証を行った資産目録に含まれていない資産が存在することが判明した場合には、速やかに当該資産を換価し、換価代金から換価に必要な費用を控除した残額を金融機関各位の債権額に按分して支払います。ただし、次項に該当する場合は、次項のとおりとします。
3　私が本書面により表明保証を行った資力について、故意に事実と異なる過少な資産を申告したことが判明した場合、又は申立人保証人が資産の隠匿を目的とした贈与若しくはこれに類する行為を行っていたことが判明した場合には、金融機関各位に対し、金融機関各位より免除を受けた保証債務額に免除期間分の遅延損害金を付した上で追加弁済することを約します。

　　令和　　年　　月　　日
（保証人）
　　住　　所
　　氏　　名
【保証人名】による上記1の表明保証が適正であることを確認いたしま

```
した。
　　令和　　年　　月　　日
（支援専門家）
　住　所
　氏　名
```

3 衡平性と保全の考え方

　弁済については、担保で保全されていない債権額（「被保全債権額」といいます）の割合に応じて按分弁済する、いわゆる非保全プロラタ弁済計画を立案することになります（経営者保証GL7(3)④ロ参照）（☞291頁②）。

　一体型の場合には、主たる債務について不動産鑑定を実施しており、保証人だけでなく、主債務者についての保全額が分かりますので、主債務者と保証人を一体として、保全額・非保全額を決めることが一般的です。これに対し、単独型の場合は、主債務者や他の保証人の手続が別個ですので、担保提供の内容が判明せず、保全額が分かりにくい問題があります。そこで、主たる債務者や他の保証人の保全額については考慮しない対応も考えられるところです。

　処分予定の不動産の保全額について、処分額に基づき変動させるか否かという論点については、主債務者の計画同様問題となりますが（☞292頁④）、保証人の弁済額は確定していますので（基準日時点の財産総額から残存資産を控除して算出するため、金額が確定することが一般的）、保全額が確定するまで全ての対象債権者の弁済を待ってもらうのは適当でないこともあり、固定方式で進めることが多いように思います。

4 債務免除要請

　特定調停スキームの場合には、調停条項を設け、保証債務免除条項を設けることになりますが、その他の私的整理の場合には、調停条項がないので、免除要請（いつ、どのような状態になれば債務免除の効力が生じるのかを記載すること）を忘れないように留意します。

5 実行可能性

　保証履行計画が実行できるかどうかは重要です。保証人の資産処分が既に終了している場合には、保証人の支援専門家の弁護士が換価資金を預かっていることを説明することで計画の実行可能性があることを説明することがあります。

　他方で、保証人の保有資産を処分して、対象債権者に弁済する計画であるものの、換価未了の場合、当該保有資産がいつ、幾らで処分できるかによって、計画が実行できるか否かに影響を受けます。そのため、早期に処分に向けて動き出すことが必要ですし、処分ができない場合にどのような対応をとるのか事前に検討しておくべきです。

　また、今後の収入で弁済を行う場合（公正価額弁済を行う場合）は、保証人が分割弁済できるかどうか、また保証履行計画を実行できるかどうかが鍵を握ることになります。

9 Pro 実務上で問題となる論点・注意点・疑問点等

Q 経営者保証GLの手続を進める上で、問題となる論点・注意点・疑問点を教えてください。

A 受任通知を出すか否か、固有の債権者の扱い、金融機関が協力的でない場合に、どのように交渉するのか（経験がない場合は、どうすればよいのか）、ゼロ円弁済が認められるのか、特定調停と中小企業活性化協議会の違いなど様々な論点があります。

1 固有の債務やリース債務がある場合

1　固有債権者

　保証人の固有の債務（親族、サラ金等）については、原則としては、経営者保証GLの対象債権には含めず、個別に支払うことになります。

　これに対し、固有の債務の債権額が多い場合には、固有の債務のみ全

額弁済することが不平等ではないかとの批判を受けることがあります。経営者保証GLにおいては、弁済計画の履行に重大な影響を及ぼす恐れのある債権者を対象債権者に含めることができるとされており（経営者保証GL7(3)④ロ）、必要に応じて、固有の債権者を対象債権者に織り込む余地もあります。しかし、固有の債権者は、経営者保証GLの本来的な対象債権者ではありませんので、別個の扱いをすることは許容されていると考えられます。基本的考え方においても、保証人に固有の債務がある場合の対応方法として、基準日以降に発生する収入を固有債務に対する返済原資とした個別和解を検討するとされており（基本的考え方7②参照）、完全な平等対応を求めているものではないようです。

　固有の債務について債務整理をしないことには、保証人の再起が図れない場合もありますので（将来収入による弁済が困難な場合もありますので）、固有の債務が多い場合、固有の債務の債権放棄を求める対応も考えられます。

　例えば、①経営者保証GLの対象債権者に加えて、金融機関と平等な扱いの計画を作る方法、②基準日後の収入を返済原資とした個別和解の方法、③金融機関とは別グループで弁済計画を作る方法（例えば、自由財産で保証履行がほとんどできない場合に金融機関グループに10万円、固有の債権者グループに10万円などグループごとに弁済計画を作る方法）などが考えられます。

　とはいえ、固有の債権者は、経営者保証GLのことを知らないことがほとんどですので、対象債権者に含めるとして交渉しても、債権放棄に難色を示されることがあります。そのため、破産した場合よりも回収が多額になることを説明したり、特定調停で裁判所の判断（17条決定）を出してもらうため消極同意でよいので反対はしないでほしいなどと交渉することになります。

　令和4（2022）年3月、基本的考え方が示され、固有の債権者にも誠実に対応することが期待されるとの記載がなされ（基本的考え方4(2)参照）、支援専門家の弁護士には粘り強く多様な方法を検討することが求められます（基本的考え方7項参照）。

2　リースの保証債務

　リースの保証債務も基本的には同じ対応で進めることになりますが、リース業協会の「中小企業向けのリース契約に関する経営者保証ガイドライン」及び同QAが公表されており、固有の債権者に比べると、比較的、保証債務整理に応じてもらいやすくなっています。

　また、中小企業の事業再生等に関するガイドラインにおいて、廃業型の場合、リース債権者も対象債権者に含まれることとなりました（中小版GL第三部1(1)）。

　さらに、基本的考え方において、経営者保証GLに基づく対象債権者として参加することが強く期待されるとの記載がなされました（基本的考え方4(1)参照）。

　これらの記載により、リースの保証債務などが多額であったとしても、今後は、経営者保証GLに基づく債務整理において対応できる時代になり、個人破産を回避できる事例が増えることが期待されています。

｜2｜ 受任通知を出すのか否か、預金口座の取扱い

　経営者保証GLは、返済猶予等の要請を出すことで開始しますが、受任通知を出すかどうかはケースバイケースになります。

　少なくとも一体型の場合には、受任通知は出さないことが多いように思います。仮に受任通知を出すとしても、借入れのある金融機関に対し、預金避難（☞251頁③）をせずに、受任通知を出すと、預金が引き出せなくなる恐れもありますので、預金の扱いには留意します。

　何の予兆もなく突然受任通知と一時停止等要請を兼ねた書面を出すと、金融機関が不意打ち感、抵抗感を覚えるリスクがありますので、電話等口頭で経営者保証GLによる保証債務整理を予定していること、財産調査の結果を踏まえて弁済計画案の方針を説明し、それから返済猶予等の要請を出してもらうという流れの方が無難でしょう。

｜3｜ 自由財産しか財産がない場合の保証履行額～ゼロ円弁済の許容性

　主債務者破産で保証人だけが経営者保証GLに基づく債務整理を行う

場合、保証人の財産の総額が99万円未満であることが多いです。

　このように保証人が自由財産の範囲内の財産しか有していない場合は、保証人が破産した場合でも対象債権者は、保証人の財産から配当を期待できる立場にありません。また経営者保証GL上も自由財産を残すことは相当とされていますので、自由財産を残す内容で弁済計画を立案（つまり弁済なしで全額債務免除してもらう内容＝ゼロ円弁済）しても問題ないと考えられます。基本的考え方において、いわゆるゼロ円弁済が許容され得ることに留意するとの記載が明記されましたので、今後は弁済額が少ないという理由で、経営者保証GLによる交渉が難航する事態が減少することが期待されます。

　これまでの実務では、廃業事案（主債務者異時廃止の破産事件等）においては、保証人の計画において、手数料的に数万円程度の保証履行を余儀なくされているケースが相応にありましたが、今後、ゼロ円弁済がスムーズに認められる実務が到来することで、保証履行を幾らにするか、頭を悩ませることが減るかもしれません。

4 会計処理が正確でない場合、保証人が財産隠し行為をしている場合

　会計処理が正確でない場合には、誠実要件（☞458頁4）との関係で、経営者保証GLを使えないと思われるかもしれませんが、ケースバイケースになります。

　経営者保証GLにおいては、債務整理着手前や一時停止前に債務不履行や不正確な開示があったことなどをもって、直ちにガイドラインの適用が否定されるものではありません。その適用については、債務不履行や財産の状況等の不正確な開示の金額及びその態様、私的流用の有無等を踏まえた動機の悪質性といった点を総合的に勘案して判断すべきとされています（経営者保証GLQA3-3）。実務的には、金融機関毎に異なる決算書を提出したり、預金残高や借入金残高を偽っているような場合には、悪質性が高く経営者保証GLの適用を認められていないことがありますが、減価償却不足や長期滞留売掛金、長期滞留在庫の計上といった理由で決算書が実態とずれているケースでは、経営者保証GLの適用

を認められている事案が多いと思います。

　次に、保証人が親族に無償又は廉価で資産を譲渡した事実があった場合も問題になります。ただし、保証人がそのような問題行為の事実を対象債権者に報告するとともに、譲渡した資産自体を戻したり、相当価格の支払いを受けるなどにより資産状況を回復した上で弁済計画を作成する等の対応により、対象債権者の理解が得られ、弁済計画が成立する見込みがあれば、経営者保証GLの適用は必ずしも否定されるものではありません（整理手順QA24）。

5　金融機関が経営者保証GLに協力的でない場合

　金融機関が経営者保証GLに協力的でない場合があり、小規模個人再生など他の債務整理を求められたり、超長期で少額弁済している他の保証人との違いを指摘され、なぜ経営者保証GLによって整理することに応じなければならないのか問われることもあります。

　しかし、金融機関の担当者から、このような質問が出るのは、経営者保証GLの意義や趣旨を知らないだけであることがほとんどですので、支援専門家の弁護士は、冷静に経営者保証GLの趣旨等を説明することが肝要です。経営者保証GLの趣旨、性格を説明し、個人再生適用の場面でないことなどを丁寧に説明します。

　このたび、基本的考え方が示され、経営者保証GLは、保証人が新たなスタートに早期に着手できる社会を構築し、地域経済全体の発展に資することが期待されるものであると明記されましたので、今後は理解を得やすくなっていくものと思います。

　もっとも、どうしても積極賛成が難しい場合には、中小企業活性化協議会の調整に期待するとか、もしくは、特定調停を申し立てて、調停委員の調整に期待することも考えられるかもしれません。前者の場合は、一部の債権者から同意を得られない場合には、統括責任者は当該対象債権者に対し、その理由の説明を求める（整理手順4(7)③、整理手順QA44）ことになりますので、対象債権者からすると不合理な反対をしにくい面があるでしょう。また、後者の場合、いわゆる17条決定（☞227頁3）をもらうので、異議を出さないようにしてください（消極同

意の要請）と交渉することで解決が図られるかもしれません。

6 中小企業活性化協議会と特定調停の違い

　経営者保証GLの単独型における中小企業活性化協議会と特定調停の違いとしては、中小企業活性化協議会の場合には、担当者のサポートに加え、調査報告書（弁済計画案の内容の相当性及び実行可能性を外部専門家の弁護士が調査したもの）があり、金融機関の説得材料になるでしょう。経営者保証GLの経験が乏しい弁護士にとっては、大きな心の支えになるでしょう。

　他方で、特定調停の場合には、別途、申立てをしなければならないという負担感があります。他方で、17条決定が使えるので、積極同意を得ることが容易ではないケースでも案件を成立させることができるといった違いがあります。

　費用面ですが、特定調停の場合には、印紙代と切手代程度になります。多くの裁判所では印紙代は6,500円ですが、一部の裁判所では、免除額をベースに印紙代を計算し、非常に高くついてしまったケースもあるようですが、だからといって、事前に確認を行うと藪蛇になる恐れもあります。これに対し、中小企業活性化協議会の費用については、支援専門家の調査報告書の費用が必要となりますが、補助が出ることもありますので、どの程度の費用になるのかを事前に確認することが望ましいでしょう。

■中小企業活性化協議会と特定調停の相違点

	中小企業活性化協議会	特定調停
返済猶予等の要請	中小企業活性化協議会が保証人と支援専門家と連名で送付	保証人と支援専門家の連名で送付
基準日 (462頁①、464頁1)	原則、協議会の返済猶予要請日（第二次対応決定日）、ただし、債権者の同意で支援専門家の一時停止要請日	原則、支援専門家の返済要請日
調査報告書	あり	なし

金融調整	支援専門家と中小企業活性化協議会にて協働して行う	支援専門家のみで行う
ガイドラインの成立	全員同意により成立	全員同意しての調停成立のほか、17条決定もあり（消極同意可）
費用面	調査報告書費用	印紙代及び郵便切手代

7 保証人が複数の法人の債務の保証をしている場合

　保証人が複数の法人の債務を保証しており、一つの法人（A社＝自身が経営していない法人）が債務整理の段階に至っているものの、もう一つの法人（B社＝自身が経営している法人）は、順調であり、特段の債務整理の手続を必要としていないことがあります。

　このような場合、保証人の弁済計画の対象債権者については、債務整理をしているA社のみとするのが原則と考えられます。

　他方で、保証人自身は、B社に対しても、債務を抱えているので、かかる対応が衡平なのか、B社の債権者に対しても按分弁済することが合理的ではないかとも考えられる場合もあるでしょう。また、保証人としても、B社にも債権額に応じて弁済をして、B社の債務を減らしたいという意向を持つことがあり得ます。

　結局のところは、ケースバイケースで対応することになると思われ、難しい問題といえます。

8 一体型の計画と単独型の計画の違い

　一体型（☞454頁1）の場合、主債務者だけでなく、すべての保証人の不動産鑑定を行いますので、保全・非保全額を一体的に計画することになりますし、主債務者と保証人の貸借関係がある場合には、その点を整理することが求められます。保証人の保証履行をしたことにより主債務者に対して取得する求償権について、放棄する計画にすることが必要です（中小版GLQA92、93）。

　これに対し、単独型（☞454頁1）の場合には、主債務者やその他の保証人の保全状況が分からないことが多いですし、不動産鑑定を行うこと

が難しいことも多く、保全・非保全額をどのように策定するのかは難しい問題で、保証人名義の担保資産だけで計算することもあり、結局は、ケースバイケースで対応しているのが実情のように思います。

また、単独型の場合には、一括弁済を求められる局面（期限の利益を喪失しているということもあります）になっていることが多いので、対象債権を元本だけにするのか、利息・遅延損害金まで含むのか、弁済計画の基準となる債権額をどう考えるのか、悩むことも少なくありません。保証協会付きの場合には、基準日後に代位弁済がなされることもありますので、対象債権の範囲をどうするかを悩むこともあります。なお、インセンティブ資産の希望を有する場合、単独型の場合には、主債務者の手続や計画と連動しないことから、支援専門家の弁護士が主債務者の配当見込み等を説明することを心がけます。

	一体型	単独型
対象債権者の範囲（リース債権者を含むか）	再生型の場合は金融機関のみ、廃業型の場合は単独型と同じ	リース債権者を取り込むよう交渉
対象債権の範囲（元金かその他を含むか）	元本のみの場合が多い（期限の利益を喪失していないことが多い）	元本のみとする考えと利息・損害金を含む考えなど様々
信用保証協会等の代位弁済の対象範囲	代位弁済対象を元本のみに要請することが多い	要請しないことが多い
保全・非保全の範囲	主債務者と保証人を一体として考えるケースが多い	保証人のみで考えるなど様々
不動産評価	不動産鑑定を行うことが多い	様々
主債務者との貸借関係や求償権処理	求償権放棄など貸借関係を整理することが必要	特段規定しないことも多い
計画の提出時期	原則、主債務者と同一	主債務者の計画とは連動しない
その他	経営責任を記載	一体整理が困難な理由等を記載

9 保証人に相続が関係する場合

保証人が相続人の場合、弁済計画の策定までに相続放棄（☞485頁9）

をすれば、弁済計画策定に影響を与えることはありません。相続放棄は身分行為であり、詐害行為取消権や否認権（☞340頁**5**）の対象にならないとされています（最高裁判所昭和49年9月20日判決参照）。

　他方で、相続放棄をしていなかった場合には、相続財産の処理が問題となります。過去に遺産分割をしていた場合には、その内容が適正かを確認し（適正でない場合は、取戻し等を検討（☞481頁**4**））、協議未了の場合には、相続する持ち分を評価し資産目録を策定することになるでしょう。

　なお、保証人が死亡し、相続が生じている場合は、相続人が誰か、相続放棄の状況等を調査する必要があります。

　このように保証人が相続人の場合も保証人が死亡し相続が生じる場合も論点は多々ありますので、早期に弁護士を交えて検討することが望まれます。

10　保証人等の意思能力に問題がある場合

　保証人が高齢等で意思能力に問題がある場合は、成年後見の申立てを検討します（保証人が株主の場合には、株主権行使のためにも必要となることがあります）。

11　保証人が複数いる場合（第三者保証人の場合など）

　保証人が複数いる場合は、①インセンティブ資産の調整と②保証人間の求償権の扱いに留意します（☞498頁**4**）。第三者保証人も経営者保証ガイドラインを適用することは可能です（経営者保証GL3(2)）。第三者保証人にもインセンティブ資産が認められており、再生等の決断に寄与したか否か厳格に解する必要はありません。

　なお、保証人の一部が経営者保証GLの手続に協力しない場合でも、その他の保証人の手続には影響はありませんが（免除の効力は相対効なため、同意書徴求までは不要）、主債務者の特別清算手続を協定型（☞418頁**12**）で行うことが必要なことに留意します。

<参考文献>
・小林信明、中井康之『経営者保証ガイドラインの実務と課題〔第2版〕』

商事法務2021.1
・野村剛司『実践 経営者保証ガイドライン』青林書院2020.10
・全国倒産処理弁護士ネットワーク編『ガイドラインによる個人債務整理の実務Q&A150問』きんざい2023.3

> **事例紹介⑨** 会社は特別清算で廃業して、代表者（保証人）は経営者保証に関するガイドラインで公正価額弁済をして、自宅を残した事例

　電気設備の工事を請け負っている事業者の任意廃業の事例を紹介します。

　代表者は80代となり、従業員も徐々に退職し、事業活動ができない状態となってしまい、弁護士に相談に訪れました。代表者の尽力により、従業員と円満に退職合意を取ることができ、退職金額を最小限に抑えることができました。また、資産換価や賃借物件の明渡し等もできましたので、会社債権者（金融機関とリースのみ）に対し、数百万円レベルの配当が可能な状態ができました。

　弁護士は、事業者については特別清算により一定の配当を行い、清算し、代表者については経営者保証GLで債務整理を目指すことにしました。

　問題となったのは、代表者（保証人）の自宅（団地）に事業者の金融機関（信用保証協会）の借入金のために抵当権が設定されていた点です。自宅（団地）は築50年を超えており、その不動産評価については、不動産業者の買取り金額の査定によると、300万円に満たないものでした。代理人弁護士が調査すると、代表者の個人資産として、不動産のほかに400万円弱の資産（預金や保険）がありました。

　代理人弁護士は、事業者について、破産した場合には破産管財コストを要することなどにより、ほとんど配当が見込めないところ、早期に廃業し、任意の換価や退職金の交渉等により、配当原資を出すことができたことを対象債権者に対して説明し、特別清算の申立ての同意を求めたところ、幸いにも全債権者から同意書を得ること

ができました。

　また、保証人については、自由財産99万円のほか、インセンティブ資産（一定期間の生計費）として、264万円（☞467頁①）を残してもらいたいとして、その資金などを原資として、自宅（団地）の価値相当額（公正価額）（☞470頁③）を弁済する内容の弁済計画を立案しました（無担保部分の弁済はなしの計画）。全金融機関の同意が得られたことから、一定の弁済を行い、保証債務の免除を受けることができ、また代表者（保証人）の自宅を名義変更などすることなく残せました。

　代表者の自宅に会社の借入金の担保が設定されていても、経営者保証GLによる公正価額弁済（インセンティブ資産が原資）により、自宅を残す余地があることが分かる事例です。

（宮原　一東）

第3章 破産等その他の債務整理の方法

経営者保証に関するガイドライン以外の債務整理方法

Q 経営者保証GL以外の債務整理の方法があれば教えてください。

A 経営者保証GL以外では、個人破産で整理するのが一般的な方法ですが、個別の事情により、その他の手段を選択することもあります。コロナ禍の影響を受けている場合には、自然災害ガイドラインのコロナ特則を利用することも考えられます。

1 個人破産とは

　個人破産により、免責決定を受ける方法は、昔からある債務整理の手法です（☞370頁**5**）。

　経営者保証GLと比較した個人破産の特徴としては、①すべての債務を対象とすること（経営者保証GLの場合には、金融機関の保証債務しか対象にならない）、②会社に粉飾等の問題があり、経営者保証GLによる整理が難航する場合でも活用できること、③免責を受けられない場合は限定的であり、予測可能性があり、スピーディな処理ができること（これに対し、経営者保証GLは、私的整理のため、対象債権者全員の同意がない限り、債務整理が完了しない）にあります。

経営者の方は住民票に個人破産の事実が載ってしまうのではないかとか、選挙権を失うのではないかと誤解をしていることもありますが、そのようなことはありません。個人破産手続は、今なお経済的更生に資する有益な制度であることは間違いありません（☞370頁**5**）。

2 自然災害ガイドライン（コロナ特則）

「自然災害による被災者の債務整理に関するガイドライン」を新型コロナウイルス感染症に適用する場合の特則（以下「コロナ特則」といいます）が公表されています。

コロナ特則においては、「新型コロナウイルス感染症の影響により収入や売上等が減少したことによって」、支払不能となったことが必要とされています（コロナ特則5(1)①）。

経営者保証GLと異なり、個人の金融債務も対象としますので、個人事業主が活用することが可能ですし、経営者保証人も活用の余地があります。

コロナ特則では、残せる財産の範囲は、原則として、自由財産の考え方を基本としていますので、経営者保証GLのようにインセンティブ資産を残すという概念はありません。対象債権者の範囲が令和2（2020）年10月以前に生じているものに限定される点等にも注意が必要です。

3 小規模個人再生

将来において継続的に、又は反復して収入を得る見込みがあり、債務額が5,000万円を超えない場合には、民事再生法の特則である小規模個人再生を検討することもあります。

破産と比較して、弁済しなければならない額が大きくなりますが、住宅ローンの支払いを継続できるメリットがあります。住宅ローン以外の負債額が5,000万円を超えると利用できません。

4 民事再生法（通常再生）

個人においても（通常の）民事再生法を申請することは可能です。小規模個人再生と異なり、債務額の縛りはありませんし、否認権行使が可

能です。

一方、経営者保証GLや個人破産に比べ、将来収益も弁済対象となることから、弁済しなければならない債務額が増える可能性がある点、手続コストである予納金の負担が重い点に注意が必要です。

5 消滅時効

消滅時効を待つようなアドバイスがされる例も仄聞しますが、本書ではお勧めしません。金融機関は消滅時効を避ける管理（訴訟提起等）をしているうえ、適切な対応をとらず放置して事態が悪化する弊害が懸念されます（最高裁平成25年4月16日判決参照）。適切な対応については専門家に相談してください。

6 相続放棄

保証人が死亡した場合、全員が相続放棄を行えば、債務は相続人に相続されないこととなります。相続放棄の手続は、「自己のために相続が発生したことを知ったとき」から3か月以内にしなければいけませんので、時間軸に注意が必要です。あくまでも知ったときからですので、相続が生じてから、時間を経過している場合でも、相続放棄が認められる可能性があることには注意が必要です。

注意点は、資産処分をしたり、遺産分割をしてしまうと、相続放棄ができなくなってしまうことです。

7 超長期弁済やサービサーとの個別和解

信用保証協会に代位弁済してもらい、月々1万円など少額を超長期弁済することは実務上では稀に見ることがあります。サービサーと少額での個別和解を模索する方法もありますが、非常に時間を要すること、遅延損害金が増えていくこと、信用保証協会は民間のサービサー会社に譲渡しないので残ってしまう（保証協会サービサーに管理を委ねる）ことから、終局的な解決には至らず、経済的更生にならない（再チャレンジができない）、金融機関にとっても管理コストが膨らむという問題があります。保証人の精神的な負担はかなり重いといえます。

自宅に何らかの担保権が付いており、債務整理をすぐに行うことができない場合、保証人が相当高齢で間もなく相続が生じ、相続放棄が確実に行える場合などに限られるでしょう。

以上を整理しますと、実務的には、中小企業の経営者の保証債務整理としては、経営者保証GLで整理することを最優先で検討し、経営者保証GLによっては債務整理が難しい場合に、個人破産で整理を図ることを検討するケースが多いといえるでしょう。

＜参考文献＞
・榎崇文他「基礎から分かる自然災害ガイドライン」事業再生と債権管理No.176、一般社団法人金融財政事情研究会 2022.4
・全国倒産処理弁護士ネットワーク 編『ガイドラインによる個人債務整理の実務Q&A150問』きんざい2023.3

第4章 保証人に関する税務

1 Pro 保証債務の免除を受けた場合① ～経営者保証ガイドラインに基づく保証債務の整理

Q 経営者保証ガイドラインに沿って保証債務の整理をしましたが、保証債務の免除について、課税の問題は生じないでしょうか。

A 合理的な再生計画に基づき保証債務の免除を受けた場合には、通常は保証人及び債権者ともに課税の問題は生じません。ただし、保証人に経済合理性が認められない残存資産がある場合などは、課税の問題が発生します。

　経営者保証ガイドラインに基づく保証債務の整理に関する課税関係は、全国銀行協会のホームページで公表されている「『経営者保証に関するガイドライン』に基づく保証債務の整理に係る課税関係の整理」が、非常に参考になります。なお、このQ&Aは、中小企業庁及び金融庁から国税庁へ確認済みのものとなっています。この中のQ1の事例を以下に図示しましたので、確認してみましょう。

第8部　保証人の保証債務整理

■主たる債務と保証債務の一体整理を既存の私的整理手続により行った場合

```
┌─────────┐    ⑥乙による弁済後の残91のうち41を      ┌─────────┐
│ A 銀行  │    債権放棄し残高を50まで減額           │ 再生企業 │
│ B 銀行  │    ①借入100                            │  甲社   │
│ C 銀行  │    (A銀行：70、B銀行：20、C銀行10)      └─────────┘
└─────────┘                                              ↑
              ②経営者乙が連帯保証                  ⑤乙は保証履行に
                                                   伴い甲社に対する
                                                   求償権9を取得
         ③保証人に保証履行100を請求
         ⑦甲社の債務免除後残50について、保証
           債務を免除
                                              ┌─────────┐
                                              │ 経営者  │
                                              │   乙    │
                                              └─────────┘
         ④保証債務の履行9
         乙の残存資産は、ガイドラインに基づき現金1と
         甲社の事業継続に必要な自宅兼店舗20として、
         残り現金9をプロラタで返済
                                         保証債務の整理
                                         申立時点の
                                         乙の保有資産30

                                         自宅兼店舗20
                                         現金10
```

　保証人である経営者乙の課税関係について整理します。

　まず、乙が保証履行した後の甲社の借入金残91は、合理的な再生計画に基づきA銀行、B銀行、C銀行が債権放棄し、残高が50まで減額します。乙の保証債務は、これに紐づく債務が消滅したため、50まで減額されます（民法448条の附従性）。ここでは、乙に経済的利益の供与はないため、課税関係は発生しません。

　次に、甲社の債務免除後の借入金残50について、乙が保証債務を免除された場合について考えます。甲社が策定する再生計画が合理的な再生計画であることを前提とした場合には、A銀行、B銀行、C銀行は、甲社から今後再生計画に基づき借入金残50の弁済を受けることになりま

第4章　保証人に関する税務

す。乙の保証債務の免除は甲社から回収が見込まれる部分であり、偶発債務を免除されたことに過ぎません。したがって、乙に対する経済的利益の供与はないため、課税関係は発生しないことになります。

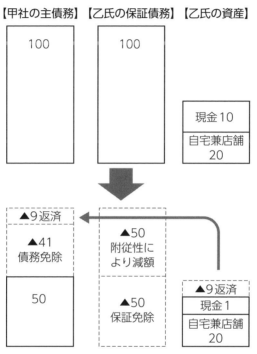

（出所）全国銀行協会　平成26年1月16日「経営者保証に関するガイドライン」に基づく保証債務の整理に係る課税関係の整理

　また、A銀行、B銀行、C銀行については、乙に対する経済的利益の供与がないことから、保証債権の放棄に係る寄附金課税は生じないこととなり、合理的な再生計画に基づく債権放棄は法人税基本通達9－4－2の取扱いにより、損金の額に算入されることとなります。
　なお、本事例では、私的整理の場合について扱いましたが、法的整理に基づいた場合においても、同様の取扱いとなります。
　しかしながら、本QAでは、再生企業が合理的な再生計画を策定し、保証人が経営者保証ガイドラインに基づき債務整理したことを前提としています。保証人が必要以上のインセンティブ資産を残した場合等は、

税務上の問題が発生する可能性があるため、注意する必要があるでしょう。

具体的には、経営者保証GLにおける残存資産のうち、インセンティブ資産は主債務者の回収見込み額の範囲内であることが必要とされている（経営者保証GL Q&A 7-16）ため、当該範囲内を超える残存資産を保証人が獲得するような場合には、経済的利益の供与があったものとみなされ、保証人に所得税課税されることや、債権者に寄附金課税される可能性があり得る点に注意する必要があるでしょう。

2 保証債務の免除を受けた場合②〜経営者保証ガイドラインに基づかない場合

Q 経営者保証ガイドラインを利用せず、保証債務の整理を行った場合の課税関係を教えてください。

A 前述の「**1** 保証債務の免除を受けた場合①」と基本的に同様の取扱いとなります。

再生企業が策定する計画が合理的な再生計画であり、保証人の保証債務の整理に経済合理性がある場合の取扱いは、前述の「**1** 保証債務の免除を受けた場合①」を参照してください。

それでは、保証人に経済合理性が認められない残存資産がある場合には、どのような取り扱いになるのでしょうか。この場合には、保証人が免除された保証債務のうち、経済合理性がないと認められる部分について経済的利益の供与があったものとされ、原則、所得税課税がされます（所得税基本通達36－15(5)）。

ただし、保証人が破産法に規定する免責許可の決定又は民事再生の計画認可の決定があった場合その他資力を喪失して債務を弁済することが

著しく困難であることが認められる場合には、その経済的利益は非課税となります（所得税法44条の2第1項）。「資力を喪失して債務を弁済することが著しく困難である場合」とは、仮に、破産法の規定による破産手続開始の申立てや民事再生法の規定による再生手続開始の申立てをしたならば、破産法の規定による免責許可の決定や民事再生法の規定による再生計画認可の決定がされると認められるような場合とされています（所得税基本通達44の2-1）。

私的整理の場合、「資力を喪失して債務弁済が著しく困難であるかどうか」という事実認定は判断に困難を伴うケースが多いため、経営者保証ガイドラインに基づき保証債務を整理することで、課税の問題をクリアにした方が得策といえるでしょう。

債権者については、保証人に経済合理性のない残余財産がある場合には、保証人に対して利益供与があったものと認められた部分について、必要以上の債権放棄額となるため、寄附金として取り扱われ、損金算入が制限されると考えられます。

3 Pro 保証債務の免除を受けた場合③〜保証債務の整理と合わせて、固有の債務（住宅ローン、カードローン等）を整理した場合

Q 保証債務の整理に合わせて、固有の債務（住宅ローンやカードローン等）も整理しました。固有の債務免除は課税されないでしょうか。

A 資力を喪失して債務を弁済することが著しく困難であることが認められれば、非課税となります。

債務免除を受けた場合には、原則として、所得税課税がされます（所基通36-15(5)）。ただし、破産法に規定する免責許可の決定又は民事再

生の計画認可の決定があった場合その他資力を喪失して債務を弁済することが著しく困難であることが認められる場合には、その経済的利益は非課税となります（所得税法44条の２第１項。前述**2**参照）。

4 Pro 保証人が複数いる場合

Q 私（経営者）の他に妻も借入金について連帯保証しています。保証債務の整理にあたって、課税上の問題はないでしょうか。

A 夫が保証割合を超えて弁済した場合、超過分については妻に対する求償権が発生します。夫が求償権を放棄した場合には、原則的に贈与税の課税対象となりますが、妻が資力を喪失している場合には非課税となります。

連帯保証人が夫と妻の２人である場合の保証債務の負担割合は、保証人間で特段の意思表示がないときは、２分の１となります。したがって、その負担割合を超えて夫が弁済した場合には、妻に対する求償権が生ずることになります。しかし、妻が無資力である場合には、どのみち求償権は行使不能ですから、夫は求償権を放棄することになります。この場合、放棄した求償権相当額が贈与税の対象とされますが（相続税法８条）、夫と生計を一にする妻は、その債務を弁済することが困難である場合がほとんどでしょうから、贈与税が課税されることは通常ないと考えられます（同条但書）。

第4章　保証人に関する税務

5 Pro 保証債務の履行に伴い資産を譲渡した場合①～基本的取扱い

Q 私（経営者）は会社の債務を連帯保証しており、その弁済のために自宅を売却することになりました。売却益が出るのですが、課税されてしまうのでしょうか。

A 所得税法64条2項の「保証債務を履行するために資産を譲渡した場合の特例」適用を検討しましょう。

1 保証債務を履行するために資産を譲渡した場合の特例

1 概要

　保証人が保証債務を履行する場合には、手元資金だけでは足りず、保証人が所有する不動産等の資産を譲渡しなければならない場合が生じます。保証人が個人の場合には、資産を譲渡して譲渡益が発生した場合には、その譲渡益は譲渡所得として課税されることが原則になります（所得税法33条1項）。

　原則どおり課税された場合には、保証人は譲渡代金を保証債務の履行に当ててしまっているため、譲渡所得税を納付できない問題が発生してしまいます。具体的には、まず下図を確認してみましょう。

499

■連帯保証人である経営者が保証債務の履行に伴い不動産を売却した場合

```
銀行 ──①借入100──→ 再生企業甲社
                    ⑥経営者乙は保証履行に伴い甲社
                     に対する求償権30を取得
                    ④銀行に対する保証債務を履行するため
                     経営者乙保有の不動産を第三者丙へ
                     売却30（ア）
 ②経営者乙が連帯保証
 ③甲社の債権放棄を実施
  経営者乙に保証履行を請求
                    経営者乙
                    乙の取得価格10（イ） ← 第三者丙
 ⑤売却代金30で保証債務の一部を履行
                    ④売却代金30の入金
                    売却益20［（ア）－（イ）］の発生
```

> 経営者乙は譲渡益が発生した一方で、不動産の売却代金は全て銀行に対する保証債務の履行に充ててしまったため、確定申告時に発生する譲渡所得税等（譲渡益×税率）を負担することができない状況に陥ってしまいます。

　経営者乙は、資金を事業に注ぎ込んでしまっており、手元資金がないため、保証債務を履行するため第三者へ個人所有の不動産を売却しました（上図④）。経営者乙は、売却代金の全てを銀行の保証債務の履行に充てていますが（上図⑤）、再生企業である甲社に対する求償権は行使不能であり（上図⑥）、売却益に対して発生する譲渡所得税等を納付する資金がなくなってしまいます。

　このような税を負担する能力（以下「担税力」といいます）がない場合を考慮して、所得税法では「保証債務を履行するために資産を譲渡した場合の特例」（以下「所得税法64条2項の特例」といいます）が設けられています。

　この特例は、一定の要件を満たした場合に、求償権の行使不能部分（上図⑥）については譲渡所得がなかったものとみなして、課税しないというものです（所得税法64条2項）。

2　所得税法64条2項の特例の適用要件

　この特例の適用を受けるためには、以下の要件を満たす必要があります（所得税法64条2、3項、所得税法施行規則38条）。

① 保証債務を履行するために資産を売却したこと（前述の「1　概要」の図④）
② 売却代金の全部又は一部が保証債務の履行に充てられていること（前述の「1　概要」の図⑤）
③ 保証債務履行に伴う求償権の全部又は一部を行使することができないこと（前述の「1　概要」の図⑥）
④ 確定申告書に特例の規定の適用を受ける旨の記載があり、かつ、「保証債務の履行のための資産の譲渡に関する計算明細書」の添付があること

3　所得税法64条2項の特例の実務対応
① 求償権の全部又は一部を行使することができない場合

　この特例適用にあたって一番問題になるのは、求償権の行使可否と考えられます。まずは、前述の「1　概要」と同じ図となりますが、以下の図を確認してみましょう。求償権を行使することができない場合とは、経営者乙が、保証債務の履行により取得した求償権（下図⑥部分）を回収することができないことをいいます。

■連帯保証人である経営者が保証債務の履行に伴い不動産を売却した場合

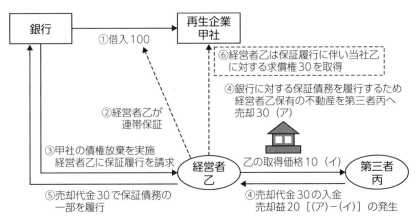

　保証人である経営者が会社の保証債務を履行した場合であっても、主たる債務者である会社に求償に応ずる能力があると認められるときは、

経営者は会社に対し求償権を行使できることから所得税法64条2項の特例の適用は認められません。

それでは、「求償権を行使することができない」とは、どのような場合でしょうか。所得税基本通達では、貸倒損失の通達を参酌しており、以下のように示されています（所得税基本通達364-1、51-11、51-12）。

事実	行使することができない金額
(1) 更生計画認可の決定又は再生計画認可の決定があったこと	これらの決定により切り捨てられることとなった部分の金額
(2) 特別清算に係る協定の認可の決定があったこと	この決定により切り捨てられることとなった部分の金額
(3) 法令の規定による整理手続によらない関係者の協議決定で、次に掲げるものにより切り捨てられたこと イ 債権者集会の協議決定で合理的な基準により債務者の負債整理を定めているもの ロ 行政機関又は金融機関その他の第三者のあっせんによる当事者間の協議により締結された契約でその内容がイに準ずるもの	その切り捨てられることとなった部分の金額
(4) 債務者の債務超過の状態が相当期間継続し、その貸金等の弁済を受けることができないと認められる場合において、その債務者に対し債務免除額を書面により通知したこと	その通知した債務免除額

このうち(4)については、平成14（2002）年に公表された個別通達「保証債務の特例における求償権の行使不能に係る税務上の取扱い」において、その法人が求償権放棄後も存続し、経営を継続している場合でも、次のすべてに該当すると認められるときは、その求償権は行使不能と判定されることが明らかにされています。

① その代表者等の求償権は、代表者等と金融機関等他の債権者との関係からみて、他の債権者の有する債権と同列に扱うことが困難である等

の事情により、放棄をせざるを得ない状況にあったと認められること
② その法人は、求償権を放棄（債務免除）することによっても、なお債務超過の状況であること

② 資力を喪失している状態での保証

　昭和57年３月24日名古屋高裁判決（昭和55年（行コ）第15号）によれば、「主たる債務者が資力を喪失しており、かつ、保証人が債務者に弁済能力のないことを知りながら敢えて債務を保証するのは、実質的に保証人から主たる債務者に対する贈与又は寄附に該当することから『求償権を行使できないとき』に該当せず、保証債務特例は適用できない」と判示され、実務上これに即した取扱いがされています。

　つまり、最初から履行不能であることが分かっていながら、保証をすると特例の対象外となるということです。経営者保証ガイドラインによる場合には、保証契約時の情報開示義務が債務者に課せられているので、それを踏まえて寄附や贈与の意図がないことを記録として明確に残しておくとよいでしょう。

③ 資産譲渡前に保証債務を履行した場合

　不動産の売却に時間を要するため、まずは自己の預貯金でもって保証債務を履行して、その後に資産を譲渡した場合には、所得税法64条２項の特例は適用できません。

　ただし、履行期限の関係から、やむなく資産の譲渡よりも前に借入れをし、保証債務を履行する場合もあると思います。この場合の取扱いとしては、「履行＝借入れを通じた譲渡代金の支払い」という図式が成り立つので、借入れによる保証債務の履行から借入金弁済のための資産の譲渡までの期間が１年以内である等の場合には、所得税法64条２項の特例適用があります（所得税基本通達364－５）。

④ 連帯保証人が複数いる場合

　連帯保証人が複数いる場合に、自己が負担した債務の全額について所得税法64条２項の特例の適用を受けるためには、他の保証人に対しても求償権を行使できないことが要件となります。

⑤ 特例の対象資産

　所得税法64条2項の特例が適用される資産としては、一般的には不動産が挙げられますが、所得税法上は、所得税の譲渡所得に含まれる資産の譲渡（譲渡所得から除外される「棚卸資産等の営利を目的として継続的に行われる資産の譲渡」以外のもの）が対象になっています。

　つまり、株式等に係る譲渡所得、金地金や動産の譲渡、あるいは株式の信用取引による譲渡等も対象になると考えられます（所得税法64条2項、同33条2項1号）。ただし、商品先物による利益は雑所得ですので対象外となります。

⑥ 消費税

　消費税の課税事業者に該当すれば納税義務があります。保証債務履行であろうとも、強制換価手続であろうとも、その資産の譲渡が「事業として対価を得て行われる資産の譲渡」に該当する場合には、その譲渡金額は課税売上高に含まれます（消費税法基本通達5-2-2）。保証人が事業として行うマンションなどの譲渡、法人の保証人になっているようなケースは注意が必要です。

⑦ 確定申告手続

　この特例の適用を受けるためには、確定申告書に特例の規定の適用を受ける旨の記載があり、かつ、「保証債務の履行のための資産の譲渡に関する計算明細書」の添付があることが必要となるため、忘れないよう注意しましょう（所得税法64条3項、同法施行規則38条）。

　また、確定申告にあたっては、名古屋国税局が公表している「保証債務を履行するために資産を譲渡した場合の特例チェック表」を参考にすると良いでしょう。チェック表に則れば、適用要件や添付書類に漏れがないよう作成されていますので、確定申告手続にあたっては是非利用してください。

2 特例の適用が受けられない場合

　所得税法64条2項の特例が適用できない場合には、金融機関に対して、税金分だけ保証債務の返済を減らす交渉をするか、所得税法9条1項10号の非課税に該当するか検討することになります。所得税法9条1項10

号では、資力を喪失して債務を弁済することが困難である場合における強制換価手続による譲渡を非課税とすると規定しています。

なお、この強制換価手続には、滞納処分、強制執行、担保権の実行としての競売、企業担保権の実行手続、破産手続の他、これら手続が避けられないと認められる場合における資産の譲渡で、譲渡対価が債務の弁済に充てられているものが含まれています（所得税法施行令26条）。

また、資力を喪失して債務を弁済することが困難である場合については、所得税基本通達上、以下のとおり定義されています。

> **所得税基本通達9－12の2**
> 　債務者の債務超過の状態が著しく、その者の信用、才能等を活用しても、現にその債務の全部を弁済するための資金を調達することができないのみならず、近い将来においても調達することができないと認められる場合をいい、これに該当するかどうかは、これらの規定に規定する資産を譲渡した時の現況により判定する。

この通達を見ても、「資力を喪失して債務を弁済することが困難である場合」がクリアになっているわけではありません。実務上は事実認定の判断が悩ましいですが、主債務者である再生企業が合理的な再生計画を策定している場合には、通常は、保証人責任を果たした上で、過剰支援とならない弁済計画が策定されているため、所得税基本通達9－12の2に該当する可能性が十分あり得るのではないかと考えられます。

6 Pro 保証債務の履行に伴い資産を譲渡した場合②〜第二会社方式による新会社への譲渡

Q 私（経営者・連帯保証人）は、個人で所有している不動産を会社に賃貸しています。金融機関からは保証履行を求められており、再生計画に基づき、第二会社方式による新会社へ所有不動産を売却することになりました。売却益が出るのですが、課税されてしまうのでしょうか。

A 所得税法の「保証債務を履行するために資産を譲渡した場合の特例」適用を検討しましょう。

一般的なケースで本QAの取引関係を整理すると下図のとおりになります。なお、第二会社方式で新会社に事業を移転する以外は499頁の「1 概要」の図と同様の条件としています。

■連帯保証人である経営者が自己保有の事業用不動産を新会社へ売却した場合

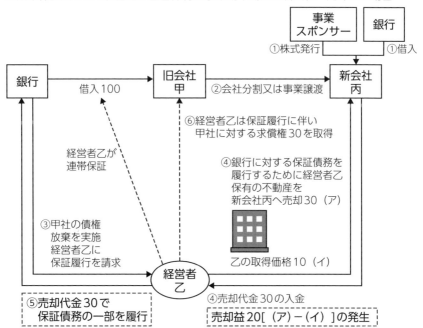

　基本的には、第二会社方式（☞102頁**2**）による新会社へ保証人の保有不動産を売却する場合も、前述の第三者へ売却する場合と同様になります。

　経営者乙は、売却代金を銀行の保証債務の履行に充てていますが（上図⑤）、今後清算する旧会社甲に対する求償権は行使不能であり（上図⑥）、売却益に対して発生する譲渡所得税等を納付する資金がなくなってしまいます。このような担税力がない場合を考慮して、所得税法64条2項の特例が設けられ、一定の要件を満たした場合に、求償権の行使不能部分（上図⑥）については譲渡所得がなかったものとみなして課税しないことになります（所得税法64条2項）。

　詳細については、499頁「**1**　保証債務を履行するために資産を譲渡した場合の特例」を参照してください。

7 Pro 保証人が私財提供した場合

Q 私（経営者・連帯保証人）は、個人で所有している不動産を会社に賃貸しています。可能な範囲で保証債務を履行した後、第二会社方式による新会社へ所有不動産を売却でなく無償で私財提供した場合に、課税の問題は発生しないのでしょうか。また、現法人スキームで私財提供した場合についても教えてください。

A 保証人が、第二会社方式による新会社へ事業用不動産を私財提供した場合には、みなし譲渡益課税（所得税）の対象となります。なお、現法人スキームの場合には、一定の要件を満たせば、みなし譲渡益が非課税となります。ただし、時限立法措置であるため、実行時期に適用されるかどうかは注意が必要です。

1 債務処理計画に基づき資産を贈与した場合の課税の特例

　金銭を会社へ私財提供した場合には、所得税課税の対象とはなりませんが、不動産や有価証券などを無償で私財提供した場合には、時価によって譲渡があったものとみなして譲渡所得の計算を行う必要があります（所得税法59条1項）。

　しかしながら、平成25（2013）年度税制改正において、再生企業の保証人となっている経営者が私財提供を行う場合の特例措置（以下「債務処理計画に基づき資産を贈与した場合の課税の特例」といいます）が設けられ、一定の要件を満たせば、みなし譲渡益が非課税となります（租税特別措置法40条の3の2）。当該特例措置は時限立法であるため、実行時において適用対象かどうかは注意が必要です。

　なお、消費税については、課税対象が対価を得て行われるものとなっているため、無償による私財提供は消費税の課税対象とはなりません（消

費税法基本通達5-1-2)。

■債務処理計画に基づき資産を贈与した場合の課税の特例

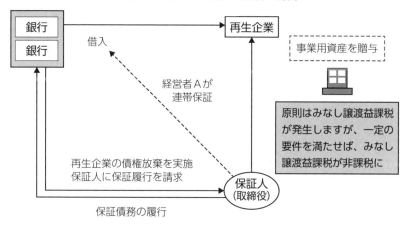

2 適用要件

「債務処理計画に基づき資産を贈与した場合の課税の特例」の適用を受けるためには、以下の要件を満たす必要があります(租税特別措置法40条の3の2、租税特別措置法施行令25条の18の2、租税特別措置法施行規則18条の19の2、租税特別措置法取扱通達40の3の2-1〜8)。

区分	適用要件
債務処理計画	① 企業再生税制の適用を受ける私的整理であること(民事再生法や会社更生法は適用対象外)
私財提供した保証人	② 保証債務の一部履行のあった時点と資産の贈与が行われた時点において、再生企業の取締役又は業務を執行する社員であり、再生企業に対して保証債務を有していること
	③ 債務処理計画に基づき再生企業に貸付けていた事業資産(有価証券を除く)を贈与したこと(遺贈、低額譲渡又は負担付贈与は対象外)
	④ 債務処理計画に基づき保証債務の一部を履行していること
	⑤ 保証債務の一部履行後も、再生企業に対する保証債務を有していることが、債務処理計画において見込まれること

再生企業	⑥ 保証債務の一部履行のあった時点と資産の贈与が行われた時点において、中小企業者（資本金1億円以下の法人（大規模法人に支配されている法人等を除く））に該当すること
	⑦ 贈与後も、贈与を受けた事業用資産を、当該再生企業が継続して事業供用することが債務処理計画に定められていること
	⑧ 次のいずれかに該当すること （イ）　金融円滑化法施行の日（平成21年12月4日）から平成28年3月31日までの間に金融機関借入金の条件変更が行われていること （ロ）　債務処理計画が平成28年4月1日以後に策定された場合には、当該日以前に次のいずれにも該当しないこと ・地域経済活性化支援機構の再生支援決定の対象 ・東日本大震災事業者再生支援機構の支援決定の対象 ・合理的な経営改善のための計画実施により、金融機関の債務免除を受けたこと
確定申告	⑨ 申告書に特例の規定の適用を受ける旨の記載をすること 「債務処理計画に基づき資産を贈与した場合の課税の特例の明細書」を添付すること 「特例の要件を満たしていることを証明する確認証」を添付すること

　多くの要件がありますが、企業再生税制の適用を受ける私的整理であることが一番のハードルになると考えられます。企業再生税制については、317頁の「2　企業再生税制」を参照してください。また、保証履行や私財提供をした時点において取締役等であることが要件となっているため、取締役等から外れた前経営者による私財提供は適用とならない点にも注意が必要です。

　その他、当該特例は私財提供した保証人が保証債務の一部履行後も継続して保証債務を有していることが見込まれることが要件（適用要件の⑤参照）となっているため、債権放棄を受ける際、保証債務を整理すれば適用を受けることができないように見えます。

　しかしながら、平成25（2013）年3月租税特別措置法等の改正（財務省）によると、当該要件は、債務処理計画に基づいて取締役等が資産の贈与及び保証債務の一部履行をしてもその保証債務が残っているもので

あることから、その債務処理計画に基づきその内国法人に対する債務免除が行われた後においても保証債務を有していなければならないというものではない旨が言及されているため、前述のケースにおいても適用を受けることができるものと考えられます。

　なお、この特例を受ける場合には、確定申告にあたって、「特例の要件を満たしていることを証明する確認書」を添付する必要があります。この確認書は、企業再生税制の手続に応じて異なりますが、例えば、中小企業活性化協議会による中小企業再生支援スキームの場合には、再生計画検討委員会が発行する書類を中小企業庁のホームページから確認できるので参考にしてください。

＜参考文献＞
・賀須井章人『はじめての人のための中小企業の事業再生と税務の基礎Q&A』税務経理協会2021.9
・藤原敬三『実践的中小企業再生論』金融財政事情研究会2020.7
・稲見誠一、佐藤信祐『ケース別にわかる企業再生の税務』中央経済社2010.6
・勢〆健一『ステークホルダー別私的企業再生の税務ハンドブック』税務経理協会2021.10

索 引

あ
アーリーDIPファイナンス
　　　　　　　　　　　123、**125**

い
一時停止の通知（要請）　219、255

か
解散事業年度　　　　　　　　438
会社分割　　　　　　　102、**322**
貸倒損失　　　　　　　307、429
過剰債務　　　　　　　　　263
過剰債務の罠　　　　　　　　4
仮装経理の場合の更正の請求　383
株主責任　　　　　　　　　295
監督委員　　　　　　　　　357

き
企業再生税制　　　　　　　317
期限切れ欠損金　　313、379、432
期限の利益喪失　　　　　　196
基準日　　　　　287、297、460
期流れ　　　　　　　**196**、252
求償権　　　　　　　198、484
求償権消滅保証　　　　　　197
協議会スキーム　　　　206、207
協議会版暫定リスケ（プレ再生支
　　援）　　　　　99、206、272
金融機関への依頼（要請）事項
　　　　　　　　　　297、474
金融支援　　　　　　　　　195

く
繰越欠損金　　　　　　176、**264**

け
経営改善（収益力改善）　80、136
経営改善計画策定支援「405事業」
　　　　　　　　　65、66、81
経営者責任（経営責任）　209、**295**
経営者保証に関するガイドライン
　　　　　　　　　　　　　453
　―・一体型・単独型　**454**、484
　―・一定期間の生計費　　467
　―・インセンティブ資産　466
　―・華美でない自宅　　　468
　―・基準日　　　　　　　462
　―・公正価額弁済　　　　470
　―・残存資産　　　　　　464
　―・支援専門家　　　　　458
　―・資産調査の依頼リスト　462
　―・資産評価　　　　　　463
　―・資産目録　　　　　　463
　―・誠実要件　　　　459、**481**
　―・ゼロ円弁済　　　　　480
　―・中小企業活性化協議会
　　　　　　　　　　　456、**483**
　―・手続の流れ　　　　　456
　―・特定調停スキーム　**454**、477
　―・表明保証　　　　　　476
　―・弁済計画案　　　　　474
　―・返済猶予の要請　　　460
　―・保証債務の履行額　　464
　―・メリット　　　　　　455
　―・要件　　　　　　　　458
「経営者保証に関するガイドライ
　　ン」に基づく保証債務の整理に
　　係る課税関係の整理　　493
経済（的）合理性　2、**286**、308

索 引

欠損金の繰戻し還付	*435*

こ

広義の経済合理性	*287*
合実計画	**195**、*281*
個人破産	**371**、*489*

さ

債権者会議（バンクミーティング）	*253*
債権放棄（直接放棄）	***101***、*307*、*312*
財産評定	*360*
再生計画（案）	*220*、***281***
再生計画案―調査報告書	*300*
再生のイメージ図	*85*、*241*
再チャレンジ（支援）	*66*、**205**、*414*、*415*
財務三表	**142**
債務者区分	*192*
債務償還年数	*263*
債務免除益	*313*
残高プロラタ弁済	*179*、*290*
暫定リスケ（プレ再生支援）	*65*、*81*、**99**、*206*、*272*
残余財産確定日の属する事業年度	*438*

し

事業価値算定	*289*
事業計画	*168*
事業再生ADR	*203*
事業再生実務家協会	*23*、*203*
事業譲渡	*322*、*366*
事業調査（事業DD）	*267*
資金繰り表	*28*
自主再建型	*94*、***273***、*319*
実行可能性	***296***、*300*、*478*
実質債務超過	*194*、***262***、*288*
実抜計画	*195*、*281*
私的整理の特徴	*51*
私的整理から法的整理への移行	*59*、*342*
私的整理に関するガイドライン	*58*、***202***
資本性劣後ローン	*37*、*294*
収益力	*262*
自由財産	*465*
準則型私的整理手続	*51*、***200***
条件変更（リスケジュール）	*97*、*195*、*252*
商取引債権の保護	*60*、*353*
所得税法9条1項10号	*504*
所得税法44条の2第1項	*497*、*498*
所得税法64条2項（保証債務を履行するために資産を譲渡した場合の特例）	*499*
17条決定	*227*、*482*
信用保証協会	*197*、*420*

す

数値基準	***208***、*208*、*262*、*281*、*296*
スポンサー型	*94*、*273*
スポンサー選定手続の公正性	*278*、*290*
SWOT分析	*268*

せ

清算価値保障原則	*265*、***286***、*360*
清算事業年度	*436*
清算配当率	*265*
清算目的の民事再生手続	*421*

513

索引

そ
早期経営改善計画策定支援事業　83

た
代位弁済　197
第三者支援専門家
　　　　　73、**215**、216、410
第二会社方式　**102**、277、310、319
第二次納税義務　　　324、442

ち
地域経済活性化支援機構（REVIC）
　　　　　　　　　　203、414
中小企業活性化協議会（旧中小企業再生支援協議会）63、64、**205**
　—・再チャレンジ支援
　　　　　　　65、206、415
　—・数値基準　　　208、281
　—・第二次対応　　210、251
　—・通常型、検証型　　210
　—・プレ再生支援
　　　　　65、81、99、206、272
　—・窓口相談　　　　　210
中小企業活性化全国本部　　211
中小企業再生支援スキーム　318
中小企業の事業再生等に関するガイドライン　　　　68、213
　—・一時停止の要請　219、405
　—・外部専門家　　　　215
　—・再生型私的整理手続　217
　—・事業再生計画案　　　220
　—・主要債権者　　217、405
　—・第三者支援専門家
　　　　　73、215、216、410
　—・対象債権者　　217、403
　—・地域経済への影響　　221
　—・調査報告書　　222、410
　—・廃業型私的整理手続　401
　—・不同意の理由の説明義務
　　　　　　　　　222、412
調査報告書　　222、**300**、411
直接債権放棄　　　**101**、313

て
DD　　　　　　　　　　258
DDS　　　　　　　　　106
DES　　　　　　　　　105
DIPファイナンス（プレDIPファイナンス）　　　215、347

と
東京地裁民事20部の特定調停　302
特別清算（手続）　　　　418

な
7つの指標　　　　　　260

に
日弁連特定調停スキーム　226
　—・（再生型）　　　　226
　—・（廃業型）　　　　399

の
納税の猶予の特例　　　　43

は
廃業　　　　　　　89、**388**
廃業時における「経営者保証に関するガイドライン」の基本的考え方　　　　　　77、**448**
破産手続—事業譲渡　242、**368**
バンクミーティング（債権者会議）
　　　　　　　　　　　253

ひ
非弁行為　　　　　　　　21
非保全額　　　　　　　263

索　引

非保全プロラタ　　　***291***、*477*

ふ

FCF（フリーキャッシュフロー）
　　　　　　　　　　　　　　262

へ

返済猶予　　　　　　　*40*、*196*
返済猶予等の要請　　*209*、*460*

ほ

法人税基本通達9－6－1　*429*
法人税基本通達9－6－2
　（事実上の貸倒れ）　　　*429*
法人税基本通達9－6－3　*430*
法的整理　　　　　　　***50***、*336*
保証責任　　　　　　　　　*295*

み

未払賃金立替払制度　　　　*400*

民事再生手続　　　　　　　*354*
　—・事業譲渡　　　　　　*366*
　—・損金経理方式　　　　*378*
　—・別表添付方式　　　　*381*
　—・標準スケジュール　　*358*

も

モニタリング　　　　*182*、*304*

ゆ

有事　　　　　　　　　　　*190*

よ

預金避難　　　　　　***251***、*406*

り

リスケジュール（返済猶予・条件
　変更）　　　*40*、***97***、*195*
利息の取扱い　　　　　　　*252*

515

【編集・執筆者略歴】(50音順)

<編著>

タックス・ロー合同研究会

　タックス・ロー合同研究会は、平成28（2016）年9月30日に発足した東京弁護士会の中小企業支援センターと東京税理士会の日本税務会計学会法律部門との共催で開催・運営される研究会である。発足以来、ほぼ1ヶ月おきに開催されてきた研究会は30数回を数えており、研究テーマは、事業承継各論、民法改正、税法改正など多岐にわたり、出版や講演の相互提供など多くの成果を上げている。メンバーからは、両者の視点の違いにより新たな発見、知見を得ることができるとの評価がなされている。現在、多様な専門・得意分野をもつ弁護士・税理士が集まり、総勢数十名のメンバーで研究会が開催されている。

<編集代表（及び執筆）>

賀須井 章人（かすい　あきひと）

　一般社団法人　中小企業私的再建推進協会　理事長、賀須井章人税理士事務所所長　税理士・中小企業診断士。東京国税局採用後、管内税務署の法人課税部門に勤務。2006年8月より東京都中小企業再生支援協議会（現中小企業活性化協議会）サブマネージャー、2009年より中小企業再生支援全国本部(現中小企業活性化全国本部。以下同じ)プロジェクトマネージャーとして中小企業の事業再生案件に従事。2018年10月〜2020年12月中小企業再生支援全国本部統括プロジェクトマネージャー。
　(執筆担当) 第2部、第3部第1-4章、第5部第5章

清水　祐介（しみず　ゆうすけ）

　1992年早稲田大学法学部卒業。1996年弁護士登録。ひいらぎ総合法律事務所パートナー弁護士。「中小企業の事業再生等に関するガイドライン」第三者支援専門家候補者リスト掲載。東京弁護士会倒産法部長など歴任。現在：全国倒産処理弁護士ネットワーク理事、事業再生実務家協会常議員、日弁連倒産法制等検討委員会副委員長。
　●事務所ホームページ：http://www.hollylaw.com

(執筆担当) 本書のあらまし、第1部、第3部第1・2章、第5部第1・2章、第6部1-3章

坂部　達夫（さかべ　たつお）
　1989年税理士登録。筑波大学大学院経営・政策科学研究科企業法学修士課程　1997年修了。税理士法人坂部綜合会計　代表社員。日本税務会計学会相談役、会員相談室委員（法人税担当）。

宮原　一東（みやはら　いっとう）
　1999年上智大学法学部法律学科卒業。2003年弁護士登録。2012年中小企業診断士登録。光麗法律事務所等を経て、2012年に桜通り法律事務所開設。日弁連中小企業法律支援センター事業再生PT座長、東京弁護士会倒産法部事務局次長など歴任。「中小企業の事業再生等に関するガイドライン」第三者支援専門家候補者リスト掲載。『社長・税理士・弁護士のための私的再建の手引き』（税務経理協会）、『ガイドラインによる個人債務整理の実務Q&A150問』（きんざい）など執筆多数。
　●事務所ホームページ：http://sakuradori-lo.com/
(執筆担当) 本書のあらまし、第1部、第3部第1・2・4章、第5部第1-4章、第7部第2章、第8部第1-3章

＜執筆＞
磯海　雄介（いそがい　ゆうすけ）
　2001年筑波大学第三学群国際総合学類卒業。2003年からあずさ監査法人、2010年から株式会社KPMG FAS勤務。公認会計士・税理士として、2012年から福島県にて株式会社ガイア・プロジェクトを設立し、事業再生支援に従事。オールふくしま経営サポート委員会委員、福島相双復興推進機構コンサルティング審査会委員等を歴任。
(執筆担当) 第4部、第5部第4章

井上　健司（いのうえ　たけし）
　2003年中央大学商学部経営学科卒業。2003年から税理士法人山田＆パートナーズに入所し、2007年に税理士登録。2009年から株式会社KPMG FAS

に入社し、2011年に株式会社ジャパン・インダストリアル・ソリューションズに出向。2013年に株式会社KPMG FASに帰任し、2016年から株式会社ガイア・プロジェクトに参画。

(執筆担当) 第5部第5章、第6部第4章、第7部3章、第8部第4章

角田　智美（かくた　ともみ）

2011年弁護士登録。現在、あかねくさ法律事務所パートナー弁護士。東京弁護士会新進会員活動委員会委員長、中小企業法律支援センター事業承継プロジェクトチーム座長などを歴任。事例式事業承継手続マニュアル（新日本法規）など執筆多数。

●事務所ホームページ：https://akanekusa.law/

(執筆担当) 7、22頁コラム

川上　奈津子（かわかみ　なつこ）

中小企業再生支援全国本部プロジェクトマネージャー。三井住友銀行事業再生ファイナンスを中心とした事業再生業務に取り組んだ後、2024年2月より現職。

(執筆担当) 第3部第5章Ⅱ

川瀬　高宏（かわせ　たかひろ）

株式会社Brighten Japan 取締役。

中央三井信託銀行（現 三井住友信託銀行）、東京スター銀行、三井住友銀行にて、ファイナンスを中心とした事業再生業務、および運営管理業務全般に従事。事業再生専門部署の立ち上げ、態勢整備を主導。長年に亘り多くの事業再生案件に携わり多くの専門家等とネットワークを構築。2024年4月、Brighten Japan社に参画。

(執筆担当) 第3部第5章Ⅱ

清水　靖博（しみず　やすひろ）

1997年慶應義塾大学法学部卒業。2003年弁護士登録、ひいらぎ総合法律事務所入所。2019年より明哲綜合法律事務所パートナー弁護士。東京弁護士会倒産法事務局次長、全国倒産処理弁護士ネットワーク会員など。

●事務所ホームページ：meitetsu-law.jp
(執筆担当) 第7部第1・2章

濱井　耕太（はまい　こうた）
（株）商工組合中央金庫　ファイナンス本部経営サポート部参事役
2008年弁護士登録、西村あさひ法律事務所入所。2012年㈱東日本大震災事業者再生支援機構へ出向。設立時の業務立上げ、投資先への派遣等を経て、2015年同事務所復帰。2018年末（株）商工組合中央金庫入庫。2022年4月現職。
(執筆担当) 第3部第5章Ⅰ

＜執筆協力＞
中田　ちず子（なかた　ちずこ）
　公認会計士・税理士

碓井　啓己（うすい　ひろき）
　弁護士・中小企業診断士（一陽法律事務所）

山内　春南（やまうち　はるな）
　弁護士（桜通り法律事務所）

「中小企業の事業再生等ガイドライン」対応
改訂　事業再生・廃業支援の手引き

2024年11月29日　発行

編著者　タックス・ロー合同研究会 Ⓒ

発行者　小泉 定裕

発行所　株式会社 清文社

東京都文京区小石川1丁目3−25（小石川大国ビル）
〒112-0002　電話03（4332）1375　FAX03（4332）1376
大阪市北区天神橋2丁目北2−7（大和南森町ビル）
〒530-0041　電話06（6135）4050　FAX06（6135）4059
URL https://www.skattsei.co.jp/

印刷：大村印刷㈱

■著作権法により無断複写複製は禁止されています。落丁本・乱丁本はお取り替えします。
■本書の内容に関するお問い合わせは編集部までFAX（03-4332-1378）またはedit-e@skattsei.co.jpでお願いします。
■本書の追録情報等は、当社ホームページ（https://www.skattsei.co.jp/）をご覧ください。

ISBN978-4-433-74194-5